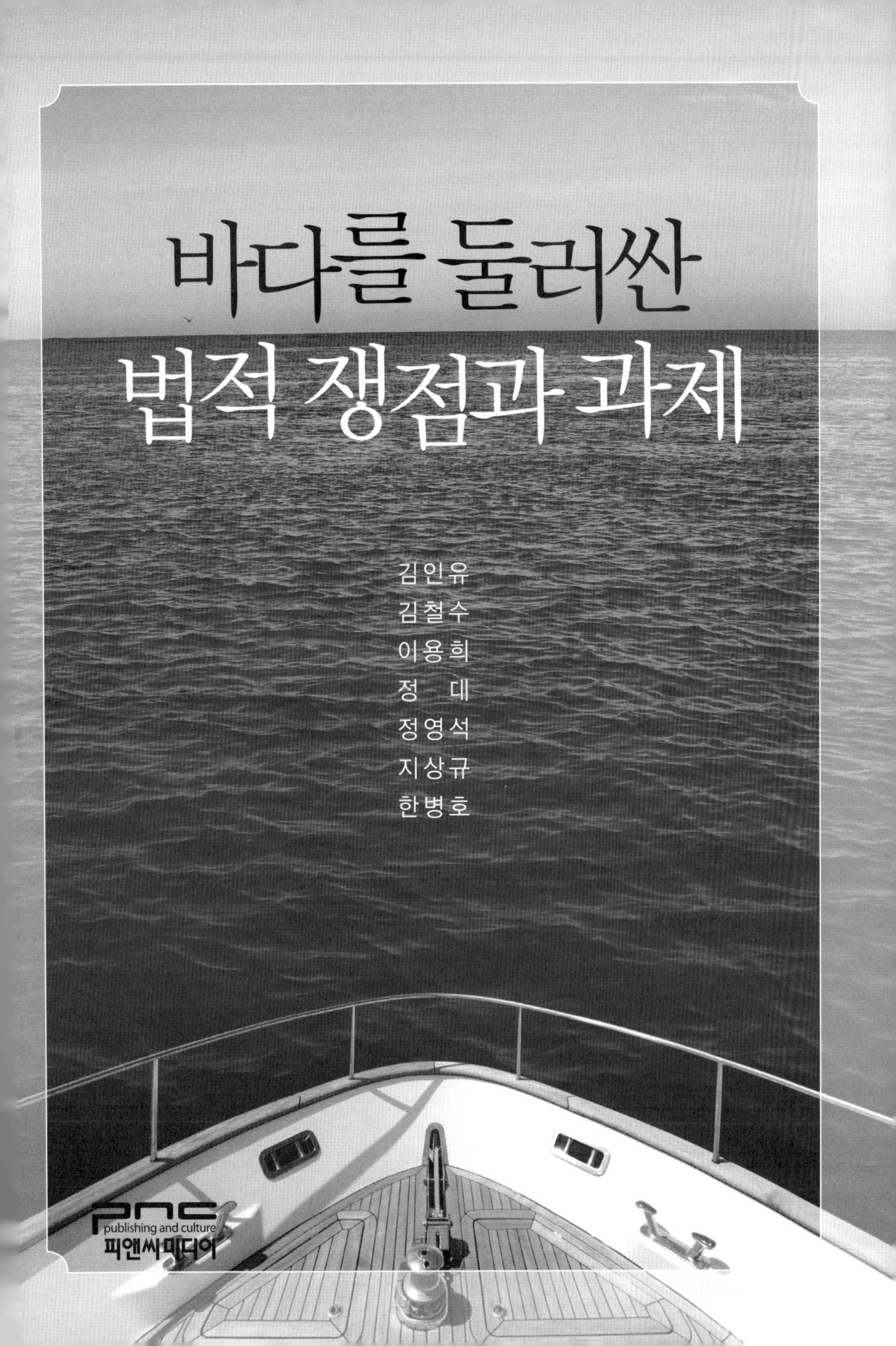

바다를 둘러싼 법적 쟁점과 과제

김인유
김철수
이용희
정 대
정영석
지상규
한병호

pnc publishing and culture
피앤씨미디어

발간사

1980년 국립 한국해양대학교에 해사법학부가 설치된 지 어느 덧 40여년이 되어 가고 있다. 해사법학부는 지금까지 우리나라의 해양 분야 법률 전문가를 지속적으로 교육하여 배출하고 있다. 해사법학부의 교수진은 해양의 다양한 법적 문제를 해결할 수 있는 능력을 갖춘 인재를 양성하기 위하여 혼신의 힘을 기울이고 있다. 이와 함께, 해양 관련 법제 분야에서 국내 어느 대학과도 비교할 수 없을 정도로 활발한 학문적 활동을 하고 있으며, 우수한 학문적 성과를 거두어 오고 있다. 특히, 해상법과 해양법의 분야의 연구는 해사법학부가 독보적이라고 할 수 있다.

해사법학부의 교수진은 해양특성화를 기반으로 한 저서의 출판을 오래전부터 기획하고 있었는데, 해사법학부가 국립대학 혁신지원사업(PoINT)에 참여하게 되면서 출판 지원을 받을 수 있게 되었다. 해사법학부의 교수진은 「바다를 둘러싼 법적 쟁점과 과제」라는 본서의 제목을 확정하고 바다와 관련한 공법적 쟁점과 사법적 쟁점으로 구분하여 기존에 연구하여 발간되었던 논문들을 수정 및 보완하거나 본서의 특징에 맞도록 새로 집필하였다.

본서의 제1편은 「공법적 쟁점과 과제」라는 제목으로 해사법학부의 공법전공 교수들이 집필하였다. 첫째, 한병호 교수는 “헌법과 바다”라는 논문을 집필하였다. 둘째, 이용희 교수는 “IUU 어업에 대한 국제법상 국가의 의무와 우리나라의 국내입법 태도에 관한 연구”라는 논문과 “연안국 법집행시 외국선박에 대한 무력사용에 관한 국제법적 고찰”이라는 두 편의 논문을 집필하였다.

본서의 제2편은 「사법적 쟁점과 과제」라는 제목으로 해사법학부의 사법전공 교수들이 집필하였다. 선박건조계약, 선체용선계약 및 해상보험계약의 분야의 논문을 중심으로 집필하였다. 첫째, 선박건조계약의 분야에서는 김철수 교수가 “영국법상 선박건조계약에 관한 고찰”이라는 논문을 집필하였다. 김인유

교수가 “외국에서의 선박의 재판상 매매 및 그 승인에 관한 국제협약”이라는 논문과 “건조중인 선박에 관한 법률관계”라는 두 편의 논문을 집필하였다.

둘째, 선체용선계약의 분야에서는 정영석 교수가 “선체용선계약에서 선박의 인도”라는 논문과 “선체용선계약에서 반선”이라는 두 편의 논문을 집필하였다. 정대 교수가 “선박금융의 법적 구조상의 BBCHP의 법적 성질에 관한 연구”라는 논문을 집필하였다.

셋째, 해상보험계약의 분야에서는 정대 교수가 “영국의 The Star Sea호 사건 판결과 해상보험계약에서의 최대선의의무”라는 논문을 집필하였다. 지상규 교수가 “항만운영자의 책임에 관한 고찰”이라는 논문과 “해양플랜트공사보험약관의 고찰”이라는 두 편의 논문을 집필하였다.

우리 해사법학부는 문재인 대통령께서 1984년 민사소송법 강의를 하셨던 유서 깊은 학부라고 할 수 있다. 이와 함께 해양강국을 견인하는 다양한 법률 전문가를 지속적으로 교육하고 배출하고 있다고 자부할 수 있다. 향후 우리 해사법학부의 교수진은 미래 4차 산업혁명 시대의 해양강국을 선도할 수 있는 법률 전문가를 지속적으로 양성하도록 최선의 교육을 하고자 한다.

해사법학부 교수진의 학문적 성과를 정리한 본서가 바다와 관련한 법제 분야의 연구자와 실무자에게 유익한 학술적 자료가 되고, 나아가 바다에 관한 법제 분야의 연구 활성화에 작은 기여를 할 수 있기를 기대한다.

2017년 12월 1일

공저자 일동 식

추천사

세계 해양질서의 재편과 국가 경제의 전환기 속에서 바다를 둘러싼 다양한 법적 쟁점을 다룬 책이 나온 것은 대단히 뜻깊은 일입니다.

특히, 헌법 개정이 논의되는 현 시점에서 국가의 기본원칙에 대한 근본 규범인 헌법에 바다의 공익적 가치를 반영하여 국가발전의 방향성을 결정할 필요가 있는데, 이 책에서 제시하는 시사점은 그 의미가 매우 큽니다.

또한, 선박건조계약·선체용선계약·해상보험계약에 대한 쟁점들이 현실에서 어떻게 구체적으로 해석되고 적용되는지에 대하여 명쾌한 해답을 주고 있어, 해양업무에 종사하거나 해양에 관심이 있는 분들이라면 분명히 흥미로운 읽을거리가 될 것입니다.

해양수산부장관 김 영 춘

차 례

제1편 공법적 쟁점과 과제

제1장 헌법과 바다

제2장 해양법의 법적 쟁점

제2편 사법적 쟁점과 과제

제1장 선박건조계약

제 2 장 선체용선계약

제 3 장 해상보험계약

제 1 편 공법적 쟁점과 과제

제 1 장

헌법과 바다

≫ 헌법과 바다 _ 한병호

헌법과 바다

한 병 호

Ⅰ. 머리말

인간은 오랜 동안 국가를 단위로 공동생활을 해 왔으며, 그 삶의 터전은 기본적으로 육지였다. 삶의 기본적 터전이 육지였으므로 국가적 관심의 주된 대상은 역시 육지였고, 지금도 그러하다. 그래서 지구상의 육지는 국가 상호간의 쟁탈의 주요 대상이 되어 왔는데, 지금은 모두 각국의 영토로 분할되어 있으며,[1] 다만 남극대륙은 오늘날 남극조약체제(Antarctic Treaty System)[2]에 의하여 관리되고 있을 뿐이다.[3]

그 반면에, 지구 표면적의 70%가 넘는 바다[4]는 육지에 비해서 국가적 관심의 비중도 낮았고, 국가적 관심을 가지게 된 시기도 훨씬 늦었다. 그러나 오늘

1) 지구상의 육지의 면적은 약 1억 4,900만㎢로서, 지구 표면적의 29.2%에 해당한다고 한다("Earth", https://en.wikipedia.org/wiki/Earth#Surface <2017. 7. 30 검색>). 그 중에서, 거의 1억 3,400만㎢에 이르는 면적이 193개 유엔 회원국의 영토이고, 약 260만㎢는 비회원국이나 국가의 속령(defendant territory)의 관할에 속한다. 국가·속령 등의 면적에 관해서는 UN Statistics Division, World Statistics Pocketbook(2016 edition) 참조.

2) 남극조약체제는 1959년의 남극조약(Antarctic Treaty)과 관련 협정을 말한다. 남위 60도 이남의 육지와 빙붕(氷棚; ice shelves)에 해당하는 남극지역에 대하여, 남극조약 제1조에서는 "남극지역은 평화적 목적으로만 이용한다. 무기실험 등 군사 활동은 금지된다. 다만, 과학적 조사나 그 밖에 평화적 목적을 위해서는 군 인력과 군사 장비를 이용할 수 있다"고 규정하고 있으며, 제2조에서는 과학적 조사의 자유와 협력을 규정하고 있다.

3) 이 지구상의 육지 면적의 9%에 달하는 1,400만㎢의 면적을 가진 남극대륙에 대해서는, 유럽의 영국·프랑스·노르웨이, 남미의 아르헨티나·칠레, 대양주의 호주·뉴질랜드 등과 같이, 그 일부 지역에 대한 영토 관할권을 주장하는 국가가 없지 않다("Antarctica", https://en.wikipedia.org/wiki/Antarctica <2017. 7. 30. 검색>). 그러나 남극조약 제4조에서는, "이 조약은 영토주권의 권리를 승인하거나 쟁의하는 것은 아니며 더구나 영토주권의 권리를 확립하는 것도 아니다. 이 조약이 시행되는 동안에는 새로운 영토주권의 권리는 주장할 수 없다"고 규정하고 있다.

4) 지구 표면적 5억 1천만㎢의 70.8%에 이르는 약 3억 6,000만㎢의 면적이 해수면 아래에 있다고 한다("Earth", https://en.wikipedia.org/wiki/Earth#Surface<2017. 7. 30. 검색>).

날에는 바다에 대한 각국의 관심이 이미 증대되었고, 앞으로도 지속적으로 증대될 것이다. 육지 자원의 한계에 따라 바다의 이용·개발의 필요성이 증가하고, 과학기술의 발달로 바다의 이용·개발의 현실적 가능성도 더욱 증가함에 따라, 바다가 "자원의 보고이고 생활의 터전이며 물류의 통로로서 국가경제와 국민생활에 많은 영향을 미치고 있음"(해양수산발전기본법 제2조)을 모두 인식하고 있기 때문이다.

이와 같이 바다의 중요성이 증대됨에 따라 바다에 대한 법적 규율도 확대·강화되고 있다. 바다에 대한 각국의 국내법적 규율은 과거에는 주로 연안을 중심으로 바다의 효율적인 이용·개발을 촉진하고 자국의 관할 영역을 확장함으로써 자국의 이익을 극대화하는 데 초점을 맞추고 있었다. 그러나 인류 전체의 이익을 위하여 인류공동자산으로서의 바다의 평화적이고 공평한 이용·개발과 보전을 도모하는 국제법적 규율이 강화됨에 따라, 각국의 국내법도 그러한 국제법적 규율을 수용하고 있다.

아래에서는, 3면이 바다로 둘러싸인 한반도를 핵심적 영토로 하는 한국의 경우에, 바다가 법적으로 어떻게 규율되고 있는가를 살펴보기로 한다. 바다에 관한 국내법적 규율은 바다와 그 자원 및 그것과 관련된 다양한 인간 활동을 그 대상으로 한다.[5] 이 글에서는, 그 가운데에서 기본적으로 바다에 대한 국가관할권의 문제에 초점을 맞추고, 그러한 국가관할권과 관련하여 법률 차원에서의 규율을 먼저 살펴본 다음에, 바다에 대한 국가관할권의 문제를 포함하여 바다에 관한 헌법 차원에서의 규율에 관해서 살펴보기로 한다.

5) 바다에 관한 기본법이라고 할 수 있는 「해양수산발전기본법」에서는, 해양과 해양수산자원의 보전·관리·이용·개발, 그것과 관련된 해양과학기술 및 해양수산 관련 산업과 관련하여 국가의 과제를 제시하고 있다(제2조·제3조 등 참조).

II. 바다에 대한 국가관할권의 법률상 규율

1. 법적 규율대상으로서의 바다

(1) 바다·해양의 개념과 그 용례

표준국어대사전에 따르면 '바다'는 "지구 위에서 육지를 제외한 부분으로 짠물이 괴어 하나로 이어진 넓고 큰 부분"으로, '해양'은 "넓고 큰 바다"로 정의되고 있으나, 일상적 용법에서는 말할 것도 없고 법률에서도 아래의 사례에서 보듯이 바다와 해양의 두 개념이 혼용되고 있다.

「해양수산발전기본법」에서는 법명에서 보듯이 '해양'이라는 말을 사용하는데, 제3조에서는 해양을 "대한민국의 내수·영해·배타적경제수역·대륙붕 등 대한민국의 주권·주권적 권리 또는 관할권이 미치는 해역과 헌법에 의하여 체결·공포된 조약 또는 일반적으로 승인된 국제법규에 의하여 대한민국의 정부 또는 국민이 개발·이용·보전에 참여할 수 있는 해역"으로 정의하고 있다. 「해양경비법」에서도 법명에서 보듯이 '해양'이라는 말을 사용하면서, 해양수산발전기본법상의 '해양' 개념을 따르고 있다.[6)]

그 반면에, 「공유수면 관리 및 매립에 관한 법률」(공유수면법) 제2조에서는 '바다'와 '바닷가'라는 개념을 사용하면서,[7)] 바다를 "해안선으로부터 … 배타적경제수역 외측 한계까지의 사이"로 규정하고 있다. 「수산업법」 제3조에서도 '바다'와 '바닷가' 등의 개념을 사용하여 그 적용범위를 규정하면서,[8)] '바다'의 개념은 정의하지 않은 채 '바닷가'의 개념만 정의하고 있다.[9)] 그리고 「낚시 관

6) 해양경비법 제2조에서는, 경비수역(해양경비의 수역)을 연해·근해·원해 수역으로 구분하면서, 해양수산발전기본법에 따른 해양 중에서 연안수역과 근해수역을 제외한 수역을 원해수역으로 규정하고 있다.

7) 공유수면법상 공유수면에는 바다와 바닷가 외에 국유의 공공용 내수면도 포함된다(제2조).

8) 수산업법의 적용범위에는 바다·바닷가 이외에 "어업을 목적으로 하여 인공적으로 조성된 육상의 해수면"도 포함된다. 육상, 즉 육지 안의 물은 민물이든 짠물이든 내수면에 속한다고 할 것이지만, 바닷물을 이용한다는 점에서 내수면어업법이 아니라 수산업법에서 규율하고 있을 뿐이다.

리 및 육성법」(낚시관리법)은 그 적용범위와 관련하여 수산업법상의 '바다'·'바닷가' 개념을 따르고 있다.[10]

이러한 사례에서 보듯이, 법률에서는 해양과 바다의 두 개념이 혼용되고 있는데, 두 개념 사이에는 본질적인 차이가 없다. 다만, 해당 법률의 입법목적을 고려하고 법의 흠결이나 충돌을 방지하기 위하여 필요한 경우에는, 법률에 따라 그 적용범위를 확장하거나 축소하여 바다 또는 해양의 개념을 정의하여 사용하고 있을 뿐이다.

(2) 바다에 관한 법적 규율의 대상

국내법은 국가의 관할권의 영역 안에서의 인간 행위를 규율하며, 바다에 관한 법적 규율에서도 마찬가지이다. 여기서 지구상의 바다는 외관상으로는 자연적인 경계가 없이 하나로 이어져 있기 때문에, 한 국가의 관할권이 인정되는 바다의 공간적 범위는 오늘날 「유엔해양법협약」(United Nations Convention on the Law of the Sea)과 같은 국제법에 의해서 규율되고 있다. 우리나라의 경우에도 바다에 대한 국가의 관할권에 관하여 유엔해양법협약을 수용하여 법률로 정하고 있다. 물론 국내법적 규율에서는 국가의 관할권의 범위 안에서 입법목적상 필요한 범위 안에서 바다와 육지를 구획하거나 바다를 세분화하여 구분하기도 한다.

이렇게 바다라는 공간을 국가관할권에 따라 평면상으로 구획하더라도, 그것만으로 바다에 관한 국가관할권의 범위가 확정되는 것은 아니다. 바다라는 공간은 수직적으로는 바닷물 표면인 해수면과 그 아래의 수중(바닷물), 그리고 바닷물 아래의 해저 지표면과 지하로 구성된다.[11] 여기에는 바닷물, 바닷물 속의 생물·무생물 등 다양한 수중자원, 해저 지표·지하의 광물 기타 자원

9) 수산업법 제2조에서는 바닷가를 "만조수위선과 지적공부에 등록된 토지의 바다 쪽 경계선 사이"로 정의함으로써, 만조수위선을 바다와 바닷가의 경계선으로 삼고 있다.
10) 낚시관리법은 그 밖에 내수면어업법에 따른 내수면 중 공공용수면과 사유수면도 그 적용범위에 포함하고 있다(제3조).
11) 해수면 상공의 공간은 공역(空域)으로서, 영토와 영해의 상공은 영공으로, 영해 바깥의 바다의 상공은 국제공역(international airspace)으로 본다.

이 존재한다. 따라서 바다에 관한 국내법은 바다라는 공간과 그 안에 존재하는 물적 자원을 보전·관리·이용·개발하는 등의 다종다양한 인간 활동을 규율하게 된다.

이에 따라 바다에 관한 법적 규율은 크게 다음과 같이 세 가지로 나누어 볼 수 있다. 첫째는 바다와 육지 사이의 경계를 설정하는 문제로서, 바다의 육지 쪽 경계는 바다의 공간적 범위에 관한 내측 한계라고 할 수 있다. 둘째는 국가의 관할권이 미치는 바다의 공간적 범위에 관한 외측 한계의 문제로서, 이것은 오늘날 국제법적으로는 유엔해양법협약에 의하여, 그리고 국내법적으로는 그것을 수용하는 방식으로 규율되고 있다. 셋째는 바다라는 공간과 거기에 존재하는 물적 자원의 보전·관리·이용·개발 등과 관련된 해양산업 기타 인간 활동이다. 아래에서는 먼저 이 가운데에서 앞의 두 가지 사항에 관한 국내 법률에 의한 규율을 살펴본다.[12)]

2. 바다와 육지의 경계

(1) 해안선

해안선(coastline)은 바다와 육지가 맞닿은 선으로서 바다와 육지를 구분하는 경계선이다. 따라서 육지 쪽에서 보면, 해안선은 육지가 끝나고 바다가 시작되는 경계선이다. 그런데, 해수면의 수위가 일정하지 않기 때문에, 육지와 바다 사이의 자연적 경계선으로서의 해안선은 가변적이며, 따라서 해안선의 측정 기준에 따라 해안선의 위치가 달라질 수 있다.

공유수면법 제2조에서는 공유수면의 하나로서 바다를 "해안선으로부터 … 배타적 경제수역 외측 한계까지의 사이"라고 규정함으로써, 바다와 육지(바닷가)의 경계선을 해안선으로 적시하고 있다.[13)] 그 '해안선'은 공간정보관리법의

12) 해양공간과 해양자원을 활용하는 해양산업 기타 해양활동에 관한 사항은 너무나 광범하고 관련 법률도 방대하므로, 여기서 그것을 다루는 것은 불가능하다.

13) 아울러 바닷가를 "해안선으로부터 지적공부에 등록된 지역까지의 사이"라고 규정하여, 해안선이 바다와 바닷가의 경계선임을 보여준다.

규정에 따르고 있는데, 공간정보관리법 제6조 제1항에서는 해안선을 "해수면이 약최고고조면(略最高高潮面)[14]에 이르렀을 때의 육지와 해수면과의 경계"로 표시하도록 규정하고 있다.[15] 따라서 공간정보관리법과 공유수면법 상의 해안선은 일정한 관측기간 동안 최고의 만조수위선이다. '해안선' 개념을 사용하지 않고 직접 육지와 바다의 경계선을 규정하고 있는 법률도 있다. 수산업법 제2조에서는 '바닷가'를 "만조수위선과 지적공부에 등록된 토지의 바다 쪽 경계선 사이"라고 하여,[16] 만조수위선을 바닷가(육지)와 바다의 경계선으로 삼고 있다.[17] 따라서 국내법상으로는 기본적으로 만조수위선을 해안선, 즉 바다와 육지의 경계선으로 삼고 있다.[18]

다만, 뒤에서 보는 바와 같이, 「영해 및 접속수역법」(영해법)에서는 통상의 영해기선을 "해안의 저조선"[19]으로 규정하고 있는데(제2조 제1항),[20] 이러한 통상기선은 간조 때의 해안선, 즉 간조수위선이라고 할 수 있다. 이와 같이 간조수위선을 영해의 통상기선으로 삼는 것은 연안국의 관할권의 범위를 최대한으로 확대하는 효과가 있다.

14) 공간정보관리법 제6조 제1항에서는 '약최고고조면'을 "일정 기간 조석을 관측하여 분석한 결과 가장 높은 해수면"으로 규정하고 있다.

15) 공간정보관리법 제6조 제1항에서는 이러한 약최고고조면 외에도 평균해수면과 기본수준면을 측량 기준으로 사용하기도 한다. 해안선은 약최고고조면을 기준으로, 육지의 고도는 평균해수면을 기준으로, 그리고 수로조사에서 간출지(간조노출지)의 높이와 수심은 기본수준면을 기준으로 측량하도록 규정하고 있다. 기본수준면은 "일정 기간 조석을 관측하여 분석한 결과 가장 낮은 해수면", 즉 일정한 관측기간 동안 최저 간조수위선이이기 때문에, 공간정보관리법에서는 만조수위선·평균수위선·간조수위선을 모두 사용하고 있다고 볼 수 있다.

16) 낚시관리법도 수산업법의 '바닷가' 개념을 따르고 있다(제3조). 그리고 수산업법과 낚시관리법에서는 '바다'를 그 적용범위로 하면서도 개념정의를 따로 하지 않고 있다.

17) 그러나 수산업법상의 '외해'(제2조)와 관련하여 그 시행령(제1조의 2)에서는 수심 35m 이상의 수면으로 규정하면서, 해수면의 기준을 기본수준면, 즉 간조수위선으로 규정하고 있다.

18) 따라서 "만조수위선과 간조수위선 사이"에 해당하는 '간석지'(공유수면법 제2조) 내지 '간출지'(공간정보관리법 제6조 제1항)는 모두 바다에 속한다.

19) "해안의 저조선"은 "대한민국이 공식적으로 인정한 대축척해도"에 표시된 해안선이라고 할 수 있는데, 공간정보관리법에서는 수로조사에서 사용하는 측량기준을 "기본수준면", 즉 일정한 관측기간 동안 최저 간조수위선으로 규정하고 있다(제6조 제1항). 항해 용도로 쓰이는 해도에서는 간조 때의 수심이 중요하기 때문이다.

20) 「배타적 경제수역 및 대륙붕에 관한 법률」도 영해법의 '기선' 개념을 따르고 있다(제2조).

(2) 내수면과 바다의 경계

육지와 바다의 경계선인 해안선이 결정된다고 해서 바다의 내측 한계(육지쪽 경계)가 모두 정해지는 것은 아니다. 강·호수 등과 같이 그 대부분이 육지로 둘러싸여 그 안에 있는 수류·수면을 내수면(inland waters)이라고 하는데,[21] 이러한 내수면과 바다를 구분하는 경계선이 문제되기 때문이다.

내수면의 개념을 가장 포괄적으로 정의하고 있는 법률로는 「내수면어업법」을 들 수 있다.[22] 내수면어업법 제2조에 따르면, "내수면"은 "하천,[23] 댐, 호수, 늪, 저수지와 그 밖에 인공적으로 조성된 담수나 기수(汽水: 바닷물과 민물이 섞인 물)의 물흐름 또는 수면"으로 정의되어 있다.[24] 그리고 공유수면법에서는 "내수면"의 개념을 사용하고 있지 않으나, 제2조 제1호에서는, "바다"·"바닷가"와 더불어, "하천·호소(湖沼)·구거(溝渠), 그 밖에 공공용으로 사용되는 수면 또는 수류로서 국유인 것"을 공유수면의 하나로 들고 있는데, 이것은 내수면어업법상 내수면 중에서 국유의 공공용 내수면[25]이라고 할 수 있다.

그런데, 이와 같이 내수면의 개념을 정의하여 바다와 내수면을 개념상으로 구별하더라도, 하천이 직접 바다로 흘러가는 들어가는 하구에서 보듯이 내수면과 바다의 자연적 경계선을 확인하기는 어렵다. 유엔해양법협약 제9조에서는 하구에서의 영해기선을 "양쪽 강둑의 저조선상의 지점을 하구를 가로질러 연결한 직선"으로 하도록 규정하고 있는데, 이것을 내수면과 바다의 경계선으로 원용할 수 있을 것이다. 다만, 국내법상으로는 해안선이 만조수위선이므로,

21) 내수면은 뒤에서 보는 바와 같이 영해법에 따른 "내수"와는 개념상 차이가 있다.

22) 또한 낚시관리법에서도 수산업법상의 바다·바닷가와 더불어 내수면어업법상의 내수면(공공용 수면과 사유수면)이 그 적용범위에 포함되어 있다(제3조).

23) 「하천법」 제2조에서는 하천을 "지표면에 내린 빗물 등이 모여 흐르는 물길로서 공공의 이해에 밀접한 관계가 있어 … 국가하천 또는 지방하천으로 지정된 것을 말하며, 하천구역과 하천시설을 포함한다"고 함으로써, 국가하천·지방하천으로 지정된 하천과 하천구역(토지) 및 하천시설을 하천법의 적용대상이 되는 하천으로 규정하고 있다.

24) 이와 같이 인공적으로 조성된 수역이 '담수'(민물)와 '기수'(갯물)인 경우에는 내수면어업법상의 내수면에 해당하지만, "어업 목적으로 하여 인공적으로 조성된 육상의 해수면", 즉 인공조성 육상 바닷물의 경우에는 수산업법(제3조 제3호)으로 규율한다.

25) 내수면어업법 제2조에서는 내수면을 "공공용 수면"("국가, 지방자치단체 또는 대통령령으로 정하는 공공단체가 소유하고 있거나 관리하는 내수면")과 "사유수면"("사유토지에 자연적으로 생기거나 인공적으로 조성된 내수면")으로 구분하고 있다.

내수면과 바다의 경계선도 국내법상으로는 저조선(간조수위선)이 아니라 고조선(만조수위선)을 기준으로 삼아야 할 것이다.

3. 바다에 대한 국가관할권

(1) 국가관할권에 따른 바다의 구분

바다는 전통적으로 국가의 주권이 미치는 영해와 주권이 미치지 않는 공해로 구분해 왔다.[26] 그러나 1982년 채택된 유엔해양법협약에서는 종래에 공해로 여겨왔던 영해 바깥의 해역에 대하여 배타적 경제수역을 설정하여 연안국의 관할권을 인정하고, 해저의 대륙붕에 대해서도 연안국의 관할권을 인정하고 있다.[27] 국가관할권에 따라 바다의 수역을 구분하면 아래 <표>에서 보는 바와 같다.

〈표〉 국가관할권에 따른 바다의 구분

<table>
<tr><td>해역</td><td>내수</td><td>영해</td><td>접속수역
배타적 경제수역</td><td colspan="2">공해</td></tr>
<tr><td>해저</td><td colspan="2">(영토)</td><td>대륙붕</td><td>(연장)</td><td>심해저</td></tr>
</table>

※ 내수와 영해 사이의 이중선은 영해기선을 나타낸다.
※ "연장"이란 대륙붕이 배타적 경제수역 바깥까지 연장될 경우에 인정됨.

위 <표>에서 보듯이, 내수와 영해 등 국가관할권이 미치는 바다의 수역은

26) 1958년 「영해 및 접속수역에 관한 협약」에서는 "국가의 주권은 영토와 그 내수를 넘어, 영해로 규정된 그 해안 인접해역에까지 미친다"고 규정하면서(제1조), "영해기선의 육지 쪽 수역은 내수의 일부를 구성한다"고 규정하고(제5조), 영해에 접속한 공해수역(영해기선으로부터 12마일 이내)을 접속수역으로 규정하였다(제24조). 또한 1958년 「공해협약」(Convention on the High Seas) 제1조에서는 "공해"를 "국가의 내수나 영해에 포함되지 않은 바다의 모든 부분"이라고 정의하였다.

27) 유엔해양법협약 제47조 이하에서는 군도국가의 경우에 군도기선을 설정할 수 있게 하면서 군도수역을 별도로 규율하고 있는데, 군도국가로 승인된 국가는 6개국(인도네시아·필리핀, 바하마·트리니다드토바고, 피지·파푸아뉴기니)뿐이다.

내수와 영해의 경계선인 영해기선을 기준으로 설정되며, 영해기선까지의 육지 쪽 수역은 내수이다. 그리고 영해기선으로부터 육지 쪽이 아닌 바다 쪽 수역은 그 거리에 따라 영해와 접속수역 및 배타적 경제수역으로 구분되며, 접속수역과 배타적 경제수역은 서로 겹치는 수역이다. 배타적 경제수역 바깥의 모든 수역은 공해로서, 연안국의 관할권이 미치지 않는 수역이다.[28)]

그리고 해저의 땅의 경우에, 내수와 영해 아래의 땅은 육지의 영토와 마찬가지로 연안국의 영토로 인정된다. 배타적 경제수역 아래의 땅은 연안국의 대륙붕으로, 그리고 영토에 이어진 실제 대륙붕이 배타적 경제수역 바깥으로까지 연장되는 경우에는 그 끝까지 연안국의 대륙붕으로 인정된다. 대륙붕 바깥의 모든 해저의 땅은 심해저로서 연안국의 관할권이 미치지 않는다.

우리나라의 법률에서도 이러한 유엔해양법협약을 수용하여, 바다를 국가관할권에 따라 내수, 영해, 접속수역, 배타적 경제수역으로 구분하여 규정하고, 해저의 대륙붕에 관해서도 규정하고 있다. 아래에서는 이들에 관하여 차례로 살펴본다.

(2) 기선

기선(baseline)은 영해 등과 같이 국가관할권이 미치는 수역의 범위를 설정하기 위한 기준선이다. 국내법에서는 유엔해양법협약에 따라 일차적으로 영해기선을 정하여 영해의 범위를 정하고, 이러한 영해기선을 접속수역과 배타적 경제수역 및 대륙붕의 범위를 정하는 기선으로도 활용하고 있다.[29)]

영해법 제2조 제1항에서는, 영해의 통상기선을 "대한민국이 공식적으로 인정한 대축척해도에 표시된 해안의 저조선"으로 하도록 규정하고 있다. 이러한 통상기선은 간조수위선을 해안선으로 삼은 것이다. 그러나 영해법 제2조 제2항에서는, 해안굴곡이 심하거나 다도해의 경우처럼 "지리적 특수사정이 있는

28) 유엔해양법협약 제86조에서는 "제7부 공해"의 적용범위를 "어느 한 국가의 배타적 경제수역·영해·내수…에 속하지 아니하는 바다의 모든 부분"에 적용된다고 규정하고 있다. 그러나 배타적 경제수역에서는 연안국의 배타적 관할권이 인정되는 범위를 제외하고는 공해의 자유(제87조)가 인정된다(제58조).

29) 「배타적 경제수역 및 대륙붕에 관한 법률」 제2조.

수역"의 경우에는, 직선기선을 영해기선으로 설정할 수 있도록 하고 있는데, 이러한 직선기선은 바다에 대한 국가관할권의 범위를 확대하는 효과가 있다. 이에 따라 영해법 시행령 제2조에서는 동해안의 영일만 달마곶으로부터 울산만과 남해안을 거쳐 서해안의 소령도에 이르기까지 23개 지점의 기점을 순차적으로 연결한 직선을 영해기선으로 정하고 있다.[30] 그 결과, 통상기선은 직선기선이 적용되지 않는 지역, 즉 동해안의 1번 기점(영일만 달마곶) 이북, 서해안의 23번 기점(소령도) 이북,[31] 그리고 제주도·울릉도·독도에서만 적용되고 있다.

(3) 내수·영해와 접속수역의 국가관할권

1) 내수

내수(internal waters)는 영해기선으로부터 육지 쪽 수역을 가리키는데(유엔해양법협약 제8조), 영해법 제3조에서도 "영해의 폭을 측정하기 위한 기선으로부터 육지 쪽에 있는 수역"을 "내수"로 규정하고 있다. 이러한 내수는 육지 안의 수역인 내수면을 포함하느냐 여부에 따라 그 범위가 달라질 수 있다. 해양경비법 제2조에서는 "내수"를 경비수역인 연안수역에 포함시키면서, 내수면어업법상의 "내수면"을 "내수"에서 제외하는 규정을 두고 있는데, 여기서의 "내수"는 넓은 개념에 해당한다고 할 수 있다. 그 반면에, 「해양수산생명자원의 확보·관리 및 이용 등에 관한 법률」(해양생명자원법) 제2조에서는 관할수역의 범위에 "내수면"과 "내수"를 함께 병렬적으로 열거하고 있는데, 여기서의 "내수"는 좁은 개념에 해당한다.

본래 국가의 영토에는 내수면도 당연히 포함되는데, 영해기선으로부터 육지 쪽 바다인 "내수"도 국제법상으로는 영토의 일부인 내수면과 동일하게 취급된다. 국가주권이 전면적으로 미친다는 점에서, 내수가 민물인지 갯물인지 바닷물인지를 따질 필요가 없기 때문이다. 따라서 내수면을 포함하여 내수는 국가

30) 직선기선의 23개 기점은 영해법 시행령 [별표 1] 참조.

31) 23번 기점인 소령도 이북 지역에도 직선기선을 규정해야 한다는 견해로는, 김현수, "유엔해양법협약 발효에 따른 남북한 영해법 개정에 관한 일고찰", 서울국제법연구 2권 1호(서울국제법연구원, 1995), 14쪽 이하.

주권이 당연히 미치는 영토의 일부로서 인정되며,[32] 국내법상으로는 그러한 영토주권에 기초하여 입법목적상 필요한 경우에 "내수"에서 "내수면"을 구분하여 규율할 뿐이다.

2) 영해

영해법 제1조에서는 대한민국의 영해(territorial sea)를 원칙적으로 영해기선으로부터 12해리까지의 해역으로 규정하고 있는데, 이것은 유엔해양법협약(제3조)에서 정하고 있는 영해 폭의 최대한도를 따른 것이다. 다만, 대한해협[33]에서는 국제항행에 이용되는 점을 고려하여 영해의 폭을 기선으로부터 3해리까지 축소하여 규정하고 있다.[34] 그리고 우리나라와 인접하거나 마주 보고 있는 국가와 영해가 서로 중첩될 경우에는, 양국 사이의 영해의 경계선은 별도의 합의가 없는 한 양국의 영해기선 사이의 중간선으로 하도록 규정하고 있다(영해법 제4조).

영해는 국가주권이 미치는 해역이지만, 영해법에서는 외국선박에 대하여 "대한민국의 평화·공공질서 또는 안전보장을 해치지 아니하는 범위"에서의 무해통항권을 인정하면서(제5조 제1항),[35] 대한민국의 안전보장을 위하여 필요한 경우에 무해통항의 일시정지를 할 수 있도록 규정하고 있다(제5조 제3항).[36] 또한 무해통항 일시정지를 위반하거나 또는 무해통항을 위반한[37] 혐의

32) 영토와 내수를 넘어 영해에까지 연안국의 주권이 미친다는 유엔해양법협약의 규정(제2조 제1항)도 영토와 내수에 대한 국가주권을 당연한 것으로 확인하고 있다. 나만, "직선기선을 실징함으로써 종전에 내수가 아니었던 수역이 내수에 포함되는 경우"에는, 그 수역에서는 무해통항권이 계속 인정된다(유엔해양법협약 제8조 제2항).

33) 대한해협의 수로 폭은 약 23해리에 불과하고, 한일 양국이 각각 3해리의 영해 폭을 설정함으로써, 17해리의 수로가 국제항행에 이용될 수 있다고 한다. 김현수, 앞의 글, 11쪽.

34) 영해법 제1조 단서에서는 "대통령령으로 정하는 바에 따라 일정수역의 경우에는 12해리 이내에서 영해의 범위를 따로 정할 수 있다"고 규정하고, 이에 따라 영해법 시행령 제3조와 [별표 2]에서 대한해협에서의 영해의 범위를 규정하고 있다.

35) 유엔해양법협약에서도 영해에 대한 연안국의 주권을 인정하면서(제2조 제1항), 아울러 영해에서의 무해통항권을 규정하고 있다(제17조).

36) 영해법 시행령 제7조에서는 국방부장관이 미리 국무회의 심의를 거쳐 대통령의 승인을 얻어 무해통항의 일시정지 조치를 하도록 규정하고 있다.

37) 무해통항 위반을 규정하고 있는 영해법 제5조 제2항은 다음과 같다.
② 외국선박이 통항할 때 다음 각 호의 행위를 하는 경우에는 대한민국의 평화·공공질서 또는 안전보장을 해치는 것으로 본다. 다만, 제2호부터 제5호까지, 제11호 및 제13호의 행위로서 관계 당국의 허가·승인 또는 동의를 받은 경우에는 그러하지 아니하다.

가 인정되는 외국선박에 대해서는 "정선·검색·나포, 그 밖에 필요한 명령이나 조치"를 할 수 있도록 규정하고 있다(제6조). 그리고 무해통항 일시정지의 위반, 무해통항 위반 및 "정선·검색·나포, 그 밖에 필요한 명령이나 조치"를 거부·방해 또는 기피하는 경우에는, 그 승무원·승선자에 대한 형사처벌과 더불어 "해당 선박·기재(器材)·채포물(採捕物) 또는 그 밖의 위반물품"의 몰수도 규정하고 있다(제7조).

다만, 외국의 군함과 비상업용 정부선박의 경우에는, 무해통항권을 인정하면서도 관계당국에의 사전통고를 요구하면서(제5조 제1항), 그러한 군함·선박이나 그 승무원·승선자가 우리나라 국내법을 위반하면 "시정이나 영해로부터의 퇴거를 요구할 수 있다"고 규정하고 있다(제8조).

3) 접속수역

접속수역(contiguous zone)은 영해에 인접한 일정 범위의 수역에서 영토·영해에의 출입과 관련된 일정한 사항(관세·재정·출입국·보건위생)을 규율·통제할 수 있도록 설정된 수역으로서, 유엔해양법협약 제33조에서 규정하고 있다. 이에 따라 영해법에서는 영해기선으로부터 24해리까지의 수역으로서 영해를 제외한 수역으로 규정하고 있다(제3조의 2).[38] 그리고 인접국이나 대향국

---

1. 대한민국의 주권·영토보전 또는 독립에 대한 어떠한 힘의 위협이나 행사(行使), 그 밖에 국제연합헌장에 구현된 국제법원칙을 위반한 방법으로 하는 어떠한 힘의 위협이나 행사
2. 무기를 사용하여 하는 훈련 또는 연습
3. 항공기의 이함(離艦)·착함(着艦) 또는 탑재
4. 군사기기의 발진(發進)·착함 또는 탑재
5. 잠수항행
6. 대한민국의 안전보장에 유해한 정보의 수집
7. 대한민국의 안전보장에 유해한 선전·선동
8. 대한민국의 관세·재정·출입국관리 또는 보건·위생에 관한 법규에 위반되는 물품이나 통화(通貨)의 양하(揚荷)·적하(積荷) 또는 사람의 승선·하선
9. 대통령령으로 정하는 기준을 초과하는 오염물질의 배출
10. 어로(漁撈)
11. 조사 또는 측량
12. 대한민국 통신체제의 방해 또는 설비 및 시설물의 훼손
13. 통항과 직접 관련 없는 행위로서 대통령령으로 정하는 것

38) 영해법에서는 일정 수역의 경우에 영해의 경우와 마찬가지로 접속수역의 폭을 축소할 수 있도록 위임하고 있으나(제3조의 2), 그 시행령에서는 영해의 경우와 달리 아무런 언급이 없다.

과의 사이에 접속수역이 중첩될 경우에는, 영해의 경우와 마찬가지로, 별도의 합의가 없으면 영해기선으로부터 중간선으로 하도록 규정하고 있다(제4조).

이러한 접속수역에서는, 관계당국이 "대한민국의 영토 또는 영해에서 관세·재정·출입국관리 또는 보건·위생에 관한 대한민국의 법규를 위반하는 행위"의 방지·제재라는 목적에 필요한 범위에서 법령에서 정하는 바에 따라 그 직무권한을 행사할 수 있도록 영해법에서 규정하고 있다(제6조의 2).

(4) 배타적 경제수역과 대륙붕의 국가관할권

1) 배타적 경제수역

배타적 경제수역(exclusive economic zone)은 영해 밖의 인접한 수역으로서, 유엔해양법협약(제55조 이하)에 따라 연안국에게 일정한 범위 안에서 경제적 자원의 탐사·개발·보존·관리 등의 주권적 권리와 그 밖의 관할권이 인정되는 수역을 말한다. 「배타적 경제수역 및 대륙붕에 관한 법률」(경제수역법)에서는 대한민국의 배타적 경제수역을 영해기선으로부터 200해리까지의 수역(영해 제외)으로 정하고 있다(제2조 제1항). 그리고 한국의 배타적 경제수역은 주변국가의 배타적 경제수역과 겹칠 수밖에 없기 때문에, 그러한 경우에 관해서는 원칙적으로 "국제법을 기초로 관계국과의 합의에 따라" 경계를 획정하도록 규정하고 있다(제2조 제3항). 그러나 별도의 합의가 없는 경우에는, 양국 영해기선으로부터의 중간선 바깥쪽 수역에서는 배타적 경제수역에서의 권리를 행사하지 않도록 규정하고 있다(제5조 제2항).

그리고 경제수역법에서는, 유엔해양법협약(제56조)에 따라, 배타적 경제수역에서의 대한민국의 권리를 다음과 같이 규정하고 있다(제3조 제1항). 첫째, "해저의 상부 수역, 해저 및 그 하층토에 있는 생물이나 무생물 등 천연자원의 탐사·개발·보존 및 관리를 목적으로 하는 주권적 권리와 해수, 해류 및 해풍을 이용한 에너지 생산 등 경제적 개발 및 탐사를 위한 그 밖의 활동에 관한 주권적 권리", 둘째, "인공섬·시설 및 구조물의 설치·사용"과 "해양과학 조사" 및 "해양환경의 보호 및 보전"에 관하여 "협약에 규정된 관할권", 셋째, "협약에 규정된 그 밖의 권리"가 그것이다. 또한 이러한 권리를 행사·보호하기 위하여 배타적 경제수역(인공섬·시설 및 구조물에서의 법률관계 포함)에서는 대한민국 법을 적용하도록 규정하고 있다(제5조 제1항). 그리고 배타적 경제수역에서의 대한민국의 권리를 침해하거나 그 배타적 경제수역에 적용되는 대한민국의 법령을 위반한 혐의가 있다고 인정되는 자에 대해서는, 유엔해양법협약 제111조에 따른 "추적권의 행사, 정선·승선·검색·나포 및 사법절차를 포함하여 필요한 조치"를 할 수 있다고 규정하고 있다(제5조 제3항).

그 반면에 경제수역법에서는, 대한민국의 배타적 경제수역에서 "항행 또는 상공 비행의 자유, 해저 전선 또는 관선 부설의 자유 및 그 자유와 관련되는 것으로서 국제적으로 적법한 그 밖의 해양 이용에 관한 자유"를 외국·외국인에게 인정하고 있다(제4조 제1항).[39] 따라서 배타적 경제수역은 연안국의 관할권 이외의 부분에서는 공해로서의 특성을 부분적으로 가지고 있다.

2) 대륙붕

대륙붕(continental shelf)은 "영해 밖으로 영토의 자연적 연장에 따라 대륙변계(continental margin)[40]의 바깥 끝까지의 해저지역의 해저와 하층토"를 말하며, 유엔해양법협약에서는 이러한 대륙붕을 탐사하고 그 천연자원을 개발할 수 있는 주권적 권리를 연안국에게 인정하고, 이러한 주권적 권리는 "연안국이 대륙붕을 탐사하지 아니하거나 그 천연자원을 개발하지 아니하더라도 다른 국가는 연안국의 명시적인 동의 없이는 이러한 활동을 할 수 없다는 의미에서 배타적 권리"라고 규정하고 있다(제76조 제1항 및 제77조).

경제수역법에서는 유엔해양법협약(제76조 제1항)에 따라, 대륙붕의 바깥 경계를 "영토의 자연적 연장에 따른 대륙변계의 바깥 끝까지",[41] 그리고 대륙변계의 바깥 끝이 200해리에 미달하는 경우에는 영해기선으로부터 200해리까지의 해저지역으로 규정하고 있다(제2조 제2항). 그리고 주변국가의 대륙붕과

39) 유엔해양법협약 제58조에서도 동일하게 규정하고 있는데, 이러한 자유는 협약 제87조에서 규정한 "공해의 자유"에 속한다.

40) 대륙변계는 "연안국 육지의 해면 아래쪽 연장으로서, 대륙붕·대륙사면·대륙융기의 해저와 하층토"로 구성되며, 해양산맥을 포함한 심해대양저나 그 하층토는 포함하지 아니한다(유엔해양법협약 제76조 제3항).

41) 다만, "대륙변계가 기선으로부터 200해리 밖까지 확장되는 곳에서는 협약에 따라 정한다"고 규정하고 있다(제2조 제2항 단서).

겹칠 경우에 원칙적으로 국제법을 기초로 관계국과의 합의에 따르도록 하고, 합의가 없는 경우에는 중간선까지만 권리를 행사하도록 하는 것은 배타적 경제수역의 경우와 같다(제2조 제3항 및 제5조 제2항).

그리고 경제수역법에서는, 유엔해양법협약(제77조)에 따라 대륙붕에서의 대한민국의 권리로서, 첫째, “대륙붕의 탐사를 위한 주권적 권리”, 둘째, “해저와 하층토의 광물, 그 밖의 무생물자원 및 정착성 어종에 속하는 생물체(협약 제77조 제4항에 규정된 정착성 어종에 속하는 생물체를 말한다)의 개발을 위한 주권적 권리”, 셋째, “협약에 규정된 그 밖의 권리”를 규정하고 있다(제3조 제2항). 이러한 권리를 행사·보호하기 위하여 대륙붕에서 대한민국 법을 적용하고, 대륙붕에서의 대한민국 권리의 침해나 대륙붕에 적용되는 대한민국 법령 위반의 경우에 추적권의 행사와 정선·승선·검색·나포 및 사법절차 등 필요한 조치를 할 수 있는 것은 배타적 경제수역의 경우와 동일하다(제5조 제1항과 제3항). 아울러 대륙붕에서 “항행 또는 상공 비행의 자유, 해저 전선 또는 관선 부설의 자유 및 그 자유와 관련되는 것으로서 국제적으로 적법한 그 밖의 해양 이용에 관한 자유”가 외국·외국인에게 인정되는 것도 배타적 경제수역의 경우와 같다(제4조 제1항).

(5) 공해

공해(high sea)는 국가관할권의 범위에 속하지 않기 때문에, 공해를 전반적으로 규율하는 국내 법률은 없다. 유엔해양법협약(제87조)에 따라 공해의 자유를 누릴 수 있으나, 국가의 배타적 관할권이 없기 때문이다. 그러나 일부 법률에서는 “공해” 개념을 사용하고 있는데, 그 범위가 동일하지 않다.

우선, 「매장문화재 보호 및 조사에 관한 법률」(제3조)에서는 수중에 매장·분포된 유형문화재의 범위에 관하여 내수면·영해[42]와 배타적 경제수역에 존재하는 유형문화재와 “공해”에 존재하는 대한민국 기원 유형문화재를 규정하고 있는데, 여기서의 “공해”는 배타적 경제수역 바깥의 수역만을 의미한다. 그리고 해양생명자원법(제2조)에서는 “해외” 해양수산생명자원의 연구·개발과

42) 이 법률에서는 내수면어업법상의 “내수면”과 영해법상의 “영해”만 언급하고, “내수”는 언급하지 않고 있는데, 내수는 영해에 포함되는 것으로 볼 수밖에 없다.

관련하여 "해외"를 대한민국 관할수역(내수면·내수·영해와 배타적 경제수역) 바깥의 수역으로 규정하고 있는데, 그 시행규칙(제2조)에서 관할수역 바깥에서의 해양수산생명자원의 확보방법과 관련하여 "공해"를 언급하고 있다. 따라서 이 시행규칙에서의 "공해"도 배타적 경제수역 바깥의 공해만을 의미한다.

그 반면에, 「국제사법」(제61조 및 제62조)에서는 선박충돌·해양사고구조와 관련하여 "영해"와 더불어 "공해"를, 그리고 「우주개발진흥법」에서는 우주비행사의 구조(제22조)와 관련하여 "대한민국 영역"과 "공해"를 함께 언급하고 있다. 여기서의 공해는 영해 바깥의 모든 수역(배타적 경제수역 포함)을 의미하는 것으로 이해된다.

그 밖에, 원양산업발전법(제7조 제1항)에서는 원양어업허가의 제한과 관련하여 "공해"어업을, 관세법(제2조)과 부가가치세법(제13조)에서는 관세·부가가치세 부과를 위한 수출·수입(내국물품·외국물품) 여부와 관련하여 "공해"를 언급하고 있다.[43] 또한 「형사소송비용 등에 관한 법률」(제6조)에서도 국외여비와 관련하여 "국외"에 "공해"가 포함된다고 명시하고 있다. 「국제항해선박 등에 대한 해적행위 피해예방에 관한 법률」(제2조)에서는 해적행위의 개념과 관련하여 "공해"를 언급하고 있다. 이들 법률에서의 "공해"는 그 의미가 명백한 것은 아니지만, 영해 바깥의 모든 수역을 의미하는 것으로 보인다.

Ⅲ. 바다에 관한 헌법적 규율

1. 헌법의 개념과 규율대상

(1) 헌법의 개념

헌법의 개념은 일반적으로 두 가지 측면에서 정의되고 있다. 법의 형식이라는 측면에서의 헌법, 즉 형식적 헌법개념은 국가의 최고법, 즉 국가의 실정법

43) 특히 관세법에서는 "외국의 영해가 아닌 경제수역"도 공해에 포함됨을 명시하고 있다

체계에서 최고의 법적 효력을 가진 법이다. 이러한 의미에서의 헌법은 대개 단일의 성문헌법전의 형식으로 존재하며, 그 법명도 "헌법"이라는 명칭이 사용된다.[44)]

그 반면에, 법의 실질·내용이라는 측면에서의 헌법, 즉 실질적 헌법개념은 국가의 기본법, 즉 국가적 공동생활에 필요불가결하고 중요한 국가의 기본적인 사항을 규율하는 법이다. 이러한 의미에서의 헌법은 국가의 조직과 작용 및 국민의 권리·의무에 관한 기본적인 사항을 규율하는 법을 말하며, 그러한 법의 존재형식은 국내법이든 국제법이든, 성문법이든 불문법이든, 성문헌법전이든 그 하위법(법률·명령 등)이든 상관없다.

(2) 헌법의 규율대상

헌법의 개념에서 보듯이, 헌법의 규율대상도 두 가지 측면에서 생각해 볼 수 있다. 하나는, 형식적 의미의 헌법, 즉 성문헌법전에서 실제로 규율되고 있는 사항을 헌법의 규율대상으로 이해하는 것이다. 이러한 측면에서의 헌법의 규율대상은 현행의 성문헌법전을 분석함으로써 찾을 수 있는 헌법해석 차원의 문제이다.

다른 하나는, 형식적 의미의 헌법인 성문헌법전으로 마땅히 규율되어야 하는 사항을 헌법의 규율대상으로 이해하는 것이다. 이러한 측면에서의 헌법의 규율대상은 헌법해석의 차원을 넘어 헌법본질론에 기초한 헌법정책 차원의 문제이다. 이것은 기본적으로 국가의 최고법으로서 경성(硬性)의 단일헌법전을 제정하는 경우에 그 헌법전에 무엇을 담을 것인가를 고려할 때 제기되는 문제이기 때문이다.[45)] 그리고 이미 제정된 헌법의 개정 문제를 고려하는 경우

44) 그러나 법률보다 우월한 효력을 가진 성문헌법전이 전혀 없는 나라(영국, 이스라엘)도 있고, 최고의 효력을 가진 성문헌법전은 있으나 여러 개의 성문법전을 가진 나라(스웨덴, 캐나다)도 있다. 그리고 최고의 효력을 가진 하나의 성문헌법전이 있으나 그 법명이 "헌법"이 아니라 "기본법"인 나라(독일, 사우디아라비아, 오만, 헝가리)도 있다. 이에 관하여 자세한 것은, 한병호, "아시아 지역 국가의 헌법전문에 대한 비교연구", 전북대 법학연구소, 법학연구(통권 제47집, 2016. 2), 70쪽; 한병호, "미주지역 국가의 헌법전문에 관한 비교연구", 한국해양대 세계해양발전연구소, 세계해양발전연구 제26권 1호(2017. 2), 149쪽 참조.

45) 바다와 관련하여 현행헌법의 영토조항과 경제조항의 개정을 주장하는 것으로는, 홍선기·강문찬, "해양수산의 헌법적 가치에 관한 연구", 법제 통권 677호(법제처, 2017. 6), 83쪽 이하.

에 제기되는 문제이기도 하다. 이러한 측면에서의 헌법의 규율대상은 실질적 헌법개념에 포섭되는 사항[46]이라고 볼 수밖에 없다. 실질적 헌법개념이 국가적 공동생활에 관한 기본적인 사항을 규율하는 법을 의미한다고 할 때, 그러한 실질적 헌법개념에 포섭되는 사항, 즉 국가적 공동생활에 관한 기본적인 사항이 헌법의 규율대상이 되어야 할 사항이라고 할 수 있기 때문이다.[47]

2. 바다에 관한 헌법적 규율의 내용

(1) 논의의 범위

바다에 관한 헌법적 규율의 문제를 논의하고자 할 때, 논의의 범위와 관련하여 다음과 같은 문제가 제기된다. 먼저, 헌법의 개념 및 규율대상과 관련하여 제기되는 문제로서, 현행의 실정헌법에서 바다에 관한 규율내용에 논의의 범위를 한정할 것인가,[48] 아니면 더 나아가 바다의 규율에 관한 헌법개정의 문제까지 논의의 범위에 포함시킬 것인가의 문제이다. 여기서는 논의의 범위를 바다에 관한 현행헌법의 규율내용에 한정하기로 한다.[49] 다만, 헌법에서 규율되는 규율사항과 관련해서는, 단지 국가관할권이 미치는 바다의 범위에 국한하지 않고 바다와 관련되는 사항 전반에 걸쳐 논의하기로 한다.

46) "마땅히 헌법전 중에 규정되어야 할 필수적 사항"이라는 의미로 "헌법사항"이라는 개념을 사용하기도 하는데[권영성, 헌법학원론(법문사, 2010), 10쪽], 이러한 헌법사항은 곧 실질적 헌법개념에 포섭되는 사항을 의미한다고 할 수 있다.

47) 실질적 헌법개념이 헌법정책의 차원에서만 활용되는 것은 아니다. 법해석론의 차원에서는, 실정헌법(성문헌법전)에 국한하여 헌법을 인식하는 것이 아니라, 실질적 헌법개념에 기초하여 인식의 범주를 모든 법형식으로 확장하여 법(실질적 헌법)을 인식·해석하는 형태로 나타나기도 하기 때문이다.

48) 이것을 실질적 헌법개념의 관점에서 본다면, 바다에 대한 국가관할권에 관한 국내법(현행헌법 제외)의 규율내용은 이미 앞에서 다루었다.

49) 바다의 규율에 관한 헌법개정 문제의 경우에는, 헌법적 규율대상을 선정하고, 그것의 가능한 규율내용에 대한 헌법적 규율의 필요성은 물론이고, 외국의 헌법사례와 입법기술적 가능성까지도 검토하는 등 방대한 작업이 요구된다.

(2) 바다에 대한 국가관할권과 헌법

1) 국가의 구성요소로서의 국가의 영역

헌법은 국가적 공동생활에 관한 국가의 기본적 사항을 규율하는 국가의 최고법이며, 이러한 헌법은 국가의 존립을 전제로 한다. 그리고 이러한 국가는, 첫째, 사람들의 생활공간으로서의 일정한 영역(territory), 둘째, 그 영역에 정주하는 사람들(population), 셋째, 그러한 사람들을 하나의 정치공동체로 조직·관리하는 권력기구로서의 정부(government)를 그 구성요소로 한다.[50] 이러한 국가의 구성요소 가운데에서 바다는 사람들의 생활공간으로서의 영역과 관련된다.

국가의 영역은 영토와 영해 및 영공으로 구성된다.[51] 영토는 육지와 육지 안의 수면(내수면)을 포함한 영역이고, 영해는 영토에 인접한 일정 범위의 해역이며,[52] 영공은 영토와 영해의 수직상공의 공역(空域)이다. 이러한 국가영역은 국가주권이 미치는 관할영역인데, 이러한 국가영역에 대한 주권에 기초한 지배권을 영토고권이라고 한다.[53]

2) 영해와 접속수역

한국헌법에는 국가의 영역 중에서 “영토”에 관한 규정(제3조)만 있을 뿐이고 영해나 영공에 대한 언급은 없으며, 이것은 1948년 헌법제정 이래 줄곧 계속되어 온 것이기도 하다. 연안국에서 영토에 인접한 해역을 영해로 인정하는

50) 1933년 몬테비데오(Montevideo)협약(「국가의 권리의무에 관한 협약」) 제1조에서는, 국제법주체로서의 국가가 갖추어야 할 자격으로서, ① 상주하는 사람들(a permanent population), ② 일정한 영역(a defined territory), ③ 정부(government), ④ 다른 국가와의 국교 능력(capacity to enter into relations with the other states)을 들고 있다. 그리고 국가의 구성요소를 영역과 국민 및 국가권력(주권과 통치권)으로 보는 전통적 국가이론(국가 3요소설)도 같은 맥락으로 이해된다. 권영성, 앞의 책, 112쪽.

51) 물론 영해는 도서국을 비롯한 연안국에만 인정되고, 내륙국에는 없다.

52) 바다가 아닌 하천·호수 등을 사이에 두고 여러 국가의 영토가 맞닿아 있는 경우에는, 바다의 경우처럼 해당 수역에 대한 국가관할권의 경계 획정이 필요하게 된다. 영해와 더불어 이러한 경우까지 포함한다면, “영해”보다는 “영수(領水)”(territorial waters)라는 표현을 쓰게 된다.

53) 영토고권은 더 정확하게는 영역고권이라고 할 수 있다. 그리고 국가의 나머지 구성요소에 대한 주권적 지배권으로서, 국민에 대한 지배권을 영민고권·대인고권이라고 하고, 국가권력(정부)에 대한 지배권을 조직고권·권한고권 또는 자주조직권이라고 한다.

것은 당연하고, 영토는 영해의 기초가 됨은 물론이지만, 한국헌법에서는 영해가 언급된 적이 없다. 다만, 현행헌법 제120조 제2항과 제122조에서는 "국토"가 언급되고 있는데,[54] 여기서의 "국토"는 좁게 영토만을 의미하는 것이 아니라, 주권이 미치는 내수와 영해의 해역과 해저까지 당연히 포함하고, 나아가 국가관할권이 미치는 그 밖의 해역(배타적 경제수역)과 대륙붕까지지도 포함하는 것으로 볼 수 있다.

한국헌법에서 영해가 언급된 적이 없다고 해서, 영토와 인접한 바다에 대한 주권을 내포하는 "영해" 관념이 없었거나 영해를 인정하지 않은 것이라고 볼 수는 없다. 대한민국의 영토가 한반도와 부속도서임을 헌법에 명시한 것은 이미 영토 인접 해역에 대한 주권관할을 예정하고 있으므로,[55] 영해는 오히려 너무나 당연한 것으로 받아들였다고 보아야 한다. 다만, 영해의 폭이 문제될 뿐인데, 헌법해석론으로서는 영해의 폭은 헌법 제6조에 따라 국제법의 관례에 따르는 것으로 보았다.[56] 그러다가 1977년 12월 제정된 「영해법」에서 비로소 영해의 폭이 원칙적으로 12해리로 명문화되었고(제1조),[57] 아울러 영해기선의 육지 쪽 수역을 내수로 규정하였다(제3조). 그리고 이 법률이 1995년 「영해 및 접속수역법」으로 개정되면서 영해기선으로부터 영해 바깥쪽 24해리까지의 접속수역도 규정되기에 이르렀다(제32조의 2).

3) 배타적 경제수역과 대륙붕

영해조차도 규정하지 않은 한국헌법에서 영해 바깥의 수역에 대하여 경제

54) 이들 조항은 1972년 헌법에서 신설되었고(제117조 제2항과 제119조), 그 후 일부 개정되어 현재에 이르고 있다.

55) 현행헌법 제3조 및 1948년 제정 헌법 제4조.

56) "헌법에 의하여 체결·공포된 조약과 일반적으로 승인된 국제법규는 국내법과 같은 효력을 가진다"고 규정한 현행헌법 제6조 제1항 및 동일한 취지를 규정한 1948년 제정 헌법 제7조 참조. 영해를 3해리로 언급한 것으로는, 한태연, 헌법(법문사, 1971), 85쪽. 그러나 우세했던 영해 폭 3해리 주장은 20세기 후반에 들어 점차 감소하고 12해리 주장이 확산하면서, 영해의 폭에 관한 합의를 보지 못하였고, 1958년 채택된 「영해 및 접속수역에 관한 협약」에는 영해의 폭에 관한 규정이 없다. 1978년 조사된 바에 따르면, 세계 각국이 선포한 영해의 폭은 12해리가 압도적이다. 한원도, "영해법 해설", 법제 17(법제처, 1978. 2), 21쪽 이하.

57) 1952년 "인접해양의 주권에 관한 대통령 선언"에 따른 이른바 "평화선"은 "주권"이라는 표현에도 불구하고 영해의 폭을 설정한 것으로 보기 어렵다. 정인섭, "1952년 평화선 선언과 해양법의 발전", 서울국제법연구 13권 2호(서울국제법연구원, 2006. 12), 6쪽 이하.

수역이나 대륙붕 같은 것을 규정한다는 것은 기대할 수 없는 일이다. 배타적 경제수역은 1996년 「배타적 경제수역법」이 제정됨으로써, 그리고 대륙붕은 이 법률이 2017년 「배타적 경제수역 및 대륙붕에 관한 법률」로 개정됨으로써 일반적으로 규정되었을 뿐이다.

그러나 경제수역법이 제정될 때까지는 경제수역 또는 대륙붕에 대한 인식이 없었다는 것은 아니다. 1952년 1월 "인접해양의 주권에 관한 대통령 선언"은, 영토(한반도와 부속도서)의 해안에 인접한 "해붕(海棚)"(대륙붕) 상하의 모든 자원과 이른바 "평화선"으로 설정된 수역의 모든 자원에 대하여, 공해상의 자유항행권을 인정하는 기초 위에서 대한민국의 주권(주권적 권리)을 선언한 것으로, 오늘날의 배타적 경제수역과 대륙붕의 관념과 흡사하다.[58] 그 후 "평화선"은 1953년 12월 제정된 「어업자원보호법」에서 어업자원 보호를 위한 "관할수역"(제1조)의 설정으로,[59] 그리고 대륙붕에 대해서는 1970년 1월 제정된 「해저광물자원개발법」에서 "해저광물"(천연자원 중 석유 및 천연가스 등)의 탐사·채취 등 개발을 규정함으로써 부분적으로 입법화되었다.

(3) 해양자원·해양환경과 헌법

1) 해양자원

한국헌법에서 해양자원을 포함하는 자원에 관한 규정은 1948년 제정 헌법에서 찾아볼 수 있다.[60] 현행헌법 제120조 제1항에서는 "광물 기타 중요한 지하자원·수산자원·수력과 경제상 이용할 수 있는 자연력은 법률이 정하는 바에 의하여 일정한 기간 그 채취·개발 또는 이용을 특허할 수 있다"고 규정하고, 제2항에서는 "국토와 자원은 국가의 보호를 받으며, 국가는 그 균형 있는 개발과 이용을 위하여 필요한 계획을 수립한다"고 규정하고 있다. 이 가운데

58) 이에 관하여 자세한 것은 정인섭, 앞의 글, 2쪽 이하 참조.

59) 평화선은 1965년 12월 한일어업협정과 그것을 대체한 1999년 1월 신한일어업협정의 체결로 적어도 그 부분에서는 실효되었다고 할 수 있으나, 평화선을 반영한 어업자원보호법은 현행법으로 남아있다.

60) 1948년 헌법 제85조에서는, "광물 기타 중요한 지하자원, 수산자원, 수력과 경제상 이용할 수 있는 자연력은 국유로 한다. 공공필요에 의하여 일정한 기간 그 개발 또는 이용을 특허하거나 또는 특허를 취소함은 법률의 정하는 바에 의하여 행한다"고 규정하였다.

에서 "수산자원"은 내수면에서의 수산자원도 포함하지만, 바다에서의 수산자원이 그 대부분을 차지한다. 광물 등 지하자원과 기타 자원의 경우에도 육지에서의 자원만이 아니라 바다의 수중 및 그 지하의 자원도 포괄한다.[61] 그리고 제120조 제2항과 더불어 제122조에서는 "국토"를 언급하고 있는데,[62] 여기서 "국토"는 육지인 영토(내수면 포함)만을 의미하는 것이 아니라, 주권이 미치는 내수와 영해의 해역과 해저 토지는 물론이고, 나아가 국가관할권이 미치는 해역(배타적 경제수역) 및 대륙붕도 포함한다. 따라서 해양자원은 헌법 제120조에 따라 국유의 원칙 아래[63] 그 보호·채취·개발·이용이 규율되고 있다고 할 수 있다.[64]

2) 해양환경

한국헌법에서 해양환경을 포함하는 "환경"에 관한 규정은 1980년 헌법에서 처음 규정되었다.[65] 현행헌법 제35조 제1항에서는 "모든 국민은 건강하고 쾌적한 환경에서 생활할 권리를 가지며, 국가와 국민은 환경보전을 위하여 노력하여야 한다"고 규정하고, 제2항에서는 "환경권의 내용과 행사에 관하여는 법률로 정한다"고 규정하고 있다. 이것은 국민의 기본권으로서의 환경권과 국가·국민의 환경보전의무를 규정한 것으로, 여기서의 "환경"에는 자연환경과 생활환경이 당연히 포함되고, 자연환경에는 해양환경도 포함된다.[66] 따라서 해양

61) 해양수산발전기본법 제2조에서는, "해양수산자원"을 "개발·이용이 가능한 해양생물자원·해양광물자원·해양에너지·해양관광자원 및 해양공간자원 등 국가경제 및 국민생활에 유용한 자원"으로 정의하고 있다.

62) 헌법 제122조에서는 "국가는 국민 모두의 생산 및 생활의 기반이 되는 국토의 효율적이고 균형있는 이용·개발과 보전을 위하여 법률이 정하는 바에 의하여 그에 관한 필요한 제한과 의무를 과할 수 있다"고 규정하고 있다.

63) 현행헌법에는 이들 자연자원에 대하여 1948년 헌법에서처럼 "국유"로 한다는 표현이 없으나, 채취·개발·이용의 "특허"가 국유를 전제하고 있다고 본다. 공유수면법 제2조에서는 "바다"(해안선으로부터 배타적 경제수역 외측 한계까지)와 "바닷가"를 공유수면으로 규정하고 있다.

64) 해양자원을 특별히 규율하는 주요 법률로는, 해양수산발전기본법을 비롯하여, 「해양생태계의 보전 및 관리에 관한 법률」, 「해양수산생명자원의 확보·관리 및 이용 등에 관한 법률」, 「수산자원관리법」, 「해양심층수의 개발 및 관리에 관한 법률」, 「해저광물자원 개발법」 등을 들 수 있다.

65) 당시 헌법 제33조에서는, "모든 국민은 깨끗한 환경에서 생활할 권리를 가지며, 국가와 국민은 환경보전을 위하여 노력하여야 한다"고 규정하였다. 그러나 해양환경을 보전하기 위한 법률로서 「해양오염방지법」이 이미 1977년 12월에 제정되어 있었다.

66) 「환경정책기본법」 제3조에서는 환경을 자연환경과 생활환경으로 구분하고, 자연환경에 해양환경이 포함됨을 명시하고 있다.

환경은 헌법 제35조에 따라 환경권과 환경보전의무의 관점에서 규율되고 있다고 할 수 있다.[67]

(4) 해양산업·해양활동과 헌법

1) 해양산업·해양활동

현행헌법 제119조 제1항에서 "대한민국의 경제질서는 개인과 기업의 경제상의 자유와 창의를 존중함을 기본으로 한다"고 규정하고, 제2항에서 "국가는 균형 있는 국민경제의 성장 및 안정과 적정한 소득의 분배를 유지하고, 시장의 지배와 경제력의 남용을 방지하며, 경제주체간의 조화를 통한 경제의 민주화를 위하여 경제에 관한 규제와 조정을 할 수 있다"고 규정하고 있다.[68] 아울러 현행헌법에서는 재산권(제23조)과 직업선택의 자유(제15조)를 비롯한 기본권을 보장하고 있다.[69] 이와 같이 현행헌법상 경제질서는 사유재산제와 개인의 경제적 자유에 입각한 시장경제질서를 기본으로 삼고 있기 때문에, 개인의 경제활동은 기본적으로 개인의 자율에 맡겨져 있다.[70] 이것은 육상에서의 산업활동 기타 경제활동에서와 마찬가지로, 해양공간과 해양자원을 관리·보전·개발·이용하는 해양산업에서도 그대로 인정된다.[71] 다만, 국유인 해양자원[72]을

67) 해양환경을 특별히 규율하는 주요 법률로는, 「해양환경관리법」, 「해양환경 보전 및 활용에 관한 법률」, 「해양생태계의 보전 및 관리에 관한 법률」을 들 수 있다.

68) 1948년 제정 헌법에서는 "대한민국의 경제질서는 모든 국민에게 생활의 기본적 수요를 충족할 수 있게 하는 사회정의의 실현과 균형 있는 국민경제의 발전을 기함을 기본으로 삼는다. 각인의 경제상 자유는 이 한계 내에서 보장된다"고 규정하였으나(제84조), 1962년 헌법에서 "① 대한민국의 경제질서는 개인의 경제상의 자유와 창의를 존중함을 기본으로 한다. ② 국가는 모든 국민에게 생활의 기본적 수요를 충족시키는 사회정의의 실현과 균형 있는 국민경제의 발전을 위하여 필요한 범위 안에서 경제에 관한 규제와 조정을 한다"는 규정으로 개정되었다가(제111조), 1987년 헌법개정으로 제2항이 현행헌법의 규정으로 개정되었다.

69) 아울러 헌법 제37조 제2항에서는, "국민의 모든 자유와 권리는 국가안전보장·질서유지 또는 공공복리를 위하여 필요한 경우에 한하여 법률로써 제한할 수 있으며, 제한하는 경우에도 자유와 권리의 본질적인 내용을 침해할 수 없다"고 규정하고 있다.

70) 물론 헌법 제37조 제2항에 따라 법률에 의한 제한이 수반될 수 있으며, 특히 헌법 제9장(경제)에 따른 규제도 예정되어 있다.

71) 해양수산발전기본법 제3조에서는 "해양 및 해양수산자원의 관리·보전·개발·이용에 관련된 산업"을 "해양수산업"으로 정의하면서, 해당 산업분야를 열거하고 있다. 따라서 해양수산부의 소관 법률의 대부분이 해양산업을 규율한다고 해도 과언이 아니다.

72) 헌법 제120조 제1항에 따라 "특허"의 대상이 되는 해양자원은 그것이 국유임을 전제하고 있다.

채취·개발·이용하는 해양산업의 경우는 사유재산제에 기초한 일반적인 경우보다 개인의 경제적 자유가 광범한 제한을 받을 수밖에 없다.

해양산업 기타 경제활동 이외에, 해양공간·해양자원을 대상으로 하거나 그것들을 활용하는 활동은 육상에서의 활동 또는 육상자원을 대상으로 하거나 그것을 활용하는 활동의 경우와 마찬가지로 모두 헌법에 의하여 규율되지만, 그것만을 육상의 경우와 구분하여 따로 규율하는 헌법규정은 아래의 두 가지 경우를 제외하고는 없다.

2) 수산업

현행헌법에서는 경제적 자유에 기초한 시장경제의 원칙과 사회정의·경제민주화를 위한 경제에 관한 국가의 규제·조정을 결합한 사회적 시장경제질서를 규정하면서(제119조), 제123조에서는 국민경제의 취약 부문에 대한 보호·육성을 규정하고 있다.[73] 그러한 취약 부문의 하나로서 어업 부문이 포함되어 있는데, "어업을 보호·육성"하기 위한 "어촌종합개발과 그 지원 등 필요한 계획"의 수립·시행(제1항), "수산물의 수급균형과 유통구조의 개선"과 "가격안정"을 통한 어민의 이익 보호(제4항), 그리고 어민의 자조조직의 육성 및 그 자율적 활동과 발전의 보장(제5항)이 규정되어 있다. 이와 같이 헌법에서는 어업 부문이 경제적·사회적으로 취약한 경제부문임을 고려하여 그것을 보호·육성하도록 규정하고 있는데, 여기서의 어업이 내수면어업을 제외하는 것은 아니지만, 기본적으로는 바다에서의 어업을 가리킴은 물론이다. 법률상으로는 어업이 수산업의 한 부문에 불과한 것으로 규정되어 있지만,[74] 수산물의 수급균형과 유통구조의 개선 및 가격안정 도모를 함께 규정하고 있다는 점에서, 헌법상의 "어업"은 넓게 해석할 필요가 있다.[75]

예컨대 공유수면법 제2조, 해저광물자원개발법 제4조 제1항 참조.

73) 여기에는 농업 부문(농업·농민·농촌·농산물)과 어업 부문(어업·어민·어촌·수산물), 중소기업과 지역경제가 포함되어 있다.

74) 수산업법에서 수산업은 어업·어획물운반업·수산물가공업으로 구분되나(제2조), 「수산업·어촌발전기본법」에서는 어업·어획물운반업·수산물가공업 외에 수산물유통업도 수산업에 포함된다(제3조). 어업이 "수산동식물을 포획·채취하거나 양식하는 사업"과 "염전에서 바닷물을 자연증발시켜 소금을 생산하는 사업"을 가리키는 점은 두 법률이 동일하다.

75) 그러한 점에서 「수산업·어촌발전기본법」에서 어업뿐만 아니라 어획물운반업·수산물가공업·

3) 우호통상항해조약

현행헌법에서 "바다"의 의미가 직접 적시된 문구가 언급된 경우는 단 하나뿐인데, 제60조에서 국회의 동의권의 대상이 되는 조약의 하나로서 언급된 "우호통상항해조약"이 그것이다.[76] "항해"가 바다에서의 항행을 의미하기 때문이다.

Ⅳ. 맺음말

바다에 대한 국가관할권의 문제가 우리나라의 법률에서는 어떻게 규율되는지, 그리고 국가관할권의 문제를 포함하여 바다에 관한 사항이 우리나라 헌법에서 어떻게 규율되고 있는지 살펴보았는데, 요약하면 다음과 같다.

국내법에서는 바다와 해양의 두 개념이 혼용되고 있으며, 바다와 육지의 경계가 되는 해안선은 국내법상으로는 기본적으로 만조수위선을 기준으로 하도록 규정하고 있으며, 바다와 내수면의 경계는 명확하지 않다.

바다에 대한 국가관할권은 현행 법률에서는 유엔해양법협약을 수용하여 규율하고 있는데, 「영해 및 접속수역법」과 「배타적 경제수역 및 대륙붕에 관한 법률」이 그것이다. 영해기선으로는 통상기선과 직선기선을 채택하고, 영해기선의 육지 쪽 수역은 내수로 규정하고 있다. 영해는 기선으로부터 12해리까지를 규정하고, 예외적으로 대한해협에서 3해리까지로 축소하고 있다. 내수와 영해는 당연히 주권이 미치는 해역이다. 접속수역은 영해기선으로부터 24해리까지, 배타적 경제수역 및 대륙붕은 영해기선으로부터 200해리까지로 규정하고 있다. 접속수역과 배타적 경제수역 및 대륙붕에서의 권한도 유엔해양법협약을 수용하여 규율하고 있다. 공해에 관해서는 일반적 규율이 없고, 개별 법률에서 언급되고 있는데, 배타적 경제수역 바깥의 해역만을 의미하는 경우도 있고, 배타적 경제수역까지 포함하는 경우도 있다.

수산물유통업까지도 포함하여 수산업과 어촌을 규율하고 있다.

76) 1972년 헌법까지는 "통상조약"으로 규정되어 있었으나, 1980년 헌법개정으로 "우호통상항해조약"으로 바뀌어 오늘에 이르고 있다.

이와 같이 법률로 규율되고 있는 바다에 대한 국가관할권 문제는 현행헌법에서는 전혀 언급되지 않고 있으며, 그 기초가 되는 영토만 헌법 제3조에서 한반도와 부속도서로 명시되어 있을 뿐이다. 헌법 제120조 제2항과 제122조에서 언급된 "국토"는 단지 대한민국의 영토만을 의미하는 것이 아니라, 대한민국의 주권이 미치는 내수와 영해의 해역과 해저 토지는 물론이고, 나아가 국가관할권이 미치는 해역(배타적 경제수역) 및 대륙붕도 포함하는 것으로 해석된다.

현행헌법에서 그 자체로서 바다를 가리키는 표현이 언급된 경우는, 제60조에서 국회의 동의를 받아야 하는 조약의 하나로 열거된 "우호통상항해조약"에서의 '항해'(바다항행)뿐이다. 그리고 바다와의 직접적 관련성이 그 표현상 명백한 것으로는, 제120조 제1항의 "수산자원"·"수력"과 제123조의 "어업"·"어촌"·"수산물"·"어민"을 들 수 있다. 나아가, 헌법해석상 바다가 당연히 내포된 것으로는, 제35조의 "환경"과, 제120조와 제122조의 "국토"와 지하자원을 비롯한 각종 자연자원을 들 수 있다. "환경"은 해양환경을 포함하고, "국토"는 내수와 영해뿐 아니라 그 밖에 국가관할권이 미치는 바다라는 공간까지 포함하며, 지하자원을 비롯한 각종 자연자원은 해양자원을 포함하는 것으로 해석되기 때문이다.

그 밖에 해양산업 기타 해양활동과 관련된 것이라고 특정할 수 있는 헌법조항은 보이지 않는다. 그렇다고 해서 해양산업·해양활동이 헌법에 의하여 규율되지 않는다는 것은 아니다. 해양산업과 같은 경제활동은 헌법 제23조의 재산권보장, 제15조의 직업선택의 자유, 제119조의 경제상 자유에 기초한 시장경제와 사회정의·경제민주화 등과 같은 헌법조항에 의하여 규율되는 것으로 해석되기 때문이다. 이와 같이 바다라는 공간에서의 활동 또는 해양공간을 비롯한 해양자원을 대상으로 하거나 그것을 활용하는 모든 활동은 육상에서의 활동과 마찬가지로 관련 헌법규정에 의하여 규율된다.

끝으로, 이러한 결과를 바탕으로 현행헌법의 개정 문제를 논의하거나 외국의 헌법 사례를 조사하는 것은 이 글에서는 논의의 범위에서 제외되었으나, 앞으로 추가적인 연구가 필요하다는 점을 지적하고자 한다.

제 2 장

해양법의 법적 쟁점

IUU 어업에 대한 국제법상 국가의 의무와 우리나라의 국내입법 태도에 관한 연구*

이 용 희

Ⅰ. 서 론

국제사회는 과거 수십년동안 '불법·비보고·비규제어업(Illegal, Unreported, and Unregulated Fishing: 이하에서 "IUU어업"이라 함)'[1)]에 대한 우려와 함께 이에 대처하기 위한 새로운 국제규범을 형성하여 오고 있다. IUU어업은 단기뿐만 아니라 장기적으로도 사회경제적 기회를 상실하게 만들며, 식량안보 및 환경안정성에 부정적 영향을 야기하고 있다. 실질적으로 불법어업이 차지하는

* 이 논문은 "IUU 어업에 대한 국제법상 국가의 의무와 우리나라의 국내입법 태도에 관한 연구"(「한국해양정책학회지」, 제1권 제2호, 2016)의 내용을 바탕으로 추가 수정·보완하여 작성한 것임.

1) IUU 어업은 불법어업, 비보고어업, 비규제어업을 통칭하는 개념이다. IUU 어업에 대한 정의는 FAO가 2001년 채택한 'IUU 어업 예방, 억지 및 근절을 위한 국제행동계획(International Plan of Action to Prevent, Deter and Eliminate Illegal, Unreported, and Unregulated Fishing)' 제3항에 규정되어 있는 것을 통상적으로 사용하고 있다. '불법어업'은 타국의 관할수역에서 당해 국가의 허가를 받지 않거나 법규에 위반하여 행하여지는 활동, 관련 지역수산기구의 회원국 선박이 당해 기구가 채택한 보존관리조치 또는 적용가능한 국제법 관련규정을 위반하여 행하여지는 활동, 국내법을 위반한 활동 또는 관련 지역수산기구에 대한 국제적 의무를 위반한 활동을 말한다. '비보고어업'은 국내법규를 위반하여 관계당국에 보고를 하지 않거나 잘못 보고하는 어업활동 또는 관련 지역수산기구의 관할수역에서 그 기구의 보고절차를 위반하여 보고를 하지 않거나 잘못 보고하는 어업활동을 말한다. '비규제어업'이란 지역수산기구의 관할수역에서 무국적 어선에 의한 어업활동 또는 비당사국 선박 또는 조업실체가 당해 기구의 보존관리조치에 일치하지 않거나 위반하는 방법으로 행하는 어업활동 또는 적용가능한 보존관리조치가 없는 수역이나 어족을 대상으로 국제법상 해양생물자원 보존에 대한 국가의 책임과 불일치하는 방법으로 행하여지는 어업활동을 말한다. IUU 어업의 개념에 대하여 자세한 것은 김현정, "불법·비보고·비규제어업의 개념 정의－법과 정치의 관계를 중심으로", 「국제법학회논총」, 제59권 제3호(2014), 61－78면; Jens T. Theilen, "What's in a Name? The Illegality of Illegal, Unreported and Unregulated Fishing", *The International Journal of Marine and Coastal Law*, Vol. 28(2013), pp.533~550 참조.

비율은 전체 어획량의 30%에 이르는 것으로 보고되고 있다.[2] IUU 어업은 목표대상어종과 가치있는 해양자원을 위험에 처하게 하고, 인류의 생존을 손상시키며, 다양한 어업관리조치의 신뢰성과 노력을 약화시키는 결과를 가져올 뿐만 아니라 배타적 경제수역에 대한 연안국의 주권적 권리를 약화시키는 결과를 초래하고 있다.[3] 실제적으로 IUU 어업에 의해 매년 11~26백만톤의 어류가 포획되고 있고, 그 가치는 100억 달러에서 230억 달러에 이르는 것으로 평가되고 있다.[4]

이러한 IUU 어업 문제를 해결하기 위하여 유엔식량농업기구(Food and Agriculture Organization of the UN: 이하에서 'FAO'라 함)를 중심으로 국제사회는 법적 구속력이 있는 규범과 법적 구속력이 없는 연성법을 지속적으로 발전시켜오고 있다. 해양에 관한 국가간 기본질서를 규율하고 있는 「유엔해양법협약」과 1992년 리우 환경개발회의 결과물인 '의제 21(Agenda 21)' 및 그 후속조치로 FAO와 유엔이 채택한 일련의 국제문서도 IUU 어업에 대응하는 기초를 제공하고 있다. 그러나, IUU 어업의 개념을 정립하고 이에 특화된 최초의 국제적 입법노력으로서는 2001년에 채택된 「IUU 어업 예방, 억지 및 근절을 위한 국제행동계획(International Plan of Action to Prevent, Deter and Eliminate Illegal, Unreported, and Unregulated Fishing: 이하에서 '국제행동계획'이라 함)」을 들 수 있다. 또한, 2009년에는 「IUU 어업 예방, 억지 및 근절을 위한 항만국조치협정(FAO Agreement on Port State Measures to Prevent, Deter and Eliminate Illegal, Unreported, and Unregulated Fishing: 이하에서 '항만국조치협정'이라 함)」이 채택되어 2016년 6월 발효되었으며, 2014년에는 「기국 성과를 위한 자발적 지침(Voluntary Guideline for Flag State Performance)」이 채택된 바 있다. 이러한 국제적 입법노력에도 불구하고 공해에서의 IUU 어업을 비롯한 폐해가 경감되지 않고 있으며, IUU 어업을 둘러싸고 국제분쟁이 다수 발

2) Kevin Riddle, "Illegal, Unreported, and Unregulated Fishing: Is International Cooperation Contagious?", *Ocean Development & International Law*, Vol. 37(2006), pp.266~267.

3) Shin-Ming Kao, "International Actions Against IUU Fishing and the Adoption of National Plans of Action", *Ocean Development & International Law*, Vol. 46 No. 2(2015), p.3.

4) FAO. *Voluntary Guidelines on Flag State Performance*(http://www.fao.org/fishery/topic/16159/en (2016.8.15 방문)

생하고 있어 관련국제문서 당사국 의무의 적극적이며 실질적이고 효과적인 이행이 더욱 강조되고 있는 상황이다.

한편, 우리나라는 2015년 현재 289척의 원양어선이 공해 및 타국 배타적 경제수역에서 조업을 하고 있으며, 다랑어, 오징어, 꽁치 등을 577천톤을 어획하는 대표적 원양어업국중 하나이다. 그러나 일부 원양어선이 IUU 어업에 종사함으로서 우리나라는 IUU 어업을 방치하는 국가로 지목됨으로서 국가의 위신이 추락된 바 있다. IUU 어업 방치국으로의 비판은 2012년 호주에서 개최된 남극해양생물자원보존위원회(CCAMLR)에서 시작되었다.[5] 2013년 1월에는 미국으로부터 IUU 어업국으로 지정된 바 있으며, 동 년 11월 26일 EU 이사회 규칙 제1005/2008호 제32조에 근거하여 IUU 어업에 대응하는 비협력 제3국으로 지정되었음을 통보받았고 2014년 1월에는 EU로부터 예비 IUU 국가로 지정되었다.[6] 이와 같이 우리나라는 원양어업국으로서 IUU 어업에 대한 기국으로서의 의무이행이 주요한 현안으로 등장하는 한편으로, 우리나라 관할해역에서는 중국의 불법어업이 광범위하게 지속적으로 이루어지고 있어 연안국으로서 IUU 어업에 대응하여야 할 권리와 책임을 동시에 수행하여야 할 입장에 놓여 있다. 중국어선의 불법어업 단속건수는 매년 평균 450척에 이르고 있으며,[7] 중국어선의 불법어업으로 인한 연간 평균 손실금액이 약 1조 3천억원에 이르고 있는 것으로 평가되었다.[8]

이와 같이 다양한 측면에서 IUU 어업문제에 직면하고 있는 우리나라의 입장에 비추어 볼 때, IUU 어업에 대한 최신 국제질서의 내용을 정확히 인식하고, 그에 따른 기국, 연안국, 항만국, 거래국으로서의 의무를 명확히 분석하는 것이 필요하다. 또한 위와 같은 의무의 이행을 담보하기 위한 국내법질서의 확립 정도를 확인하는 것도 중요한 요소로 생각한다. 이는 향후 발생할 수 있는 IUU 어업과 관련된 국가의무 불이행에 관한 국가간 분쟁에 대비하여서도

5) 이학수, “유럽연합과 한국간의 갈등사례연구”, 「국제학논총」, 제22권(2014), 91면.
6) 김현정, 전게논문, 62면.
7) 박민규, “불법어업 예방 및 근절을 위한 한국의 처벌제도 개선 연구”, 「해양정책연구」, 제29권 제2호(2014), 207면.
8) 이광남, 정진호, “중국어선 불법어업에 따른 수산부분 손실 추정”, 「수산경영논집」, 제45권 제2호(2014), 82면.

매우 중요한 시도로 판단된다.

이러한 판단하에, 이하에서는 IUU 어업에 대응하기 위한 국제질서의 형성 과정을 살펴보고, 그에 근거하여 기국, 연안국, 항만국, 거래국으로서 IUU 어업에 대응하여야 할 조치의무의 범위를 관련국제문서에 근거하여 분석하도록 한다. 또한 동 분석을 바탕으로 IUU 어업 대응과 관련된 우리나라의 국내입법 현황을 분석한 후 향후 입법적 보완방향을 제시하도록 한다.

II. IUU어업에 대한 국제법적 대응노력

1. 국제적 입법활동의 개관

국제사회는 과거 수십년동안 IUU어업에 대한 우려와 함께 이에 대처하기 위한 새로운 국제규범을 형성하여 오고 있다. IUU 어업에 특화된 국제적 논의의 본격적인 시작은 1999년 2월에 개최된 FAO 제23차 수산위원회에서의 논의로 알려지고 있다. 물론, IUU 어업에 대한 국제법적 규제의 근거는 1982년 채택된 유엔해양법협약에서 찾아 볼 수 있다. 그러나, 보다 구체적인 IUU 어업에 대한 국제적 대응노력은 1992년 유엔환경개발회의 결과로 채택된 '의제 21(Agenda 21)'의 후속조치에서 찾아 볼 수 있다. FAO는 1993년 제27차 회의에서 결의 15/93을 통하여 편의치적제도 활용으로 인한 기국 통제의 약화를 해결하기 위하여 「공해상 어선의 국제적 보전관리조치 이행증진을 위한 협정(Agreement to Promote Compliance with International Conservation and Management Measures by Fishing Vessels on the High Seas: 이하에서 '1993년 준수협정'이라 함)」을 채택하였다.[9] 이어서 1995년에는 유엔 주도로 '유엔 경계왕래어족 및 고도회유성어족회의'가 3년간의 노력 끝에 「경계왕래어족 및

9) 1993년 11월 24일 FAO 제27차 총회에서 채택되었고 2003년 4월 24일 발효하였다. 2014년 10월 현재 40개국이 동 협정에 비준 또는 가입하였다. 우리나라는 동 협정에 2003년 4월 24일 수락서를 기탁하고 당일부터 당사국의 지위를 획득하였다.

고도회유성어족의 보존과 관리에 관한 1982년 유엔해양법협약 관련조항의 이행을 위한 협정(Agreement for the Implementation of the Provisions of the United Nations Convention on the Law of the Sea of 10 December 1982 Relating to the Conservation and Management of Straddling Fisf Stocks and Highly Migratory Fish Stocks: 이하에서 '공해어업이행협정'이라 함)」을 채택하였다.[10] 또한, FAO는 같은 해 11월 1일에 비록 법적 구속력이 없는 국제문서이지만 지속 가능한 어업과 환경과 조화로운 수중생물자원 생산을 목적으로 국가 및 국제적 노력의 기본체계를 제공하기 위하여 「책임있는 어업 행동규범(Code of Conduct for Responsible Fisheries)」을 채택하였다.

이상과 같은 국제적 노력이 IUU 어업에 특화되지 않은 상태에서 공해 어업을 중심으로 지속 가능한 어업의 이행을 위하여 추진되었다면 2001년 이후에는 IUU 어업에 특화된 국제법 제정 노력이 추진되었다.

2001년에는 FAO가 책임있는 어업 행동규범의 이행을 위한 필수적 요소로서 국제행동계획을 채택하였다. 이어서 2005년에는 「IUU 어업에 대응한 항만국 조치모델제도(Model Scheme on Port State Measures to Combat Illegal, Unreported, and Unregulated Fishing: 이하에서 '항만국조치모델'이라 함)」을 채택하였으며, 2009년에는 항만국조치협정을 채택하였다.[11] 가장 최근의 노력으로는 FAO가 2014년 6월 개최된 제31차 회의 어업위원회에서 IUU 어업에 대응한 기국 책임의 보다 효과적인 실행을 담보할 목적으로 비구속적 국제문서인 「기국 성과를 위한 지발적 지침(Voluntary Guideline for Flag State Performance)」을 채택하였다.

IUU 어업에 대한 국제법적 대응노력은 법적 구속력이 있는 문서와 법적 구속력이 없는 연성법적 문서로 혼합하여 이루어 졌다. 또한, 그러한 노력의 초기단계 주된 관심사는 불법어업에 대응하여 공해에서의 기국의 의무 설정 및 강화에 초점이 맞추었으나 최근에는 불법어업 이외에 비보고 및 비규제 어업

10) 1995년 8월 4일 채택되고 2001년 12월 11일 발효하였다. 동 이행협정에는 2017년 4월 현재 86개국이 비준 또는 가입하고 있으며, 우리나라는 2008년 2월 1일 비준하였다.

11) 2009년 11월 22일 로마에서 채택되었고 2016년 6월 5일 발효하였다. 우리나라는 2016년 1월 14일 가입서를 기탁하여 동 협정 발효일부터 협정의 적용을 받고 있다. 2017년 6월 22일 현재 48국이 비준 또는 가입하고 있다.

까지를 포괄적으로 규율대상으로 확장하고, 대응조치의 주체를 항만국을 비롯한 연안국, 거래국으로 확대하는 등 국제적 대응노력을 다변화하여 접근하여 오고 있다. 이하에서는 IUU 어업의 개념이 확립된 2001년 이후 IUU 어업 대응에 특화하여 채택된 국제문서에 대하여 그 채택 배경 및 주요내용을 살펴보도록 한다.

2. 2001년 국제행동계획

국제행동계획은 국제법상 법적 구속력이 부여된 국제문서는 아니지만, IUU 어업 관련국가인 기국, 연안국, 항만국 및 거래국과 국제기구로 하여금 각각 모든 형태의 IUU 어업에 대응하는 조치를 취하도록 하는 정책적 지침을 제공하고 있다.[12)]

국제행동계획은 전체적으로 7개 부분으로 나누어 작성되었다. 제1장인 '총칙'에서는 국제행동계획의 채택 배경 및 과정을 기술하고 있다. 제2장 'IUU 어업의 성질과 범위 및 국제행동계획' 부분에서는 용어의 정의를 하고 있는데, 특히 국제문서상 처음으로 IUU 어업에 대한 개념을 앞서 서술한 바와 같이 정의하였다. 제3장 '목적과 원칙'부분에서는 국제행동계획의 채택 목적과 6개의 원칙을 규정하였다. 목적으로는 "국제법에 따라 설립된 적절한 지역수산관리기구를 통하는 것을 비롯하여 모든 국가에게 종합적이고 효과적이며 투명한 조치를 제공함으로써 IUU 어업을 예방, 억지 및 근절시키도록 하는 것"을 제시하였다(제8항). 6개의 원칙으로는 '참여 및 조정(participation and coordination)', '단계적 이행(phased implementation)', '종합적이고 통합적 접근(comprehensive and integrated approach)', '보존(conservation)', '투명성(transparency)', '무차별성(non－discrimination)'을 규정하였다. 제4장 'IUU 어업 예방, 억지 및 근절을 위한 조치의 이행'은 이 국제행동계획의 실질적인 부분으로서, IUU 어업 예방, 억지 및 근절을 위하여 '모든 국가가 취하여야 할 조치', '기국의 책임', '연안국이 취하여야 할 조치', '항만국이 취하여야 할 조치', '국제적으로 합의된 시

12) 국제행동계획 "4. The IPOA is voluntary".

장 관련조치', '지역수산관리기구가 취하여야 할 조치'를 상세히 제시하고 있다. 제5장은 '개발도상국의 특별한 요구'로서, 저개발국이나 소도서개발도상국을 비롯하여 개발도상국에 대한 재정적 및 기술적 지원 제공 필요성을 언급하였다. 제6장은 '보고(reporting)'로서 이 국제행동계획의 이행사항에 대하여 각국 및 지역수산관리기구로 하여금 2년마다 보고서를 FAO에 제출하도록 요구하였다. 제7장은 "FAO의 역할'로서, 국제행동계획에 대한 FAO의 책임을 규정하였는데, 정보의 수집, 국가별 및 지역별 계획의 수립 및 이행을 지원해주는 것을 주된 내용으로 하고 있다.

3. 2005년 항만국 조치모델제도

IUU 어업에 대응하기 위한 수단중 하나로서 항만국에 의한 조치는 1990년대 초반부터 국제사회에서 가장 비용 효과적이며 효율적인 수단으로 인식되었다.[13] 이에 따라 항만국 조치에 관한 내용들이 1993년 FAO 준수협정, 1995년 책임있는 어업 행동규범, 1995년 공해어업이행협정, 2001년 국제행동계획에 지속적으로 포함되어왔다.

항만국조치모델은 국제행동계획의 내용중 항만국조치부분의 이행을 촉진할 목적으로 채택된 것으로서, 그 구체적인 구상은 국제해사기구가 선박기인 해양오염에 대응하기 위해 항만국 통제를 위한 지역 MOU 채택을 추진하는 방식을 IUU 어업 대응에 적용하고자 추진한 것에서 비롯되었다.[14]

2005년 FAO 수산위원회와 이사회에서 승인되어 채택된 항만국조치모델은 전문과 총칙, 검색, 행위, 정보, 보칙 및 5개의 기술적 부속서로 구성되었다. 우선적으로 항만국조치모델은 모든 국가, 어업주체 및 지역수산관리기구를 적용대상으로 하고 있으며, 향후 항만국이 IUU 어업에 대응한 조치를 취함에 있

13) FAO. 2012. A GUIDE TO THE BACKGROUND AND IMPLEMENTATION OF THE 2009 FAO AGREEMENT ON PORT STATE MEASURES TO PREVENT, DETER AND ELIMINATE ILLEGAL, UNREPORTED AND UNREGULATED FISHING. FAO Fisheries and Aquaculture Circular No. 1074, iii.

14) Ibid., pp.13~14.

어서의 주체와 범위를 규정하는 한편으로 항만국이 그러한 조치를 취하는 절차에 관한 지침을 제공하고 있다.[15)]

항만국조치모델의 채택 배경과 필요성을 서술한 전문에 이어 총칙(General)에서는 항만과 어선등과 같이 이 모델의 적용범위에 대하여 언급하였고, 제도의 이행을 위하여 항만국이 이행하여야 할 역할에 대하여 상세히 규정하였다. 검색(Inspections)부분에서는 외국어선이 항구내에 있는 동안의 항만국 검색에 관한 사항을 규정하였고, 행위(Actions)부분에서는 IUU 어업의 유형과 검색결과 해당 어선이 앞의 IUU 어업 유형에 해당하거나 그것을 지원하였다는 '합리적인 증거(reasonable evidence)'가 발견된 경우에 취하여야 할 행동에 대해서 규정하였다. 정보(Information)부분은 검색을 실시하는 항만국이 당해어선의 기국에 제공하여야 할 정보의 내용을 언급하였다. 보칙(Other)에서는 항만국이 조치를 취함에 있어 준수하여야 할 공정하고 투명하며 무차별하여야 한다는 사항을 규정하였다. 부속서(Appendix) A는 외국어선이 항만국에 입항전에 제공하여야 할 정보의 내용을 규정하였고, 부속서 B에서는 외국어선에 대한 항만국의 검색절차를 규정하였다. 부속서 C는 항만국 검색의 결과 처리에 관한 사항을 규정하였고, 부속서 D는 항만국의 검색요원 훈련에 관한 사항을 담고 있다. 마지막으로 부속서 E는 항만국 검색의 정보체제에 대해서 규정하였다.

항만국조치모델은 문서의 성격상 법적 구속력이 없는 연성법의 성격을 갖고 있으며, 모델의 수용 여부는 항만국의 정치적 의지에 맡겨져 있다.[16)] 그러나, 이 항만국조치에 관한 사항이 협의단계부터 법적으로 구속력없는 문서의 성격을 지향한 것은 아니었다. 항만국조치를 법적 의무로 규정하여야 한다는 인식이 있었음에도 불구하고 일부 개발도상국과 원양어업국가들이 항만국조치 이행의 부담과 자국 원양어선에 대한 추가적인 제약에 대한 우려를 제기한 결과 구속력이 없는 문서의 형태로 채택된 것이다.[17)]

15) Shin−Ming Kao. op. cit., p.4.
16) Ibid.
17) FAO. 2012. op. cit., p.15.

4. 2009년 항만국조치협정

항만국조치협정은 앞서 살펴본 법적 구속력이 없는 항만국조치모델을 보다 구체화하여 법적 구속력이 있는 문서로 채택한 것이다. 항만국조치에 관한 법적 구속력있는 국제문서 제정을 위한 국제협상의 근간은 2006년 개최된 1995년 공해어업이행협정 재검토회의 권고와 같은 해 채택된 유엔총회 결의에서 찾을 수 있다.[18] 유엔총회는 항만국조치모델이 채택된 다음 해인 2006년에 결의(A/Res/61/105)를 통하여, "각국으로 하여금 가능한 이른 시간에 적절한 경우 항만국조치의 최소기준에 관한 법적으로 구속력있는 문서를 항만국조치모델과 국제행동계획을 토대로 하여 성안하는 절차를 FAO에서 개시할 것을 촉구"하였다(para. 43). 특히, 이 결의의 배경에는 IUU 어업에 대한 대응 조치를 회피하기 위하여 항만국 조치가 미약하거나 이루어지지 않고 있는 국가의 항만을 이용하는 '편의 항만(ports of convenience)' 현상을 해결하는 조치로서 법적 구속력있는 국제협정의 필요성이 인정되었기 때문이다. 이와 같은 배경하에 FAO 수산위원회는 2007년 법적 구속력있는 국제문서 제정을 위한 '전문가협상(Expert Consultation)'과 '기술적 협상(Technical Consultation)' 절차를 승인하였고, 동 절차에 따라 집중적인 논의가 진행되었다. 그 결과 초안이 작성되어 2009년 11월 22일 제36차 FAO 회의에서 승인되어 모든 국가 및 '지역경제통합기구(regional economic integration organization)'의 서명에 개방되었다. 협정의 발효는 25번째 비준서 또는 가입서가 FAO 사무총장에게 기탁된 날로부터 30일 경과 후에 이루어지도록 규정되었다(제29조).

이 협정의 채택 의미는 전지구적 차원에서 IUU 어업에 대응하여 채택된 최초의 법적으로 구속력있는 국제문서라는 점과, 1995년 공해어업 이행협정 이후 채택된 가장 중요한 어업관련 국제조약으로 평가되고 있다.[19]

협정은 전문과 제10부 37개 조문 및 5개의 부속서로 구성되어 있다. 전문에서는 협정의 채택 배경을 설명하면서, IUU 어업이 지속되는 것에 대한 우려와

18) Ibid., pp.18~19.

19) Robert Daley, "New Agreement establishing global port state measures to combat IUU fishing", *Australian Journal of Maritime and Ocean Affairs*, Vol. 2, No. 1(2010), p.28.

항만국조치가 IUU 어업에 대응하는 강력하고도 비용효과적인 조치가 될 것이라는 인식을 명백히 밝혔다. 제1부는 총칙(general provisions)으로서 용어의 정의, 협정의 목적과 적용대상 및 범위, 국제법 및 다른 국제문서와의 관계, 국내적 차원에서의 통합 및 조정, 협력 및 정보 교환에 관한 사항을 규정하고 있다. 특히, 제4조 제1항에서는 이 협정이 항만국이 취하여야 할 최소한의 기준을 제시하고 있다는 점을 고려하여 이 협정의 규정보다 더 강한 조치를 항만국이 취할 수 있다는 점을 명백히 적시하고 있다(제4조 제1항 제나호).

제2부에서 제4부는 어선의 입항 이전시점부터 항만의 이용, 검색 및 후속조치에 이르기까지 항만국의 대응조치를 단계별로 규정하였다. 먼저, 제2부는 입항(entry into port)에 관한 사항으로서, 당사국으로 하여금 외국어선이 입항할 수 있는 항만을 지정하여 공개하도록 하고 있으며, 입항허가를 위한 사전정보 요구, 입항요청에 대한 허가와 거부, 허가 거부의 예외사항으로서 불가항력과 조난 등에 관한 사항을 규정하고 있다. 제3부는 항만사용(use of ports)으로서, 이미 입항한 선박이 어업허가 미보유 등 일정한 사유에 해당하는 경우 어류의 양륙, 전재, 포장 및 가공과 그 밖의 항만서비스를 목적으로 한 항만사용을 거부할 수 있도록 하고, 동 결정을 신속하게 기국, 관련 연안국, 지역수산관리기구 및 그 밖의 관련국제기구에 통지할 의무를 부여하고 있다. 제4부는 검색 및 후속조치(inspection and follow-up actions)로서, 검색의 수준 및 우선순위, 검색의 절차, 검색 결과의 처리, 당사국간 전자적 정보교환, 검색관의 훈련, 검색후 IUU 어업에 관련되었다고 믿을만한 명백한 근거가 있는 경우의 조치 내용, 항만국조치에 대한 청구권 행사에 대한 정보 제공 등에 관한 사항을 포함하고 있다.

제5부와 제6부는 기국의 역할과 개발도상국에 대한 고려사항을 규정하였다. 제5부는 기국의 역할(role of flag States)로서, 자국 선박에 대한 항만국 검색 수용 협조 요구, IUU 의심선박에 대한 항만국조치 요청의무, 협정 이행국 항만 이용 장려의무, 검색 결과에 대한 조치 및 동 결과 보고의무 등을 규정하고 있다. 제6부는 개발도상국의 요구사항(requirements of developing States)으로서, 개발도상국이 협정상의 조치를 적절히 취할 수 있도록 능력 배양이나 재정적 지원조치를 하도록 제반사항을 언급하고 있다.

제7부에서 제10부는 일반적인 국제협약에 포함되는 사항으로서, 제7부에서 분쟁해결(dispute settlement), 제8부에서 비당사자(non-parties), 제9부에서 모니터링, 검토 및 평가(monitoring, review and assessment), 제10부에서 최종 규정(final provisions)을 다루고 있다.

마지막으로, 협정 제34조에 근거하여 동 협정의 필수 불가결한 일부로 규정된 부속서는 총 5개로 구성되었으며, 기술적 내용을 담고 있다. 부속서 A는 입항을 요청하는 선박이 사전에 제출할 정보, 부속서 B는 항만국 검색절차, 부속서 C는 검색결과 보고서 형식, 부속서 D는 항만국조치에 관한 정보시스템, 부속서 E는 검색관 훈련지침에 관한 사항을 제시하고 있다.

5. 2014년 기국 성과를 위한 자발적 지침

기국 성과를 위한 자발적 지침은 58개 항과 2개의 부속서로 구성되어 있다. 동 지침을 채택하게 된 배경에는 FAO가 IUU 어업에 대응하여 국제규범에 의하여 제시된 기국의 의무와 책임이 적절히 이루어지지 않다고 평가하였기 때문이다.[20] 기국이 어선을 자국 선박으로 등록시킨 후 그 선박에 대한 국제법상 감시 또는 통제 의무를 이행하지 않거나 어업활동에 대하여 적절히 승인하지 않는 문제가 발생하였다. 더욱이 기국이 그러한 의무를 이행하였음에도 많은 어선들이 불법행위에 종사한 후 기국의 탐지를 회피하기 위하여 다른 기국에 반복적으로 등록하는 소위 '기국을 돌아다니는 행위(flag hopping)'를 함으로서 IUU 어업을 근절시키기 위한 국제적 노력을 약화시키고 있다고 평가되었다.[21] 이러한 문제를 해결하기 위하여 FAO 수산위원회가 2009년 제28차 회기에서 기국 성과에 관한 기술적 진단을 위한 회의 개최를 권고하였고, 그 이후 일련의 후속조치를 거쳐 2014년 기국 성과를 위한 자발적 지침이 채택된 것이다.

이 자발적 지침은 목적 및 원칙, 적용범위, 성과평가 기준, 기국과 연안국간

20) Shin-Ming Kao. op. cit., p.5.
21) FAO. 2014 Voluntary Guidelines on Flag State Performance(http://www.fao.org/fishery/topic/16159/en(2016. 8. 15 방문)

협력, 평가 수행 절차, 기국에 의한 준수 보장 및 비준수 억제, 능력 배양을 위한 개발도상국과의 협력 및 지원, FAO의 역할 등으로 구성되었다. FAO는 이 지침이 어선을 등록시키고, 등록된 어선을 통제하는데 있어서 기국이 수행하여야 할 국제법적 의무를 보다 효과적으로 수행하는데 가치있는 수단으로 활용되기를 희망하고 있다.[22]

Ⅲ. IUU 어업에 대응한 국가의 조치의무

IUU 어업에 대응하기 위하여 필요한 국제법상 조치는 우선적으로 기국의 책임을 강조하고 있지만, 기국의 조치를 보완하기 위하여 항만국과 거래국의 조치 의무를 강화하고 있는 추세이다. 또한, 연안국에게도 자국 관할해역에서 행하여지는 IUU 어업에 대응할 권리와 의무를 동시에 부여하고 있다. 기국, 연안국, 항만국, 거래국이 IUU 어업과 관련하여 취하여야할 조치의 근거는 앞서 언급한 바와 같이 유엔해양법협약을 비롯한 국제법적으로 구속력을 가진 여러 가지 국제문서에서 발견할 수 있다. 또한, 기국의 의무와 책임과 연안국 조치의 범위에 대해서는 '소지역수산위원회(Sub-Regional Fisheries Commission)'[23]가 요청한 사안에 대한 2015년 4월 2일자 국제해양법재판소의 권고적 의견과 2014년 4월 14일 자 파나마와 기니 비사우간 버지니아 G호 사건에 대한 국제해양법재판소의 판결에서도 찾아 볼 수 있다.

1. 기국의 조치의무

IUU 어업과 관련하여 기국에게 요구되는 의무는 자국 선박에 대한 효과적인 관할권의 행사 및 통제의 실시이다. 이와 같은 IUU 어업에 대한 기국의 의

22) Ibid., v.

23) 소지역수산위원회는 서부아프리카의 카보베르데, 기니, 시에라리온, 감비아, 기니비사우, 세네갈, 모리타니아 등 7개국이 회원국을 구성하는 국제기구이다.

무는 2001년 국제행동계획에서 상세히 다루고 있지만 동 문서는 법적 구속력이 없는 문서라는 점에서 직접적인 국가의 국제법상 의무를 규정하고 있다고 보기 어렵다. 법적 구속력이 있는 전지구적 규모의 국제협약에서 그 근거를 찾아보면 유엔해양법협약, 공해어업이행협정과 1993년 준수협정을 들 수 있다.

유엔해양법협약은 IUU 어업을 직접적으로 규율하는 규정이 없으나,[24] 유엔해양법협약의 해양환경보호규정 및 기국의 일반적 의무규정 등이 연안국 배타적 경제수역에서 IUU 어업을 행한 선박에 대한 기국의 의무를 도출하는 근거가 된다는 국제해양법재판소의 '소지역수산위원회' 권고적 의견에서도 확인된 바 있다. 먼저, 공해상 어업에 대한 기국 의무를 살펴보면, 제116조에서 모든 국가에게 자국민이 공해에서 어업에 종사하도록 할 권리가 있다는 점을 확인하고 있다. 그러나, 이러한 권리는 해당국가의 조약상의 의무, 배타적 경제수역의 경계왕래성어족, 고도회유성어족, 해양포유동물, 소하성어족, 강하성어족에 대한 연안국과의 협력의무, 협약 제7부 제2절의 규정에 따를 것을 조건으로 하고 있다. 이러한 조건에서 언급한 조약상의 의무는 유엔해양법협약상의 의무와 해당국가가 별도로 체결한 양자 및 다자조약상의 제반의무를 모두 의미한다고 해석된다.[25] 조약상의 의무로서 고려할 수 있는 것이 제91조 선박의 국적, 제92조 선박의 지위, 제94조 자국 선박에 대한 기국의 의무, 제192조 해양환경에 대한 일반적 의무, 제193조 천연자원의 개발에 관한 국가의 주권적 권리 등이다.[26] 먼저, 제91조는 모든 국가에게 선박에 대한 국적 부여, 자국 영토에서의 선박의 등록 및 자국기를 게양할 권리에 대한 조건을 정할 수 있는 권리를 부여함과 동시에 그 국가와 선박간 '진정한 관련(a genuine link)'이 있을 것과 국기를 게양할 권리를 부여한 선박에게 그러한 취지의 서류를 발급할 의무를 부여하고 있다. 제92조는 국제조약이나 이 협약에서 예외적 상황을 인정하지 않는 한 기국이 공해상 자국선박에 대하여 배타적 관할권을 갖

24) 김현정, "국제법상 불법·비보고·비규제어업에 관한 기국의 의무와 책임", 「서울국제법연구」, 제22권 제1호(2015), 70면.

25) Nandan, Rosenne, *United Nations Convention on the Law of the Sea 1982: A Commentary. Volume III*(Maritinus Nijhoff Publishers, 1995), p.286.

26) ITLOS, 2015. Advisory Opinion. Request for an advisory opinion submitted by the Sub-Regional Fisheries Commission. para. 111.

는다는 점을 규정하고 있으며, 2개국 이상의 국기를 편의에 따라 게양하는 선박을 무국적선으로 취급하도록 하였다. 제94조는 자국선박에 대한 기국의 유효한 관할권 행사 및 통제를 담보하기 위하여 ⅰ) 선박등록대장 유지의무, ⅱ) 자국 국내법에 따라 선박, 선장, 사관과 선원에 대한 관할권 행사 의무, ⅲ) 선박의 해상안전 확보를 위한 필요조치 의무, ⅳ) 선박의 해상안전 확보를 위한 필요조치시 일반적으로 수락된 국제적인 규제조치, 절차 및 관행 준수 및 이행보장조치 의무, ⅴ) 선박에 대한 관할권 또는 통제 부실 통보시 조사 및 필요조치 의무, ⅵ) 타국이 관련된 공해상 해난이나 항행사고에 대한 조사 및 조사실시 협력의무 등을 이행할 것을 규정하고 있다. 제192조는 각국에게 해양환경을 보호하고 보전할 의무를 부과하고 있는데, 이 점에 관하여 국제해양법재판소는 해양생물자원을 보존하는 것이 해양환경을 보호하고 보전하는 것의 핵심적 요소에 해당하므로 기국은 모든 수역에서 자국 선박이 생물자원 보존에 관한 조치를 준수토록 보장할 의무가 있음을 확인한 바 있다.[27] 마지막으로 제193조에서는 각국에게 자국의 천연자원을 개발할 주권적 권리를 인정함과 동시에 동 권리는 자국의 환경정책과 해양환경을 보호하고 보전할 의무에 따를 것을 조건으로 부여하고 있다.

이와 같은 일반적인 기국 의무이외에 유엔해양법협약은 공해어업과 관련하여 몇 가지 추가적인 기국 의무를 규정하고 있다. 제117조에서는 자국민을 대상으로 공해생물자원 보존조치를 취하거나 그러한 조치를 취하기 위하여 타국과 협력할 의무를 부과하고 있다. 제118조는 공해생물자원의 보존 및 관리를 위한 협력의무를 부과함과 동시에 동일 생물자원 또는 동일지역에서 조업하는 국가간에 필요조치 교섭의무와 소지역 또는 지역수산기구 설립 협력의무를 규정하고 있다. 마지막으로 제119조는 공해생물자원 보존을 위하여 허용어획량의 결정과 기타 보존조치를 최선의 과학 증거 등을 바탕으로 수립하고 수산자원 보존에 필요한 자료를 제공하고 교환할 의무 및 보존조치의 시행에 있어서 무차별원칙 보장의무를 명시하고 있다.

한편, 연안국의 배타적 경제수역에서의 어업과 관련하여서는 기국에게 제58

27) Ibid., para. 120.

조 제3항과 제62조 제4항의 의무를 추가적으로 규정하고 있다.[28] 제58조 제3항에서는 각국이 연안국 배타적 경제수역에서 권리 행사와 의무 이행을 함에 있어 연안국의 권리와 의무를 적절히 고려하고, 연안국이 적법하게 채택한 국내법령을 준수할 의무를 부여하고 있다. 특히, 제62조 제4항에서는 배타적 경제수역에서 어업행위를 하는 다른 국가의 국민이 연안국의 법령에 의하여 수립된 보존조치와 그 밖의 조건을 준수할 것을 강조하고 있다. 다만, 제62조 제4항의 의무는 의무이행주체가 기국이 아닌 기국의 국민이므로 연안국의 배타적 경제수역내 외국선박에 대한 관할권 행사 근거로서의 의미가 있는 것으로 평가된다.[29]

공해어업에서의 기국의 책임을 강조하고자 제정된 1993년 준수협정은 공해어업에 대한 기국의 책임을 보다 상세히 규정하고 있다. 제3조에서는 기국의 책임으로서 ⅰ) 자국어선이 국제적 보존관리조치의 실효성을 저해하는 모든 활동을 금지하는데 필요한 조치 채택 의무, ⅱ) 허가에 의해서만 공해어업이 실시되도록 할 의무, ⅲ) 기국의무 이행 곤란시 공해어업 허가를 삼가 할 의무, ⅳ) 어선의 국적 상실시 공해어업 허가 자동 취소 효과, ⅴ) 국제적 보존관리조치를 위반한 경력의 타국어선에 대한 공해어업 허가 제한, ⅵ) 국제기준에 적합하게 모든 어선에 식별표시를 할 의무, ⅶ) 자국어선에 대한 조업정보 제출의무 부과, ⅷ) 공해어업 허가의 거부, 정지 또는 취소 등 협정 위반 선박에 대한 국내법적 제재부과 의무 등을 규정하고 있다. 제4조는 어선의 기록에 관한 것으로서, 공해어업 허가선박의 기록을 유지하고 기록부에 등록할 의무를 부과하고 있다. 제5조는 국제협력의무로서, ⅰ) 국제적 보존관리조치 위반 선박의 혐의입증정보의 교환을 포함한 협정 이행을 위한 협력의무, ⅱ) 자발적으로 기항한 어선에 대한 항만국의 국제적 보존관리조치 의심 사실에 대한 기국 통보의무와 항만국 조사조치를 위한 약정체결권, ⅲ) 전지구적, 지역적 또는 양자간 협력 협정 또는 약정 가입의무 등을 규정하고 있다. 마지막으로 제6조는 정보교환에 관한 사항으로서, ⅰ) 어선등록부에 기재된 정보중 필수적으로 당사국이 FAO의 접근을 허용할 것과 가능한 경우 접근을 허용할 정보

28) Ibid., para. 111.
29) 김현정, “국제법상 불법·비보고·비규제어업에 관한 기국의 의무와 책임”, 75~76면.

의 종류, ii) FAO에 제공된 정보의 수정사항, 추가사항 또는 삭제사항에 대한 신속한 통보의무, iii) 당사국이 제공한 정보에 대한 FAO의 배포 의무, iv) 협정 적용면제 어선에 관한 정보의 FAO 통보 의무, v) 국제적 보존관리조치 위반 자국어선에 관한 정보와 국내적 조치사항에 대한 FAO 신속 통보 의무, vi) 국제적 보존관리조치 위반 타국선박에 대한 근거 제공을 통한 기국 및 FAO의 관심 촉구 조치, vii) 국제적 보존관리조치 위반을 이유로 종전 등록국이 공해어업허가를 철회한 어선을 자국 어선으로 등록하고 허가를 부여한 경우 관련 정보의 FAO 통보의무, viii) FAO, 기타 적절한 전지구적, 지역적 및 소지역적 수산기구를 통한 협정 이행에 관한 정보 교환의무 등을 열거하고 있다.

한편, 1995년 채택된 공해어업이행협정은 제18조, 제19조에서 기국의 준수와 집행을 다루고 있고, 제20조와 제21조에서는 집행시 협력을 규정하고 있다. 먼저, 제18조는 기국으로 하여금 공해 조업 자국어선이 보존관리조치를 준수하도록 보장하기 위해 필요한 조치를 취할 의무와 기국으로서 통제할 수 있는 경우에만 자국어선에 대한 공해어업 허가를 하도록 제한을 두고 있다. 기국이 자국 선박에 대해 취하여야할 조치의 내용으로서는 i) 국제적으로 합의된 절차에 따라 면허, 허가 및 인가제도를 운영하여 공해상 선박을 통제할 것, ii) 공해어업에 관한 규정을 제정할 것(기국 의무를 충족시킬 수 있는 허가 등의 조건, 무허가 또는 허가 범위를 벗어난 공해어업 금지, 허가증서 등의 비치 및 검색관 요구시 제시 의무, 타국 관할수역내 무허가 조업 금지조치 포함), iii) 공해어업 허가선박 명부 작성 및 이해관계국 요구시 제공할 것, iv) 공해어업 허가선박에 대해 FAO의 제도에 따라 어선 및 어구 식별 표시를 요구할 것, v) 위치, 어획량 등 관련 정보를 국제적 기준에 따라 기록하고 적절한 시기에 보고토록 할 것, vi) 참관인제도, 검색제도, 하역·전재·양륙 감독 및 시장통계 등을 통한 어획량을 증명하도록 요구할 것, vii) 선박, 선박의 어로행위 및 관련활동을 감시·통제·감독할 것(타국 검색관의 출입 허락 요구, 국제적 참관인 제도의 이행, 자동위치발신기를 포함한 선박감시체계의 개발 및 이행 포함), viii) 공해상 전재를 규제할 것, ix) 비목표종 어획의 최소화를 포함한 국제적 조치에 따르도록 조업활동을 규제할 것 등이다. 제19조는 기국 자체의 준수 및 집행에 관한 사항으로서, 자국선박이 국제적 보존관리조치를 준수하도록 보장하여야한다고 규정하며, 그것을 위해 다음과 같은 조치를 취하여야 한다고 의무를 부과하고 있다. ⅰ) 위반 여부와 관계없이 국제적 보존관리조치를 집행할 것, ⅱ) 위반혐의선박에 대한 즉각적이고 완전한 조사 실시 및 그 결과를 혐의주장 국가 및 지역기구에 신속히 통보할 것, ⅲ) 위반혐의 선박에게 위치, 어획량 등의 관련정보를 조사당국에 제공하도록 요구할 것, ⅳ) 위반혐의 확인시 지체없이 소송절차를 위해 관계당국에 사건을 회부하고 필요시 선박을 억류할 것, ⅴ) 중대한 위반시 모든 제재조치 완료시까지 공해어업에 종사하지 못하도록 할 것. 이때의 제재조치는 국제적 보존관리조치의 준수를 효율적으로 확보할 수 있도록 엄격하고 위반행위를 저지할만한 것이어야 하며, 불법어업행위로 말미암아 발생한 위반자의 혜택을 박탈할 수 있어야 한다고 규정하고 있다. 또한, 위반선박의 선장 또는 사관의 경우 그 자격을 취소하거나 정지하는 조치를 포함할 것을 요구하고 있다. 제20조는 집행의 국제적 협력에 관한 사항으로서, 특히 기국의 경우에는 위반혐의 조사시 타국의 협조를 요청할 수 있으며, 조사가 이해관계국과의 협력 또는 지역기구 약정을 통해 이루어진 경우 진행사항 및 결과에 관한 정보를 이해관계국 모두에게 제공하도록 의무화하고 있다(제2항과 제3항). 또한 공해상 조업선박이 연안국 관할수역에서 무허가조업에 가담한 경우 연안국의 요구에 따라 기국이 즉각적이고 완전하게 조사하여야 한다. 이 경우 적절한 집행조치를 위하여 연안국과 협력하여야 하며 연안국 관계당국이 공해상에서 동 선박에 승선하여 검색하는 것을 허가할 수 있도록 규정하고 있다(제6항). 마지막으로 제21조는 타당사국에 의한 검색제도를 규정하면서, 위반혐의 통보시 기국으로 하여금 근무일수로 3일 또는 지역기구가 정한 절차의 기간내에 지체없이 조사를 수행하고 집행조치를 취한후 검색국에 그 결과를 통보하던지 검색국의 조사를 허가하던지 양자중 하나를 행할 의무를 부담하도록 규정하고 있다(제6항).

2. 연안국의 조치의무

IUU 어업에 대응하여 연안국은 배타적 경제수역을 포함한 자국 관할해역에서 어업자원을 관리할 권리와 책임을 가지며, 동시에 타국 선박에 대한 관찰, 통제 및 감시를 함에 있어 기국과 협력할 의무와 책임을 가진다.

먼저, 영해에 대하여 살펴보면, 유엔해양법협약은 제2조에서 영해에 대한 연안국의 주권을 인정하면서, 그 주권은 이 협약과 그 밖의 국제법 규칙에 따라 행사된다고 규정하였다. 이러한 영해에 대한 연안국의 주권에 근거하여 협약 제19조는 제2항 (i)호에서 외국선박이 연안국의 영해에서 행하는 어로행위(any fishing activities)가 연안국의 평화, 공공질서 또는 안전을 해치는 행위로 본다고 규정하였다. 또한, 협약 제21조에서는 연안국으로 하여금 연안국 영해에서 타국 선박에 의한 해양생물의 보존 및 연안국의 어업법령 위반 방지에 관한 법령을 유엔해양법협약의 규정과 그 밖의 국제법 규칙에 따라 제정할 수 있도록 하였다. 그리고 외국선박이 영해에서의 무해통항권을 행사하는 경우 이러한 법령을 준수하도록 의무화하고 있다. 이 밖에도 제25조에서는 연안국이 무해하지 아니한 통항을 방지하기 위하여 필요한 조치를 자국 영해에서 취할 수 있다고 규정하였다. 따라서, 연안국 영해에서 타국 선박이 IUU 어업을 행하는 것은 무해통항에 해당하지 않으며, 연안국은 유엔해양법협약과 그 밖의 국제법 규칙에 따라 제정된 국내법령에 따라 적정한 조치를 취할 수 있다. 조치의 내용에 대해서는 구체적으로 규정하고 있지 않으며 연안국의 재량에 맡겨두고 있다.

한편, 배타적 경제수역과 관련하여서 유엔해양법협약은 제56조에서 연안국이 배타적 경제수역에서 생물자원에 관한 주권적 권리를 향유한다고 명시하였다. 또한, 제58조에서 타국으로 하여금 연안국 배타적 경제수역에서 권리를 행사하고 의무를 이행함에 있어서 연안국의 권리와 의무를 존중하여야 한다고 규정하였다(제3항). 배타적 경제수역의 생물자원에 대한 연안국의 권리와 의무는 협약 제61조부터 제67조에서 걸쳐 규정하고 있다. 이중 IUU 어업에 대한 대응과 관련한 사항을 찾아보면, 제61조에서는 연안국이 생물자원의 유지가 위태롭게 되지 않도록 적절한 보존관리조치를 취할 것을 의무화하고 있으며(제2항), 제62조 제4항에서는 연안국의 배타적 경제수역에서 어로행위를 하는 타국의 국민은 연안국의 법령에 의하여 수립된 보존조치와 그 밖의 조건을 준수하여야 한다고 규정하고 있다. 이러한 법령에 반드시 포함되어야 할 사항으로서는 i) 어업 및 어선과 조업장비의 허가에 관한 사항, ii) 어종 및 어획 할당량의 결정, iii) 어로기간, 구역, 어구 및 어선에 대한 규정사항, iv) 어획 가능한 어류와 그 밖의 어종의 연령과 크기의 결정, v) 어획량, 위치, 어업활동 통계 등 어선에 요구되는 정보의 종류,vi) 연안국의 허가와 통제에 따르는 특정한 어업조사의 실시 요구 및 규제에 관한 사항, vii) 연안국 감시원이나 훈련원의 승선배치에 관한 사항, viii) 어획물의 전부 또는 일부의 연안국 항만에 양륙하는 행위, ix) 합작사업이나 그 밖의 협력약정에 관한 조건, x) 연안국 인력 훈련과 기술이전조건에 관한 사항, xi) 집행절차를 제시하고 있다.

한편, 협약 제73조에서는 연안국이 자국 배타적 경제수역에서 생물자원을 탐사·개발·보존 및 관리하는 주권적 권리를 행사함에 있어 이 협약에 부합되게 채택된 자국법령을 준수하도록 보장하기 위하여 승선, 검색, 나포 및 사법절차를 포함하여 필요한 조치를 취할 수 있다고 규정하고 있다(제1항). 그러나, 어업법령위반선박에 대한 연안국의 처벌은 관련국간 달리 합의하지 않는 한 벌금형에 국한하고 있다(제3항). 연안국이 취할 수 있는 조치의 내용중 몰수(confiscation) 의 포함 여부에 대해서는 유엔해양법협약에 명시되어 있지는 않다. 이에 대하여 국제해양법재판소는 2007년 'Tomimaru'사건에 대한 판결과 'Virgina G'사건에 대한 판결에서, 다수의 국가관행이 몰수를 필요한 조치의 내용으로 포함하여 국내법령에 규정하고 있으며, 제73조 제1항의 필요한 조치의 범위는 국가관행에 비추어 해석하여야 한다는 취지아래 몰수의 가능성을 인정하였다.[30] 다만, 항상 몰수를 할 수 있는 것은 아니며 연안국과 기국의 이익간 균형이 유지되는 정도에서 가능하며, '협약에 부합하게 채택된 연안국의 법령 준수를 보장하기 위하여 필요한 경우(as may be necessary to ensure compliance with the laws and regulations adopted by it in conformity with this convention)'에 한정된다는 점을 명백히 하였다.[31]

한편, 1995년 공해어업 이행협정에서도 경계왕래성어족 및 고도회유성어족의 어업과 관련하여, 제7조 및 제8조에서 보존관리조치를 채택함에 있어 공해

---

30) ITLOS, 2007. Judgement. Tomimaru Case, para. 72; ITLOS. 2014. Judgement. Virginia G Case, para. 253.

31) ITLOS, 2014. Judgement. Virginia G Case, para. 256.

어업국과의 협력의무와 연안국이 채택한 조치에 대하여 공해어업국에게 정기적으로 통보할 의무를 부과하고 있다. 또한, 제20조 제6항에서는 공해상 어업선박이 연안국 관할수역 내에서 무허가어업에 가담하였다고 믿을만한 합리적인 근거가 있는 경우 동 선박이 공해상에 위치하였을 때에는 연안국에게 기국으로 하여금 동 사실에 대한 조사를 요구할 권리를 부여하고 있다.

3. 항만국의 조치의무

IUU 어업에 대응하는 항만국의 조치는 IUU 어업에 대한 기국과 연안국 조치의 보완적 의미로 행사된다. 항만국 조치의 주된 내용은 타국어선의 자국항만 접근을 규제하고, 사전입항통보 의무화, 지정항만으로의 제한된 접근 허용, 입항 거부, 어획물의 양륙 또는 전재 거부 등의 조치를 포함한다.

유엔해양법협약은 IUU 어업에 특화된 항만국조치에 관한 근거규정을 포함하고 있지 않다. 비록 제218조에서 항만국 통제규정을 언급하고 있지만, 이것은 해양오염에 관한 것으로서 어업에 관련된 규정으로 볼 수는 없다.

1993년 준수협정은 제5조 국제협력에서 항만국의 조치에 대한 내용을 담고 있다. 제1항에서는 항만국을 포함하여 협정당사국들로 하여금 기국의 조치의무 이행을 담보하기 위하여 국제적 보존조치를 저해하는 행위에 가담한 것으로 보고된 기국국적 어선을 밝히는데 필요한 정보를 교환하는데 협력할 의무를 부여하고 있다. 이어서 제2항에서는 항만국에 특화하여, 어선이 기국이외의 당사국 항만에 자발적으로 정박하였고, 그 어선이 국제적 보존관리조치의 실효성을 저해하는 활동에 이용되었다고 의심할만한 합리적인 근거가 있을 경우 그 사실을 기국에게 신속히 통지할 의무를 부과하였다. 그러나, 기국에의 신속한 통지의무만을 규정하였을 뿐 항만에 기항한 어선의 협정 위반 여부를 조사하기 위한 항만국의 조치에 대해서는 별도의 약정 체결을 통하여 해결하도록 규정하였을 뿐이다(제5조 제2항 후단).

공해어업이행협정은 1993년 준수협정 보다 진일보한 항만국조치를 제23조에서 규정하였다. 먼저, 항만국조치에 대한 규정이 항만에 대한 항만국의 주권적 권리 행사에 영향을 미치지 않는다는 전제아래(제23조 제4항), 제1항에서 항만국이 국제법에 따라 국제적 보존관리조치의 효율성 증진을 위하여 무차별적으로 조치를 취할 권리와 의무가 있음을 확인하였다. 제2항에서는 자발적으로 정박한 어선에 대한 검색권을 부여하였으며, 제3항에서는 국제적 보존관리조치의 효율성을 저해하는 방법으로 어획된 사실이 입증되는 경우 당해 어획물의 양륙 및 전재를 금지할 수 있는 조치권한을 부여하였다.

마지막으로 2009년 항만국조치협정은 기존의 IUU 어업에 대한 대응이 기국의 의무와 책임을 근간으로 하고 다른 국가의 경우 이를 보완하는 측면에서 접근하였던 것에서 탈피하여, IUU 어업에 대한 국제적 노력의 중심을 항만국조치로 전환시킨 것으로 평가될 만큼 다양한 내용을 포함하고 있다.[32] 항만국조치협정에서 특히 주목되는 조치의 내용을 살펴보면 다음과 같다.

먼저 살펴볼 수 있는 것이 항만국의 정보요구조치이다. 제8조에서는 제7조에 따라 항만국이 입항가능항만으로 지정한 항만에 입항하려는 어선에 대하여 최소한 부속서 A에서 요구하는 내용의 정보 제출을 적절한 검토시간을 고려하여 제출하도록 요구할 수 있도록 근거를 마련하고 있다.

두 번째는 항만이용에 대한 제한조치이다. 항만이용에 대한 제한조치는 다시 입항 전, 입항 후 및 검색 후 등 3단계로 구분된다. 입항 전의 경우에는 입항을 요청한 선박이 지역수산기구의 IUU 어업 종사선박 목록에 포함된 경우를 포함하여 IUU 어업 또는 이를 지원하는 어업관련활동을 하였다는 충분한 증거가 있는 경우 항만국이 입항을 거부하여야 한다(제9조 제4항). 입항후 항만이용 거부조치는 해당선박이 다음의 다섯 가지 경우에 해당할 때 취해져야 한다. ⅰ) 기국이 요구하는 유효하고 적용 가능한 허가를 보유하고 있지 아니한 경우, ⅱ) 연안국에서 요구하는 유효하고 적용 가능한 허가를 보유하고 있지 아니한 경우, ⅲ) 선상 어획물이 연안국의 적용 가능한 요구사항을 위반하여 어획되었다는 명백한 증거를 입수한 경우, ⅳ) 항만국의 요청에 따라 기국이 합리적인 기간내에 선상의 어획물이 지역수산관리기구의 적용 가능한 요구사항에 따라 어획되었다는 것을 확인하지 못한 경우, ⅴ) 기타 해당 선박이

32) FAO, *Voluntary Guidelines on Flag State Performance*(2014), p.27.

IUU 어업 또는 이를 지원하는 어업관련활동을 하였다고 믿을만한 합리적인 근거를 가진 경우(제11조 제1항 가호에서 마호). 이때 거부되는 항만이용의 종류는 공해어업이행협정에서 규정한 양륙 및 전재 금지이외에도 포장, 가공과 연료 보급, 물자 재공급, 선박의 유지·수리·개조·보수를 포함한 기타 항만서비스를 포함한다(제11조 제1항 본문). 마지막으로 검색후 항만이용제한조치는 항만국이 검색한 결과 해당선박이 IUU 어업 또는 이를 지원하는 어업관련활동을 하였다고 믿을만한 명백한 근거가 있는 경우 아직 양륙되지 아니한 어류의 양륙, 전재, 포장 및 가공과 연료 보급, 물자 재공급, 선박의 유지·수리·개조·보수를 포함한 기타 항만서비스를 제한하는 조치를 취하여야 한다(제18조 제1항 나호).

세 번째는 검색조치이다. 항만국은 협정의 목적을 달성하기에 충분한 연간 검색수준에 도달하기 위하여 요구되는 수의 선박을 협약에서 규정한 우선순위를 고려하여 검색하여야 하며, 선박 검색의 최소 수준에 관하여 지역수산관리기구, FAO 또는 기타 방법을 통하여 당사국간에 합의하는데 노력하여야 한다는 의무를 부과하고 있다(제12조 제1항과 제2항). 특히 검색과 관련하여서는, 기존의 조치들이 기국의 조치에 항만국이 협력하는 틀을 완전히 변경하여, 기국으로 하여금 항만국의 검색에 협조할 것을 요구하였다는 점이 특기할만한 사항이다(제20조).

4. 거래국(trading state)의 조치의무

IUU 어업에 대한 거래국의 조치는 IUU 어업에 관련된 생산물에 대한 조치를 포함한다. 즉, 국제적 보존관리조치를 약화시킨 선박 또는 국가로부터의 어업생산물 수입을 금지하거나 생산물의 기원을 입증하는데 필요한 법적 문서가 흠결될 경우 개별적인 선적을 거절하는 조치를 말한다. 거래국조치의 주된 목적은 IUU 어업으로부터 생산된 상품의 시장 접근을 제한함으로서 IUU 어업으로 인한 경제적 유인요소를 감소시키기 위한 것이다.[33] 그러나 IUU 어

33) Christel El Vestad, Ingrid Kval Vik, “Implementing the EU-IUU Regulation: Enhancing Flag

업에 관련된 전지구적으로 구속력있는 국제문서상 거래국조치를 규정한 예는 찾아보기 힘들다. 다만, 남극해양생물자원보존기구 등 몇 개의 지역수산기구가 거래국조치를 결정하여 시행하고 있을 뿐이다.[34)]

비구속적 문서에서는 거래국조치에 관한 근거를 찾아 볼 수 있는데, 1995년 책임있는 어업 행동규범과 2001년 국제행동계획이 그 대상이다. 1995년 책임있는 어업 행동규범은 제11조(어획 후 활동 및 거래)에서 "어류와 어류 생산물의 국제적 거래가 어업의 지속가능한 발전과 수생생물자원의 책임있는 이용을 위태롭게 해서는 안된다"고 규정하고 있다(11.2.2). 2001년 국제행동계획은 제65항에서 제76항에 걸쳐 '국제적으로 합의된 시장관련조치(internationally agreed market-related measures)'에 관하여 규정하고 있다. 특히, 거래관련조치에 대해서는 공정하고 투명하며 무차별적 원칙하에 다자간 어획문서제도 및 입증 요구, 수출입 통제 또는 금지 조치와 같은 다자간 합의된 조치의 적용을 예시하고 있다. 또한, 그러한 조치가 채택된 경우 국가는 지속적이고 효과적인 이행을 지원하여야 한다고 의무화하였다(제69항).

Ⅳ. 우리나라의 입법적 수용태도

우리나라는 IUU 어업에 대응하여 다양한 국내입법을 통하여 기국, 연안국, 항만국, 거래국으로서의 국제법상 의무 이행을 위한 근거를 마련하고 있다. 우선적으로는 IUU 어업의 정의를 2001년 국제행동계획 및 2009년 항만국조치협정의 정의와 동일하게 원양산업발전법 제2조 제12호에서 제14호에 걸쳐 규정하고 있다. 또한, IUU 어업 대응을 위한 조치의 근거를 수산업법, 수산자원관리법, 원양산업발전법, 선박법, 어선법, 영해 및 접속수역법, 배타적 경제수역에서의 외국인어업 등에 대한 주권적 권리의 행사에 관한 법률, 해양수산부

State Performance through Trade Measures", *Ocean Development & International Law*, 46(2015), p.243.

34) Linda A. Chaves, *Illegal, Unreported and Unregulated Fishing: WTO-consistent Trade related measures to address IUU Fishing*(FAO, 2000), p.4.4.1.

와 그 소속기관 직제 등의 법령에서 두고 있다. 이러한 국내입법 이외에도 양자적 차원에서 일본 및 중국과의 어업협정을 통하여 IUU 어업에 대한 대응근거를 확보하고 있고, 러시아와는 2010년 『대한민국 정부와 러시아 연방정부간의 해양생물자원의 불법, 비보고 및 비규제 어업 방지 협력에 관한 협정』[35]을 체결한 바 있다. 또한, 2015년 5월 현재 우리나라는 외국 배타적 경제수역에서의 어업허가 획득을 위하여 총 13건의 양자어업협정을 체결하였다.[36] 다자적 차원에서는 전세계 51개 지역수산기구중 18개 지역수산기구에 가입하고 있다.[37] 이하에서는 우리나라 입법태도에 대한 분석의 범위를 논문의 양에 대한 제한을 고려하여 국내법령만으로 국한하고, 동 법령상 기국, 연안국, 항만국, 거래국 의무 이행을 위한 입법적 근거를 분석하도록 한다.

1. 기국 의무 이행을 위한 국내입법조치

기국으로서 우리나라 관할해역 외측에서 우리나라 선박에 의한 IUU 어업에 대응하기 위한 국내의 입법적 조치는 어선법, 원양산업발전법, 선원법, 선박직원법, 선박안전법, 해양환경관리법, 해사안전법, 해양수산부와 그 소속기관 직제 등에서 찾아 볼 수 있다. 이들 관련규정들을 국제법상 어선의 기국에게 부여하고 있는 어선등록상의 의무, 어업허가상의 의무, 통제·감시 및 집행 의무로 구분하여 살펴보고자 한다.

먼저, 어선의 등록과 관련하여, 어선법 제13조는 어선의 소유자로 하여금

35) 동 협정은 2009년 12월 22일 서명되고 2010년 7월 16일 발효하였다. 동 협정은 러시아 관할해역에서 불법적으로 어획된 대게가 우리나라에서 유통되는 것을 방지하기 위한 것을 채택 배경으로 하고 있다. 이에 대하여 자세한 것은 박민규, 전게논문, 223~224면 참조.

36) 김현정, "국제법상 불법·비보고·비규제어업에 관한 기국의 의무와 책임", 73면.

37) 이에 대하여 자세한 것은 이석용, "국제어업법의 변화와 지역수산기구 강화에 따른 대응방안 고찰", 「서울법학」, 제22권 제1호(2014), 277~286면 참조. 2016년 현재, 우리나라는 5개 참치관련 지역수산기구(대서양참치보존위원회, 인도양참치위원회, 남방참다랑어보존위원회, 중서부태평양수산위원회, 전미열대다랑어위원회)와 13개 비참치관련 지역수산기구(국제포경위원회, 남극해양생물보존위원회, 중부베링공해명태협약, 북태평양소하성어류위원회, 북서대서양수산위원회, 중동대서양수산기구, 중서대서양수산기구, 남동대서양수산기구, 남태평양수산관리기구, 아시아태평양수산위원회, 북태평양해양과학기구, 남인도양수산협정, 북태평양수산위원회) 등 총 18개 지역수산기구에 참여하고 있다.

어선을 어선원부에 등록하도록 의무화하고 있으며, 어선으로 등록하지 않은 이상 동 선박을 어선으로 사용할 수 없다고 규정하고 있다(제1항과 제2항). 어선원부의 관리주체는 선적항의 시장·군수·구청장으로 규정하고 있다. 또한, 대한민국어선이 아니면 대한민국 국기를 게양할 수 없다고 국기게양권에 대하여 명시하고 있으며, 대한민국 어선이 되기 위해서는 i) 국유 또는 공유의 선박, ii) 대한민국 국민이 소유하는 선박, iii) 대한민국의 법률에 따라 설립된 상사법인이 소유하는 선박, iv) 대한민국에 주된 사무소를 둔 제3호 외의 법인으로서 그 대표자(공동대표인 경우에는 그 전원)가 대한민국 국민인 경우에 그 법인이 소유하는 선박 중 하나이어야 한다고 규정하고 있다(어선법 제37, 선박법 제2조). 이러한 태도는 국제법상 요구하고 있는 진정한 관련을 근거로 한 선박등록의무를 적극적으로 수용하고 있는 것으로 해석된다. 한편, 어선 소유자가 대한민국 국적을 상실하는 경우에는 어선 등록이 말소되도록 제도화하고 있다(어선법 제19조).

등록어선에 대해서는 선박국적증서 등을 발급하며, 어선의 소유자는 어선을 항행하거나 조업목적으로 사용할 때 동 국적증서 등을 어선에 비치할 의무를 부과하고 있다(어선법 제13조 제2항, 제15조). 또한, 선박국적증서를 발급받은 어선은 지체없이 어선번호판을 부착하여야 하며, 어선번호판을 부착하지 않는 한 항행하거나 조업 목적으로 사용할 수 없다고 규정하고 있다(어선법 제16조). 이 밖에도 국제항행에 종사하는 어선은 선박국적증서 이외에 해양수산부장관으로부터 국제톤수증서를 발급받아 어선에 비치할 의무가 추가된다(어선법 제37조, 선박법 제13조 제1항).

한편, 관할해역 외측에서의 어업허가와 관련하여서는, 원양산업발전법 제6조에서 제11조까지 원양어업의 허가 및 취소에 관한 세부사항을 규정하고 있다. 먼저, 제6조 제1항에서 원양어업을 하려는 자는 어선마다 해양수산부장관의 허가를 받도록 의무화하고 있다. 허가를 하는 경우에는 원양어업의 종류에 따라 조업구역을 구분하거나 조업시기를 정하여 허가할 수 있도록 하였다(제4항부터 제6항). 그러나 허가를 신청한 선박이 i) IUU 어업 등의 사유로 원양어업의 허가가 취소된 이력이 있는 어선, ii) IUU 어업 등의 사유로 원양어업 허가의 취소 등의 처분을 받은 이력이 있는 어선이 그 선명을 정당한 사유 없이 변경하는 경우, iii) IUU 어업 고위험군 선박, iv) 국제수산기구 또는 연안국으로부터 IUU 어업 선박목록에 등재 중이거나 등재된 이력이 있는 선박, v) 해양수산부장관이 IUU 어업 선박으로 의심되는 충분한 증거가 있거나 공익상 특별히 제한할 필요가 있다고 인정하는 경우 등에 해당하는 선박에 대해서는 원양어업 허가를 하지 않도록 의무화하고 있다(제9항). 한편, 수산업법 제67조 제1항에서는 "대한민국 정부와 어업협정을 체결한 외국의 배타적 경제수역에서 어업을 하려는 자는 그 외국의 해당 행정관청으로부터 어업허가를 받아야 한다"고 규정하여, 대한민국의 원양어업허가 이외에 타국의 어업허가를 조업의 전제조건으로 설정하고 있다.

다음으로 IUU 어업에 대응한 관할해역 외측에서의 원양어업에 대한 통제, 감시 및 제재에 관한 사항을 살펴보면, 원양산업발전법은 제15조에서 원양어업허가를 받은 어선은 출항전에 어선위치추적장치를 설치하도록 의무화하였다. 또한, 해양수산부와 그 소속기관 직제 제2조와 제5장(제24조 내지 제28조)에 근거하여 어업관리단을 설치하고 있으며, 이중 동해어업관리단에 조업감시센터를 설치하여 운영하고 있다. 조업감시센터의 주요업무를 살펴보면, i) 원양어선 조업상황 실시간 감시, ii) 원양어선 허가사항, 입어허가권, IUU 어업 정보 등 기록 및 관리, iii) IUU 어업 정보 수집, 분석, 경보 및 보고, iv) 원양어선 전재 정보 및 어획한계량 관리, v) 원양어선 '선박감시체제(Vessel Monitoring System: VMS)' 작동상황 점검 및 기록·저장 관리, vi) IUU 어업 관련 국내외 유관기관과 정보교류 및 협력 등을 수행하고 있다.[38] 이밖에도 IUU 어업실태를 해양수산부장관이 조사하여 5년마다 공표하도록 하고 있다(원양산업발전법 제16조의 2). 또한, 원양어업을 허가받은 자에게 조업상황, 어획실적, 양륙량, 전재량, 판매실적을 해양수산부장관에게 보고할 의무를 부여하고 있다(제16조). 한편, 제재와 관련하여 원양어업허가선박이 IUU 어업에 종사하지 않도록 대한민국 국민이 해외수역에서 IUU 어업을 하여서는 안된다고 일반적인 의무를 규정하고, 해양수산부장관으로 하여금 국제수산기구 또는 연안국과 협력하여 IUU 어업 차단에 노력하는 한편, 재발방지를 위해 필요한 조치

38) Http://esatship.mof.go.kr/content/view.do?menuKey=366&contentKey=42(2016.8.14. 방문)

를 취할 것을 요구하고 있다(제12조의 2). 또한, 해양수산부장관은 원양어업자 등에게 국제수산기구가 정한 절차에 따른 승선 검색에 협조하고 필요한 조치를 취하도록 명할 수 있다(제13조 제5항). 이러한 조치의무에 따라 해양수산부장관은 원양어업자가 IUU 어업에 종사하는 등 제13조 제2항에 열거된 12가지의 '국제적 보존관리조치의 중대 위반행위시' 허가를 취소하거나 6개월 이내의 기간을 정하여 원양어업의 정지를 명할 수 있으며(제11조), 어선의 계류 또는 출항이나 입항을 제한할 수 있도록 하였다(제7조). 또한, 원양어업자에 대한 보조나 융자를 중단하거나 지원·보조·융자 대상에서 제외할 수 있으며(제13조 제6항), 원양산업발전법에 따른 명령을 위반한 해기사의 면허를 취소·정지 또는 견책하도록 해양수산부장관이 관계행정기관의 장에게 요구할 수 있다(제11조 제2항). 이 밖에도 위에서 언급한 중대한 위반을 한 경우에는 5년 이하의 징역 또는 3개년도 평균 도매가격을 기준으로 한 수산물 가액의 5배 이하와 5억원 이상 10억원 이하중 높은 금액에 상당한 벌금에 처하여야 하며, 위반자가 소유 또는 소지하는 어획물·제품·어구 등을 몰수하도록 규정하고 있다(제33조 제1항, 제35조). 한편, 이러한 제재를 함에 있어 해양수산부장관은 중대한 위반을 하였거나 위반한 것으로 의심되는 행위가 발견된 원양어업자 등에 대해 조업의 즉시 중단, 지정된 항구로의 입항, 어획물의 양륙 및 전재금지조치를 최대한 신속하게 취하여야 한다(제13조 제8항과 제9항). 이때 위반 여부 조사를 위하여 원양어업자 등에게 관련 자료 및 정보의 제공을 요청할 수 있고, 원양어업자는 그 요청을 따라야 하는 의무를 따라야하는 의무를 부담한다(제13조의 2).

이밖에도 우리나라는 기국으로서의 일반적 의무중 선원 등에 대한 관할권 행사, 해상안전확보 등의 이행을 위하여 선원법, 선박직원법, 어선법, 선박안전법, 해양환경관리법, 해사안전법 등을 제정하여 국제기준에 일치하는 수준으로 대응하고 있는 것으로 평가된다.

2. 연안국 의무 이행을 위한 국내입법조치

연안국으로서 내수, 영해, 배타적 경제수역 등 관할해역에서 이루어지는 국민 또는 외국인의 IUU 어업에 대한 대응조치와 관련하여 우리나라는 영해 및 접속수역법, 배타적 경제수역 및 대륙붕에 관한 법률, 배타적 경제수역에서의 외국인어업 등에 대한 주권적 권리의 행사에 관한 법률, 수산업법, 수산자원관리법 등에서 조치의 근거를 입법화하고 있다. 이 밖에도 한중어업협정과 한일어업협정에 따라 허가된 중국어선과 일본어선에 대한 우리나라 배타적 경제수역 입어 허용 등에 관한 조치를 실시하고 있다.

먼저, 관할해역내 어업에 대한 연안국으로서의 주권 또는 주권적 권리의 근거를 영해 및 접속수역법과 배타적 경제수역 및 대륙붕에 관한 법률에서 규정하고 있다. 영해 및 접속수역법에서는 우리나라의 영해를 통항하는 선박이 어로를 하는 행위는 대한민국의 평화·공공질서 또는 안전보장을 해치는 것으로 분류하고 이를 금하고 있다(제5조 제2항 제10호). 한편, 배타적 경제수역 및 대륙붕에 관한 법률에서는 제3조에서 우리나라의 배타적 경제수역에서 생물자원의 탐사·개발·보존 및 관리를 목적으로 하는 주권적 권리를 대한민국이 갖는다는 점을 명확히 하고, 제4조 제2항에서 외국인으로 하여금 우리나라 배타적 경제수역에서 활동할 때 대한민국의 권리와 의무를 적절히 고려하고 대한민국 법령을 준수하도록 의무화하고 있다. 이러한 배타적 경제수역에서의 생물자원에 대한 주권적 권리를 행사하고 외국인의 어업을 규제하는 구체적 내용은 배타적 경제수역에서의 외국인어업 등에 대한 주권적 권리의 행사에 관한 법률에서 규율하고 있다.

관할해역에서의 어업을 위한 어선 등록은 앞서 살펴본 어선법의 규정이 적용된다. 어업의 허가와 관련하여서는 관할해역에서의 어업허가는 수산업법과 배타적 경제수역에서의 외국인어업 등에 대한 주권적 권리의 행사에 관한 법률에 근거하고 있다. 수산업법은 제41조, 제42조 및 제57조에 걸쳐 허가어업, 한시어업, 어획물 운반업의 허가에 관한 사항을 두고 있다. 허가를 하는 경우 어업의 종류, 어선의 규모별 조업구역, 어구·어법, 어구의 규모 및 표지 부착

등 제한 또는 조건을 붙이도록 하고 있으며, 공익의 보호, 어업 조정 또는 수산자원의 번식·보호를 위하여 필요하다고 인정하는 경우 허가의 제한 또는 조건을 붙일 수 있도록 하고 있다(제43조). 또한, 이러한 허가 없이는 수산동식물을 포획할 수 없도록 규정하고 있다(제66조). 수산업법에서는 제5조에서 외국인의 경우도 어업허가의 대상으로 규정하는 한편, 허가의 구체적 절차는 제41조에서 정한 절차를 따르도록 규정하고 있다.

한편, 배타적 경제수역내 외국인의 어업허가절차는 배타적 경제수역에서의 외국인어업 등에 대한 주권적 권리의 행사에 관한 법률 제5조에서 규정하고 있다. 외국인이 특정금지구역이 아닌 우리나라 배타적 경제수역에서 어업활동을 하려면 선박마다 해양수산부장관의 허가를 받아야 한다(제1항). 해양수산부장관이 허가를 하는 경우에는 허가증을 발급하고, 외국인은 허가받은 선박에 허가사항을 식별할 수 있도록 표지를 하고 허가증을 선박에 비치하여야 한다(제2항과 제3항). 허가시 해양수산부장관은 i) 허가 신청된 어업활동이 국제협약 또는 국가 간의 합의나 그 밖에 이에 준하는 것의 이행에 지장을 주지 아니한다고 인정될 것, ii) 허가 신청된 어업활동으로 인하여 해양수산부령으로 정하는 바에 따라 해양수산부장관이 정하는 어획량의 한도를 초과하지 아니한다고 인정될 것, iii) 허용 가능한 어업 및 선박 규모의 기준 등 해양수산부령으로 정하는 기준을 충족한다고 인정될 것 등의 요건을 모두 충족하는 경우에만 허가를 하여야 한다(제6조 제1항). 이밖에도, 제11조에서는 배타적 경제수역에서 어획물이나 그 제품의 전재를 금지하고 있으며, 제12조에서는 어획물이나 그 제품의 대한민국 항만에의 양륙을 금지하고 있다.

수산자원관리법에서도 IUU 어업에 대응한 조치를 포함하고 있는데, 제14조에서는 수산자원의 번식·보호를 위해 필요하다고 인정되면 수산자원의 포획, 채취 금지 기간·구역·수심·체장·체중 등을 정하는 등의 조치를 취할 수 있는 근거를 마련하고 있다. 또한, 제15조에서는 조업금지구역을 설정할 수 있도록 하였으며, 제25조에서는 폭발물·유독물 또는 전류 등 유해어법을 금지하는 포함하고 있다. 또한, 제36조 및 제37조에서는 총허용어획량 결정 및 할당에 관하여 규정하고 있는 등 관할해역에서의 수산자원보호를 위한 다양한 조치를 규정하고 있다.

다음으로, 관할해역내 어선에 대한 통제, 감시 및 제재에 관한 사항을 찾아보면, 어선법 제5조의 2는 어선의 안전운항을 확보하기 위하여 어선위치발신장치의 설치를 어선 소유자에게 의무화하고 있다. 또한, 수산업법 제72조는 어업감독 공무원으로 하여금 불법어업 방지 등을 위하여 어선 등의 장소에 출입하여 장부·서류 등을 검사하거나 정선이나 회항을 명할 수 있도록 권한을 부여하고 있다. 또한 동 법 제96조에서는 허가어업을 받은 자로 하여금 수산데이터베이스 구축에 필요한 자료로서 조업상황, 어획실적 등에 관한 자료를 해양수산부장관에게 보고할 의무를 부과하고 있다. 또한, 배타적 경제수역에서의 외국인어업 등에 대한 주권적 권리의 행사에 관한 법률은 제6조의 2에서 검사 또는 대통령령으로 정하는 사법경찰관이 불법어업활동 혐의가 있는 외국선박에 대하여 정선명령을 내릴 수 있는 권한을 부여하였으며, 이 명령을 받은 외국선박은 명령에 따라야 한다는 의무를 부과하고 있다. 이때 정선명령의 대상이 되는 불법어업활동은 "1. 이 법, 이 법에 따른 명령 또는 제한이나 조건을 위반한 혐의가 있다고 인정되는 경우, 2. 대한민국과 어업에 관한 협정을 체결한 국가의 선박이 그 협정, 그 협정에 따른 명령 또는 제한이나 조건을 위반한 혐의가 있다고 인정되는 경우"로 한정하고 있다. 정선을 포함한 구체적인 사법절차에 대해서는 배타적 경제수역에서의 외국인어업제한 위반선박 등에 대한 사법절차에 관한 규칙에서 별도로 규정하고 있다.

제재적 측면에서는 영해 및 접속수역법이 동 법을 위반하여 영해를 통항중 어로행위를 한 선박에 대해서 정선·검색·나포, 그 밖에 필요한 명령이나 조치를 취할 수 있도록 규정하고 있다(제6조). 또한, 그에 대한 벌칙으로서 그 선박의 승무원이나 그 밖의 승선자에게 5년 이하의 징역 또는 2억원 이하의 벌금에 처하고, 정상을 고려하여 필요할 때에는 해당 선박, 기재, 채포물 또는 그 밖의 위반물품을 몰수할 수 있도록 하고 있다(제7조 제1항). 수산업법에서는 허가없이 어업을 행한 경우 3년 이하의 징역 또는 3천만원 이하의 벌금에 처하고 있으며(제97조), 어획물·제품·어선·어구 등을 몰수할 수 있도록 하였다(제100조 제1항). 이 밖에도 어업종사자나 어획물운반종사자가 수산업법이나 수산자원관리법의 명령에 위반하는 때에는 해기사 면허의 취소·정지 또는 견책 등을 관련행정기관에 요구할 수 있도록 규정하고 있다(제71조). 또한, 허가를 받지 아니하고 수산업을 행한 자가 소유하거나 소지하는 어획물·제품·어선·어구 또는 폭발물이나 유독물을 몰수할 수 있도록 하고 있다(제100조). 한편, 배타적 경제수역에서의 외국인어업 등에 대한 주권적 권리의 행사에 관한 법률은 동 법상의 제반조치를 위반한 경우에는 최대 2억원 이하의 벌금에 처하도록 하고 있으며(제17조에서 제20조), 어획물 및 그 제품, 선박, 어구 또는 그 밖의 어업활동 등에 사용한 물건을 몰수할 수 있는 재량을 부여하고 있다(제21조).[39] 이러한 대응조치 이외에도 법령 준수를 담보하기 위하여 해양수산부와 그 소속기관 직제 제2조와 제5장(제24조 내지 제28조)에 근거하여 서해와 동해에 각각 어업관리단을 설치하고 있다. 동 어업관리단의 주요기능 중 하나로서 외국어선의 불법어업 단속업무가 부여되어 있다.

3. 항만국 의무 이행을 위한 국내입법조치

항만국으로서의 의무이행을 위한 법적 근거는 원양산업발전법 제14조에서 찾아 볼 수 있다. 먼저, 입항 전 정보요구와 관련하여서는 제1항에서 해외에서 어획물을 적재한 선박이 국내항에 입항하고자 할 때에는 입항 48시간 전에 어획물의 명칭, 수량, 어획증명서 등의 입증서류를 포함한 입항신고서를 해양수산부장관(국립수산물품질관리원장)에게 제출할 것을 의무화하고 있다.

다음으로, 항만사용 제한조치와 관련하여서는 입항 전 조치, 검색 후 조치로 나누어 규정하고 있다. 먼저, 입항 전 조치로서 입항신고서를 제출한 선박이 IUU 어업을 하였거나 이를 지원하였다는 충분한 증거가 검색 등을 통하여 확인된 경우 선박의 입항금지조치를 해양수산부장관이 취할 수 있도록 권한을 부여하고 있다(제2항). 다음으로, 입항 후 검색을 실시한 결과 해당선박이 IUU 어업과 관련성이 확인된 경우 해양수산부장관이 해당선박의 입항·출항

39) 2016년 9월 13일 개최된 국무회의에서 불법어업에 대한 벌금액의 상한을 기존 2억원에서 3억원으로 올리고, 우리나라는 물론 자국에서도 어업허가를 받지 않은 채로 우리나라 배타적 경제수역에서 어업활동을 하다가 적발된 어선, 어구 및 어획물은 반드시 몰수하도록 하는 배타적 경제수역에서의 외국인 어업 등에 대한 주권적 권리의 행사에 관한 법률 개정안이 심의·의결되었다. 동 개정안은 2016년 12월 27일 입법되었다.

및 항만의 이용을 금지하거나 어획물의 양륙·전재·포장·가공 및 연료와 물자의 공급, 정비·수리 등 항만서비스 이용 등을 제한할 수 있는 재량을 부여하고 있다(제4항).

마지막으로, 검색조치와 관련하여서는 1) 국제수산기구가 관리하는 어종의 수산물을 적재한 경우, 2) 국제수산기구 또는 외국 정부에 IUU 어업 선박으로 등재된 경우, 3)국제수산기구나 외국 정부가 IUU 어업 선박으로 통보하면서 검색을 요청한 경우, 4) 외국 정부에 의하여 IUU 어업 국가로 지정된 국가의 국적선박, 5) 외국 정부와 체결한 IUU 어업 방지협력에 관한 협정에서 정하고 있는 어종을 적재한 경우, 6) 해양수산부장관이 IUU 어업 선박으로 의심되는 증거가 있거나 특별히 검색이 필요하다고 인정하는 경우에 한하여 해양수산부장관이 항만국검색관으로 하여금 검색을 실시하게 할 수 있도록 규정하고 있다(제3항). 검색의 방법은 해당 선박에 승선하여 IUU 어업 관련 어획물 장부·서류 또는 그 밖의 물건을 검사하거나 관계인에게 질문하는 방법을 상정하고 있으며, 구체적인 검색절차 및 검색결과의 조치사항 등 필요한 사항은 해양수산부장관이 고시하도록 하고 있다(시행규칙 제23조 제6항). 이에 따라 해양수산부는 2014년 1월 31일 수산물 적재선박의 항만국 검색에 관한 고시를 제정한 바 있다. 동 고시는 항만국 검색절차와 검색결과 조치사항 등에 관한 사항을 상세히 규정하고 있다. 특히 법령에서 상세히 언급하지 않고 있는 검색결과 조치와 관련하여서는, 검색결과 IUU 어업에 관련있는 것으로 확인된 경우 해당선박의 입항신청인과 항만관리운영기관의 장에게 지체없이 알려주도록 규정하고 있다(제7조 제1항). 또는 해양수산부장관으로 하여금 검색 및 조치 결과를 해당 선박의 기국과 관련국제수산기구에 통보하도록 의무화하고 있다(제7조 제2항).

4. 거래국 의무 이행을 위한 국내입법조치

수산업법 제58조 제1항 제1호에서는 “외국의 어업에 관한 법령 또는 외국과의 어업에 관한 협정을 위반하거나 다음 각 목을 위반하여 포획·채취하거나 양식한 수산동식물 또는 그 제품을 운반한 때"에는 선적항을 관할하는 시장·군수·구청장이 어업운반업을 제한하거나 6개월 이내의 기간을 정하여 영업의 정지를 명하거나 그 등록을 취소할 수 있다고 규정하고 있다. 이는 우리나라 국민이 외국의 법령을 위반하였거나 외국과의 국제협정에 위반하여 포획한 수산물을 운반하지 못하도록 하는 조치로 이해된다.

또한, 수산자원관리법 제17조에서는 "누구든지 이 법 또는 「수산업법」에 따른 명령을 위반하여 포획·채취한 수산자원이나 그 제품을 소지·유통·가공·보관 또는 판매하여서는 아니 된다"고 규정하여 우리나라 관할해역에서 불법어획된 어획물의 유통 등을 불법으로 규정하고 규제하고 있다.

한편, 원양산업발전법 제13조 제9항에서는 우리나라 국민인 원양어업자가 해외수역에서 국제적 보존관리조치의 위반을 포함한 중대한 위반행위를 하였거나 한 것으로 의심이 되는 행위가 발견된 경우 어획물에 대한 양륙 및 전재 금지조치를 해양수산부장관이 취하도록 의무화하고 있다(제9항 제3호).

이 밖에도 남방참다랑어보존위원회 남방참다랑어 어획증명제도의 이행에 관한 고시, 유럽공동체 어획증명서 등 발급절차에 관한 규정 예규(해양수산부 예규, 농림수산식품부 예규로 2009년 12월 29일 제정), 황다랑어 수입확인 요령(해양수산부 고시) 등을 통하여 타 국가 또는 지역수산기구의 IUU 어업 대응조치를 이행하기 위하여 어획증명서 발급 등의 조치 근거를 마련하고 있다.

V. 결 론

IUU 어업은 해양생태계와 해양자원을 위험에 처하게 하고, 종국적으로 인류의 생존을 위협하는 것이며, 국제사회의 다양한 어업보존관리조치의 신뢰성과 노력을 훼손시키는 결과를 초래하고 있다고 평가되고 있다. 이와 같은 IUU 어업에 대한 국제사회의 우려를 해소하기 위하여 유엔과 FAO를 중심으로 많은 노력이 기우려져 왔으며, 그 결과는 다양한 형태의 국제문서로 나타나 있다.

IUU 어업에 대한 국제적 제도의 발전은 시기적으로 2001년 국제행동계획 채택 이전과 이후로 대별할 수 있다. 그 이유는 IUU 어업이라는 개념이 2001년 국제행동계획에 처음으로 포함되었으며, 동 행동계획 이후로 IUU 어업에 대한 다각적인 실질적 노력이 이루어졌다는 점을 들 수 있다. 2001년 국제행동계획 이전의 국제문서로서 IUU 어업에 대응하는 기초를 제공하고 있는 것으로는 1982년 유엔해양법협약, 1992년 의제 21, 1993년 준수협정, 1995년 공해어업이행협정을 들 수 있다. 비록 이들 문서에서는 IUU 어업에 대한 개념을 명시적으로 포함하고 있지 않을 뿐만 아니라 적용지역과 대상의 제한성이 있지만 불법어업과 비보고어업을 규제하기 위한 기국과 연안국 의무의 기초를 제공하고 있으며, 항만국 의무의 초기모델을 규정하고 있다.

2001년 국제행동계획은 비록 법적으로 구속력이 없는 문서이지만 IUU 어업의 개념을 정의하는 한편, IUU 어업에 대응하기 위한 기국, 연안국, 항만국, 거래국의 조치 내용을 종합적으로 제시하였다는 점에서 그 중요성이 높은 국제문서로 평가된다. 즉, 2001년 이후의 IUU 어업에 대한 국제적 논의 및 실천이 동 문서를 기준하고 있다는 점에서 더욱 그 가치가 높다고 할 것이다. 2005년 항만국조치모델과 2009년 항만국조치협정은 IUU 어업에 대한 국제적 대응의 관점이 기존의 기국 의무 강화측면에서 항만국조치로 무게중심을 변경하여야 한다는 인식을 반영한 것으로 평가된다. 즉, 기존제도상 기국의 의무를 세분화하고 그 이행을 강조하여도 관할해역 외측에서 원격적으로 이루어지는 자국어선의 IUU 어업을 감시하고 그에 필요한 조치를 취하는 것이 현실적으로 어렵다는 인식을 한 것이다. 더욱이 기국의 실천능력이나 의지의 부족 내지는 편의치적제도에 의한 국제적 규제의 회피 등을 해소하기 위해서는 항만국조치가 더욱 비용 효과적이고 실효적이라는 판단을 국제사회가 한 것으로 보인다. 마지막으로 가장 최근에 채택된 2014년 기국 성과를 위한 자발적 지침은 기국 의무의 실질적 이행을 담보하기 위하여 동 의무의 이행이 적절히 이루어지고 있는 가를 평가하는 기준을 비구속적 문서의 형태로 제정한 것으로 보인다.

이상과 같은 IUU 어업에 대한 국제법적 대응노력을 정리하면, 국제적 노력의 형태가 법적 구속력이 있는 문서와 법적 구속력이 없는 연성법적 문서로 혼합하여 이루어 졌음을 알 수 있다. 또한 국제적 대응노력의 정도를 연성법적 형태로 국제적 합의를 도출한 후 이를 국제법적으로 구속력있는 문서로 변환시키는 형태를 취하고 있음도 발견할 수 있다. 또한, IUU 어업에 대한 대응노력의 초기단계 주된 관심사는 불법어업에 대응하여 공해에서의 기국의 의무 설정 및 강화에 초점이 맞추었으나 2001년 이후 불법어업 이외에 비보고 및 비규제 어업까지를 포괄적으로 규율대상으로 확장하고, 대응조치의 주체를 기존의 기국에서 항만국을 비롯한 연안국, 거래국으로 확대하는 등 국제적 대응노력을 다변화하여 전방위적으로 접근하여 오고 있음을 알 수 있다.

다음으로, 이러한 국제문서중 법적으로 구속력있는 전지구적 국제문서에 규정되어 있는 기국, 연안국, 항만국, 거래국의 IUU 어업에 대응한 조치의무를 분석한 결과는 다음과 같다. 먼저, 기국의 의무는 주로 유엔해양법협약과 1993년 준수협정, 1995년 공해어업이행협정에서 찾아 볼 수 있다. 동 문서를 바탕으로 도출되는 기국의 의무는 일반적인 해양환경보호의무 이외에 어선의 등록과정상의 조치의무, 어선의 허가상 조치의무, 허가 후 어선의 활동에 대한 통제·감시·제재의무로 크게 구분된다. 어선 등록과정상의 조치의무의 주안점은 선박소유자와 등록국가간 진정한 관련이 있어야하며 당해 어선에 대한 통제가 가능한 경우에만 자국 어선으로 등록을 허용하고, IUU 어업 위반선박에 대해서는 등록을 거부하도록 한 점에 있는 것으로 보인다. 어선의 허가상 조치는 기국의 허가없이 어업에 종사하지 못하도록 요구하고 있으며, 허가시 국제적 보존관리조치의 준수 및 이행을 담보하도록 요구하고 있다. 마지막으로, 통제·감시·제재의무는 관련국 및 국제기구간 정보의 교환을 통하여 IUU 어업에 종사하는 선박에 대한 국제적 통제를 가능하게 하는 한편, 배타적인 기국 관할권의 예외로서 타국에 의한 검색을 허용하고 있다. 또한, IUU 어업 위반 사실이 발견되는 경우 제재조치는 국제적 보존관리조치의 준수를 효율적으로 확보할 수 있도록 엄격하고 위반행위를 저지할만한 것이어야 하며, 불법조업행위로 말미암아 발생한 위반자의 혜택을 박탈할 수 있어야 한다고 그 기준을 제시하고 있다.

연안국의 의무는 유엔해양법협약이 가장 기본적인 근거를 제공하고 있으며, 1995년 공해어업이행협정이 부분적으로 보완하는 형태를 보이고 있다. 연안국 관할해역에서 생물자원에 대한 주권 또는 주권적 권리를 인정하는 한편, 해양생물자원의 보존을 위해 필요한 조치를 취하도록 하고 있다. 또한, 관할해역내 어업활동을 규율하기 위한 국내법령을 제정하고 집행하도록 규정하고 있으며, 외국인으로 하여금 동 법령을 준수할 것을 요구하고 있다. 이러한 국내법령의 위반에 대하여 영해에서의 위반선박 제재에 대해서는 연안국의 재량에 맡겨두고 있으며, 배타적 경제수역에서의 위반에 대해서는 승선, 검색, 나포 및 사법절차를 포함하여 필요한 조치를 취할 수 있다고 규정하고 있다. 다만, 배타적 경제수역에서의 연안국 법령을 위반한 외국선박에 대한 벌칙은 금전벌로 제한하고 있다.

항만국의 의무는 1993년 준수협정, 1995년 공해어업이행협정, 2009년 항만국조치협정에서 그 근거를 찾아볼 수 있다. 초기 항만국의무는 자발적으로 입항한 외국어선에 대하여 확인된 위반사실의 기국 통보의무만을 규정하고 있었으나 1995년 공해어업이행협정 이후 그 의무의 강도가 강해지고 세분화되는 모습을 보이고 있다. 항만국 의무는 크게 자국이 지정한 항만에 입항하고자 하는 외국어선에 대한 정보요구 조치, IUU 어업에 종사한 어선에 대한 입항 거부조치, 입항후 발견시 항만이용 거부조치, 항만에 입항한 외국어선에 대한 일정수준 이상의 선박 검색조치 등이 주목되는 부분이다. 항만이용 거부조치도 초기단계에는 입항 거부 또는 양륙이나 전재의 금지조치에서 2009년 항만국조치협정에서는 그 항만이용금지조치의 내용이 양륙 및 전재 금지이외에도 포장, 가공과 연료 보급, 물자 재공급, 선박의 유지·수리·개조·보수를 포함한 기타 항만서비스까지로 확대되는 모습을 보이고 있다.

마지막으로, 거래국의무의 근거는 전지구적으로 구속력있는 국제문서에서 찾아보기 힘들다. 다만, 남극해양생물자원보존기구 등 몇 개의 지역수산기구가 거래국 조치를 결정하여 시행하고 있는 것으로 분석된다. 거래국조치의 주된 관심사는 IUU 어업으로부터 생산된 상품의 시장 접근을 제한함으로서 IUU 어업으로 인한 경제적 유인요소를 감소시키기 위한 것으로서, IUU 어업과 관련된 생산물의 수입 금지와 생산물 기원 입증문서 흠결시 선적 거절 조치 등을 구체적 내용으로 제시하고 있다.

우리나라는 주요 원양어업국이며 IUU 어업 관련국으로 지목된 사례가 있을 뿐만 아니라 우리나라 관할해역내 외국의 불법어업으로 곤란을 겪고 있는 상황에 처해 있다. 또한, 위에서 살펴본 IUU 어업에 대응한 기국, 연안국, 항만국, 거래국의 의무를 규정하고 있는 법적 구속력있는 국제문서의 당사국이기도 하다. 따라서, 우리 스스로의 국익을 위해서 뿐만 아니라 국제협약의 당사국으로서 성실하게 동 국제문서상의 의무를 이행할 필요가 존재한다. 이러한 측면에서 우리나라 국내법을 살펴보았을 때, 기국 의무 이행을 위한 입법적 조치는 어선법, 원양산업발전법, 선원법, 선박직원법, 선박안전법, 해양환경관리법, 해사안전법, 해양수산부와 그 소속기관 직제 등에서 찾아 볼 수 있었다. 이들 관련규정들을 세부적으로 살펴보았을 때 관련 국제문서상 요구하고 있는 기국의 일반적 의무뿐만 아니라 어선등록상의 의무, 어업허가상의 의무, 통제·감시 및 제재의무를 적절하게 국내입법으로 수용하고 있음을 발견할 수 있다. 연안국 의무와 관련하여서도 영해 및 접속수역법, 배타적 경제수역 및 대륙붕에 관한 법률, 배타적 경제수역에서의 외국인어업 등에 대한 주권적 권리의 행사에 관한 법률, 수산업법, 수산자원관리법 등에서 국제의무 이행을 위한 입법적 근거를 적절히 마련하고 있는 것으로 평가된다. 항만국 의무와 관련하여서는 원양산업발전법 제14조에서 항만국으로서의 검색조치 및 조치 후 처리절차, 입항어선에 대한 정보 요구, IUU 어업 종사 선박에 대한 입항 거부 또는 항만이용거부조치 등을 국제문서상 요구사항에 부응하게 적절히 규정하고 있음을 발견할 수 있다. 그러나, 검색대상 선박의 범위와 입항 가능 항만지정절차 등에 대해서는 구체적 규정을 두고 있지 않아 그 보완을 위한 후속적 입법조치가 요구된다. 거래국 의무 이행과 관련하여서는 비록 구속력있는 전지구적 국제문서상 구체적인 이행의무가 명시되어 있지 않지만, 수산업법, 수산자원관리법 및 원양산업발전법 등에서 IUU 어업을 통한 어획물이나 그 생산물의 소지·유통·가공·보관 또는 판매를 금지하고 있거나 양륙 및 전재 금지조치를 의무화하고 있음을 발견할 수 있다. 이 밖에도 남방참다랑어보존위원회 남방참다랑어 어획증명제도의 이행에 관한 고시, 유럽공동체 어획증명서 등 발급절차에 관한 규정 예규(해양수산부 예규, 농림수산식품부 예규로 2009년 12월 29일 제정), 황다랑어 수입확인 요령(해양수산부 고시) 등을 통하여 타 국가 또는 지역수산기구의 IUU 어업 대응조치를 이행하기 위하여 어획증명서 발급 등의 조치 근거를 마련하고 있다. 이러한 조치는 현행 IUU 어업에 대응한 국제문서의 내용을 적절히 충족하고 있는 것으로 평가된다.

이상에서 서술한 바와 같이 이 논문은 IUU 어업에 대한 국제사회의 우려와 현실적으로 IUU 어업과 관련하여 처해있는 상황을 고려하여 IUU 어업에 대응한 국제사회의 입법적 노력의 발전과정을 살펴보는 한편, 동 발전과정에서 현재까지 도출된 기국, 연안국, 항만국 및 거래국의 의무를 상세히 분석하였다. 또한, 관련국제협약의 당사국으로서 국제협약상의 의무이행을 위한 우리나라의 국내입법태도를 기국, 연안국, 항만국, 거래국의 틀로 나누어 분석하였다. 이와 같은 시도는 IUU 어업에 대응한 국제제도의 변화추세와 우리나라의 의무를 종합적으로 이해하고 대응하는데 기여할 수 있을 것으로 판단된다. 다만, 논문의 양적 제한을 고려하여 양자조약과 다자조약상의 IUU 어업에 대한 법적 요소를 다루기 어려웠다는 한계가 있었으며, 이는 다른 기회를 통하여 다루어 보도록 한다. 또한, IUU 어업에 대응한 국내입법의 태도는 국제문서의 요구를 적절히 반영하고 있는 것으로 평가되지만, IUU 어업에 관한 국제의무의 이행은 단순히 국내적 입법조치로 완성되는 것이 아니고 동 입법상의 조치를 성실히 집행하여야 완성된다는 점을 고려할 때 우리나라 입법조치의 집행 측면에 대한 분석도 추후의 연구를 통하여 보완되어야 하는 요소로 판단된다.

참고문헌

김현정, "불법·비보고·비규제 어업의 개념 정의－법과 정치의 관계를 중심으로". 「국제법학회논총」, 제59권 제3호, 2014.

_____, "국제법상 불법·비보고·비규제 어업(IUU 어업)에 관한 기국의 의무와 책임", 「서울국제법연구」, 제22권 제1호, 2015.

박민규, "불법어업 예방 및 근절을 위한 한국의 처벌제도 개선 연구", 「해양정책연구」, 제29권 제2호, 2014.

이광남, 정진호, "중국어선 불법어업에 따른 수산부분 손실 추정", 「수산경영논집」, 제45권 제2호, 2014.

이석용, "국제어업법의 변화와 지역수산기구 강화에 따른 대응방안 고찰", 「서울법학」, 제22권 제12호, 2014.

이학수, "유럽연합과 한국간의 갈등사례연구", 「국제학논총」, 제22권, 2014.

Christel El Vestad, Ingrid Kval Vik, "Implementing the EU－IUU Regulation: Enhancing Flag State Performance through Trade Measures", *Ocean Development & International Law*. Vol. 46, 2015.

ITLOS, Judgement. Virgina G Case, 2014.

______, Advisory Opinion. Request for an advisory opinion submitted by the Sub－Regional Fisheries Commission, 2015.

Jens T. Theilen, "What's in a Name? The Illegality of Illegal, Unreported and Unregulated Fishing", *The International Journal of Marine and Coastal Law*, Vol. 28, 2013.

Kevin Riddle, "Illegal, Unreported, and Unregulated Fishing: Is International Cooperation Contagious?", *Ocean Development & International Law*, Vol. 37, 2006.

Nandan, Rosenne, *United Nations Convention on the Law of the Sea 1982: A Commentary. Volume III*, Maritinus Nijhoff Publishers, 1995.

Robert Daley, "New Agreement establishing global port state measures to combat IUU fishing", *Australian Journal of Maritime and Ocean Affairs*, Vol. 2, No. 1, 2010.

Rosemary Gail Rayfuse, *Non–Flag State Enforcement in High Seas Fisheries*, Martinus Nijhoff Publishers, 2004.

Shin–Ming Kao, "International Actions Against IUU Fishing and the Adoption of National Plans of Action", *Ocean Development & International Law*, Vol. 46, No. 2, 2015.

연안국 법집행시 외국선박에 대한 무력사용에 관한 국제법적 고찰*

이 용 희

Ⅰ. 서 론

현행 국제해양법질서는 해양이라는 공간을 내수, 영해, 접속수역, 배타적 경제수역, 대륙붕, 군도수역, 공해, 심해저로 세분화하고, 각각의 공간에 부여되는 법적 지위에 따라 국가의 권리와 의무관계를 설정하고 있다. 특히, 이들 공간들은 다시 크게 국가관할해역(national jurisdiction)과 국가관할외측해역(beyond national jurisdiction)으로 구분하고, 해상에서의 사건과 물건 및 사람에 대한 연안국과 기국의 권한을 다양하게 규정하고 있다.[1] 연안국은 국가관할해역으로 구분되는 내수, 영해, 접속수역, 배타적 경제수역, 대륙붕, 군도수역에서 주권(sovereignty), 주권적 권리(sovereign right) 또는 관할권(jurisdiction)을 부여받고 있으며, 동 권리에 기초하여 법률을 제정하고 이를 집행하고 있다. 국가관할해역에서 연안국이 법률을 제정하고 집행하는 대상범위는 매우 다양하며 복잡한 양상을 보이고 있다. 그 예로서 해상교통안전, 분리통항제도, 의무적인 도선사제도, 유해물질 운반선박에 대한 특정항로의 지정, 해양구조물 주변에 대한 안전수역의 설치, 해양오염 및 위생의 규율, 해양투기의 통제, 해저석유개발의 안전 규율, 잠수 및 수중작업의 안전 규율, 어업자원관리조치를 포함한 어업 규율, 준설면허의 발급 조건, 밀수·검역·불법 입국의 통제, 법률 위반선박에 대한 감시, 임검, 차단 및 억류 등을 들 수 있다.[2] 이와 같이 다양한

* 이 논문은 '연안국 법집행시 외국선박에 대한 무력사용에 관한 국제법적 고찰'(「해사법연구」, 제21권 제1호, 2009)의 내용을 추가 수정·보완하여 작성한 것임.

1) D.P. O'connel, *The International Law of the Sea*, Vol.II(New York:Oxford Press,1984), p.733.

2) *Ibid.*, p.1062.

분야의 연안국 법률이 적용되는 대상은 연안국의 국적선박에 한정되지 않고 속지적 관할권과 조약상의 권리에 근거하여 일정한 조건에 해당하는 경우 외국국적의 선박에게도 적용된다. 1982년 유엔해양법협약(이하에서 '1982년 협약'이라 함)은 외국국적선박에 대한 연안국의 법집행에 대한 권리와 항행의 자유간에 균형을 맞추어 규정하고 있다.[3]

연안국의 법집행조치(law enforcement measures)는 법령위반선박 또는 법령위반혐의가 있는 선박에 대한 권한있는 국가기관의 정선(stopping), 승선(boarding), 검색(inspection) 및 나포(arrest)의 형태로 나타난다. 동 과정에서 외국선박이 연안국의 법집행조치에 대하여 순순히 응하는 경우 별다른 문제가 발생하지 않지만, 만약 연안국의 법집행조치에 불응하고 도주하거나 저항하거나 심지어 폭력이나 무기를 사용하는 극한적 상황도 상정할 수 있다. 이 경우 연안국이 당해 외국선박에 대하여 법집행조치의 일환으로 무기[4]를 포함한 무력을 행사할 수 있는가 하는 것이 주요한 국내적 또는 국제적인 법적 문제로 대두되고 있다. 국내적으로는 2008년 9월 23일과 25일 서해해상에서 불법 중국어선을 단속할 때 극렬히 저항하는 중국어선에 의해 우리나라 해양경찰관 1명이 사망하고 8명이 부상당하는 사건이 발생하였으며,[5] 국외적으로는 2009년 2월 20일 러시아 나홋트카항에 밀수혐의로 가압류된 중국 화물선 신싱호가 도주하다 러시아 해군을 총격을 받고 침몰하여 양국간에 외교적 분쟁으로 비화된 사건도 있다.[6] 이와 같은 반복되는 사건들을 살펴볼 때, 연안국 법집행과정에서 외국선박에 대한 무력사용의 허용성 및 그 범위에 대한 명확한 법적 연구의 필요성이 제기되고 있다. 더욱이 기국의 관할권이 존재하는 외국선박에 대한 무력사용이 불법적이거나 정당하지 않거나 과도하게 행하여진 경우에는 당해

3) Patricia Jimenez Kwast, "Maritime Law Enforcement and the Use of Force:Reflection on the Categorisation of Forcible Action at Sea in the Light of the Guyana/Suriname Award", *Journal of Conflict & Security Law*, vol.13, no.1(2008), p.53.

4) 경찰관직무집행법 제10조의 4 제2항은 '무기'를 "사람의 생명이나 신체에 위해를 끼칠 수 있도록 제작된 권총·소총·도검 등을 말한다"고 규정하고 있다. 한편, 위해성 경찰장비의 사용기준 등에 관한 규정 제2조 제2호는 '무기'를 권총·소총·기관총(기관단총을 포함한다. 이하 같다)·산탄총·유탄발사기·박격포·3인치포·함포·크레모아·수류탄·폭약류 및 도검"이라고 보다 폭넓게 규정하고 있다.

5) 2016년 우리나라 배타적 경제수역에서 나포된 중국어선의 수는 355척에 이르고 있다.

6) "화물선 침몰사건 중-러 외교문제 비화", 연합뉴스 인터넷, 2009년 2월 21일.

연안국과 기국간에 분쟁이 발생하거나 심지어 무력충돌이 발생할 가능성이 높다는 점에서[7] 외국선박에 대한 무력사용의 허용성 및 그 범위는 매우 신중하게 접근되어야 할 사안으로 생각된다.

이상과 같은 사안의 중요성과 연구 필요성에 대한 인식을 갖고, 이하에서는 1982년 협약상 국가관할해역에서 연안국에게 허용되고 있는 법집행권의 내용을 살펴보고, 우리나라 국내법상 수용태도를 분석하여 보고자 한다. 이어서 외국선박에 대한 법집행과정에서 연안국이 무력사용을 할 수 있는 국제법적 근거 및 사례를 분석하고 동 결과를 바탕으로 향후 우리나라의 외국선박에 대한 법집행시 대응방향에 대하여 제시하여 보고자 한다.

Ⅱ. 1982년 협약상 연안국 법집행권의 근거와 국내입법태도 분석

1. 1982년 협약상 외국선박에 대한 연안국 법집행권의 근거

해상에서 발생하는 다양한 법률위반행위에 대해서도 육지에서와 같은 법집행조치가 적용되지만, 해상에서의 법집행조치 특히 연안국의 법령을 위반한 외국선박에 대해서는 그 구조가 매우 복잡하다. 그 이유는 1982년 협약상 설정된 다양한 해역별로 관할권의 내용이 다르게 규정하고 있다는 점과 연안국의 관할해역에서는 외국선박에 대하여 기국의 관할권과 연안국의 관할권을 동시에 인정하고 있기 때문이다.[8]

(1) 내수 및 영해

내수와 영해에 대한 연안국의 법집행권리는 국제법상 확립된 영토주권에

7) I. A. Shearer, "The Development of International Law with Respect to the Law Enforcement Roles of Navy and Coat Guards in Peacetime", *International Law Studies*, vol.71(1998), p.430.

8) Alfred H. A. Soons, "Law enforcement in the Ocean－An Overview", *WMU Journal of Maritime Affairs*, vol.3, no. 1(2004), p.3.

근거하고 있기 때문에 영해에서의 무해통항권이나 다른 조약에 의한 제약이 없는 한 광범위하게 인정되고 있다.[9)]

내수(internal waters)는 영해측정기선으로부터 육지측 수역으로서,[10)] 조간대뿐만 아니라 항, 만, 하천 등이 이에 해당한다. 내수는 국제법상 국가영토의 일부로 간주되기 때문에 연안국의 영토주권이 미치는 주권영역으로서,[11)] 모든 외국선박은 입출항이 허용된 항으로의 통항, 조난의 경우 또는 직선기선의 사용으로 새로이 내수로 편입된 수역에 대한 무해통항권 행사[12)]이외에는 연안국의 허가없이 내수로 진입하거나 항행할 수 없다. 또한 위와 같이 내수로의 진입 또는 통항이 허용되는 경우에도 연안국의 항해, 안전, 위생 및 항만행정 등에 관한 제반 법규가 적용된다.[13)] 특히, 1982년 협약은 연안국에게 외국선박이 내수를 향하여 항행하거나 내수 밖의 항구시설에 기항하고자 하는 경우, 그 선박이 내수에 들어가기 위하여 또는 항구에 기항하기 위하여 따라야 할 허가조건의 위반방지를 위한 조치권을 인정하고 있다.[14)]

영해(territorial sea)는 영해측정기선으로부터 해양측으로 최대 12해리 범위의 수역 및 해저와 하층토로서, 연안국의 주권이 미치는 영역이다. 그러나 연안국의 주권은 타국선박에 대한 무해통항권(right of innocent passage) 보장의무, 재판관할권 행사의 제한, 외국군함에 대한 주권면제와 같은 국제법상의 제한이 가해진다는 점에서 영토주권과 구분된다.[15)] 영해에서 연안국은 ①항행의 안전과 해상교통의 규제, ② 항행보조수단과 설비 및 그 밖의 설비나 시설의 보호, ③ 해저전선과 관선의 보호, ④ 해양생물자원의 보존, ⑤ 연안국의 어업법령 위반 방지, ⑥ 연안국의 환경보전과 연안국 환경오염의 방지, 경감 및 통제, ⑦ 해양과학조사와 측량, ⑧ 연안국의 관세·재정·출입국관리 또는 위생에 관한 법령의 위반 방지 등 외국선박의 유해통항을 규율하기 위한 법령을 제정할 권리를 부여받고 있다. 이와 같은 입법권이외에도 연안국은 동 법

9) D.P. O'connel, *op. cit.*, pp.1070~1071.
10) 1982년 협약 제8조 제1항.
11) 최종화, 「현대국제해양법」(두남,2008), 29면.
12) 1982년 협약 제8조 제2항.
13) 김현수, 「국제해양법」(연경문화사,2007), 32면.
14) 1982년 협약 제25조 제2항.
15) 최종화, 전게서, 38면.

령들을 위반한 외국선박에 대한 집행관할권을 행사할 수 있다. 이밖에도 연안국의 영해를 항행하는 동안이나 항행하기 위하여 외국의 민간선박 스스로 부담하거나 초래한 의무 또는 책임이 존재하는 경우와 영해에 정박하거나 내수를 떠나 영해를 항해하는 외국선박에 대해서는 민사소송절차를 위한 강제집행이나 나포를 행할 수 있다.[16] 또한 영해를 단순히 통항중인 선박에서 발생한 범죄의 결과가 연안국에 미치는 경우, 동 범죄가 연안국의 평화나 영해의 공공질서를 교란하는 경우, 마약이나 향정신성물질의 불법거래를 진압하기 위하여 필요한 경우, 선박의 선장이나 기국의 외교관 또는 영사가 현지당국에 지원을 요청한 경우에도 동 선박에 승선한 사람에 대하여 형사관할권을 행사할 수 있으며, 이를 위하여 외국선박을 정선시켜 승선할 수 있다.[17] 그리고 내수를 떠나 영해를 통항중인 외국선박 내에서 영토 또는 내수에서 행하여진 범죄자를 체포 또는 수사하기 위한 연안국의 형사관할권도 인정된다.[18] 다만, 군함 또는 비상업용 정부선박은 연안국의 관할권으로부터 면제된다.[19]

(2) 접속수역, 배타적 경제수역, 국제항행용해협, 대륙붕 및 군도수역

접속수역과 배타적 경제수역에서의 연안국의 법집행권리는 영토주권에 근거하고 있는 내수 및 영해와는 달리, 동 수역의 설정목적에 따라 제한되는 모습을 보이고 있다.[20]

접속수역(contiguous zone)은 영해측정 기선으로부터 최대 24해리의 범위 내에서 설정될 수 있으며 동 범위내의 영해 외측수역을 말한다. 동 수역에서 연안국은 연안국의 영토나 영해에서의 관세·재정·출입국 관리 또는 위생에 관한 법령의 위반 방지 또는 연안국의 영토나 영해에서 발생한 위의 법령의 위반에 대한 처벌을 위하여 필요한 '통제(control)'를 할 수 있다.[21] 여기에서

16) 1982년 협약 제28조 제2항 및 제3항.
17) 상게협약 제27조 재1항.
18) 상게협약 제27조 제2항.
19) 상게협약 제32조, 제236조.
20) D.P. O'connel, *op. cit.*, p.1071.
21) 1982년 협약 제33조.

주목되는 것은 연안국에게 접속수역에서 주권이나 관할권을 부여하지 않고 단순히 통제할 수 있다고 규정하고 있다는 점이다. 따라서 연안국의 관세, 재정, 출입국 관리, 위생에 관한 법령이 직접적으로 접속수역에서 적용되는 것이 아니므로, 연안국으로 진입하는 선박에 대해서는 예방차원에서 승선하여 검색하고 위반 방지를 위한 경고를 발할 수 있을 뿐이다. 즉, 동 선박을 체포하거나 항구로 예인할 수 없다. 물론, 연안국의 내수에서 출항하여 나가는 외국선박이 위의 법령을 위반한 경우에는 동 선박에 대한 정선, 승선, 검색 및 나포까지의 법집행조치가 허용된다.[22]

국제항행용해협(Straits used for international navigation)에서 해협연안국의 주권과 관할권은 비록 동 수역이 연안국의 내수, 영해로 구성된다고 하더라도 1982년 협약에서 규정한 범위 내에서 그 권한이 행사되도록 규정되어 있다.[23] 해협연안국은 항로대와 통항분리방식을 지정하거나 설정할 수 있으며,[24] 항행의 안전과 해상교통의 규제, 해양오염의 방지, 경감 및 통제, 어로 금지, 관세, 재정, 출입국 관리 또는 위생에 위반하는 상품이나 화폐를 싣고 내리는 행위 또는 사람의 승하선을 규율하는 입법권을 부여받고 있다.[25] 그러나 1982년 협약은 동 법령의 집행권과 관련하여서는 별도의 규정을 두고 있지 않으며, 단지 제42조 제4항에서 외국선박으로 하여금 동 법령의 준수의무만을 규정하고 있다. 그러나, 협약의 해석상 국제항행용해협에서 보호되는 외국선박은 '오로지 계속적으로 신속히 통과할 목적으로' 통항하는 선박에 대해서만 권리를 부여하고 있는 것이므로, 위의 행위를 행한 선박은 통과통항의 조건을 이행하지 않는 선박에 해당함으로 이에 대해서는 연안국의 영해에 부여된 권리에 따라 연안국의 승선 또는 나포 등의 법집행조치의 행사가 허용되는 것으로 보는 것이 타당하다고 생각한다.[26]

배타적 경제수역(exclusive economic zone)은 영해측정 기선으로부터 200해

22) I. A. Shearer, "Problems of Jurisdiction and Law Enforcement against Delinquent Vessels", *International and Comparative Law Quarterly*, vol.35(1986), p.330.
23) 1982년 협약 제34조.
24) 상게협약 제41조.
25) 상게협약 제42조.
26) I. A. Shearer, "Problems of Jurisdiction and Law Enforcement against Delinquent Vessels", p.332.

리 범위의 수역 및 해저와 하층토로서, 연안국은 생물과 무생물자원 등 천연자원에 대한 주권적 권리를 향유하며, 인공섬, 해양환경의 보호 및 해양과학조사에 대한 관할권을 행사할 수 있다.[27] 이와 같은 포괄적인 주권적 권리 및 관할권을 인정하는 것 이외에도 생물자원의 탐사·개발·보존 및 관리에 관하여 1982년 협약에 일치한 입법권과 동 조치의 집행권을 인정하고 있다. 특히, 집행권의 내용으로서는 승선·검색·나포 및 사법절차를 포함한 필요조치를 제시하고 있다.[28] 인공섬, 시설 및 구조물에 대한 관할권에 관해서도 인공섬, 시설 및 구조물의 건설·운용 및 사용을 허가하고 규제하는 배타적 권리를 부여하고 있고 또한 동 목적물들에 대한 관세·재정·위생·출입국 관리 및 안전에 관한 국내법령의 관할권을 인정하고 있다.[29] 해양과학조사와 관련하여서는 해양과학조사를 규제, 허가 및 수행할 권리를 부여하는 한편, 일정요건에 해당하는 경우 외국의 해양과학조사에 동의하여야 할 의무도 부과하고 있다.[30] 마지막으로 해양환경보호와 관련하여서 연안국은 외국선박의 투기오염, 선박기인오염을 방지·경감·통제하기 위하여 일반적으로 수락된 국제규칙과 기준에 합치하거나 적어도 동등한 수준이상의 국내법령을 제정할 권리[31]를 부여받고 있으며, 동 법령의 집행관할권[32]도 부여받고 있다. 외국선박에 대한 법령집행권의 행사는 공무원이나 군함, 군용항공기나 정부업무에 사용되는 것이 명백하게 표시되고 식별가능한 그 밖의 선박이나 항공기에 의해서만 행사될 수 있다고 규정하고 있다.[33] 이밖에도 연안국은 배타적 경제수역에서 1982년 협약 제58조 제2항에 근거하여 타국 선박에 대하여 제105조에 따른 해적선의 나포권(seizure of a pirate ship), 제110조에 따른 임검권(right of visit)과 제111조에 따른 추적권(right of hot pursuit)을 행사할 수 있다.

마지막으로, 대륙붕(continental shelf)은 기선으로부터 200해리 범위의 해저 및 하층토, 만약 대륙붕의 물리적 형상이 200해리 이원으로 연장된 경우 1982

27) 1982년 협약 제56조.
28) 상게협약 제73조.
29) 상게협약 제60조.
30) 상게협약 제246조.
31) 상게협약 제210조 및 제211조.
32) 상게협약 제216조, 제218조 및 제220조.
33) 상게협약 제224조.

년 협약 제76조의 규정에 따라 기선으로부터 350해리 또는 2,500미터 등심선으로부터 외측으로 100해리의 범위까지 인정된다. 동 지역의 무생물자원과 정착성어종에 대해서 연안국이 주권적 권리를 행사하며, 해저굴착, 해양과학조사 등에 관하여 관할권을 행사한다.[34] 연안국이 배타적 경제수역을 설정한 경우에는 200해리 범위 내에서 대륙붕에 대한 연안국의 권리는 배타적 경제수역에 대한 권리와 중복되며, 200해리 이원으로 대륙붕이 확장된 경우에는 확장된 부분의 대륙붕에 대해서만 상부수역과는 무관하게 연안국이 주권적 권리와 관할권을 행사한다.

이밖에도 1982년 협약 제49조에 따라 군도국가에 인정되는 군도수역(archipelagic waters)에 대해서도 공간뿐만 아니라 군도수역의 모든 자원에 대하여 연안국의 주권이 행사될 수 있으며, 그 행사의 범위는 영해의 경우와 다르지 않다.

2. 연안국 법집행권 시행을 위한 국내입법 태도

국제법상 인정되고 있는 연안국의 관할해역 내 외국선박에 대한 법집행권의 행사와 관련하여 우리나라는 해역별 입법방식과 목적별 입법방식을 병행하고 있다.

(1) 관할해역별 입법례 분석

먼저, 관할해역별 입법현황을 살펴보면, 내수에 관해서는 별도의 법령이 없으며, 다른 관할해역에 대하여는 영해 및 접속수역법, 배타적 경제수역 및 대륙붕에 관한 법률이 있다. 영해 및 접속수역법은 제5조에서 외국선박의 무해통항권을 인정하는 동시에 다음과 같은 행위를 하는 경우에는 대한민국의 평화·공공질서 또는 안전보장을 해치는 것으로 규정하고 있다.

① 대한민국의 주권·영토보전 또는 독립에 대한 여하한 힘의 위협이나 행

34) 상게협약 제77조, 제246조 제1항, 제81조

사 기타 유엔헌장에 구현된 국제법원칙을 위반한 방법으로 행하는 여하한 힘의 위협이나 행사

② 무기를 사용하여 행하는 훈련 또는 연습

③ 항공기의 이함·착함 또는 탑재

④ 군사기기의 발진·착함 또는 탑재

⑤ 잠수항행

⑥ 대한민국의 안전보장에 유해한 정보를 수집

⑦ 대한민국의 안전보장에 유해한 선전·선동

⑧ 대한민국의 관세·재정·출입국관리 또는 보건·위생법규에 위반되는 물품이나 통화의 양·적하 또는 사람의 승·하선

⑨ 대통령령이 정하는 기준을 초과하는 오염물질의 배출

⑩ 어로

⑪ 조사 또는 측량

⑫ 대한민국 통신체제의 방해 또는 설비 및 시설물의 훼손

⑬ 통항과 직접 관련없는 행위로서 대통령령이 정하는 것

이상의 행위를 외국의 군함 및 비상업용 정부선박을 제외한 선박이 행한 혐의가 있다고 인정되는 때에 해양경찰 및 해군 등 관계당국은 정선·검색·나포 기타 필요한 명령이나 조치를 할 수 있다고 규정하고 있다.[35]

접속수역에 대해서는 구체적인 규정을 두지 않고 1982년 협약 규정과 동일하게 대한민국의 영토 또는 영해에서 관세·재정·출입국관리 또는 보건·위생에 관한 대한민국의 법규를 위반하는 행위의 방지 및 대한민국의 영토 또는 영해에서 관세·재정·출입국관리 또는 보건·위생에 관한 대한민국의 법규를 위반한 행위의 제재를 목적으로 필요한 범위 안에서 법령이 정하는 바에 따라 관계당국이 직무권한을 행사할 수 있다고 규정하고 있다.[36]

배타적 경제수역 및 대륙붕에 대해서는 배타적 경제수역법 및 대륙붕에 관한 법률이 1982년 협약상의 규정을 동일하게 수용하고 있다. 먼저, 동 법 제3

35) 영해 및 접속수역법 제6조.
36) 상계법률 제6조의 2.

조에서 배타적 경제수역 및 대륙붕에서 주권적 권리와 관할권을 가진다고 규정하였다. 제5조에서는 외국과의 협정으로 달리 정하는 경우를 제외하고 대한민국의 배타적 경제수역 및 대륙붕에서는 제3조의 규정에 의한 권리를 행사 또는 보호하기 위하여 대한민국의 법령을 적용한다고 규정하고 있다. 만약 제3조의 규정에 의한 권리를 침해하거나 당해 배타적 경제수역 및 대륙붕에 적용되는 대한민국의 법령을 위반한 혐의가 있다고 인정되는 자에 대하여는 관계기관이 1982년 협약 제111조의 규정에 의한 추적권의 행사, 정선·승선·검색·나포 및 동법 절차를 포함하여 필요한 조치를 취할 수 있다고 규정하고 있다.[37]

(2) 목적별 입법례 분석

목적별로 법집행조치의 근거를 마련하고 있는 입법의 예로서는 관세법, 출입국관리법, 수산업법, 배타적 경제수역에서의 외국의 어업에 관한 법률, 해양환경관리법, 해양과학조사법, 해사안전법 등에서 찾아 볼 수 있다.

먼저, 관세에 관한 권리보호를 위해서 관세법은 제300조에서 세관공무원으로 하여금 관세범 조사상 필요하다고 인정하는 때에는 선박·차량·항공기·창고 기타의 장소를 검증하거나 수색할 수 있도록 권한을 부여하고 있다.

출입국관리에 관한 권리보호를 위해서 출입국 관리법은 제69조 제1항에서 동 법령을 위반하여 입국 또는 출국을 꾀하는 자가 선박 등에 타고 있는 지의 여부를 심사하기 위하여 선박 등이 출입국항에 출입항할 때에 출입국관리공무원이 검색할 수 있다고 규정하고 있다.

수산자원의 보호 및 불법어업단속을 위해서 수산업법은 제72조에서 어업감독공무원으로 하여금 어업조정, 안전조업, 불법어업 방지 및 수산물의 유통질서를 확립하기 위하여 필요하다고 인정되면 어장·어선·사업장·사무소·창고, 그 밖의 장소에 출입하여 장부·서류, 그 밖의 물건을 검사하거나 관계인에게 질문하거나 그 밖에 정선이나 회항을 명할 수 있다고 규정하고 있다.

37) 배타적 경제수역 및 대륙붕에 관한 법률 제5조 제3항.

또한 배타적 경제수역에서의 외국인어업 등에 대한 주권적 권리의 행사에 관한 법률은 제6조의 2에서 불법 어업활동 혐의가 있는 외국선박에 대하여 정선명령을 할 수 있다고 규정하고 있다. 또한 제23조 제1항에서 동 법, 동 법에 의한 명령 또는 제한이나 조건을 위반한 선박 또는 그 선박의 선장이나 기타 위반자에 대하여 검사 또는 사법경찰관이 정선·승선·검색·나포 등 필요한 조치를 취할 수 있다고 규정하고 있다.

해상에서의 안전 확보를 위해서 해사안전법은 제40조에서 해양경찰서장에게 동 법 또는 동 법에 의한 명령을 위반하였거나 위반한 혐의가 있는 자가 승선하고 있는 선박에 대하여 정선하게 하거나 회항할 것을 명령하는 권한을 부여하고 있다.

이 밖에도 해양환경관리와 관련하여서는 해양환경관리법이 제117조에서 선박이 우리나라의 관할해역에서 동 법을 위반한 혐의가 있다고 인정되는 경우에는 해역관리청 또는 해양경찰서장이 정선·검색·나포·입출항금지 그 밖에 필요한 조치를 취할 수 있다고 규정하고 있다.

마지막으로 해양과학조사에 관한 관할권 행사와 관련하여서는 해양과학조사법이 우리나라의 관할해역에서 허가나 동의를 받지 아니하고 불법으로 해양과학조사를 수행한다는 혐의가 있는 경우 관계기관의 장이 당해선박을 정선·검색·나포 기타 필요한 명령이나 조치를 취할 수 있다고 규정하고 있다.[38]

이와 같은 우리나라의 입법대도를 살펴볼 때, 우리나라는 국제법상 인정하고 있는 연안국의 법집행권에 대한 근거를 국내법적으로 대부분 수용하고 있음을 알 수 있다. 또한 법집행주체에 대해서도 대부분 해양경찰, 해군 등을 예정하고 있으며 출입국관리와 관세에 대해서만 세관공무원과 출입국관리공무원에게만 특별히 그 권한이 부여되고 있다. 그리고 법집행권 행사의 요건에 대해서도 일반적으로 법령을 위반하였거나 위반한 혐의가 있는 경우를 예정하고 있다. 법집행권의 행사 형태도 대부분 정선, 승선, 검색, 나포 기타 필요한 조치의 유형을 수용하고 있음을 알 수 있다.

38) 해양과학조사법 제13조.

Ⅲ. 연안국 법집행시 무력사용에 관한 국내법과 국제법의 태도 분석

국제법상 '무력의 사용(use of force)'이란 용어는 유엔헌장 제2조 제4항 및 1982년 협약 제301조에서 "무력사용의 위협 또는 무력의 사용(any threat or use of force)"이라는 표현에서 사용되고 있으며, 이는 주로 군사력의 행사를 의미하는 것으로 이해된다.[39] 반면에 영해, 접속수역 또는 배타적 경제수역에서 연안국이 자국의 관세법이나 어업관계법 등 국내법령을 집행하기 위한 소위 '법집행조치(law enforcement)'의 일환으로서 무기를 사용하는 경우에도 '무력의 사용(use of force)'이라는 용어가 사용되고 있다. 함포나 기관총 또는 소총 등의 무기를 사용하는 점에 있어서는 양자간에 차이점이 없으나 법집행과정에서의 무력의 사용은 국내경찰권의 행사로서 법령 위반에 대한 조치의 일환으로서 사용되는 것으로서 그 성격이 유엔헌장과 1982년 협약 제301조에서 규정하고 있는 무력의 사용과는 다르다고 볼 수 있다.[40]

따라서, 국내법집행과정에서의 무력의 사용은 각각의 국내법에 근거하여 행사되는 것으로서 무력사용의 적합성에 대해서는 해당 국가의 국내법상 정하여진 무력사용의 기준에 일치하는 가 여부로 결정되어 진다. 그러나 외국선박에 대한 법집행과정에서 행사된 무력의 사용이 국가간에 쟁점이 되는 경우에는 국제법의 관점에서 무력사용의 정당성이 검토되어야 한다. 이러한 점에서 해상에서의 외국선박에 대한 법집행시 무력의 사용은 두 개의 기준을 충족시켜야 한다. 먼저, 적용가능한 국내법상 법집행조치를 위한 무력의 사용시점과 그 사용정도에 대한 근거가 있어야 한다. 둘째, 국내법이 비록 무력의 사용을 허용하였다고 하여도 그 사용이 국제법상 허용하고 있는 무력사용의 조건과 정도에 일치하여야 한다.[41] 이러한 관점에서 해상에서의 법집행관리는 무력을 행사함에 있어서 해양이라는 공간이 국제법이 근본적으로 미치는 영역이기 때문에 일반적인 법집행관리에게 요구되는 것 이상의 문제의식이 요구되고 있다.[42]

---

39) 水上千之 編,「現代の海洋法」(有信堂,2003), 156면.
40) 상게서, 157면.
41) D.P. O'connel, *op. cit.*, pp.1062~1063.
42) *Ibid.*

1. 외국선박에 대한 무력사용에 관한 국내법의 입법태도

(1) 일반적인 경찰관의 무기사용에 관한 국내입법

우리나라 국내법을 위반한 외국선박에 대한 무력사용의 허용 여부 및 그 조건에 대해서는 기본적으로 경찰관 직무집행법에서 찾아 볼 수 있다. 무기를 사용할 수 있는 경우로서는 동법 제10조의4 제1항에서 "범인의 체포, 범인의 도주 방지, 자신이나 다른 사람의 생명·신체의 방어 및 보호, 공무집행에 대한 항거의 제지를 위하여 필요하다고 인정되는 상당한 이유가 있을 때"로 규정하고 있다. 이 경우에도 "그 사태를 합리적으로 판단하여 필요한 한도 내에서"만 무기를 사용하도록 하고 있다. 필요성의 판단주체는 사태에 직면한 경찰관 자신이며, 무기사용에 있어서 필요성 및 비례성을 강조하고 있다.

다만, 위와 같은 경우에도 사람에게 당연히 위해를 주어서는 아니되며, 사람에게 위해를 가할 수 있는 무기의 사용은 형법상 정당방위와 긴급피난의 경우와 대간첩작전수행에 있어 무장간첩이 경찰관의 투항명령을 받고도 따르지 아니하는 때 및 다음과 같은 4가지 경우에 그 행위를 방지하거나 그 행위자를 체포하기 위하여 무기를 사용하지 아니하고는 다른 수단이 없다고 인정되는 상당한 이유가 있을 때로 한정하고 있다.

① 사형·무기 또는 장기 3년 이상의 징역이나 금고에 해당하는 죄를 범하거나 범하였다고 의심할 만한 충분한 이유가 있는 사람이 경찰관의 직무집행에 대하여 항거하거나 도주하려고 할 때

② 체포·구속영장과 압수·수색영장을 집행하는 과정에서 경찰관의 직무집행에 대하여 항거하거나 도주하려고 할 때

③ 제3자가 위의 경우에 해당하는 사람을 도주시키려고 경찰관에게 항거할 때

④ 범인 또는 소요를 일으킨 사람이 무기·흉기등 위험한 물건을 지니고 경찰관으로부터 3회 이상 물건을 버리라는 명령이나 항복하라는 명령을 받고도 따르지 아니하면서 계속 항거할 때

그리고 이상의 경우에 사용하는 무기는 개인화기로 제한하고 있으며, 공용화기를 사용하는 경우는 대간첩·대테러작전 등 국가안전과 관련된 작전을 수행할 때로 제한하고 있다.

이상의 경우를 살펴보면 경찰관 직무집행상 무기의 사용을 허용하고 있으나 필요성과 비례성을 강조하고 있음을 알 수 있다. 또한, 인명에 위해를 주는 무기사용에 대해서는 그 경우를 제한적으로 허용하고 있으며, 이때 허용되는 무기의 범위는 개인화기로 제한하고 있음을 발견할 수 있다.

한편, '위해성 경찰장비의 사용기준 등에 관한 규정'은 경찰관 직무집행법의 무기사용에 대한 부분을 절차적으로 보다 상세히 규정하고 있다. 동 규정 제9조에 따르면, 사람을 향하여 권총 또는 소총을 발사하고자 하는 경우에는 미리 구두 또는 공포탄에 의한 사격으로 상대방에 대하여 경고하여야 한다고 규정하고 있다. 다만, 경찰관이 급습을 당하거나 타인의 생명·신체에 대한 중대한 위험을 야기하는 범행이 목전에서 실행되는 등 급박하여 경고할 시간적 여유가 없는 경우와 인질·간첩·테러사건에 있어서 은밀한 작전을 수행하는 경우에는 경고없이 사격을 가할 수 있도록 허용하고 있다. 이밖에도 제10조에서는 권총 또는 소총의 사용제한요건으로서 범죄와 무관한 다중의 생명·신체에 위해를 가할 우려가 있는 경우를 규정하고 있으나, 이 경우에도 "권총 또는 소총을 사용하지 아니하고는 타인 또는 경찰관의 생명·신체에 대한 중대한 위험을 방지할 수 없다고 인정되는 때에는 필요한 최소한의 범위안에서 이를 사용할 수 있다"고 허용하고 있다. 또한, 총기 또는 폭발물을 가지고 대항하는 경우를 제외하고는 14세미만의 자 또는 임산부에 대하여 권총 또는 소총을 사용할 수 없도록 규제하고 있다.

(2) 해양에서 사법경찰권에 근거한 무기사용에 관한 국내입법

해양경비법은 "경비수역에서의 해양안보 확보, 치안질서 유지, 해양수산자원 및 해양시설 보호를 위하여 해양경비에 관한 사항을 규정" 한 것으로서, 동법 제17조에서 무기 사용에 관한 규정을 두고 있다. 해양경찰관이 "경비수역에서 해양주권의 수호를 목적으로 행하는 해양안보 및 해양치안의 확보, 해양수산자원 및 해양시설의 보호를 위한 경찰권의 행사"를 하는 과정에서 다음의 어느 하나에 해당하는 경우 경찰관 직무집행법 제10조의 4에 따라 무기를 사용할 수 있도록 허용하고 있다.

① 선박등의 나포와 범인을 체포하기 위한 경우
② 선박등과 범인의 도주를 방지하기 위한 경우
③ 자기 또는 다른 사람의 생명·신체에 대한 위해(危害)를 방지하기 위한 경우
④ 공무집행에 대한 저항을 억제하기 위한 경우

이러한 과정에서 허용되는 무기는 개인화기에 국한된다. 다만, 위의 경우 선박등과 범인이 선체나 무기·흉기 등 위험한 물건을 사용하여 경비세력을 공격한 때와 대간첩·대테러작전 등 국가안전과 관련된 작전을 수행할 때에는 공용화기를 사용하도록 허용하고 있다.[43)]

이밖에도 관세법은 제300조에서 세관공무원에게 관세범 조사상 필요하다고 인정하는 때에는 선박 등에 대한 검증 또는 수색권을 부여함과 동시에, 제267조에서는 관세청장 또는 세관장이 직무 집행상 필요하다고 인정되는 때에는 그 소속공무원으로 하여금 총기를 휴대하게 할 수 있게 하고 있다. 총기를 휴대한 세관공무원은 직무 집행시 자기 또는 타인 생명 또는 신체의 보호와 공무집행에 대한 방해 또는 저항의 억제를 위하여 필요한 상당한 이유가 있는 경우 그 시대에 응하여 부득이하다고 판단되는 때에는 총기를 사용할 수 있도록 허용되고 있다.

출입국관리법도 제77조에서 출입국관리공무원에게 직무 집행에 필요한 경우 경찰관직무집행법 제10조 및 제10조의 2부터 제10조의 4에서 규정한 장비, 장구, 분사기, 무기를 휴대할 수 있으며, 동 법 제10조 및 제10조의 2부터 제10조의 4의 규정에 준하여 무기 등을 사용할 수 있도록 허용하고 있다.

그러나 외국선박에 대한 무력사용의 가장 빈번한 예에 해당하는 불법어업

43) 2017년 10월 19일부터 발효한 해양경비법에서는 공용화기를 사용할 수 있는 경우로서 "선박등이 3회 이상 정선 또는 이동 명령에 따르지 아니하고 경비세력에게 집단으로 위해를 끼치거나 끼치려는 경우"가 추가되었다.

을 규율하는 수산업법과 배타적 경제수역에서의 외국인어업 등에 대한 주권적 권리의 행사에 관한 법률은 법집행조치를 위한 무기사용에 관한 특별한 규정이 두지 않고 각각 제64조와 제23조에서 어업감독공무원에게 사법경찰권을 부여하거나 경찰관으로 하여금 정선·승선·검색·나포의 권한만을 부여하고 있다. 다만, 앞서 살펴본 바와 같이 해양경비법의 무기사용 허용범위 안에 해양수산자원 보호를 위한 경찰권의 행사가 포함되어 있으므로 포괄적으로 불법어업에 대응하는 해양경찰관에게도 무기사용이 허용되고 있음을 알 수 있다.

이상과 같은 국내법의 입법태도를 살펴볼 때, 우리나라는 관할해역에서 법집행조치의 일부로서 해양경찰관, 출입국관리공무원, 세관공무원에게 각각 관련 법집행시 무기 사용을 허용하고 있다. 무기사용의 조건은 공통적으로 도주의 방지, 공무집행행위에 대한 항거의 억제 및 정당방위와 긴급피난의 경우를 상정하고 있음을 알 수 있다. 무기사용의 발동 요건도 다른 방법을 통한 법집행이 효과를 발휘하지 못하는 경우 최후수단으로서의 필요성을 강조하고 있으며, 무력행사의 정도도 무기사용의 조건을 충족하는 최소한의 정도로 제한하는 비례성을 규정하고 있음을 알 수 있다. 더욱이 무기사용을 통한 인명에 대한 직접적 위해에 대해서는 매우 엄격한 조건을 제시하고 있으며, 극히 예외적인 상황을 제외하고는 무기사용에 사전경고를 요구하고 있다.

2. 외국선박에 대한 무력사용에 관한 국제법의 태도

해상에서 외국선박에 대한 법집행조치로서의 무력의 행사를 규율하는 국제법은 기본적으로 국가관행과 판례를 중심으로하는 국제관습법에 의해 발전되어오고 있다.[44]

1982년 협약은 전술한 바 있는 연안국의 법집행조치로서 정선, 승선, 검색, 나포 등과 같은 '법집행조치(enforcement measures)'의 유형을 제시하거나 '필요한 조치를 취한다(taking necessary steps)'고 규정하고 있지만, 동 행위과정

44) I. A. Shearer, "Problems of Jurisdiction and Law Enforcement against Delinquent Vessels", p.325.

에서 무력을 행사할 수 있는 지 여부에 대해서는 아무런 규정을 두고 있지 않다. 따라서, 이에 대한 해석은 국제관습법에서 찾아보아야 한다. 다만, 1982년 협약은 해양환경보호에 관한 연안국 법령 위반 선박에 대한 법집행권한을 행사함에 있어 항행의 안전을 위태롭게 하거나 그 밖에 선박에 어떠한 위험을 초래하거나 또는 선박을 안전하지 못한 항구나 정박지로 이동시키거나 해양환경을 불합리한 위험에 노출시키지 아니하여야 한다고 규정하고 있다.[45] 그러나 이 규정이 법집행조치시 무력사용을 완전히 배제하는 것으로 해석될 수 없으며 국제관습법상 인정되는 필요성과 비례성의 원칙이 적용된다는 조건하에서 무력사용이 허용되는 것으로 해석되어야 하는 것으로 생각한다.[46]

또한 1982년 협약 제300조에서 협약 당사국으로 하여금 협약이 인정하는 권리, 관할권 및 자유를 권리남용에 해당하지 않도록 행사하여야 한다고 규정하고 있지만, 이 또한 연안국 법집행시 무력사용에 관한 효과적인 제약이나 실제적인 지침을 주고 있지는 못하다.[47]

이 밖에도 제301조에서 "이 협약에 따른 권리행사와 의무이행에 있어서 당사국은 다른 국가의 영토보전 또는 정치적 독립에 해가 되거나 또는 유엔헌장에 구현된 국제법의 원칙에 부합되지 아니하는 방식에 의한 무력의 위협이나 행사를 삼가야 한다"고 규정하고 있으나, 전술한 바와 같이 동 규정은 군사력에 의한 무력의 행사를 의미하는 것으로서 국내법의 집행을 위하여 경찰력의 일환으로 행사되는 무력의 사용과는 구별되는 것으로 해석된다.

한편, 1982년 협약과는 달리 1995년에 체결된 『1982년 12월 10일 해양법에 관한 국제연합협약의 경계왕래어족 및 고도회유성어족 보존과 관리에 관한 조항의 이행을 위한 협정(Agreement for the Implementation of the Provisions of the United Nations Convention on the Law of the Sea of 10 December 1982 Relating to the Conservation and Management of Straddling Fish Stocks and Highly Migratory Fish Stocks: 이하에서 '1995년 공해어업이행협정'이라 함)』[48]

45) 1982년 협약 제225조.
46) I. A. Shearer, "Problems of Jurisdiction and Law Enforcement against Delinquent Vessels", p.342.
47) *Ibid.*, p.343.
48) 1995년 공해어업이행협정은 1995년 8월 4일 채택되었으며, 2001년 12월 11일 발효하였고, 2017년 8월 현재 86개국이 비준 또는 가입하고 있다. 우리나라는 1996년 11월 26일 동 이행협정에

은 제22조 제1항 (f)호에서 무력의 사용 가능성을 인정하고 있다. 즉, 검사관의 직무집행상 안전을 보장함에 있어 필요한 경우 및 검사관의 직무집행이 방해받는 경우를 제외하고는 무력사용을 회피하여야 하며, 사용되는 무력의 정도도 그 상황에 합리적으로 요구되는 정도를 넘어서는 안된다고 규정하고 있다.[49] 즉, 자기 방어적인 수단과 직무집행의 이행에 필요한 경우에 국한하여 최소한의 무력사용만을 인정하는 '비례성의 원칙(principle of proportionality)'과 '필요성의 원칙(principle of necessity)'을 수용하고 있다.

이상과 같은 해상에서의 외국선박에 대한 무력사용에 대한 국제법의 태도 이외에 국제법상 일반적인 법집행관리의 무기사용에 관한 근거는 1979년 유엔총회 결의(34/169) '법집행 공직자의 행동강령(Code of Conduct for Law Enforcement Officials)'과 1990년 9월 7일 범죄 예방 및 범죄자 처우에 관한 제8차 유엔의회에서 채택된 '법집행 공직자의 무력사용 및 발포에 관한 기본원칙(Basic Principles on the use of force and forearms by Law Enforcement Officials)'에서 찾아 볼 수 있다.

먼저, 1979년 12월 17일 제106차 유엔총회에서 채택된 행동강령은 제3조에서 "법집행관리는 그들의 임무를 수행함에 반드시 필요한 경우에 그에 필요한 정도로만 무력을 사용할 수 있다"[50]고 규정하고 있다. 동 행동강령은 이러한 제3조에 대한 주석을 통하여 동 조가 무기사용의 예외성, 비례성을 강조한 것이며 동시에 무기사용은 어린이에게 행하여서는 아니 되고, 범죄혐의자가 무력으로 저항하거나 다른 사람의 생명을 위협하는 경우 다른 수단으로는 그 행위를 억제할 수 없는 경우 허용되는 것이라고 설명하고 있다.

한편, 1990년 9월 7일 쿠바 하바나에서 개최된 '범죄예방과 범법자 처리에 관한 제8차 유엔의회(the Eighth United Nations Congress on the Prevention of Crime and the Treatment of Offenders)'에서 채택된 기본원칙은 제4원칙에서

서명하였으며, 2008년 2월 1일 비준서를 기탁하여 동 년 3월 2일부터 우리나라에 발효하게 되었다.

49) (f) avoid the use of force except when and to the degree the safety of the inspectors and where the inspectors are obstructed in the execution of their duties. The degree of force used shall not exceed that reasonably required in the circumstances.

50) Law enforcement officials may use force only when strictly necessary and to the extent required for the performance of their duty.

무기의 사용이 최후적 수단이어야 함을 강조하였다. 또한 제5원칙에서는 불가피하게 무기를 사용하는 경우 ① 목적 달성에 비례한 정도로 무기를 사용할 것, ② 무기사용으로 인한 손해와 부상을 최소화할 것과 인명을 존중하고 보존할 것, ③ 무기사용으로 부상을 입은 자에게 가장 빠른 시간 내에 원조와 의료조치를 시행할 것, ④ 부상을 입은 자의 친척 또는 가까운 친구에게 그 사실을 가장 빠른 시간 내에 통보할 것 등을 이행하여야 한다고 규정하고 있다. 제6원칙에서는 무기사용으로 인하여 사망자나 부상자가 발생한 경우 즉시 상관에게 보고할 것을 요구하고 있으며, 제7원칙에서는 이상의 원칙을 위반한 법집행관리를 형벌로 처벌할 것을 각국 정부가 보장하도록 하고 있다.

이상과 같은 일반적 원칙 이외에 제9원칙에서는 정당방위와 긴급피난의 경우이외에는 사람에 대한 무기의 사용을 금지하고 있으며, 어떠한 경우에도 고의적인 치명적 무기사용은 다른 사람의 생명을 보호하기 위하여 어쩔 수 없는 경우에만 허용된다고 규정하고 있다. 또한 제10원칙에서는 제9원칙에 의한 경우에도 극히 예외적인 경우를 제외하고는 법집행관리가 신분을 밝히고 무기를 사용한다는 분명한 경고를 한 다음 범죄혐의자가 그 경고를 이행할 수 있는 충분한 시간이 경과한 후에야 무기를 사용할 수 있다고 구체적 절차를 언급하고 있다.

Ⅳ. 연안국 법집행시 무력사용에 관한 사례 분석

연안국의 법집행과정에서 무력을 사용 예는 세계 곳곳에서 찾아 볼 수 있다. 그러한 사례는 다시 국가 간의 외교적 분쟁으로 종결된 것과 제3자에 의한 분쟁해결절차에 의해 해결된 사례로 다시 구분할 수 있다. 특히, 후자의 경우에는 중재판정 또는 사법판결을 통하여 연안국의 법집행시 무력사용에 관한 국제법의 태도를 발견할 수 있다는 측면에서 중요한 의미가 있다.

1. 외국선박에 대한 무력사용으로 인한 외교적 분쟁사례

1964년 소련 연안경비대는 연안으로부터 16마일 떨어진 해역에서 미국 상선 'Sister Katingo'호에 대하여 총격을 가한 후 동 선박을 나포한 바 있다. 당시 동 선박은 소련의 Novorossisk항에서 선장이 소련당국과 언쟁을 한 후 소련당국의 허가를 받지 않고 무단히 출항하는 과정에 있었다. 동 사건에 대하여 미국은 소련에 대하여 항의하였으며, 미국 국무부 외교각서상 소련의 행위는 '나포를 행함에 있어 과도한 수단(an excessive method of effecting arrest)'이었다고 지적된 바 있다.[51]

1969년에는 페루 포함(gun boat)이 페루 연안에서 40마일 떨어진 곳에서 조업중인 미국 참치잡이선박에 대하여 기관총을 발사한 사건이 있었다. 27발의 실탄이 발사되어 돛대와 무선통신탑이 파괴되고, 선교(bridge)가 손상되는 결과가 발생하였다. 미국은 이러한 페루의 행위에 대하여 비무장어선에 대한 공격은 국제법상 정당화될 수 없다는 입장을 표명하였다.[52]

1965년에는 영국 어업보호선이 총기를 발사하여 포르투갈 어선을 나포한 사건이 있었으며, 1964년에는 유고슬라비아 경비정이 이탈리아 어선 'Francesco II'호에 총격을 가하여 선박에 손상을 발생시킨 사건이 있었고 이에 대하여 이탈리아 정부가 유고슬라비아에게 강력하게 항의한 바 있다. 또한 같은 해 튀니지 연안경비대가 이탈리아 선박 'Saleni'호에 대한 추적권을 행사하는 과정에서 총격을 가하여 2명의 이탈리아인이 사망하였으며, 동 사건에 대해서도 이탈리아 정부가 튀니지 정부에 대하여 강력히 항의한 바 있다.[53]

1967년에는 포르투갈 연안경비대가 어업금지구역에서 불법조업중인 스페인 트롤어선 'Ines Mari'호가 정선명령을 거부하고 도주하자 12발의 총격을 선체에 가하여 선주가 사망하는 사건이 발생한 바 있다. 이 밖에도 아르헨티나 군함이 불법조업중인 소련어선들을 나포하는 과정에서 총격을 가한 사실이 다수 있다.[54]

---

51) D.P. O'connel, *op. cit.*, p.1071.
52) *Ibid.*, pp.1071~1072.
53) *Ibid.*, p.1072.
54) *Ibid.*

2001년에는 12월 22일 22시 13분 국적불명의 선박『長漁 3705』호가 동중국해에서 일본 해상보안청 순시선의 추적을 받던 중 교전 끝에 침몰되는 사건이 발생하였다. 동 선박이 침몰한 지역은 일본의 가고시마(鹿兒島)현 아마미－오시마(奄美大島) 서북서방향 약 390킬로미터 지점으로서 중일간의 가상 배타적 경제수역 중간선으로부터 22킬로미터 정도 중국측으로 진입한 위치이다.[55) 당초 동 선박은 일본 배타적 경제수역을 국기를 게양하지 않고 항해하던 중 일본 해양보안청 순시선의 정선명령을 받았으나 이를 거부하고 도주하였으며, 일본 해상보안청 순시선이 동 선박을 중국의 배타적 경제수역까지 추적하여 정선을 시도하던 중 양측간에 교전이 발생하였다. 동 교전의 결과 국적불명선이 폭발하여 침몰하였고, 선박에 승선한 것으로 보이는 15명 전원이 사망하거나 실종되었으며, 일본 해상보안청 순시선 승무원 3명이 부상을 입었다.[56)]

마지막으로, 2005년 9월 19일 인도네시아 해군함정이 인도네시아수역에서 불법조업한 것으로 의심되는 중국 어선 'Fuyuanyu 132'에 대하여 추적권을 행사하여 나포하였다. 동 과정에서 인도네시아 해군이 중국 어선에 대하여 발포를 하였으며, 그 결과 1명의 선원이 사망하고 2명의 선원이 부상을 당하였으며, 부상자 2명을 포함하여 10명의 선원이 억류되었다. 중국 정부는 즉시 인도네시아 해군의 행위를 '비인도적인 법집행행위(inhumane way of law enforcement)'로 규정하고, 공식적으로 '충격과 강한 유감(shock and strong dissatisfaction)'의 의사를 인도네시아 정부에 전달하였다. 이에 더하여, 인도네시아 정부로 하여금 '사건의 진실을 조속히 규명하여 중국정부에 동지할 것, 부상신원의 치료와 억류 선원의 안전을 보장하기 위해 필요한 모든 조치를 취할 것, 인도네시아 해군과 관련조직이 법집행과정에서 자의적인 무력 사용을 회피하도록 훈련시키기 위한 적절한 조치를 취할 것과 향후 유사사건이 재발하지 않도록 보장할 것'을 요구하였다.[57)]

55) 『朝日新聞』2001년 12월 24일, 23면.

56) 졸고, "국적불명선『長漁 3705』호 침몰사건에 대한 법적 고찰", 「국제법학회논총」, 제47권 제1호(2002), 139~140면.

57) H. Quin, "Chinese Practice in Public International Law: 2005(II)", *Chinese Journal on International Law*, vol.5(2006), p.779.

2. 외국선박에 대한 무력사용으로 인한 분쟁의 제3자적 해결사례

(1) 1935년 I'm Alone호 사건

'I'm Alone'호는 캐나다 선적의 영국의 쾌속범선으로서 주류를 미국으로 밀반입하려다가 1929년 3월 22일 2일간 미국 연안경비대의 추적을 받았으며, 정선 명령의 지속적인 거부와 몇 차례의 경고사격 이후에 루이지애나 연안으로부터 200마일 떨어진 멕시코만에서 미국 연안경비대의 사격을 받고 침몰하였다. 이에 양국 정부는 각각 1명씩의 중재인을 1929년 8월 임명하여 사건의 사실관계 조사와 미국정부에 배상금을 신청한 캐나다 정부의 요구를 검토하도록 중재재판에 부탁하였다. 동 중재인들은 1935년 1월 5일 최종보고서를 제출하고 미국연안경비대가 위반혐의선박에 대한 승선, 검색, 나포 및 항으로의 예인을 효과적으로 하기 위하여 필요하고도 합리적인 무력을 사용할 수 있는 권한이 있음을 인정하였다. 그러나 추가적인 밀수행위의 근절을 목표로 동 선박을 고의적으로 격침시킨 미국의 연안경비대 행위에 대하여는 국제법상 무력사용에 관한 의무의 위반행위로 판단하고 미국 정부로 하여금 부당한 격침에 관하여 캐나다 정부에 사과하고 미화 25,000달러의 배상금을 지급하고 침몰선박의 선원 및 그 유가족에 대한 보상금으로서 총 미화 25,666.50달러를 캐나다 정부에 지불하도록 권고한 바 있다. 미국 정부는 중재인의 결정사항을 수용하고, 워싱턴 주재 캐나다 공사에게 국무장관 명의의 사과문을 전달하는 한편으로 권고된 배상금과 보상금을 지불하였다.[58] 동 사건을 통하여 추적대상선박의 고의적 격침은 국제법상 인정되지 않으며, 다만 추적중 사고에 의한 침몰의 경우에는 추적선박에 책임을 물을 수 없다는 기준이 제시되었다.[59]

---

58) James W. Garner, "Hot pursuit. Illegal Sinking of Vessel on the High Sea – The I'm Alone Case", *The British Yearbook of International Law*, vol. 16(1935), pp.173~175.

59) *Ibid.*, p.175.

(2) 1962년 Red Crusader호 사건

1962년 영국 트롤어선 Red Crusader호가 영국과 덴마크간 어업합의선의 덴마크측 수역에서 불법어업을 하던 중 덴마크 어로보호선 Neils Ebbensen호에 발견되었다. Neils Ebbensen호가 사이렌과 불빛 신호를 통하여 정선을 명령하였으나 Red Crusader호가 이를 무시하고 어구를 회수하자 Neils Ebbensen호가 40mm 공포탄을 발사하였다. 공포탄 발사를 통하여 어선을 정지시킨 후 Neils Ebbensen호의 관리가 Red Crusader호에 임검을 위하여 승선하였는데 동 관리를 감금한 채 도주를 개시하였다. 30분후 Neils Ebbensen호가 127mm 포탄을 Red Crusader호의 고물 등에 발사하였고, 그 다음으로 레이더시설과 조명에 발포하였으며 40mm 포를 선미에 발사하였다. 동 사격은 Red Crusader호가 공해에 이르렀을 때 중지되었으며, 영국 군함 Troubridge호가 양 선박사이에 개입함으로서 Red Crusader호는 영국으로 도주하였다. 영국이 Red Crusader호의 수리비를 덴마크에 청구하자 양국은 사실심사위원회(Commission of Inquiry)를 구성하여 동 사건을 조사케 하였다. 조사위원회는 보고서를 통하여 Neils Ebbensen호가 경고없이 실탄사격을 가한 것과 실탄사격으로 인하여 '입증된 필요성 없이(without proved necessity)' 승선 인원의 인명에 위해를 발생시켰다는 점에서 덴마크의 행위가 '과도한 무력의 사용(exceeded legitimate use of armed force)'에 해당된다고 설명하였다.[60] 동 보고서 제출후 양측은 각각 청구를 취소하고 사건을 해결하였다.[61]

동 사건을 통하여는 실탄사격전 반드시 실탄사격에 대한 경고가 있어야 한다는 기준과 실탄사격의 경우 그에 해당되는 사실의 확인이 없는 한 승선하고 있는 인원의 인명을 고려하여야 한다는 기준이 제시되었다.

60) E. D. Brown, *The Law of the Sea, Vol. I* (Aldershot : Dartmouth Publishing Company, 1994), p.299.

61) O'Connel, *op. cit.*, pp.1072~1073.

(3) 1999년 Saiga호 사건

1997년 10월 27일 세인트빈센트 앤 그레나딘 선적의 유조선 Saiga호가 기니 Alcatraz섬으로부터 약 22해리 떨어진 해상에서 세네갈 선적과 그리스 선적의 어선 3척에 급유를 하고 기니 배타적 경제수역을 벗어나 항해하던 중 10월 28일 9시경 동 선박을 추적하여 온 기니 순찰선 2척의 공격을 받고 나포되어 기니 꼬나크리하으로 예인되었다. 동 나포과정에서 기니 순찰선이 Saiga호를 정선시키기 위하여 대구경자동기관총을 선체에 대하여 발사하였으며, 정선후 Saiga호에 저항없이 승선하여서도 선원들의 무력사용이나 무력사용의 위협에 대한 증거가 없음에도 불구하고 무차별적으로 갑판에 사격을 가하고 엔진을 정지시키기 위하여 총기를 사용함으로서 2명의 선원이 부상하고 선체와 기관실 및 무선실의 주요장비에 상당한 정도의 손상을 발생시켰다.[62]

이러한 무력사용에 관한 쟁점에 대하여 원고측인 세인트 빈센트 앤 그레나딘은 기니가 비무장유조선인 Saiga호를 정선·나포하는 과정에서 대구경자동기관총(large-calibre automatic guns)으로 선박에 대하여 실탄사격을 한 것은 과도하고 비합리적인 무력의 행사라고 주장하였다.[63] 이에 대하여 피고측인 기니는 기니 법집행관리들이 다양한 명령과 신호를 발령하였음에도 이를 지속적으로 거부한 Saiga호에 대하여 단지 최소한의 사격을 하였음을 주장하였다.[64]

이에 대하여 국제해양법재판소(International Tribunal for the Law of the Sea:ITLOS)는 판결문에서 비록 1982년 협약이 추적권의 행사와 관련하여 정선신호를 거부하고 도주하는 선박의 나포시 사용할 수 있는 무력에 대해서는 명백한 규정을 두고 있지 않지만 국제법상 무력의 사용은 가능한 한 회피되어야 하며, 회피할 수 없는 경우에도 '당시 상황에 합리적이고도 필요한(reasonable and necessary in the circumstances)' 정도를 초과하여서는 안된다고 판시하였다. 또한 다른 국제법분야에서 그러한 것과 마찬가지로 人道主義(humanity)에

62) 해양수산부, 「국제해양분쟁사례연구 II」(해양수산부, 2004), 122~124면.

63) *The M/V "Saiga"(No. 2) Case,(Saint Vincent and Grenadines v. Guinea),* International Tribunal for the Law of the Sea, Judgement of 1 July 1999, para.153.

64) *Ibid.*, para.154.

대한 고려가 반드시 되어야 한다고 강조하였다.[65] 재판소는 더 나아가 바다에서 선박을 정지시키는 통상적인 관행으로서 다음과 같은 기준을 제시하였다. 첫째, 국제적으로 인정되는 신호를 사용하여 청각 또는 시각신호를 하여야 한다.[66] 둘째, 신호에 의해 선박이 정지하지 않는 경우 선박의 뱃머리 앞쪽으로의 사격 등을 비롯한 여러 가지 조치들이 취하여 질 수 있다. 셋째, 이상의 적절한 조치들이 실패한 경우 최후의 수단으로서 무력의 사용이 가능하지만 동 무력의 사용전에 반드시 선박에 대하여 무력사용에 대한 경고가 주어져야 하며 인명이 위험하지 않도록 모든 노력이 기우려져야 한다.[67][68]

이상과 같은 이유를 들어 재판소는 기니가 Saiga호에 승선하기 이전과 이후에 과도하게 무력을 사용하고 사람의 생명을 위태롭게 했으므로, 국제법상 세인트빈센트 앤 그레나딘의 권리를 기니가 침해하였다고 판결하였다.[69]

V. 결 론

1982년 협약에 의하여 종래에 영해와 접속수역에 불과하였던 연안국의 해양관할권이 군도수역, 200해리 배타적 경제수역과 최대 350해리 또는 2,500m 등심선으로부터 100해리까지의 대륙붕에까지 미치게 되었으며, 동 수역에서 연안국의 다양한 주권적 권리와 관할권을 부여받고 있다. 이에 따라 연안국은 내수, 영해, 배타적 경제수역, 대륙붕을 규율하는 법령을 제정하고 동 법령의 위반선박에 대한 법집행조치를 취하고 있으며, 그 대상에는 연안국의 국적선박 뿐만 아니라 외국선박도 포함됨은 물론이다. 그러나 연안국 관할수역내의

65) *Ibid.*, para.155.

66) 국제만국신호규범(The International Code of Signals for All Nations)에 따르면, 거리 또는 대기의 상황이 국제신호깃발의 색깔을 구별하기가 불가능한 경우에는 원뿔형 표지, 공, 드럼, 사각깃발, 페넌트, 직물표기, 고정식 연안신호기 등을 이용하여 신호를 보내야 한다고 규정하고 있다. O'Connel, *op. cit.*, p.1072.

67) *The M/V "Saiga"(No. 2) Case, op. cit.*, para. 156.

68) 이와 같은 국제해양법재판소의 태도는 2014년 파나마와 기니비사우간 Virginia G호 사건의 판결에서도 동일하게 인용된 바 있다. 동 판결 para. 359 참조.

69) *Ibid.*, para.159.

외국선박의 경우에는 연안국의 관할권이 전적으로 미치는 것은 아니며, 국제법상 전통적으로 인정되고 있는 기국주의에 입각한 관할권이 병존하고 있기 때문에 외국선박에 대한 법집행조치의 적용에 대해서는 많은 주의를 요하고 있다. 특히, 법집행조치를 취함에 있어 저항하는 외국선박에 대한 무력의 사용은 그 정도가 과도하거나 법집행의 근거가 미약한 경우 외교적 마찰이 발생할 뿐 아니라 무력충돌에 이를 수 있는 위험성을 내포하고 있음은 앞에서 살펴본 분쟁사례에서 발견할 수 있다.

그럼에도 불구하고, 연안국 법집행시 외국선박에 대한 무력의 사용은 국제관습법상 발전되어온 필요성과 비례성의 원칙하에서 금지되지 않고 있음을 알 수 있다. 즉, 비무력적 조치를 다하였음에도 불구하고 법집행의 목적을 달성할 수 없거나 정당방위 또는 긴급피난의 경우와 같은 극히 예외적 경우에만 무기의 사용을 포함한 무력을 행사가 인정되고 있으며, 그 정도도 목적 달성에 필요한 최소한의 것이어야 한다. 무력의 사용절차에 대해서도 Saiga호 사건에 대한 국제해양법재판소의 판결에서 제시된 바와 같이 국제적으로 통용되는 신호방식에 의해서 정선을 명령하여야 하고, 동 명령을 거부하는 경우 공포탄을 발사하고, 허공에 대한 경고사격을 가하여야 하며, 동 조치도 효과가 없는 경우 반드시 실탄을 사용한다는 경고를 발령한 후에야 선박에 대한 사격을 가할 수 있다. 이 경우에도 실탄의 사격은 인명이 손상되지 않는 최소한의 범위에서 행하여져야 하며, 자기 또는 다른 사람의 생명을 보호하기 위한 경우에만 사람에 대한 직접적 무기사용이 가능한 것으로 보인다. 이와 같은 무력사용의 제반기준을 이행하는 것뿐만 아니라 이에 병행하여 법집행관리에게 반드시 요구되는 것은 법집행조치의 명확한 근거가 있어야 하며, 향후 과도한 무력사용이라는 외국의 항의에 대처할 수 있는 증거의 채집 또는 확보가 필요하다는 것이다.

이상과 같은 법집행과정에서의 무기사용에 관한 허용성 여부와 그 기준에 대한 제시 이외에도 우리나라 정부가 반드시 고려하여야 할 추가적인 요소로서 군함에 의한 법집행조치의 민감성에 대하여 지적하고자 한다.

연안국의 법집행과정에서 군함이 해양경찰력에 대한 보조적 수단으로서 관세, 출입국 관리, 해사 안전 및 교통 규제, 자원 개발, 환경 및 어업자원의 보존조치 등의 국내법 집행과정에서 활용되고 있다.[70] 이러한 군함의 법집행조치과정에서 행사되는 무기의 사용을 포함한 무력의 사용이 정당한 법집행과정의 일환으로서 이해될 것인가 아니면 유엔헌장 제2조 제4항에서 언급하고 있는 '무력에 의한 위협 또는 사용금지의 원칙(any threat or use of force)' 위반인 가에 대한 국가간 분쟁의 발생가능성이 존재한다. 실제 이에 관한 사례는 가이아나와 수리남간에 2000년에 발생한 사건과 그에 대한 중재재판의 판정에서도 찾아 볼 수 있다. 즉, 2000년 6월 3일 자정 무렵 수리남 해군군함 2척이 수리남과 가이아나가 각각 관할권을 주장하고 있는 대륙붕에서 가이아나로부터 자원개발면허를 받고 대륙붕 굴착작업을 수행하는 캐나다가 임차한 미국 선적의 시추시설 'C.E. Thornton'호에 접근하여 불법행위를 중단하고 즉시 수리남의 해역에서 철수할 것을 요구하였다. 수차례 반복된 수리남 해군군함의 퇴거명령에 의해, 'C.E. Thornton'호 선장은 비록 수리남 해군군함이 'C.E. Thornton'호에 대한 위해를 가할 의사가 없음을 밝혔음에도 불구하고 수리남 해군이 무력을 행사할 가능성이 있다고 판단하여 24시간내에 철수를 시행하였다.[71] 동 사건은 1799년 가이아나와 수리남이 각각 영국과 네덜란드의 식민지 시절부터 시작된 해양경계획정분쟁사건의 일환으로 발생한 것으로서, 1982년 협약 제287조에 따라 가이아나의 일방적 제소로 1982년 협약 제7부속서에 따른 중재재판에 2004년 부탁되어, 2007년 9월 17일 판정이 내려진 가이아나와 수리남간의 분쟁사건 청구사유중 하나로 다루어 졌다.[72] 가이아나는 해양경계획정에 대한 결정이외에 수리남 해군군함의 행위가 가이아나의 영토적 일체성에 대하여 군사력을 사용한 것으로서 유엔헌장 제2조 제4항을 위반하였음을 선언하여 달라고 청구하였다. 이러한 주장에 대하여 수리남은 2000년 6월 3일 해군함정이 행한 조치는 대륙붕에 대한 관할해역분쟁지역에서 불법적으로 시추행위를 하는 것을 배제하기 위한 '합리적이고도 균형감이 있는 법집행조치의 성격(the nature of resonable and propotionate law enforcement measures)'을 가지는 것이며 유엔헌장 제2조 제4항에서 언급하고 있는 무력사

70) Patricia Jimenez Kwast, *op. cit.*, p.64.
71) *Ibid.*, pp.49~50.
72) 이에 대하여 자세한 것은 S. Fietta, "Guyana/Surinam Award", *American Journal of International Law*, vol.102(2008), pp.119~128 참조.

용의 위협에 해당하지 않는다고 항변하였다.[73] 이 쟁점에 대하여 중재재판소는 2000년 6월 3일 행하여진 수리남의 행위는 단순한 법집행조치라기 보다는 군사행동의 위협에 보다 가까운 것이며, 따라서 1982년 협약, 유엔헌장 및 일반국제법에 위반된 무력사용의 위협에 해당한다고 중재재판관 전원일치의 결정을 한 바 있다.[74] 비록 수리남의 군함이 무력을 행사하지도 무기사용을 위협하지도 않았음에도 군함을 통한 조치가 단순한 법집행조치로 판단되지 않고 국제법상 금지되고 있는 무력사용의 위협으로 판단된 것은 향후 군함의 법집행조치에 많은 시사점을 부여하는 것이며, 우리나라의 경우에도 이러한 사실을 인식하고 군함에 의한 법집행조치, 특히 무기의 사용을 포함하는 군함의 법집행조치는 보다 신중한 접근이 필요할 것으로 생각한다.

73) Patricia Jimenez Kwast, *op. cit.*, p.51.

74) *Guyana/Suriname* Award(2007), para.445.

참고문헌

김현수, 「국제해양법」, 연경문화사, 2007.

이용희, "국적불명선 『長漁 3705』호 침몰사건에 대한 법적 고찰", 「국제법학회논총」, 제47권 제1호, 2002.

최정호, "수산·어업 및 해양환경분야의 특별사법경찰 직무범위에 관한 고찰", 「해사법연구」, 제20권 제3호, 2008.

최종화, 「현대국제해양법」, 두남, 2008.

해양수산부, 「국제해양분쟁사례연구 II」, 해양수산부, 2004.

水上千之 編, 「現代の海洋法」, 有信堂, 2003.

『朝日新聞』2001년 12월 24일, 23면.

Brown, E. D., *The Law of the Sea, Vol. I*, Aldershot : Dartmouth Publishing Company, 1994.

Fietta, S., "Guyana/Surinam Award", *American Journal of International Law*, vol.102, 2008.

Garner, James W., "Hot pursuit. Illegal Sinking of Vessel on the High Sea - The I'm Alone Case", *The British Yearbook of International Law*, vol. 16, 1935.

International Committee of the Red Cross, "The use of force in law enforcement operations", *Advisory Service on International Humanitarian Law*, 3 Sep. 2015.

Kwast, Patricia Jimenez, "Maritime Law Enforcement and the Use of Force:Reflection on the Categorisation of Forcible Action at Sea in the Light of the Guyana/Suriname Award", *Journal of Conflict & Security Law*, vol.13, no.1, 2008.

O'connel, D. P., *The International Law of the Sea, Vol.II*, New York:Oxford Press,1984.

Quin, H., "Chinese Practice in Public International Law:2005(II)", *Chinese Journal on International Law*, vol.5, 2006.

Shearer, I.A., "Problems of Jurisdiction and Law Enforcement against Delinquent Vessels", *International and Comparative Law Quarterly*, vol.35, 1986.

______, "The Development of International Law with Respect to the Law Enforcement Roles of Navy and Coat Guards in Peacetime", *International Law Studies*, vol.71, 1998.

Soons, Alfred H. A., "Law enforcement in the Ocean—An Overview", *WMU Journal of Maritime Affairs*, vol.3, no. 1, 2004.

Guyana/Suriname Case, The Arbitral Tribunal in accordance with Annex VII of the UNCLOS, Award of 17 September 2007.

Office of the High Commissioner for Human Right, Basic Principles on the use of force and forearms by Law Enforcement Officials, 7 September 1990.

The M/V "Saiga"(No. 2) Case(Saint Vincent and Grenadines v. Guinea), International Tribunal for the Law of the Sea, Judgement of 1 July 1999.

The M/V "Virginia G" Case(Panama v. Guinea—Bissau), International Tribunal for the Law of the Sea, Judgement of 14 April 2014.

UNGA, Resolution 34/169, 1979.

제 2 편 사법적 쟁점과 과제

제 1 장 선박건조계약

≫ 영국법상 선박건조계약에 관한 고찰 _ 김철수

≫ 외국에서의 선박의 재판상 매매 및 그 승인에 관한 국제협약(안) _ 김인유

≫ 건조중인 선박에 관한 법률관계 _ 김인유

영국법상 선박건조계약에 관한 고찰*

김 철 수

Ⅰ. 머리말

영국법상 선박건조계약은 당사자 일방(선박건조자, 조선소)이 상대방에게 선박을 건조하여 이전할 것을 약정하고, 상대방(매수인, 선박소유자)은 이에 대하여 대금을 지급할 것을 약정함으로써 성립하는 계약이다. 이 계약에서는 일반적으로 각 당사자의 권리와 의무 및 상대방에 대한 책임 등에 관한 내용이 상당히 복잡하고 구체적으로 규정된다. 그리고 이 계약의 종국적인 목적은 선박건조자에 의해 완성된 선박을 상대방인 선박소유자에게 이전하는 것으로서 그 법적 성질은 매매계약의 일종이다.1)

따라서 선박건조계약은 일반 매매계약과 그 기본구조를 같이 한다. 그러나 이 계약과 관련한 법률의 적용에 있어서는 일반적인 물품 거래와는 다른 특성들이 있다. 즉, 선박의 건조에는 많은 인력과 고도의 기술이 투입되고, 통상 1년 이상의 장기간의 건조기간이 소요되며, 건설공사와 플랜트 제조가 결합된 건조공정을 거쳐 해상에서 인도되는 특별한 거래의 특성이 있다. 또한 선박은 동산에 속하지만, 대다수 국가들이 부동산과 유사하게 공시방법으로 등기와 등록제도를 갖추고 있다.

이러한 특성에 따라 선박건조계약은 각종 필요사항, 각 당사자의 권리·의무관계, 책임 소재와 범위 및 선박의 인도 등과 관련하여 많은 분쟁의 가능성을 지닌다. 특히 선박이라는 특성으로 인하여 각종 검사와 승인, 계약 목적물

* 이 논문은 2005년 3월 필자와 故 정선철 박사가 한국해사법학회의 해사법연구(제17권 제1호)에 공동으로 발표한 논문을 수정·보완한 것이다. 지면을 빌려 애석하게도 젊은 나이에 세상을 떠난 고인의 명복을 빈다.

1) Simon Curtis, The Law of Shipbuilding Contracts, 3rd Ed.(London: LLP, 2002), p.1.

에 관한 변경·수정, 시운전, 인도시기, 대금지급방법, 보험, 품질보증, 특허·상표·판권에 관한 사항 등이 포함된다.[2] 그러므로 이 계약은 단지 해사(海事) 문제에 국한된 계약은 아니며, 해사재판관할권의 범위 안에만 있을 수 있는 것도 아니다. 즉, 선박건조계약은 해사거래 혹은 협상에 대한 권리와 의무에 대한 것으로 선체가 해상 작업을 위하여 진수되고 기자재 등이 부분적으로 선박건조공정에 완료되는 데 필요한 모든 기능 조건으로 인도될 것에 대한 합의서 작성이 법률에 의하여 요구된다.[3] 특히 선박은 해상에서 운항되는 것으로 위험도가 높고 경제적 수명이 한정되며, 해운 및 조선시황의 움직임에 따라 가격변동이 심한 관계로 해운관계 보험제도, 선박의 안전에 관한 국내외 규약, 각 국가별 선급협회, 선박용 기자재에 대한 규제들도 복합적으로 적용된다.

그리하여 본고에서는 대부분의 선박건조계약에서 준거법으로 지정되고 있는 영국법, 특히 1979년 물품매매법(Sale of Goods Act 1979) 및 이와 관련한 해사판례를 중심으로 하여, 선박소유권의 이전, 선박의 가격상승에 대한 법적 문제, 매도인의 의무, 매수인의 의무 그리고 당사자의 구제방법 등에 관한 법률문제를 검토하는 것을 그 목적으로 한다.

II. 선박건조계약의 의의 및 법적 성질

1. 선박건조계약의 의의

선박건조계약은 선박소유자와 조선소 사이의 선박건조에 관한 합의에 의하여 성립한다. 실질적으로 선박건조계약의 과정은 매우 복잡하고 오랜 시간이 소요된다. 영국계약법에서는 선박을 하나의 물품으로 취급하므로 선박건조계약은 물품매매계약의 일종이다. 즉, 선박의 건조와 매매를 위한 계약은 물품

2) 한국수출입은행(법무팀), 영문국제계약해설(서울: 한국수출입은행, 2004), 461면.
3) Christopher Hill, Maritime Law(London: LLP, 1998), p.78; Laing & Sons Ltd v. Barclay, Curle & Co. Ltd [1908] AC 35, PC.

매매계약으로 분류되고 있다.[4] 그러나 대부분의 선박건조계약의 중요 부분들은 실질적인 규정과 각 당사자가 타방 당사자에게 행하여야 할 의무를 약속한 복잡한 건조계획안에 의하여 지정된다. 그리고 이것은 매매거래의 상업상 위험에 영향을 준다. Simon Curtis 경은, "선박건조계약은 단순한 물품의 권리와 의무에 대한 매매계약은 아니며 비록 이것의 최종적인 목적이 정당한 가격을 지급하고 법적으로 그 선박의 권원(權原, title)을 취득하여 재산권 이전을 이루어내는 것이지만, 이 객체를 획득하기 위하여 양 당사자에 의해 추정된 매매계약의 범위와 성질이 단순한 매매의 합의라고 하기 보다는 비해상(non-marine)의 법적 성질과 건축구조물을 건축하는 도급계약의 법적 성질을 포함한 계약이다"라고 한다.[5] 일부의 판결에서 선박건조계약을 도급계약으로 본다는 주장이 지지됨에도 불구하고 건축법의 주된 적용은 매우 제한적이다. 선박건조계약을 결정함에 있어서 영국의 법원과 중재법정은 관례상 그 선박의 건조공정과 기자재에 대한 계약을 건축법으로 규율하기보다는 오히려 물품매매를 위한 계약으로 규율하여 왔다.

그리고 영국계약법에서는 선박건조계약에 있어서 물품매매법(Sale of Goods Act 1979. 이하에서는 1979 SGA 또는 SGA라고 약칭한다)을 1차적인 제정법으로 지정한다.[6] SGA에서는 물품매매계약에 의하여 물품의 소유권이 매도인인 조선소로부터 매수인에게 이전되는 경우에 그 계약을 매매라고 규정한다. 그리고 이 소유권이전이 장래에 이행되거나 또는 계약체결 이후에 충족되어야 하는 일정 조건을 선제로 한 경우에 그 계약을 '매매에 대한 합의'라고 칭한다.[7] 거의 모든 선박건조계약들은 매매에 대한 합의에 영향을 받는다. 심지어 선박의 소유권은 그 선박의 건조 진행에 따라서 연속적으로 매수인에게 이전

4) [1958] 2 Lloyd's Rep.345. McDougall v. Aeromarine of Emsworth Ltd(1958) 사건에서 Diplock J. 판사는 다음과 같이 진술하였다. "선박건조계약은 선박의 건조를 위한 계약으로, 법률의 적용에 있어서는 물품매매를 위한 계약으로 간주된다."

5) 이와 관련하여 Hyundai Heavy Industries Co. Ltd. v. Papadopoulos and Others (1980) 사건에서 Viscount Dilhorne 판사는, 선박건조계약은 "단순한 선박 매매가 아니라 선박의 건조, 진수, 의장, 완성의 계약으로 선박의 인도와 매매의 계약이다. 다만, 선박의 선조에 관하여서는 건축물계약과 유사하다"고 판결하였다. [1980] 2 Lloyd's Rep.1; Stoczinia Gdanska S.A v. Latvian Shipping Co. Latreefer Inc. and Others [1998] 1 Lloyd's Rep.609.

6) Simon Curtis, op. cit., pp.1~2.

7) 1979 SGA Section 2(5).

된다. 더욱이 이 SGA의 특징은, 물품은 현물(現物, existing goods) 또는 선물(先物, future goods)이어야 한다고 규정한다(SGA 제5조 2항). 선물은 매매계약이 성사된 후에 매도인에게서 제조되거나 획득된 물품으로 정의된다. 이것은 명확하게 선박건조를 포함한다. 이 법은 매매계약에 의하여 매도인이 선물을 현재 매매하려는 경우에 그 계약은 물품을 매매하는 합의로서 효력이 있다고 규정한다.[8] 더욱이 이러한 합의는 명세서 혹은 견본에 의해서 이루어지며, 선박건조의 경우, 선박건조계약은 항상 명문의 명세서에 의해서 착수된다. 즉, SGA의 규정에 따라 명세서에 의하여 선물로 양 당사자가 매매 성취의 합의에 이르게 된다.

(1) 선박건조계약의 요건으로서의 합의

당사자들이 선박건조계약에 관한 합의에 도달하였는가의 여부에 관한 문제는 그들의 행위로부터 추측된다. 그러나 그 합의가 현저하게 법적 구속력을 원하는 당사자들에 의해 합치될 때 구속력 있고 정당한 합의에 도달한다. 이것은 이행될 의무의 범위가 확실시 될 때이다. 당사자들은 중요한 모든 문제들에 대하여 합의에 도달하면 일정한 형식으로 합의를 문서화할 것을 약정한다. 이와 같은 확실성에 대한 목적은, 첫째, 합의가 일정한 방식을 갖출 때까지 합의에 구속을 받지 않겠다고 하는 당사자들의 의사표시에 대한 증명이며, 둘째, 약정의 목적이 계약 체결과 계약 내용의 서면 증거를 확보하기 위한 것이 된다. 이런 경우 계약의 형식이 갖추어지지 않았다고 하더라도 계약은 유효하게 존재한다. 셋째, 당사자들이 본질적인 문제들에 대하여 합의를 한 후에 중요한 개별적 사항 즉 인도일, 기술적인 특별명세, 지급조항 등을 해결하기 위한 형식적 문서를 확보하기 위한 것이다.[9]

영국법에서는 선박건조계약을 매매계약으로 보기 때문에, 이 계약은 선박건조의 세부내용과 가격 결정에 대한 합의를 포함하여, 통상 그 계약 내용은 방대한 양의 세부사항을 요구한다. 또한 요구조건에 대한 사항으로 질의에 대

8) 1979 SGA Section 5.
9) 이호정, 영국계약법(서울: 경문사, 2003), 40~41면.

한 조항들이 계약 조건에 첨가된다. 즉, 매우 복잡한 세부 내용들이 가장 중요한 약정이 되며 그 계약의 성질이 충분히 합의될 것을 필요로 한다. 반면에 일본 매매계약서에 있어서 계약의 필수적인 요소는 특별한 상황들에 따라 달라진다. 이는 다른 나라에서도 비슷한 계약조항을 살펴볼 수 있다. 그러나 일본 매매계약서는 판례법 국가에서는 적합하지 않다. 실제로 계약 당사자들은 문서로 된 정형표준계약서를 채택한다.[10] 가장 보편적으로 사용되는 것은 서유럽 선박건조계약서(AWES), 일본선주협회 선박건조계약서(SAJ)[11] 그리고 미국 해사행정교섭부 해사보조 선박건조계약서(MARAD)가 통용된다. 이 계약서식들은 일반적으로 신조선의 중요 사항을 규정한다.[12] 이 중요 사항에 대하여 흠결이 있는 계약은 당사자 사이의 합의가 이루어지지 않았다는 논쟁을 일으킬 수 있다. 일반적으로 표준계약서 양식에 기초한 당사자들이 서로 교섭할 때, 그들은 계약을 채택하는 것이 아니라 계약에 대한 전체적인 구성요소를 적용하기 위해 당사자들은 서로 명확히 해야 할 선박의 특별한 사항을 약관에 상세히 기입한다.[13] 그 사례로서 SAJ 계약서식에는 당사자들이 기입해야 하는 명세의 세부사항이 포함된다.[14] 영국계약법에서는 선박건조계약서 양식에 대하여 특별한 요구는 없다. 이론적으로 계약은 구두나 서면으로 행해진다.[15] 그러나 선박의 건조에 포함된 경비, 시간범위 그리고 위험은 당사자들이 반드

10) Malcolma Clarke, Shipbuilding Contracts, 2nd Ed.(London: LLP, 1992), p.2. 표준약관의 채택에 있어서 국제상거래의 사건으로 추정함에 있어서 독일에서도 정형화된 표준계약서를 채택한다.

11) SAJ양식은 영국법적인 견지에서 연구되어 세부적으로 적용한 것이다. 경우에 따라 이 SAJ는 노르웨이 선박건조양식, 스웨덴 선박건조양식과 비교할 목적으로 작성하였다. Simon Curtis, op. cit., p.20.

12) (a) 선박 명세, 용적, DWC, 스피드와 연료 소모량, (b) 가격, (c) 건조 중 검사, (d) 합의한 명세의 변경, (e) 시운전의 성질과 조건, (f) 인도 시간과 장소, (g) 소유권과 위험의 이전, (h) 보험, (i) 결함의 보수. Malcolma Clarke, op. cit., p.2.

13) Simon Curtis, op. cit., pp.12~13.

14) (a) 명세의 세부사항, (b) 선박의 등급, (c) 선박의 국적, (d) 가격과 할부지급의 약관, (e) 지불방법, (f) 인도 후 가격 정정에 대한 기법 혹은 명문화된 규격의 이행으로부터 변경 기법, (g) 인도시기, (h) 선체에 보중된 엔진설치비에 대한 조선소에 환금의 양, (i) 만약 매수인의 취소 시 반환 시, 조선소의 선 지급에 대한 이자, (j) 대금미지급 매수인의 지불이자, (k) 통지를 위한 주소지, (l) 수출자격을 획득한 시기, (m) 서명. Malcolma Clarke, op. cit., p.3.

15) 또한 계약은 텔렉스 메시지의 교환이나 또는 전화의 토론에 의하여서도 체결된다. Okura & Co. Ltd. v. Navara Shipping Corporation S.A. [1982] 2 LIoyd's Rep.537. 그럼에도 불구하고 계약에 서명할 때까지 법적 구속력은 원칙적으로는 갖지 않으나, 양 당사자의 합의가 있으면 계약서상 서명 전에도 법적 구속력을 가질 수 있다.

시 해야 할 합의상의 주된 조항으로서 서면으로 기록할 것을 요구한다.[16] 실질적으로 대부분의 선박건조계획안들은 세부적인 표준계약서 양식에 기초하여 약속되며, 개략적인 계획들과 선박 구조의 도안이 포함된다. 이 표준계약서 양식은 선박건조자들의 국가무역협회와 조선소들의 후원 하에 존재한다. 그리고 매수인과 조선소 사이에서 일어나는 모든 공통된 계약상의 문제들을 다룰 준거법을 명시적으로 지정한다.[17]

어떤 국가에서는 선박건조계약의 완성에 있어서 매매계약과 관련된 일반법에 의하여 합의 조항이 완성된다. 영국에서는 양 당사자가 부주의하게 합의를 이루지 못한 경우, 계약의 조건들은 물품의 조건, 가격, 매도인의 재산권, 대금지급과 인도의 시기, 그리고 선취특권에 의해 유추된다. 이에 대하여 영국 법원은 SGA 제8조 2항에 의한 상당한 가격에 선박건조금액을 동일시한다. 그러나 때때로 선박의 가격 결정이 선박매매 시장가격에 의할 수 있다는 논점이 생길 수 있다고 판시하였다. 반면에, 영국 연방인 싱가포르의 항소법원에서는 이 상당한 가격을 선박 수리에 대한 계약에서 유추된 상당 가격으로 판결하였다.[18] 만약 이 계약 조건들이 일반법에 의하여 완성되지 않았다면, 이것들은 법원에 의해서 불확실한 계약에 대한 상업상의 합의가 무효로 판결된다. 선박건조자인 조선소는 그들의 고객인 매수인들이 선박을 매입하기 위하여 표준화된 합의서와 통상 관례에 따라 작성한 표준계약약관에 따르기를 희망한다. 계약 체결에 이르는 협상은 오랜 시간을 통하여 이루어진다. 먼저 당사자들은 의향서를 교환하지만 이것은 일반적으로 법적 강제력을 갖지 않는다.

합의가 일정한 방식을 갖출 때에 합의에 도달하거나, 일정한 방식으로 합의를 형식화, 서면화로 약정하기 위한 "subject to contract" 문구는 계약서에 따른다는 의미로, 합의는 일정한 형식을 갖출 때까지 합의의 구속을 받지 않겠다고 하는 당사자들의 의사표시이다. 영국에서는 "subject to contract"가 붙은 합의는 이 표시가 철회되거나 공식적인 서면계약이 작성될 때까지 구속력 있는 효력이 발생하지 않는다.[19] 양 당사자가 매매계약을 협상하는 단계에서는

16) Simon Curtis, op. cit., p.5.
17) Iain Goldrein QC, Ship Sale and Purchase, 4th Ed.(London: LLP, 2003), p.13.
18) Malcolma Clarke, op. cit., p.3; Keppel Shipyard v. Monrovia Motorship Corp., No.67 of 1978.
19) Keppel v. Wheeler [1927] 1 K.B. 577 (C.A); Law v. Tones[1974] Ch.112(C.A.).

의사표시에 대한 서면계약서가 발행된다.[20] 그리고 만약 건조 공정이 구속력 있는 계약의 사전행위에 의하여 이루어졌다면 구제의 문제는 회복될 것이다. 미국에서도 "subject to contract"가 붙은 합의는 공식적인 문서상 합의가 이루어질 때까지 구속력은 생기지 않는다.[21] 그러나 이것은 계약에 대하여 취소할 수 있는 청약과는 구별된다.

당사자들은 최종적인 계약이 성립되기 전에 계약에 대한 사전 구속력을 갖기를 원할 수 있다. 당사자들의 법적 지위는 서류상의 정확한 표기와 당사자의 의사에 달려있다. 임시적인 계약은 비공식적인 계약의 종류로서 존재한다. 그러나 모든 사전 계약 내용을 정식 계약 후에 정형화된 계약으로 옮기는 것은 심사숙고해야 한다. 이 계약이 계약상의 약관에 따라서 즉시 의무로서 이행되고 세부사항에 흠결이 없다면 구속력 있는 완전한 계약이 될 수 있다. 그러나 이 비공식적인 계약은 차후에 세부적으로 합의가 되어야 할 조건이며, 이행하여야 할 조건의 정도에 따라서 약간 정식적인 계약과는 구별되며 법률상 차이가 있음을 명시한다. 비록 이 비공식 계약도 계약의 일종이지만 조건이 성취될 때까지, 즉 차후의 세부 사항에 대한 합의 또는 자금의 획득이 이루어질 때까지 약관의 효력은 정지된다. 반면에 조건을 만족시키는 데 방해되는 예외 의무 그리고 계약의 변경은 존재하지 않는다. 다음으로 합의는 선례의 조건에 적용된다. 예를 들어, 허가와 같은 경우는 조건이 만족될 때까지 계약으로서 효력이 없다. 그리고 당사자의 일방은 합의 이행을 거절할 수 있다. 그리고 이 합의는 차후 조건에 적용될 수 있다. 즉, 특정한 기간 내에 계약 조건을 만족시키지 못한다면 이 조건은 선박건조계약을 취소할 수 있는 기능을 할 수 있다.[22]

협상하는 일방 당사자는 타방 당사자에게 불이행의 경우에 신의로서 의무를 이행할 책임이 있다.[23] 이 의무는 대부분 이미 완성된 계약의 해석 또는

20) 의사표시의 효력에 관하여서는, Wilson Smithett & Cape (Sugar) Ltd. v. adesh Sugar & Food Industries Corp. [1986] 1 Lloyd's Rep.378. Ball, Letters of Intent(1983) 99L.Q.R.572. 조력의 문서 효과에 대하여는, Kleinwort Benson Ltd v. Malaysia Mining Corp. [1989] 1 All E.R. 785. G.H Treitel, The Law of Contract, 9th Ed.(London: Sweet & Maxwell, 1995), p.151.

21) Pure Oil Co. v. Petrolite Corp., 158 F. 2nd 503(5th Cir., 1947), cert. denied, 330 U.S. 834(1947); I.A. Corbin on Contracts, section 30(1974).

22) Malcolma Clarke, op. cit., pp.6~7.

23) Ibid, p.7.

이행의 효력에 영향을 준다. 이것은 계약의 형성에 효력이 있으며, 최소의 선의 기준에 의하는 것이 통상적이며, 사기로 진술을 한 사람에 대한 손해배상의 지급에 대하여도 효력이 있다. 선박건조계약을 체결하는 기간 동안 조선소는 매수인의 요구에 기꺼이 응해야 하고 선박건조 계획을 심도 있게 토론해야 한다. 매수인은 선박건조계약과는 별도로 구별되는 예비계약의 제공 비용을 지급할 것을 명확히 하고 기꺼이 동의하여야 한다. 그리고 만약 건조계약이 현재 존재한다는 가정 하에, 선박건조자는 신의로서 선박 건조를 확신할 수 있도록 선박건조계획서와 계획에 대한 세부 비용과 부담에 대한 내역서를 잘 설명하여야 할 의무가 있다. 만약 선박건조계약이 당사자들의 진실된 계약의 각 조항에 합의할 수 없어 종결되지 않는다면, 신의로서 협상할 예비계약 단계의 생각들은 거절당하게 된다. 그러나 선박건조계약이 매수인 자신의 이유 때문에 계약이 취소되어 계약의 성취가 방해되었다면 이때 매수인은 사기의 의미를 가진다고 하여 선박건조자에게 예비 공정에 대한 비용을 배상하여야 한다고 한 판결이 있다.[24] 미국에서도 신의성실로써 협상할 의무는 근로관계에 대한 법에서 잘 알려져 있다.[25] UCC 1－203에서는 모든 계약의 이행과 실행에 있어서 신의로써 의무가 강제된다.

(2) 합의 이외의 요건

영국법상 계약이 성립하려면 당사자의 서로 대립하는 수 개의 의사표시의 합치, 즉 합의가 있어야 한다. 일반적으로 영국 커먼로(common law)상의 계약법은 합의와 함께 다른 법적 요건이 적용된다. 이 부차적인 요건들은 선박건조계약의 경우에 있어서도 까다로운 법적 문제를 발생시킨다.

첫째로, 약인(consideration)이 있다. 영국과 미국의 커먼로 법정에서는 현저하게 약인에 흠결이 있으면 그 계약은 구속력을 가질 수 없다.[26] 다시 말해서,

24) British Steel Corp. v. Cleveland Bridge Co. [1984] 1 All E.R. 504 ; Mton Construction v. Kigass(1989) 15 Con.L.R. 124.

25) Morris v. Ballard, 16 F.2d 175(D.C.Cir., 1926).

26) 로마법에 근거를 둔 법들, 예를 들면 프랑스, 독일 그리고 이탈리아 법에서는 합의에 원인(causa)의 결핍이 있다면 합의는 강제되지 않는다. 선박건조계약에 있어서 원인은 분명하다. 조선

수약자가 약속자에게 어떤 것을 주거나 주기로 약속하지 아니한 경우 또는 약속자가 그의 약속과 교환으로 수약자로부터 어떤 것을 취득하거나 또는 취득하기로 약속받지 아니하는 경우에 그 약속은 법적 효력을 상실한다.[27] 통상적으로 선박건조계약의 약인은 분명하다. 매수인의 선박건조에 대한 대금지급계약이 조선자가 선박을 건조할 약인이 된다. 비록 일반적인 원인(causa)은 약인과 동일시되지는 않지만, 이것은 문맥에 있어서 파리 혹은 뉴욕에서 요구되어도 합의의 효력에는 차이가 없다. 그러나 조선소에 의해 제공되는 약인의 범위가 차이가 있을 경우 부수적인 책임의 범위가 발생한다.[28]

둘째는, 정형조건이 있다. 여러 나라에서는 상거래에 대한 부대적인 요구 조건을 충족시켜야 한다. 비록 선박건조계약에 있어서 상거래 계약에 해당되는 경우가 빈번히 발생되지는 않지만 프랑스, 아르헨티나, 이탈리아, 유고슬라비아, 미국과 같은 나라에서는 각국의 서면 양식과 서명을 필수조건으로 한다.[29] 어떤 경우에는 모든 나라에서 선박이 지극히 작은 것을 제외하고 정형계약서에 서명하여 작성하는 것이 관례이다. 합의는 양 당사자가 의사표시를 하지 않는 이상, 이것이 이루어지기까지는 법의 집행에 있어서 구속력을 갖지 않는다.[30]

2. 선박건조계약의 법적 성질

선박건조계약이 체결되었을 때 이 계약의 효력과 법적 분류는 계약에 어떤 준거법이 적용되느냐에 따라 구체화된다.[31] 이 준거법 결정이 실패할 경우 그

자의 의무의 원인은 매수인이 대금지급에 대한 약정에 의하여 발생된다. 또한 매수인의 대금지급의무가 조선자가 선박의 건조에 착수하는 원인을 제공해 준다. Malcolma Clarke, op. cit., p.10.

27) 이호정, 앞의 책, 44면; 송계의, "국제물품매매계약의 성립에 관한 연구"(성균관대학교 대학원, 1991), 26~27면.

28) 이와 관련하여 영국 법정에서 선박건조의 가격상승으로 야기된 사례의 하나로서, The Atlantic Baron 사건(North Ocean Shipping Co. Ltd. v. Hyundai Construction Co. Ltd.(The Atlantic Baron) [1979] QB 705, [1979] 1 Lloyd's Rep.89 참조. Aleka Mandaraka-Sheppard, Modern Maritime Law and Risk Management, 2nd Ed.(London: Routledge·Cavendish), 2007, pp.442~443.

29) Okura & Co. v. Navara Shipping Corp. [1981] 1 Lloyd's Rep. 561, 567, [1982] 2 Lloyd's Rep. 537(C.A).

30) Okura & Co. v. Navara Shipping Corp. [1982] 2 Lloyd's Rep.537(C.A).

31) 예로서, SAJ Article ⅩⅩ.1. 때때로 일본의 계약서는 선박건조자가 사업을 하는 장소의 법을 선택한다. 선택이 없는 경우에 일본에서는 「법의 적용에 관한 통칙법」(2006년 6월 21일 법례(法

선박이 건조된 나라의 법을 적용한다. 미국에서 선박건조계약은 해사파트의 계약으로 간주되지 않는다. 그리고 이것은 연방재판관할권(federal jurisdiction)과 연방해사법(Federal Admiralty Law)의 적용을 차단한다.[32] 만약 어떤 잘못이 항해 가능한 수역에서 발생한 경우 그리고 전통적인 해사 활동에 대하여 중요한 관련이 있는 경우는 불법행위로서 연방해사재판관할권이 있다. 그러나 선박의 설계 결함에 의한 선박의 충돌사고의 경우, 법정의 판결은 단지 선박 건조 작업 그 자체만으로는 해사 활동은 아니라고 판시한다. 선박건조계약은 엄밀히 따지면 전통적인 해사 활동과는 관련이 없다.[33] 선박을 건조하게 될 때에 그 계약은 주정부의 법에 의하여 구속받는다. 다시 말해서 이것은 통일상법전(Uniform Commercial Code)의 적용을 받는다.[34] 다만, 미국의 Louisiana 주는 예외이다. 계약에 대하여 준거법이 무엇일지라도 그 계약은 매매계약 또는 도급계약으로 분류되는 경우가 많다. 이 분류는 그 계약에 적합한 법의 규정에 의하여 결정된다. 만약 매매계약으로서 분류된다면 그 카테고리는 일반적으로 물품매매계약으로 적용된다. 그리고 국제물품매매계약에 있어서 통상적으로 양 당사자의 합의에 의하여 유엔통일매매법(CISG)이 준거법으로 결정될 수 있으나 이 법은 제2조에서 선박매매를 물품매매로서 적용하지 않는다.[35]

영국법상 물품매매계약은 대금이라는 금전적 대가를 받고 매도인이 매수인에게 물품의 소유권을 이전하거나 이전하기로 약정하는 계약이다. 물품에 대한 소유권이전, 채권양도 등 재산권 양도의 목적으로 체결하는 것이 매매로서 가장 많이 이용되는 전형계약이다. 그것은 사고파는 데 따르는 차익을 얻기 위한 영리적인 동기에서, 또는 물품에 대한 실수요적인 욕구에서, 매도인과 매수인 사이에서 매매하는 법적 형식을 취하여 실현한다. 또한 선박건조계약은 조선소가 계약의 내용에 적합한 선박을 건조하여 매매하고 인도하겠다

例)를 전면 개정한 법)에 의하여 규정된다. 동법 제7조에서는 법률행위의 성립 및 효력은 당사자가 당해 법률행위 당시에 선택한 장소의 법에 의한다고 규정한다.

32) The Sea Witch [1983] A.M.C. p.2376.

33) Ibid, p.2384. 선박 건조를 해사로 특정 짓는 것에 대하여 어려움이 있다. 이것 자체는 해사(maritime)는 아니며, 선박 수리는 해사로 분류한다. Boat La Sambra v. Lewis, 321 F.2d 29(9th Cir., 1963). Tetley, Maritime Liens and Claims (London, 1985), p.262.

34) Malcolma Clarke, op. cit., p.13. UCC, 2－105.

35) CISG Article 2 (e) : This Convention does not apply to sales : (e) of ships, vessels, hovercraft or aircraft.

는 내용에 대하여 합의한 매매계약이다. 이 분석은 매매에 관한 일반적인 법규를 내포하며 주목할 만한 적절한 담보(warranties)를 내포하고 있다. 영국계약법에 있어서 선박건조계약의 영역에서는 물품매매법의 적용을 받는다. 선박건조계약은 본질에 있어서 완성된 선박을 종국적으로 매매하거나 또는 단계적으로 건조중인 선박에 대하여 매매가 이루어진다. 이것은 전통적이고 깊이 뿌리박힌 완성된 물품매매에 대하여 서로 밀접한 관계를 가지고 있다.[36] 그러나 Hyundai Heavy Industries Co. Ltd. v. Papadopoulos의 사건[37]에서, 귀족원은 권리문제에 대하여 물품매매로서 종결된 사건에 대하여 구속력과 법적 효력이 없다고 판결하였다. 즉, 선박건조계약은 지상위에서 행하는 물품매매계약이 아니라 지상위의 건축물 도급계약과 유사하다고 판결하였다. 법원은 이 사건에 대하여 당사자들은 타방 당사자의 불이행으로 야기된 중요한 위험에 대하여 연대책임을 진다고 판결하였다.[38]

Ⅲ. 선박건조계약의 효력

1. 재산권의 이전

재산권이라 함은 선박에 관한 소유자의 권리와 의무의 불가분석 소유에 내한 집합적인 표현이다. 소유자는 매매, 저당권, 모게지 또는 임대 등의 다양한 방법으로 선박을 처분할 수 있다. 선박소유자가 손실의 위험에 접하였을 때, 일반적으로 선박을 점유하고 있는 나용선자, 수리자, 조선소와 같이 타인의 채권자에 의한 압류로부터 선박소유자는 소유권을 보호할 수 있도록 구제받는다. 재산권 이전의 중요성은 조선소와 매수인 사이뿐만 아니라 신조선 건조에 대한 금융지원을 한 자 사이에서 명백하게 존재한다. 그 중요성은 조선소

36) Christopher Hill, op. cit., p.79.
37) [1980] 2 All E.R. 29, 34.
38) Simon Curtis, op. cit., p.8.

인 건조자가 파산할 때 가장 민감한 사안이 된다. 선박건조계약은 명세서에 의한 선물을 매매하기 위한 합의이다. 이것은 청약과 승낙의 의사표시의 합치에 의하여 성립한다. 선박의 소유권은 일반적으로 선박의 건조가 완성될 때에 매수인에게 이전되는 것이 원칙이지만, 당사자들의 약정에 의하여 선박건조의 성취 단계에 따라서 소유권을 이전할 수 있다. 일반적으로 이 계약은 매수인이 선가의 할부금을 지급하는 반대급부로서 이루어진다.[39] 매도인은 할부매매에서 마지막 할부금을 납부 받을 때까지 소유권을 보유한다. 이러한 판례에 의하면, 매수인은 각 할부금에 따라서 소유권을 분할하여 취득한다. 이와 같이 단계적으로 소유권이 이전된 것은 Seath v. Moore(1886)의 사건에서 귀족원의 판결에 의하여 받아들여졌다.[40] SGA 제18조 5항(1)에서 인도 가능한 상태에 있는 특정물의 무조건부 매매계약이 존재한 경우에는 물품의 소유권은 계약 체결 당시에 매수인에게 이전하며 또한 지급의 시기, 인도의 시기, 또는 그 양자가 연기되는지의 여부는 중요하지 않다고 명문으로 규정하였다. 이 규정에 의하면, 선물의 소유권에 관한 증거부재에 반대하는 두 가지 조건 하에서 매수인에게 이전된다. 먼저, 계약상의 명세서에 응하는 물건은 수령하여야 할 상태에 있어야 하며, 다음으로 이와 같은 물건은 당사자들의 동의에 의하여 절대적으로 계약에 적합하여야 한다. 즉, 물품은 매수인이 계약에 의하여 물품의 인도를 수령하여야 할 상태에 있는 시점이 인도 가능한 상태에 있다고 명시한다(SGA 제61조 5항).[41] 대부분의 경우에 매수인은 계약서상에 선박을 건조하는 데 사용한 요소들을 선박의 존재 목적으로 그리고 조선소로부터 가져와야 할 대상으로 계약서 약정에 명시하려고 노력한다. 이것은 장래의 매수인에게 선박건조자의 지급불능과 선박건조가 불가능한 위험이 생길 때 그것을 보호해주는 데 도움이 되기 위한 것이다.[42] 그러나 계약서상에 명시한 문언 내용만으로 모든 법적 효과를 나타내지 않는다. 약정의 효력에 의하여 매수인에게 이전되는 것이 어떤 것이라도 선박건조자의 채권자들에게 유효하지 않고 공정성과 일반 상식의 범위에서 수용된다. 이것은 선박건조자가 조선소

39) Susan Hodges · Christopher Hill, Principles of Maritime Law(London: LLP, 2001), pp.49~50.
40) Nic Gaskell · C Debattista and Swatton,, op. cit., p.51.
41) Ibid.
42) Christoper Hill, op. cit., p.81.

에서 선박건조에 필요한 기자재들이라는 것 또는 선박의 분할 자산이라는 것을 표면상으로 선박건조자의 자산으로부터 각하된 것에 대한 강력한 증거물이 요구된다.[43] 이것은 Reid v. Macbeth & Gray(1904)의 사건에서 보인다.[44] 또한 이것과 관련된 다른 사건에서는 SGA 제18조 5항(1)에 의하여 "무조건부로 계약에 충당될 경우" 기자재의 소유권에 대한 요구와 관련하여 여기서는 다르게 해석하였다. 계약서상의 문언에 의해서 단지 표현된 재료의 소유권은 당연히 승인된다. 그리고 선박건조 중에 그 재료가 사용될 것이고 이 재료가 선박건조에 사용되는 그 순간에 매수인에게 소유권이 이전될 것이라고 하였다.[45] 더욱이, 이것은 단지 양 당사자들이 구입 가격은 할부에 의하여 지급된다고 합의한 것 때문에 선박의 다양한 부분들에 있어서 소유권이 단계적으로 이전된다는 함축된 의미를 충족시키지는 않았다.[46] 그러므로 위의 관련사항을 법정에서는 다음과 같이 판결하였다. 즉, 선박 자재의 소유권은 계약서상에 문언상 매우 정밀하고 애매하지 않도록 분명히 표시하여야 매수인에게 이

43) Nic Gaskell · C Debattista and Swatton, op, cit., p.52.

44) [1904] A.C.223. 당사자들이 선박을 위한 모든 재료에 소유자 표시를 할 것을 동의한 경우에는 이것이 실제로 조선소 안에 있건 없건 간에 그 소유권은 매수인에게 귀속된다. 귀족원(House of Lords)은 조선소의 철길 위에 놓여있는 많은 판금들이 비록 선박건조자의 지시에 의해서 선박의 번호와 함께 기호표를 붙였더라도 이것은 결코 선박건조자의 채권자 즉 매수인의 것은 아니라고 판결하였다.

45) [1926] Ch.494. 이것은 Re Blyth & Dry Docks Co. Ltd.(1926)의 판결에서 나타난다. 항소법원(Appeal of Court)은 의사보다 더 한 어떤 것 그러나 분명한 정의는 선박에 아직 작업하지 않은 기자재의 충당에 대한 소유권은 펄연직이라고 판결하였다. Sargant LJ 판사는 판결문에서 "반드시 어떤 명확한 법률이 있어야 한다. 선박 자체에 대하여 소유권의 추가와 같은, 또는 선박건조자로부터 매수인에게로 재료에 대한 소유권을 수락하게 되는 양 당사자 사이의 분명한 합의에 대한 명확한 법률이 있어야 한다"라고 하였다.

46) Seath v. Moore (1886) 11 App. Cas. 350, HL : 선박건조자인 조선소는 Campbell & Sons사에게 엔진, 선체, 그리고 선박용 기자재들을 공급하기로 계약을 체결하였다. 그런데 Compbell사가 파산하였다. 조선소는 다소간의 제한된 조건에서 기계들의 일부를 인도하기 시작하였다. 조선소는 이러한 기계를 제작하기 위해 기자재들을 구입하였다. 그러나 조선소가 파산자인 Compbell사와 체결한 공급계약은 Compbell사의 파산으로 법적 강제력을 잃게 되었다.
판결: 이 공급계약은 유용한 대가 즉, 특정된 기자재들을 조선소가 매도하고 또한 한 특정 시점에서 매수인인 Compbell사에게 소유권을 이전하기로 하고 그 대가를 받는 약인에 대한 양 당사자의 합의이다. 그러나 이 사긴에서 소유권 이전 시기에 대한 해석상 몇 가지 의문점을 남겼다. 기자재들은 조선소에 의해 공급되었으나 그 공급이 전체적으로 또는 부분적으로 이루어졌는지 계약서상에 적합하게 언급하지 않았다. 또한 조선소가 '첨부물' 또는 '물건'(res)의 일부라고 적합한 표기를 만들어 놓지 않았다면 '매도하는 물건'으로 계약서에 명시하지 않은 것이라고 판시하였다.

전된다고 판결하였다.[47] 최근에 위험의 이전에 관한 일반적 규칙으로 위험의 이전 역시 소유권의 이전 시기와 동일하게 이전된다.[48] 이것은 부분적으로 건조한 선박을 매수한 매수인에게 불공평한 결과를 제공한다. 그리하여 이것은 관례적으로 당사자들이 명확하게 선박을 인도 받을 때까지 위험이 이전되지 않는다고 합의한다.[49]

2. 선박건조자인 매도인의 의무

선박건조자는 매수인이 계약을 하려 할 때 신뢰할 수 있는 기술과 판단력을 가진 자이다. 그러므로 선박건조자는 선박건조에 관한 계획에 대한 지시를 매수인에게서 제공받았다 할지라도 이를 완성하는 것은 건조자의 명세서에 따라서 이루어지게 된다. 그러므로 선박건조자는 반드시 항상 적절한 선박건조를 위하여 그가 적합한 품질의 기자재를 사용할 권한을 가진다.[50] 그리고 선박건조자로부터 기대되는 표준적인 기술로서 작업공정을 수행하여야 한다.[51] 같은 방법으로 선박건조자가 하수급업자에게 선박의 일부를 작업하도록 지시하였다면 하수급업자는 통상적으로 건조중인 선박에 대하여 일부분을 적절히 완수하여야 할 묵시적인 의무를 진다.[52] 이것에 관한 판례는 Diamantis pateras (1966)의 사건에서 분명히 볼 수 있다.[53] 여기서 Lawrence J 판사는 선박의 일부를 하도급 받아 건조하는 하수급업자는 선박건조자로부터의 주문을 승낙하였을 때에 항상 매수인의 마음을 가지고 작업을 하여야한다고 판시하였다. 그

47) Christopher Hill, op. cit., p.80.
48) 1979 SGA Section 20(1).
49) Susan Hodges · Christopher Hill, op. cit., p.71.
50) 1979 SGA Section 14(2).
51) 그러나 매수인은 아마 제3자에 대한 위험의 책임은 선박건조자와 함께 책임을 진다. 선박건조자가 한 설계의 진행물 혹은 선박건조자 소유의 해상 건축물이 그 설계에 있어 직접적인 과실로 인하여 실패하였을 경우 또한 그러하다. See The Amoco Cadiz [1984] 2 Lloyd's Rep.304.
52) Diamante Soe. de Transportes v. Todd Oil Burners [1966] 1 Lloyd's Rep.179. See also Malcolma. Clarke, op. cit., p.175.
53) 그러나 매수인의 제3자에 대한 책임은 선박건조자와 함께 책임을 지는 것으로 판결하였다. 이 경우는 매수인이 설계 과정에서 어떤 조력(hand)을 하였거나, 또는 매수인 자신의 해상 건조물이 설계상에 과오가 있는 것을 발견치 못한 사례이다. See the Amoco Cadiz [1984] 2 Lloyd's Rep.304.

러나 가장 중요한 선박건조자의 의무는 매수인에게 완성된 선박을 인도하는 것이다. 인도는 일반적으로 양 당사자가 합의한 장소에서 일어난다. 이 장소는 아마 선박건조자의 조선소가 있는 근해이거나 다른 합의 장소일 것이다. 선박건조자는 매수인에게 선박을 수령할 것을 통지하여야 한다. 이것은 매수인이 합의한 장소인 인도 장소에 출석하고 상호계산서를 지불할 비용을 지참하여야 한다.[54] 인도 시기는 일반적으로 지정되며, 그 시간의 대부분은 계약서상의 자재에 대한 조건으로 구성된다. 즉, 매수인에게 선박을 인도하는 시기는 당사자들의 합의에 의하고 그 내용을 계약서상에 기재한다.[55] 만약 이 같은 인도 시기를 전혀 언급하지 않거나 강제 법률행위 조건(condition)으로 필수 약정을 하지 않았다면, 선박건조자는 반드시 상당한 기간 내에 인도하여야 한다.[56] SGA 제34조에 의하여 매수인은 선박을 검사할 상당한 기회의 권리를 부여받는다. 즉, 매수인은 물품이 계약과 일치하는가의 여부를 확인하기 위하여 상당한 검사의 기회를 갖기까지는 선박을 인수한 것으로 보지 아니한다. 또한 계약서상의 설계명세서와 적합한지를 확인하여야 하며 별도의 합의가 없는 한 선박건조자가 매수인의 청구에 의하여 선박이 계약의 명세서와 일치하는가의 여부를 확인하기 위해 선박건조자는 검사에 대한 상당한 기회를 매수인에게 부여하여야 한다. 또한 선박의 인수는 위 제35조의 규정에 따라 이루어지고 선박계약서의 설계명세서와 적합함을 확인하여야 한다.[57] 마지막으로, 인도한 선박을 등기하기 위하여 매수인은 선박에 대한 권리가 그에게 이전되었다는 공식적인 증거가 필요하다. 또한 선박건조자는 반드시 매수인에게 매매완료증서를 매수인에 대한 호의로써 인도하거나 또는 선박건조증명서 즉, 선박양도증서를 인도하여야 한다. 왜냐하면 그 선박의 고유 번호와 전형적인 특징에 대하여 확인할 수 있도록 그리고 이 선박이 매수인을 위하여 건

54) Christopher Hill, op. cit., p.85.

55) AWES, MARAD 그리고 SAJ 의 계약서 양식에서는 당사자들에 의하여 “on or before” 인도 일자를 기입한다. 그러나 통상은 “on”으로 인도되는 날짜를 계약서에 기입한다. “on or before”의 기입은 스웨덴 양식 제8조의 영향으로 그 의미는 명확하게 인도일 전에 인도되는 것을 허락한다는 의미가 내포된 것이다. Malcolma Clarke, op., cit. p.77.

56) 1979 SGA Section 29(3).

57) Nikolaos V. Macris, “Ship Sale and Purchase under English and Greek Law”, The Dissertation for the LLM. of University of Wales, Cardiff, September 1996, pp.8~9.

조되었다는 것을 승인하기 위해 위 증명서를 인도하여야 하기 때문이다.[58]

3. 매수인의 의무

SGA 제27조에 의하여 매수인은 선박을 인수하고 매도인에게 선박 인도의 대가로서 대금지급의무를 부담한다. 대금지급의 시기 및 장소는 일반적으로 특약에 의하여 결정되지만, 그러한 특약이 없는 경우에는 SGA 제10조 1항의 규정에서 계약의 조항에 별도의 의사표시가 없는 한 대금 지급의 기한에 대한 조항은 매매계약에 있어서 본질적인 흠결의 요소는 되지 않는다고 명시하였다. 또한 SGA 제28조에서는 별도의 합의가 없는 한 물품인 선박의 인도 및 대금의 지급은 동시이행조건으로 한다. 즉, 매도인은 대금과 상환으로 매수인에게 물품의 점유를 이전할 준비와 의사가 있어야 하며, 또한 매수인은 물품의 점유와 상환으로 매도인에게 대금을 지급할 준비와 의사가 있어야 한다고 규정한다.[59]

Ⅳ. 선박건조계약의 당사자의 구제방법

1. 선박건조자인 매도인의 구제방법

선박소유자인 매수인이 계약을 위반하는 경우는 여러 가지 원인에서 유래한다. 매수인이 물품을 인수하지 않거나, 물품 인수 후 대금지급을 거절하거나, 화환신용장에 의한 수출입에서 매수인으로서 화환신용장을 개설하지 않는다든지, 단순히 물품을 수령한 다음 대금을 지급하지 않는 경우도 있다. SGA 제38조에서는 매도인 또는 매도인의 지위에 있는 자, 즉 선하증권이 양도되는

58) Simon Curtis, op. cit., p.102.

59) 정선철, “영국법상 중고선박 매매계약에 관한 고찰”, 해사법연구, 제16권 제1호(한국해사법학회, 2004.10), 235면; Nikolaos V. Macris, op. cit., p.28.

매도인의 대리인, 스스로 대금을 지급한 자, 직접 책임이 있는 자, 송하인 또는 그 대리인과 같은 자가, (1) 대금의 전액이 지급 혹은 제공되지 않은 경우, (2) 환어음 또는 기타 유통증권이 조건부 지급으로서 수취되고 또한 그 수취된 조건이 증권의 지급거절 또는 기타의 사유로 인하여 충족되지 않는 경우 이를 '지급받지 못한 매도인'이라고 정의한다. 만약 매수인이 선박 대금의 전액을 지급 또는 제공되지 아니한 경우, 선박의 합의 가격을 지급하지 못하였을 경우, 선박건조자는 SGA 제39조에 의하여 '지급받지 못한 매도인'의 권리를 갖는다. 특별히 매도인의 구제 방법으로, ① 매도인의 유치권, ② 매도인의 운송유지권, ③ 매도인의 재매각, ④ 대금청구의 소송이 있다.[60]

(1) 매도인의 유치권

물품매매법에 규정이 없는 한 선박건조자인 매도인은 선박을 점유하고 있는 상태에서 물품의 대금을 지급 받지 못한 경우에 매수인이 대금의 지급 또는 제공이 있을 때까지 선박의 점유를 유보할 권리가 있다. 이 유치권은 매수인이 파산한 때 매도인이 일반 채무자와 같이 취급되지 않는다는 이점이 있다. 즉, ① 선박이 신용매매에 관한 약정 없이 매각된 경우, ② 선박이 신용매매에 의하여 매각되고 또한 그 신용기간이 만료된 경우, ③ 매수인이 지급불능인 경우 그리고 선박건조자인 매도인은 비록 그가 매수인의 대리인 또는 수탁자 또는 보관자로서 선박을 점유하고 있는 경우에도 그의 유치권과 유보권을 행사할 수 있다.[61] 또한 대금지급을 받지 못한 매도인의 유치권은 물품이 특정물이거나 불특정물을 공급하는 미이행계약이거나 관계없이 발생한다. 그러나 불특정물인 경우에는 물품이 특정될 때 유치권이 발생한다.[62] 그리고 지급받지 못한 선박건조자가 선박의 일부를 인도한 경우에는 잔여분에 대하여 유치권 또는 유보권을 행사할 수 있다. 다만 그러한 일부의 인도가 매도인의 유치권 또는 유보권을 포기하는 합의로 볼 수 있는 사정에서 이루어진 경우에

60) Nikolaos V. Macris, op. cit., p.10.
61) 1979 SGA Section 41(2).
62) P.S. Atiyah·John Adams, The sale of Goods, 9th ed.(London: Pitman Publishing, 1995), p.402.

는 예외이다. 한편, 선박의 소유권이 매수인에게 이전되지 아니한 경우에는 대금 지급을 받지 못한 매도인은 다른 구제방법 이외에 소유권이 매수인에게 이전된 경우에 인정되는 유치권 및 운송유지권과 유사하고 동일한 효력이 있는 인도유보권을 갖는다. 이 권리는 매도인이 물품에 대한 소유권을 갖고 있는 동안에 행사하는 권리로 준유치권(quasi-lien)이라 한다. 그리고 지급받지 못한 선박건조자인 매도인의 유치권이 소멸하는 경우로는, ① 선박건조자가 선박의 처분권을 유보하지 아니하고 매수인에게 수송할 목적으로 운송인 또는 기타 수탁자 또는 보관자에게 물품을 인도한 경우, ② 매수인 또는 그 대리인이 적법하게 선박을 인도한 경우, ③ 선박건조자가 유치권 또는 유보권을 포기한 경우 등이 있다. 한편 선박소유자가 물품에 관한 유치권 또는 유보권을 갖고 있는 상태에서는 법원의 판결을 받은 사유만으로 유치권 또는 유보권을 상실하지 아니한다. 유치권의 효력으로 매매계약은 매도인이 유치권을 갖고 물품의 인도를 보유하고 있는 동안 계속된다. 단지 유치권의 행사가 계약을 취소시키지는 못하며 선박을 재매각할 권리도 없다. 그리고 유치권의 범위는 대금에 한정하며 유치기간 동안의 비용에 대한 매도인의 구제는 확실한 근거가 있는 경우에만 손해배상청구를 할 수 있다. 유치권의 소멸은 SGA 제43조에 따라 매도인이 물품의 처분권을 유보하지 아니하고 매수인에게 송부할 목적으로 운송인 기타 수탁자 또는 보관자에게 인도한 때, 매수인 또는 그 대리인이 적법하게 물품의 점유를 취득한 때, 그리고 매도인이 유치권이나 유보권을 포기한 때 소멸된다.

(2) 매도인의 운송유지권

운송유지권(運送留止權)은 상관습으로 생긴 것으로 20세기 초에는 이를 형평법상의 권리(equitable right)라고 불렀다. 그리고 이것은 법률의 추정에 의하여 발생하기 때문에 매매 당사자 사이의 명시적 합의나 거래 과정 또는 관습에 의하여 부정되거나 변경될 수 있다. 즉, 운송유지권은 물품이 운송 중일 때, 그 물품의 점유를 회복할 수 있으며 또한 대금의 지급 또는 제공이 있을 때까지 유보할 수 있다.[63] 그리고 물품에 대한 소유권이 매수인에게 이전된 후에 발생한다. 대금지급을 받지 못한 매도인의 운송유지권은 유치권과는 달리 매수인의 지급불능시에만 발생한다. 대금의 일부만 지급될 경우 매도인은 잔액에 대하여 운송유지권을 행사할 수 있다.[64] 운송유지권의 주된 목적은 유치권을 회복함으로써 대금지급을 받지 못한 매도인으로 하여금 파산된 또는 지급불능된 매수인의 일반 채권자에 대하여 우선권을 확보하는 데 있다. 즉, 운송 과정에서 물품의 이동을 정지시키므로 매도인은 운송인으로 하여금 물품을 자신에게 재인도하도록 하여 물품의 점유에 대한 권리를 다시 취득하는 것이다.[65]

(3) 매도인의 재매각

운송유지권이나 유치권의 행사로 대금지급을 받지 못한 매도인은 우선 매수인의 대금지급 의무의 이행을 위하여 어떤 형태의 담보를 취득함으로써 계약이 이행되도록 강요할 수 있다.[66] 즉, 대금을 지급받지 못한 선박건조자는 유치권, 유보권 또는 운송유지권을 행사한 후 물품을 재매각한 경우, 매수인은 원매수인에 대하여 그 물품의 정당한 권리를 취득한다. 계약서에 명시된 재매각권의 행사에 따른 효과는 원계약을 취소하고 물품에 대한 소유권은 재매각을 행하는 매도인에게 복귀하는 것이다. 또한 선박소유자가 매수인의 채무불이행에 의하여 재매각권을 명시적으로 보유하고 또 매수인의 채무불이행시에 선박을 재매각한 경우에는, 원매매계약은 해제된다. 그러나 계약의 해제는 손해배상을 위하여 선박소유자가 가질 수 있는 어떠한 청구권에 영향을 미치지 아니한다.[67] 매도인은 재매각대금이 원래의 계약금액보다 많든 적든 이를 취득할 수 있다. 만약 매도인이 재매각으로 손해를 입었다면 계약위반에 대하여 매수인으로부터 손해액을 회복할 수 있다.[68]

63) 하강헌, "국제물품매매계약에서의 이행정지에 관한 고찰", 무역학회지 제23권 제2호(1998. 10), 18면.
64) 1979 SGA Section 38(1).
65) P.S. Atiyah, op. cit., p.408.
66) Ibid, p.415.
67) 1979 SGA Section 48.
68) P.S. Atiyah, op. cit., pp.418~419.

(4) 대금청구소송

물품매매법은 소유권을 중심으로 그것이 이전한 경우에는 대금청구권을, 소유권이 이전되기 전에는 손해배상청구권을 행사하도록 규정하고 있으나 국제거래에서 소유권의 소재를 규명하는 것은 쉬운 일이 아니다. 따라서 소유권의 소재보다는 거래 관습상 물품의 처분권을 누가 행사하는 것이 바람직한가에 따라 대금청구권과 손해배상청구권의 행사를 구분하는 것이 바람직하다. 계약자유의 원칙에 따라 매매당사자는 물품의 인도와 대금의 지급에 관하여 자신들이 원하는 조건으로 계약할 수 있으며, 대금지급에 관하여 당사자가 합의한 조건이 법률의 규정에 우선한다. 그 이유는 물품매매법이 계약서에 나타난 당사자의 별도의 의도가 없는 경우에만 적용되기 때문이다. 대금청구소송의 요건으로는 먼저, 소유권을 매수인에게 이전했을 때, 둘째로, 계약상 물품의 인도나 소유권의 이전과 관계없이 일정한 일자에 대금을 지급하도록 규정하고 있는 경우, 마지막으로, 계약 조건에 명시 또는 묵시적으로 이를 규정하고 있는 경우에는 언제라도 대금청구소송을 제기할 자격이 있다.[69] 이 외에 매도인이 대금청구소송을 제기할 수 있는 또 다른 예는, 1979년 Consumer Act를 적용하는 소비자신용협정이나 조건부매매협정에도 SGA 제49조 1항과 2항은 적용되지 않지만 매도인은 대금 전액에 대하여 소송을 제기할 자격이 있다.

구제방법과 관련하여, 특별히 흥미로운 논점은 매수인의 해태로 인한 보증인의 책임의 확대를 들 수 있다.[70] Hyundai Shipbuilding & Heavy Industries Co. Ltd. v. Pournaras (1978) 사건[71]에서, 선박건조계약상 대금은 다섯 번 할부로 나누어 지급하기로 하였다. 매수인은 첫 번째 할부금의 지급을 게을리 하였고, 모두 합하여 두 번의 할부금 지급을 하지 않았다. 그 결과, 선박건조자는 그 계약을 끝내고 합의서의 약관에 따르는 보증계약에 따라 손해배상을 받기를 모색하였다. 법정은 선박건조자를 위하여 다음과 같이 판결하였다. 계약이 끝났다고 해서 매수인은 그의 대금지급의무로부터 자유로운 것은 아니

69) Ibid, p.432.
70) 대부분의 경우에 선박건조자는 제3자(일반적으로 은행)가 선박 구입대금에 대한 지급보증을 할 것을 매수인에게 요구한다.
71) [1978] 2 Lloyd's Rep.502.

다. 따라서 보증인의 책임은 면제되지 아니하고 미지급한 할부금은 보증인이 납부하여야 한다. 더욱이 보증인은 막대한 금액을 지불하여야 하는 형평법상의 구제(equitable relief) 각서가 양도되었다. 그리고 결과적으로 계약의 이행은 실패로 돌아갔다.[72] 만약 매수인이 인도를 받는 것을 실패한 경우 선박건조자는 인수거절에 대한 위험에 관하여 소송을 취하여야 한다.[73]

2. 매수인의 구제방법

선박건조자의 불이행에 대한 유효한 구제는 계약약관의 불이행의 경중에 따라 변한다. 중대한 계약위반(fundamental breach of contract)인 경우에는 구제의 범위는 확대되지만, 계약으로 그 구제를 제한할 수 있다. 가능한 구제에는 결함의 보수, 손해배상청구권과 계약해제권의 행사를 들 수 있다.[74] 선박건조자가 계약에 완전한 선박의 인도를 이행하지 못한 경우에, 매수인은 다음과 같은 권리를 가진다.

첫째, 계약에 있어서 특정이행을 시도할 수 있다. 결함 있는 선박을 건조한 매도인은 계약에 따르는 이행을 선박을 건조한 조선소에서 완성할 의무가 있다. 선박건조자는 계약서상의 의무를 이행하기 위해 연장된 시간을 부여받으며, 이에 따르는 간접손해와 비용은 선박건조자 측이 부담한다.[75]

둘째, 매수인은 불인도에 대한 손해배상청구 소송을 할 수 있다. 선박이 인도되기 전에, 선박의 소유권이 매수인에게 단계적으로 전체 또는 부분적으로 이전하는 것을 양 당사자가 합의한 경우에, 만약 선박이 표준에 일치하지 못한 경우에는 선박의 인도를 거절할 수 있는 매수인의 권리를 박탈하지 못한다.[76] 이에 대한 판례로서, Admirality Commissioners v. Cox and King(1927) 사건에서 법원은 한 선박이 계약서상의 속력을 내지 못한 이 사례의 경우에

72) Christopher Hill, op. cit., pp.82~83.
73) 1979 SGA Section 50.
74) Malcolma Clarke, op. cit., p.125.
75) Ibid, p.128. 그러나 AWES 12조 그리고 SAJ Ⅸ.3에서는 선박건조자의 책임의 범위에서 간접손해 비용과 조선소에서의 수리비용은 제외되었다.
76) Christopher Hill, op. cit., p.84.

계약한 대금을 매수인이 반환받기 위해 손해배상을 청구하였고, 이는 법원에 의하여 받아들여졌다.[77] SGA 제34조에 의해서 매수인은 물품을 수령하기 전에 상당한 기간을 두고 물품을 검사하여야 함을 각인시켰다. 일단 수령하였다면, 매수인은 이후에 선박의 하자를 발견하였더라도 선박의 인도를 거절할 수 없게 된다. 이와 같은 경우에 매수인의 구제는 위험에 대하여 소송을 통한 방법만 존재한다.[78]

마지막으로, SGA 제29조에 따라 인도일을 계약서상의 한 규정으로 표기한 경우에, 매도인은 그 선박을 적절한 기간 내에 인도하여야 한다. 그리고 만약 매도인이 적절한 기간 내에 선박을 인도하지 아니한 때에는, 매수인은 계약을 취소할 권리를 부여받고 그가 지급했던 대금은 손해배상으로 환급할 수 있다.[79]

V. 맺음말

이상에서 살펴본 바와 같이, 영국법상 선박건조계약은 선박건조자와 매수인의 합의를 기초로 성립한 계약으로서, 복잡한 건조계획안에 따라 장기간의 건조기간을 요하는 매매계약으로 건축물계약의 법적 성질을 함께 가진 전형계약이다. 즉, 영국계약법상 선박건조계약은 매매계약의 법적 성질과 함께 건축구조물을 건축하는 도급계약의 법적 성질도 함께 가진다는 것을 여러 판례들을 통하여 살펴보았다. 이하에서 본고의 논지를 간단히 요약하면 다음과 같다.

먼저 선박건조계약의 성립에 있어서, 당사자들이 구속력 있는 합의에 도달하기 위해서는 확실한 의사표시와 정형화된 계약서를 통하여 중요한 약정에 대한 작성과 공식적 합의가 존재해야 한다. 정형화된 표준계약서로는 서유럽 선박건조계약서(AWES), 일본선주협회 선박건조계약서(SAJ) 그리고 미국 해사행정통상부 선박건조계약서(MARAD)가 통용되고 있다. 계약을 체결하기 전에

77) (1927) 27 Li.L. Rep.223.
78) Christopher Hill, op. cit., p.85.
79) McDougall v. Aeromarine of Emsworth(1958) 사건 참조. 2 Lloyd's Rep.343.

당사자들은 구두 또는 서면의 협상을 통하여 이견을 조율하고 서로 의향서를 교환하며 최종적으로 합의한다. 그러나 이 합의는 계약이 성취된 때 비로소 구속력 있는 효력을 얻게 된다는 "subject to contract"(계약서에 따른다)가 붙은 합의이다. 또한 정식계약에 이르기까지 많은 시간이 소요되므로 당사자들이 최종적인 계약의 성립 전에 임시계약으로서 구속력 있는 효력을 갖기를 원하는 경우, 서면상의 정확한 표기와 당사자들의 의사에 의해 비공식적인 계약이 임시적으로 존재할 수 있다. 그리고 조건부 합의(condition subsequent)도 존재한다. 또한 당사자들은 협상 중에 사기성 있는 진술을 하지 않을 의무가 존재한다. 그리고 합의 이외의 요건으로 약인 및 정형조건에 따른 계약서의 서명의 작성을 요한다.

그리고 선박건조계약의 법적 성질에 있어서, 먼저 계약이 어느 준거법에 적용되느냐에 따라 구체화된다. 계약은 당사자자치의 원칙에 따라 계약서상에 준거법은 명시되지만 그 결정이 실패한 경우는 그 선박이 건조된 국가의 법을 적용한다. 선박도 하나의 물품이므로 당사자의 합의에 따라 국제물품매매계약상 CISG가 적용될 수 있으나, CISG 제2조는 선박매매를 물품매매로 지정하고 있지 않으므로 이 법을 준거법으로 지정할 수 없다. 이것에 대하여 영국에서는 1979년 SGA를 적용하며, 미국에서는 Louisiana 주를 제외하고 통일상법전(UCC)을 적용한다. 선박건조계약은 조선소가 계약의 내용에 적합한 선박을 건조하여 매매하고 인도하겠다는 매매계약의 성질을 가지는 것으로 영국에서는 이것을 매매계약으로 보며, 프랑스, 노르웨이, 미국에서도 마찬가지이다. 그러나 선박건조계약을 당사자 일방이 어느 일을 완성할 것을 약정하고 상대방이 그 일의 결과에 대하여 보수를 지급할 것을 약정함으로써 그 효력이 생기는 도급계약으로 파악하는 국가들도 있으며, 독일, 일본, 한국 등이 여기에 속한다.

다음으로 선박건조계약의 법적 효력은 다음과 같다. 첫째, 재산권 이전의 시기는 선박 건조가 완성될 때 매수인에게 이전되는 것이 원칙이지만 당사자의 약정에 따라 소유권이 이전될 수 있다. 할부매매의 경우 마지막 할부금을 납부 받을 때까지 소유권은 매도인인 선박건조자가 보유한다. 그리고 위험의 이전도 소유권의 이전시기와 동일하다. 둘째, 선박건조자는 적절한 선박 건조를 위하여 적합한 기술과 판단력으로 작업 공정을 수행하여야 한다. 또한 적정 품질의 기자재를 사용할 권한이 있으며, 하수급업자 또한 일부분의 일을 적절히 완수할 묵시적 의무를 진다. 매수인에게 완성된 선박을 인도하여야 한다. 그리고 선박건조자는 매수인에게 매매완료증명서를 인도하거나 선박양도증명서를 인도하여야 한다. 셋째, 당사자의 구제방법에 있어서, 먼저 매수인이 계약을 위반한 경우에 선박건조자의 구제방법으로는, 매도인의 유치권, 매도인의 운송유지권, 매도인의 재매각권, 대금청구소송이 있다. 그리고 선박건조자의 불이행에 대한 매수인의 구제방법으로는, 중대한 계약위반일 경우에 결함의 보수청구권, 손해배상청구권과 계약해제권을 행사할 수 있다.

오늘날의 매매의 목적물들은 기술적으로 복잡하고 인도시에 즉시 하자를 발견하기 어려운 경우가 많다. 특히 선박건조계약은 국제계약으로 성립되는 경우가 많기 때문에 분쟁의 소지가 많은 것이 보통이다. 따라서 선박건조계약의 체결에 있어서 권리, 의무관계, 책임의 소재와 범위, 인도시기, 추가 가격 상승시 대금부담자 등을 명문에 의하여 분명하게 밝히는 것이 중요하다. 이를 위해서는 선박건조계약과 관련하여 발생하는 법적 문제들에 대한 보다 깊은 연구가 요구된다. 마지막으로 본고가 영국법상의 선박건조계약을 이해하고, 이를 통하여 우리 해운·조선 산업의 경쟁력을 제고하는 데 조금이라도 도움이 되기를 바라면서 본고를 마친다.

참고문헌

이호정, 영국계약법, 경문사, 2003.

한국수출입은행(법무팀), 영문국제계약해설, 한국수출입입은행, 2004.

김철수, "영국법에서의 선박의 매매", 국제해양문제연구 제21권, 한국해양대학교 국제해양문제연구소, 2011. 1.

김철수·정선철, "영국법상 선박건조계약에 대한 고찰", 해사법연구 제17권 제1호, 한국해사법학회, 2005. 3.

송계의, "국제물품매매계약의 성립에 관한 연구", 성균관대학교 대학원, 1991.

이신우, "선박매매에 관한 실무", 상, 하, 해양한국, 1978.

이용근, "무역계약상 묵시적 조건의 해석에 관한 연구－영미계약법을 중심으로", 국제상학 제15권 제2호, 2000. 12.

이병문, "영국물품매매법(The Sale of Goods Act(1979)) 개정안에 관한 연구－The Sale and Supply of Goods to Consumers Regulation 2002", 국제상학 제18권 제2호, 2003. 6.

이한무, "건조중인 선박에 관한 몇 가지 법률쟁점의 검토", 해사법학회지 제33권 제2호, 한국해사법학회, 2011. 11.

서영화, "선박건조계약과 관련한 몇 가지 법률문제들", 해사법학회지 제32권 제1호, 한국해법학회, 2010. 4.

정선철, "영국법상 중고 선박매매 계약에 관한 고찰", 해사법연구 제16권 제1호, 한국해사법학회, 2004. 10.

정선철, "선박건조계약상 건조자의 책임과 제조물책임법", 해사법연구 제18권 제2호, 한국해사법학회, 2006. 9.

하강헌, "국제물품매매계약에서의 이행정지에 관한 고찰", 무역학회지 제23권 제2호, 한국무역학회, 1998. 10.

Aleka Mandaraka－Sheppard, Modern Maritime Law and Risk Management, 2nd Ed., London: Routledge·Cavendish, 2007.

Benjamin's Sale of Goods, 4th Ed, London: Sweet & Maxwell, 1992.

Christoper Hill, Maritime Law, London: LLP, 5th Edition, 1998.

Chorley & Giles' Shipping Law, 8th Ed., London: Pitman Publishing, 1997.

Francies Rose, Blackstone's Statutes on Contract, Tort & Restitution, 2002~2003 13th Ed., Oxford: Oxford Universty Press, 2002.

Ikehara, Takakuwa and Dogauchi, "Conflict of Law on Admiralty and Shipping Laws in Japan", 30 Japanese Annual of International Law, 1987.

I. S. Goldrein, Ship Sale and Purchase Law And Technique, London: Lloyd's of London Press Ltd, 1985.

I. S. Goldrein, Ship Sale And Purchase. London: Lloyd's of London Press Ltd, 2003.

J. Beatson, Anson's Law of Contract, 27th Ed., Oxford: Oxford University Press, 1998.

Malcolma Clarke, Shipbuilding Contracts, 2nd Ed., London: LLP, 1992.

M.A. Clarke, Shipbuilding Contracts, 2nd Ed, London : Lloyd's of London Press Ltd, 1992.

Nikolaos V. Macris, "Ship Sale and Purchase－under English and Greek Law", The Dissertation for the LLM. of University of Wales, Cardiff, September 1996.

P.S. Atiyah·John Adams, The Sale of Goods Act, 9th Ed., London: Pitman Publishing, 1995.

R. Grime, Shipping Law, 2nd Ed., London: Sweet & Maxwell, 1991.

Simon Curtis, The Law of Shipbuilding Contracts, 3rd Ed., London: LLP, 2002.

Stephen Girvin and Howard Bennett, "English Maritime law 2000", Lloyd's Maritime and Commercial Law, London: LLP, 2002.

Susan Hodges·Christopher Hill, Principles of Maritime Law, London: LLP, 2001.

외국에서의 선박의 재판상 매매 및 그 승인에 관한 국제협약(안)*

김 인 유

Ⅰ. 서 론

선박은 민법상 동산에 해당되지만 다른 동산에 비해 고가이고 또한 20톤 이상의 선박은 등기를 권리변동의 대항요건으로 하고 있으며, 저당권설정이 인정되는 등 부동산과 유사한 측면이 많다. 우리 민사집행법이 규정하고 있는 선박에 대한 집행에는 채무명의에 기한 강제경매와 저당권자나 선박우선특권자 등 담보권자가 피담보채권의 만족을 얻기 위하여 담보권의 실행으로서 당해 선박에 대하여 행하는 임의경매, 그리고 강제경매에 의한 금전채권의 만족을 보존하기 위하여 채무자 소유의 선박에 대하여 행하는 가압류집행 등이 있다. 이 중 선박에 대한 경매는 담보권실행에 의한 경매가 대부분이고, 그 중에서도 선박우선특권에 기한 경매가 다수를 차지하고 있다.[1)]

우리 민사집행법상 선박에 대한 집행절차는 강제경매에 대해서는 민사집행법 제2편 강제집행 중 제3절 "선박 등에 대한 강제집행"에서 규정하고 있고, 임의경매에 대해서는 민사집행법 제3편 "담보권의 실행을 위한 경매" 중 제269조에서 "선박을 목적으로 하는 담보권 실행을 위한 경매절차에는 제172조 내지 제186조, 제264조 내지 제268조의 규정을 준용한다"고 규정하여 "선박"에 대한 경매에 관한 근거규정을 두고 있다. 선박에 대한 경매의 문제는 부동산과는 달리 이동성이라는 본질적인 특성으로 인하여 외국적 요소를 내포하

* 이 논문은 국제거래와 법 제16호(2016. 8)에 게재된 내용을 수정·보완하였음.

1) 김인유, 「선박담보물권법」(다솜출판사, 2015), 331면.

고 있다는 점이다. 예컨대 외국적선박이 우리나라에 기항 중 이해관계인의 경매 청구에 따라 경매가 개시된 경우, 실체법상의 권리는 선적국법에 의하고, 절차법적인 문제는 법정지법에 의하게 되는데, 문제는 각국의 실체법이나 절차법이 서로 다르기 때문에 법정지의 경매결과를 타국이 그대로 승인하지 않을 뿐 아니라 각국은 이에 소극적이었다.

선박의 경매가 행해진 경우, 경락인이 경락한 선박에 관하여 저당권이나 선박우선특권 등의 부담없는 소유권을 취득하고, 그 효과가 경매를 실시한 국가만이 아니라 선박등록 및 선박등기의 소속국, 기타 제3국에서도 인정되지 않으면 당해 선박의 등기나 등록을 변경할 수 없고, 제3국에서 원소유자, 채권자 등에 의한 압류를 받는 등의 문제가 발생할 수 있다. 또한 이러한 경매의 효과가 확보되지 않는 경우에는 당해 선박을 경락하려는 자가 경매후의 위험을 고려하여 경락에 주저하거나 입찰가를 낮추려는 태도를 취함으로써 경매의 원활한 진행을 방해할 가능성도 있다. 이러한 문제를 해결하기 위해서는 당해 선박의 경매결과, 즉 전소유권의 소멸, 담보권의 소멸, 용선계약 등 계약상의 구속의 소멸, 전등기의 말소 및 신소유권자로의 등기가 경매 실시국 이외의 제3국에서도 승인될 필요가 있다.

이러한 문제를 해결하는 근본적인 방법은 각국의 실체법이나 절차법을 통일하는 방법이나 국제협약을 제정하는 방법이 있을 수 있으나, 전자는 현실적으로 불가능에 가까운 일이고, 실현가능한 방법은 후자이다. 후자를 위한 국제기구의 노력이 지속되어 왔고 그 결실의 일환이 바로 "외국에서의 선박의 재판상 매매 및 그 승인에 관한 국제협약안"의 성안이다(이하에서는 국제협약안이라 칭한다).

이 연구에서는 이 국제협약안이 성안되기까지의 경과를 간략히 살펴보고, 이 협약안의 전문을 번역하는 한편 쟁점에 대한 논의 순으로 연구를 진행한다.[2)]

2) 베이징 초안에 대해서는 김인유, "외국에서 실행된 선박경매의 승인에 관한 연구 -베이징 초안을 중심으로-", 한국해법학회지 제35권 제2호, 2013. 11, 217면 이하를 참조하기 바라며, 여기서는 함부르크 개정안을 중심으로 상론하고자 한다.

Ⅱ. 국제협약안 성안 경과

① 2007년 국제해사위원회(Comite Maritime International) 집행평의회에서 문제의 검토를 결정하였다.

② 2008. 10 국제해사위원회 아테네 총회에서 중국해법회 Henry Hai Li가 보고하였고, 국제작업부회(International Working Group)가 설치되었다.

③ 2010. 10 국제해사위원회 부에노스 아이레스에서 작업부회의 상황보고 및 국제문서작성을 제안하였다.

④ 2010. 12 국제소위원회(International Sub-committee)가 설치되었다.

⑤ 2011. 8 제1차 초안이 작성되었고, 각국 해법회에 회부되었다.

⑥ 2011. 9 오슬로(Oslo) 국제소위원회에서 제1차 초안검토 및 제2차 초안이 작성되었다.

⑦ 2012. 10 베이징 총회 국제소위원회에서 제2차 초안검토 및 제3차 초안, 이른바 베이징초안이 작싱되었다.

⑧ 2013. 3 베이징초안을 각국 해법회에 회부하여 코멘트를 요청하였다.

⑨ 2013. 9 더블린(Dublin) 국제소위원회에서 각국 해법회 대표에 의한 의견진술 및 논의가 진행되었다.

⑩ 2014. 2 작업부회에 의한 개정 베이징초안 작성, 각국 해법회에 회부하여 코멘트를 요청하였다.

⑪ 2014. 6. 14-16 함부르크(Hamburg) 소위원회에서 성안작성하였고,

⑫ 2014. 6. 17 함부르크 국제회의 총회에서 성안(成案)에 이르렀다.
총회 전의 전체회의에서 채택되어, 중국해법회 대표가 총회에서 제한했다. 총회에서는 미국, 브라질, 폴란드 해법회의 기권을 제외하고, 다른 출석 각국의 해법회의 찬성을 얻어 채택되었다. 미국 해법회는 후에 찬성을 결의를 하여, 국제해사위원회 사무국에 그 뜻을 보고하였다.

⑬ 2015. 12. 7 마드리드 컨퍼런스

⑭ 2016. 5 뉴욕 CMI와 USMLA 공동으로 개최되었다.[3)]

---

3) 이상의 경과에 관한 내용은 다음의 두 자료에 근거하여 요약 발췌하였음.

Ⅲ. 국제협약안의 내용[4)]

이 협약의 당사국(체약국)은

해운업 및 선박금융에 있어서 해사채권의 담보 및 그 집행으로서 재판 또는 중재판단 기타 선박소유자에 대한 집행가능한 서류의 집행수단으로서 재판상 매매를 효력 있는 것으로 할 필요가 있다는 것을 인식하면서,

매수인에게는, 외국에서 행해진 선박의 재판상 매매에 대한 국제승인 및 등기의 말소, 이전이 불활실하다는 점에서, 재판상 매매로 얻는 선박매매가격에 악영향을 미치고, 이해관계인에게도 손해를 미칠 가능성이 있다는 것을 생각하면서,

재판상의 매매 및 그 후의 선박소유권의 이전의 유효성에 대한 이해관계인으로부터 이의를 제기하는 방법을 제한함으로써, 재판상 매매의 매수인에 대한 필요하고도 충분한 보호가 되어야 한다는 것을 확신하면서,

재판상 매매에 의해 한번 매각된 선박은, 더 이상 재판상 매매 이전에 발생한 어떠한 청구권에 의한 압류의 대상이 되지 않는다는 것이 기본원칙이라는 것을 고려하면서,

선박의 재판상 매매의 승인을 위해서는, 재판상 매매에 관한 통지, 매매의 효력 및 선박의 등기말소 또는 등기에 관하여 가능한 한 통일된 규칙이 채택되어야 한다는 것을 감안하면서,

---

(http://www.comitemaritime.org/Recognition－of－Foreign－Judicial－Sales－of－Ships/0,2750,15032,00.html, PAST MEETINGS; 中村哲朗, “外國での船舶の裁判上の賣買及びその承認に關する國際條約案” 海法會誌, 復刊 第58号, 勁草書房, 2014. 3, 48面).

4) 원문은 다음의 사이트에서 확인할 수 있음.
http://www.comitemaritime.org/Recognition－of－Foreign－Judicial－Sales－of－Ships/0,2750,15032,00.html.
전술한 사이트의 영어로 된 원문과 中村哲朗, “外國での船舶の裁判上の賣買及びその承認に關する國際條約案” 海法會誌, 復刊 第58号, 勁草書房, 2014. 3, 4面 以下의 내용을 참조하여 번역하였음.

다음과 같이 합의하였다.

제1조 정의

"증명서"란 제5조에 따라 정당하게 발행된 증명서 정본 또는 등본을 말한다.

"담보"란 원인이나 방식여하를 불문하고, 담보, 선박우선특권, 우선특권, 부담, 청구, 압류, 보류, 기타 선박에 대해 주장할 수 있는 권리를 포함한다.

"제한없는 권원"이란 매수인이 인수한 것을 제외한 어떠한 저당권이나 담보의 부담이 없는 권원을 말한다.

"권한기관"이란 재판상 매매를 실시한 국가의 법령에 따른 제한없는 권원을 부여하는 선박매매 또는 재판상 매매를 실행 또는 그것을 강제하는 권한을 갖는 자, 법원 또는 권한이 부여된 기관을 말한다.[5)]

"법원"이란 그 국가의 법률에 따라 사법기관으로서 설립되고, 이 협약이 취급하는 사항에 관해 판단하는 권리를 위임받은 기관을 말한다.

"일(日)"이란 역법(曆法)에 따른다.

"이해관계인"이란 재판상 매매 직전 시점에서의 선박소유자 또는 선박상에 등기된 저당권자 또는 등기된 담보를 갖는 자를 말한다.

"재판상의 매매"란 권한기관이 그 국가의 법령에 기해 행한 경매, 협의에 의한 매매 기타 적절한 방법에 의해 행한 선박의 재판상 매매이고, 그것에 의해 선박에 대한 제한없는 권원을 매수인이 획득하고 매매대금이 채권자에게 배당되는 것을 말한다.

"선박우선특권"이란 재판상의 매매를 실시한 국가의 국제사법에 의해 적용되는 법령에 따라 인정되는 선박상의 선박우선특권 또는 해사우선채권을 말한다.

"저당권"이란 재판상의 매매를 실시한 국가의 국제사법에 의해 적용되는 법령에 따라 승인되고, 등기국에서 성립한 저당권 또는 양도담보를 말한다.

"소유자"란 등기국의 선박등기부에 선박소유자로 등기된 자를 말한다.

"사람"이란 개인, 조합, 공적·사적 단체를 말하고, 법인인지의 여부는 문

5) 법원 이외에 권한기간 추가 이유에 대해서는, 제2차 초안에는 법원의 정의만이 있었지만, 경매절차 내지 그 일부가 다른 기관(예컨대 집행관)에 의해 행해진다는 의견이 있었고, 이를 존중하여 베이징초안에는 경매의 실행자로서의 권한기관의 정의가 추가되었다.

제삼지 않는다. 국가 또는 그 일부를 포함한다.

"매수인"이란 재판상의 매매에 의해 선박상의 재산권을 획득 또는 획득을 의도하고 있는 자를 말한다.

"승인"이란 선박의 재판상의 효과가 체결국에 대해서 재판상의 매매를 실시한 국가와 동일한 효과를 인정하는 것을 말한다.

"등기담보"란 재판상 매매의 대상인 선박의 등기부에 기재된 담보를 말한다.

"등기기관"이란 선박 또는 선체용선 등기국의 등기기관 또는 동등의 공적 기관을 말한다.

"선박"이란 재판상의 매매를 실시한 국가의 법령에 의해 재판상 매매의 대상이 된 선박을 말한다.

"등기국"이란 재판상의 매매 시점에서 선박의 소유권 등기가 되어 있는 국가를 말한다.

"재판상 매매 실시국"이란 재판상 매매를 통해 선박을 매각한 국가를 말한다.

"선체용선등기국"이란 선체용선된 선박의 용선자에게 선체용선 기간중 선체용선의 등기를 허가 또는 그 국가의 기를 계양할 권리를 부여한 국가를 말한다.

"전득자(재매수인)"란 선박의 매수인으로부터 선박소유권을 취득한 자를 말한다.

"불만족 채권"이란 재판상의 매매의 결과로서 배당이 행해진 후 남은 채권자의 채권을 말한다.

제2조 적용범위

이 협약은 어느 국가에서 행해진 재판상의 매매가 타국가의 승인에 필요한 조건에 관하여 적용한다.

제3조 재판상 매매의 통지

1. 재판상의 매매 전에, 재판상 매매를 실시하는 국가의 법령에 기한 권한

기관 또는 재판상의 매매절차의 당사자를 통해 이하의 통지가 행해져야 한다.

(a) 등기국의 선박등기기관

(b) 등기되어 있는 저당권자, 등기담보의 권리자, 다만 등기국의 등기는 공적인 열람이 가능하고 그 내용의 사본이 취득 가능해야 한다.

(c) 선박우선특권자, 다만 재판상의 매매를 행하는 권한기관이 그 채권에 관하여 통지를 받은 자에 한한다.

(d) 선박소유자

2. 재판상 매매의 대상인 선박이 선체용선등기국을 기국으로 하고 있는 경우, 본조 1항에 의한 요청된 통지는 당해국의 선박등기기관에도 하여야 한다.

3. 본조 제1항 및 제2항의 통지는 적어도 재판상 매매 30일 전에 행해져야 하며, 최소한 이하의 정보를 포함하여야 한다.

(a) 선명, IMO 번호(있는 경우), 선박 또는 선체용선등기국의 등기부에 기재되어 있는 소유자 또는 선체용선자의 성명

(b) 재판상 매매의 일시와 장소 ; 재판상 매매의 일시 및 장소가 확정되어 있지 않는 경우, 대략적인 일시와 장소를 기재하고, 후에 확정된 일시와 장소를 적어도 재판상의 매매 7일 전에 한다

(c) 권한기관이 결정하는 재판상의 매매 또는 재판상의 매매에 선행하는 절차에 관한 상세한 사항은 통지가 행해져야 힐 자의 이익을 보전하기 위하여 충분한 것이어야 한다.

4. 본조 제3항에 규정된 통지는 서면으로 해야 하고, 또한 재판상의 매매의 절차를 무익화 또는 현저하게 지연하지 않는 방법으로 하여야 한다.

(a) 서류우편, 급사(急使, 쿠리어), 기타 적절한 방법으로 제1항 및 제2항에 규정된 자에게 송부하고,

(b) 재판상 매매를 실시하는 국가에서 공표되는 신문 등에 의한 통지 및 재판상 매매를 실시하는 국가의 법령에 의해 요구되는 경우에는 다른 지역에서 공표 또는 배포되는 공표매체에 의한 통지를 행해야 한다.

5. 본조의 어느 규정도 본 협약이 발효하기 전에 체결국이 그 가입한 협

약 또는 국제문서를 준수하고 구속되는 것을 방해하지 않는다.

6. 요구되는 통지의 수신자 주소 또는 특정에 관하여, 타당사자 및 권한기관은 등기국(선체용선의 경우에는 그 등기국)의 등기상의 정보 또는 제3조 제1항 (c)항에 의해 이용가능한 정보만에 의존할 수 있다.
7. 본조에서 정한 통지는, 통지 상대방과 합의한 어떤 방법에 의해서도 가능하다.

제4조 재판상의 매매의 효력

1. 다음과 같은 조건으로 한다.
   (a) 재판상의 매매 시점에 재판상의 매매를 실시하는 국가의 관할내에 선박이 물리적으로 있을 것, 그리고
   (b) 재판상의 매매를 실시하는 국가의 법령 및 본 협약의 규정에 따라 재판상의 매매가 행해질 것을 조건으로,
   재판상의 매매 이전에 선박에 존재하는 모든 권리, 재산권, 권익은 소멸한다. 매수인이 인수하는 경우를 제외하고, 모든 저당권 및 담보는 소멸하고, 선박에 대한 제한없는 권한을 매수인이 획득한다.
2. 위의 규정에도 불구하고, 배당후의 잔존 채권은, 재판상의 매매에 의한 배당으로 만족되는 범위를 제외하고, 재판상의 매매 또는 제6조 제1항에 의한 말소로서 소멸되지 않는다.

제5조 재판상의 매매에 관한 증명서의 발행

1. 선박의 재판상 매매가 행해지고, 그것이 재판상의 매매를 실시한 국가의 법령 및 본 협약상의 조문에 합치한 경우에는 권한기관은 매수인의 요청에 따라 다음의 사항을 기재한 증명서를 매수인에게 발행하여야 한다.
   (a) 재판상의 매매를 실시한 국가의 법령 및 본협약의 규정에 따라 매각된 선박은, 매수인이 인수하는 것을 제외하고, 모든 저당권 및 담보로부터 해방된다는 것, 그리고
   (b) 재판상의 매매 전에 선박에 존재한 모든 권리, 권원이 소멸한다는 것

2. 증명서는 첨부한 서식과 실질적으로 동일한 서식으로 발행되어야 하고, 최소한 다음의 정보를 포함하여야 한다.
   i. 재판상 매매국(재판상 매매를 실시하는 국가)
   ii. 증명서를 발행하는 권한기관의 명칭, 주소, 가능하다면 상세한 연락처
   iii. 매수인이 제한없는 권원을 획득한 장소와 날짜
   iv. 선박의 선명, IMO 번호, 식별번호 또는 식별문자, 선적항
   v. 소유자의 성명, 주소 또는 거소 또는 주된 영업소 소재지 및 상세한 연락처(가능하다면)
   vi. 매수인의 성명, 주소 또는 거소 또는 주된 영업소 소재지 및 상세한 연락처
   vii. 매수인이 인수하는 모든 저당권 및 담보
   viii. 증명서의 발행지 및 발행일
   ix. 서명, 스템프(stamp) 기타 증명서의 권한을 확인하는 것

제6조 선박등기의 말소 및 등기

1. 매수인 또는 전득자가 제5조에 의해 발행된 증명서를 제시한 경우, 재판상 매매 전에 선박의 등기가 행해져 있는 등기기관은 매수인이 인수하는 경우를 제외하고, 모든 등기된 저당권 또는 등기된 담보를 말소하고, 매수인 이름으로 선박을 등기한다. 매수인의 요청이 있으면 신규의 등기를 위한 밀소증명서를 발행한다.
2. 재판상 매매의 시점에서 선박이 선체용선등기국을 기국으로 하는 경우, 제5조에서 말하는 증명서를 매수인 또는 전득자가 제시한 때에는 그 국가의 등기기관은 선박등기부로부터 그 선박의 등기를 말소하고, 당해 선박등기 및 등기말소된 국가의 기를 일시적으로 게양한 허가를 철회한다.
3. 제5조의 증명서가 위의 등기국의 공용어로 작성되어 있지 않는 경우, 등기기관은 매수인 또는 전득자에 대해 증명서의 정당한 번역이라는 것을 증명하는 번역 제출을 요청할 수 있다.
4. 등기기관은 기록보존을 위해 매수인 또는 전득자에게 상기 증명서 등

본의 제출을 요청할 수 있다.

제7조 재판상 매매의 승인

1. 제8조의 규정에 따라 매수인 또는 전득자의 신청이 있으면 체약국의 법원은, 제5조에 규정된 증명서의 제시에 따라 타국에서 실행된 재판상 매매를 승인하고, 이하의 효과를 인정한다.
   (a) 제한없는 권원이 매수인에게 이전하고, 재판상 매매 이전에 존재한 모든 권원, 소유권, 권익은 소멸한다는 것, 그리고
   (b) 선박은 매수인이 인수하는 경우를 제외하고, 모든 저당권 및 담보로부터 해방된다는 것
2. 재판상 매매가 행해진 선박이 당해 매매 이전에 발생한 채권에 의해 압류대상이 되거나 압류된 경우, 매수인 또는 전득자가 제5조에서 정한 증명서를 제출한 때에는 압류를 신청한 자가 이해관계인이고, 이해관계인이 제8조에서 정한 사정이 존재한다는 것을 증명하지 못하는 한, 체약국의 법원은 압류신청을 기각 또는 압류로부터 선박을 해방하여야 한다.
3. 선박의 재판상 매매에 관해서는 재판상 매매를 실시한 국가의 법원에게 이의신청에 관한 전속관할권이 있고, 재판상 매매 실시국 이외의 국가의 법원은 재판상 매매에 대한 이의신청에 관한 관할권이 없다.
4. 이해관계인 이외의 자는 재판상 매매에 관한 이의신청을 할 수 없다. 또한 어느 국가의 법원도 이해관계인 이외의 자가 제기한 재판상 매매에 대한 이의신청에 관한 관할권이 없다. 그리고 재판상 매매의 대상인 선박에 대해서나 선의의 매수인 또는 전득자에 대해서는 어떠한 구상권도 행사할 수 없다.
5. 제8조의 상황이 증명되지 않는 경우, 제5조에 의해 발행된 증명서는 재판상의 매매가 행해졌고, 제4조가 정한 효과가 발생했다는 것을 증명하는 최종적인 증거로 간주한다. 다만 다른 절차에 있어서는, 어떤 자가 어떤 권리를 증명하는 최종적인 증거로 되지 않는다.

제8조 승인이 중지 또는 거부되는 경우

재판상 매매의 승인은 이하의 경우에 한하여 중지 또는 거부된다.

1. 체약국의 법원은 이해관계인의 신청에 의해, 이해관계인이 재판상 매매시에 재판상 매매 실시국의 관할지역내에 선박이 있지 않았다는 것을 증명하는 서류를 법원에 제출한 경우에 한하여 선박의 재판상 매매의 승인을 거부할 수 있다.
2. 재판상 매매의 승인은
   (a) 이해관계인의 신청에 따라, 이해관계인이 제7조 제3항에 따른 절차가 매수인 또는 전득자의 통지에 의해 개시되어, 재판상 매매의 실시국 법원이 재판상 매매의 효력을 중지할 것을 증명하는 증거를 체약국의 법원에 제출한 경우에만 중지된다.
   (b) 이해관계인의 신청에 따라, 이해관계인이 재판상 매매의 실시국의 관할권 있는 법원이 재판상 매매를 무효라고 판단하고 이의 확정을 증명하는 증거 또는 서류를 체약국의 법원에 제출한 경우에는 재판상 매매의 법적 효력의 중지 여부를 떠나 거부된다.
3. 재판상 매매의 승인은, 승인국의 공서에 명백히 반한다고 판단한 경우에도 또한 재판상 매매의 승인은 거부된다.

제9조 유보

체약국은 본 협약의 적용을 체약국에서 실행한 재판상 매매의 승인에 한정한다는 취지를 유보할 수 있다.

제10조 기타 국제협약과의 관계

본 협약은, 다른 양자간 또는 다자간 협약, 협정, 합의서 또는 국제예양에 따른 재판상의 매매의 승인을 방해하지 않는다.

(서명, 비준, 동의, 승인, 가입, 폐기통고, 발효, 언어, 개정 등에 관한 최종조항은 별도로 후일에 초안을 작성한다)

<첨부>

증명서

외국에서의 선박의 재판상 매매 및 그 승인에 관한 국제협약 제5조에 따라 발행한다.

본 증명서는 아래의 선박이 재판상 매매로 매각되었고, 재판상 매매 실시국의 법령 및 외국에서의 선박의 재판상 매매 및 그 집행에 관한 국제협약("협약")에 의해 요구되는 모든 조건을 만족하였고, 그리고 매수인은 협약에서 정의한 제한없는 권원을 취득하고, 재판상 매매 이전에 선박에 존재한 모든 권원, 권리, 권익은 소멸하고, 매수인이 인수하는 경우를 제외한 모든 저당권 및 담보는 소멸하고, 선박에 대한 제한없는 권원을 매수인이 취득했다는 것을 증명한다.

1. 재판상 매매 실시국..

2. 본 증명서 발행 권한기관
   2.1 명칭
   2.2 주소
   2.3 전화/팩스/이메일(가능한 경우)
   2.4 매수인이 제한없는 권원을 획득한 장소 및 날짜

3. 선박
   3.1 명칭
   3.2 IMO 번호 또는 식별번호 또는 식별문자
   3.3 식별번호 또는 식별문자의 발행 장소
   3.4 선적항

4. 소유자
   4.1 성명
   4.2 주소 또는 거소 또는 주된 영업소 소재지
   4.3 전화/펙스/이메일

5. 매수인
   5.1 성명
   5.2 주소 또는 거소 또는 주된 영업소 소재지
   5.3 전화/펙스/이메일

6. 인수한 저당권 및 담보권자
   6.1 성명
   6.2 주소 또는 거소 또는 주된 영업소 소재지
   6.3 전화/펙스/이메일
   6.4 매수인이 인수하는 각각의 저당권 또는 담보의 최고액(가능한 경우)

At..., 날짜...

서명 및 /또는 인

Ⅳ. 몇 가지 쟁점에 대한 논의

1. 1993년 선박우선특권·저당권협약과의 관계

(1) 1993년 선박우선특권·저당권협약

선박우선특권·저당권협약은 선박과 관련하여 각국의 국내법이 서로 다른 범위의 채권에 선박우선특권을 부여하고 그들 사이에 서로 다른 순위와 효력을 인정하게 되면 이러한 선박우선특권자, 선박저당권자, 기타의 채권자는 선박의 항해가 계속됨에 따라 극히 불안정한 상태에 빠지게 되고, 또한 선박우선특권은 공시방법이 없음에도 불구하고 선박저당권에 우선하는 효력을 부여하는 것이 일반적인데, 이는 오늘날 해사금융수단으로서 매우 중요한 지위를 차지하고 있는 선박저당권제도에 중대한 위협이 되는 한편 선박금융을 현저히 저해하는 요소가 될 우려가 있다. 이러한 이유에서 서로 다른 각국의 선박우선특권법제의 통일이 요구되어, 1926년 「선박우선특권·저당권협약(International Convention on Maritime Liens and Mortgage)」, 1967년 「선박우선특권·저당권협약」 및 1993년 「선박우선특권·저당권협약」이 성립되었다. 1993년 선박우선특권·저당권협약은 1967년 협약을 근본적으로 개정한 것이 아니고 해운환경의 변화에 따라서 선박저당권을 보호함으로써 선박금융을 원활히 하도록 선박우선특권의 피담보채권의 수를 합리적으로 축소조정하고, 선박의 강제경매에 대하여 상세한 규정을 두고 있는 것이 특색이다.[6] 특히 강제경매에 대해서는 동 협약 제11조(강제경매의 통지), 제12조(강제경매의 효과)가 그것이다.

(2) 별도의 재판상 매매 및 그 승인에 관한 협약의 필요성

1993년 선박우선특권·저당권협약은 이미 발효하고 있고, 경매의 통지 및

6) 정완용, 「선박담보법의 연구」(경희대학교 출판국, 2005), 65면.

효과가 규정되어 있다. 또다시 별도의 외국경매승인에 관한 협약이 필요한가?[7)]

별도의 협약이 필요한지에 대한 질문에 대한 회답은 다양하였다. 약 반수는 필요하다고 회신하였고, 기존 협약이 적당하다는 회신, 적당하지 않아 보정의 필요가 있다는 회신 등이 제출되었다.

2014년 1월까지 선박우선특권·저당권협약에 대해서는 에쿠아도루, 에스토니아, 모나코, 나이지리아, 페루, 러시아, 세인트빈센트, 그라나다, 스페인, 시리아, 티니지, 우크라이나, 바누아투 등 12개국이 서명 내지는 비준하고 있는데 지나지 않는다.

벨기에 대표는 벨기에서의 경매가 한국에서 승인되지 않았던 예를 들면서, 판결의 승인과 경매의 승인은 다른 것이어서 후자의 승인만에 관한 별도의 협약을 작성하는 것은 가능하다는 의견이었고,[8)] 가능하다면 판결과는 달리 경매의 결과, 특히 선박의 재판상 매매에 관하여 별개의 협약이 있어도 이론적으로는 모순되지 않는다는 의견들이고,[9)] 특히 1993년 선박우선특권·저당권협약은 가입국이 극소수에 한정되어 있다는 점 등에서 별도의 협약의 필요성이 인정되었다.

2. 재판상 매매(Judicial Sale)의 정의

(1) 재판상 매매의 정의에 관한 질문, 즉 귀국의 법률에 재판상 매매(judicial

7) http://www.comitemaritime.org/Recognition－of－Foreign－Judicial－Sales－of－Ships/0,2750,15032,00.html DOCUMENTS PRODUCED, Questionnaire－Recognition of Foreign Judicial Sales of Ships(질문에 관한 자세한 내용 확인 가능)

8) 中村哲朗, "外國での裁判上の賣買の承認に關する文書", 海法會誌, 復刊 第55号, 勁草書房, 2011. 12, 51面 再引用.

9) 제1차 초안에서는 "문서"(Instrument)라는 타이틀을 사용했지만, 제2차 초안에서는 이를 "협약"으로 하고 있다. 이 협약의 목적은 단순히 공통의 가이드라인을 정하는 것이 아니라 외국에서의 경매에 관하여 법원의 승인 및 집행의 의무를 규정하고 있다는 점에서 문서의 범위를 넘는 것이다. 가맹국 및 그 법원의 의무를 결정하는 것이고, 단순히 외국경매의 결과에 관하여 행정절차를 결정하는 것이 아니라는 등의 의견에 따라 각국 참석자의 동의를 이끌어냈다는 것이다(中村哲朗, "外國での船舶の裁判上の賣買の承認に關する國際條約" 海法會誌, 復刊 第56号, 勁草書房, 2012. 12, 16面).

sale), 강제경매(forced sale), 선박경매의 정의가 있는가? 없다면 선박우선특권 등의 선박을 대상으로 하는 담보권 기타 권리제한을 매매의 결과 소멸시키는 재판상 절차에 상당하는 것은 어떤 절차인가?[10)]

이에 대해 대륙법계나 영미법계 관계없이 모든 국가의 법률에 재판상 매매의 정의는 없다는 회신이었다. 절차는 일반 민사절차법에 의한 경우와 해사특별법에서 이를 규정한 국가도 있다. 재판상 매매를 굳이 정의하려고 한다면 "일반민사에 의할지 특별절차에 의할지를 불문하고, 또한 국가인지 주(州)인지를 불문하고, 법원이 그 감독 내지 협력하에 행하는 선박의 강제경매"라고 말할 수 있을 것이다.[11)]

우리나라의 경우 선박의 재판상 매매, 강제경매를 정의하는 특별한 조항은 없지만, 선박에 대한 집행은 강제경매의 절차에 따른다고 규정하고 있다(민사집행법 제2편 제3절 "선박 등에 대한 강제집행"). 임의경매에 대해서는 민사집행법 제3편 "담보권의 실행을 위한 경매" 중 제269조에서 "선박을 목적으로 하는 담보권 실행을 위한 경매절차에는 제172조 내지 제186조, 제264조 내지 제268조의 규정을 준용한다"고 규정하여 강제경매 절차를 따른다.

따라서 우리법상으로는 선박에 대한 재판상 매매(Judicial Sale)를 단순히 강제경매 내지는 경매라고 해도 잘못된 표현은 아니지만, 협약안의 원문에 충실하여 재판상 매매라 칭한다.

(2) 선박경매에서 법원의 역할

선박경매는 법원의 관리하에서 행해지는 것뿐인가? 사적인 매매가 가능한가?

대다수의 회답은 법원 감독에 의한 경매를 시사하고 있지만, 미국, 캐나다, 도미니카, 노르웨이, 나이지리아 등에서는 Court Marshall, Sheriff, Assistant/Private Vendeur 등이 경매를 주도하고 있다.[12)]

---

10) http://www.comitemaritime.org/Recognition－of－Foreign－Judicial－Sales－of－Ships/0,2750,15032,00.html DOCUMENTS PRODUCED, Questionnaire－Recognition of Foreign Judicial Sales of Ships.
11) 中村哲朗, "外國での船舶競賣の承認" 海法會誌, 復刊 第54号, 勁草書房, 2010.12, 38面.
12) 中村哲朗, 前揭 "外國での船舶競賣の承認", 39面.

우리나라와 일본의 경우는 민사집행법에 따라 법원의 주도하에 집행한다. 다만 일본의 경우 조세 당국에 의한 압류 환가절차가 있고, 이 경우에는 법원의 관리하에서 행해지지 않는다고 한다.[13] 따라서 선박에 대한 경매는 선박강제경매가 유일한 방법이다. 물론 강제경매에 관하여 이해관계인은 합의하여 강제경매절차의 취하 및 재판에 의한 매각이익의 분배에 의한 선박을 임의 매각할 수는 있다.

3. 이해관계인

이해관계인과 관련하여 베이징 초안에서는 "재판상의 매매 이전의 선박소유자 또는 선박상의 저당권, 양도담보, 등록된 담보를 갖는 자를 말한다"고 정의하고 있었으나, 동 협약안에서는 "이해관계인이란 재판상 매매 직전 시점에서의 선박소유자 또는 선박상에 등기된 저당권자 또는 등기된 담보를 갖는 자를 말한다". 고 정의하여 등기된 저당권이나 등기된 담보권자는 이해관세인으로 보면서, 등기가 없는 선박우선특권이나 유치권을 갖는 자는 이해관계인에 포함되지 않는다.

이는 재판상 매매의 통지 대상, 이의를 신청할 수 있는 관계자를 한정하는 의미를 갖는다. 제2차 초안에서는 선박우선특권을 갖는 자도 등기되어 있는지의 여부를 불문하고 이해관계인에 포함시켰던 것을 동 협약안에서는 등기된 담보라 하여 제외하고 있다. 그 결과 미등기담보권자는 경매의 통지대상(제3조) 및 이의신청(제7조 제4항) 당사자에서 제외된다.

등기되어 있지 않는 우선특권자(선박우선특권자, 유치권자)를 이해관계인에서 삭제한 것이 타당할 지는 논의의 여지가 있어 보인다.

13) 中村哲朗, 前揭 "外國での船舶競賣の承認", 40面.

4. 통지 및 통지의 방법

(1) 통지 당사자

송달은 관계자에 의해 이루어져서, 법원이 관여하지 않는 국가도 있다(예컨대 미국 등). 또한 프랑스에서 최초의 통지까지는 당사자(채권자)가 행하는 국가도 있다.[14] 이러한 사정을 고려하여 베이징초안에서는 재판상 매매절차의 당사자에 의한 통지도 추가하였고, 이 협약안에서도 이를 유지하고 있다. 즉, 재판상의 매매 전에, 재판상 매매를 실시하는 국가의 법령에 기한 권한기관 또는 "재판상의 매매절차의 당사자를 통해" 통지가 이루어져야 한다.

(2) 통지 대상자

재판상 매매의 통지 대상자를 선박등기의 내용을 전제로 한정 열거하고 있다. 따라서 선박우선특권 등 미등기 담보권자는 통지대상에서 제외된다.

(3) 합의에 의한 통지방법

합의에 의한 통지방법 등은 1993년 협약과 큰 차이가 없으나. "본조에서 정한 통지는, 통지가 요구된 자가 합의한 어떤 방법에 의해서도 가능하다"라고 하여 합의에 의한 통지방법을 인정하고 있는 점에서 차이가 있다.

5. 재판상 매매의 효력

(1) 선박에 붙어 있는 모든 권리 소멸

재판상 매매의 효력은 대체로 1993년 협약과 동일한 내용이다. 다만 제2항

14) 中村哲朗, "外國での船舶の裁判上の賣買の承認に關する國際條約" 海法會誌, 復刊 第56号, 勁草書房, 2012.12, 24面.

에서는 "위의 규정에도 불구하고, 배당후의 잔존 채권은, 재판상의 매매에 의한 배당으로 만족되는 범위를 제외하고, 재판상의 매매 또는 제6조 제1항에 의한 말소로서 소멸되지 않는다".고 하고 있다. 선박에 대해 집행할 수 있는 권리 이외의 채권 및 권리의 귀속은 본 협약의 대상이 아니다. 예컨대 판결로 확정된 채권에 관해서는 채무명의에 기해 선박에 대한 경제집행으로서 경매가 가능하지만, 경매실시하여 배당 후에도 남는 잔존채권에 관해서 다른 채무자 소유물에 대한 강제집행 기타 회수는 방해하지 않는다. 당연한 것을 규정한 것이므로 불필요한 규정일수도 있지만, 이를 명확하게 하자는 취지로 받아들일 수는 있다.

(2) 현행 우리 민사집행법과의 관계

선박의 경매로 매수인에게는 우선특권이나 저당권과 같은 부담없는 선박의 이전과 관련하여, 우리나라의 경우 선박우선특권에 기한 경매가 실행되고 나면 당시까지 선박에 붙어 있던 모든 부담은 소멸하는지에 대해 우리 민사집행법상 명문의 규정은 없지만, 모든 우선특권은 소멸한다고 해석하고 있다.[15] 저당권에 기한 경매의 경우 민사집행법 제91조 제2항은 "매각부동산 위의 모든 저당권은 매각으로 소멸한다"고 규정하고 있지만, 지상권·지역권·전세권 및 등기된 임차권이 있는 경우에는 이들 부담이 저당권·압류채권·가압류채권에 내항할 수 없는 경우에는 매각으로 소멸하지만, 대항할 수 있는 경우에는 소멸하지 않고 매수인에게 인수된다(민사집행법 제91조 제3항, 제4항). 따라서 경매로 모든 부담이 소멸하는 것이 아니라, 저당권·압류채권·가압류채권에 대항할 수 있는 등기된 선박임차권이라면 소멸하지 않는다. 또한 경매로 매각된 선박에 붙어 있는 유치권이 있는 경우에는 우리 민사집행법이 제

15) 소멸하지 않는다고 한다면, 우선특권에 기한 무한정의 경매절차가 가능하게 되어 거래의 안전은 물론 법원의 경매절차에 대한 신뢰도를 크게 해칠 뿐만 아니라 만약 선박의 가격이 당시 선박에 붙어 있는 수개의 우선특권을 전부 만족시키기에 부족한 경우 각 우선특권자는 순차로 각 별개의 경매절차를 진행함으로써 각자의 채권액 전부의 만족을 얻을 수 있다는 결과가 되어 상법상 우선특권의 순위에 관한 규정이 쓸모없게 되기 때문이다(권오곤, "외국선박 집행상의 몇 가지 문제점", 재판자료, 제34집, 법원행정처, 1986.12, 649면).

91조 제5항에서 "매수인은 유치권자에게 그 유치권으로 담보하는 채권을 변제할 책임이 있다"고 규정하여 경매로 소멸하는 것이 아니라 매수인이 인수하여야 한다.

결국 외국선박경매의 경우[16] 우리 민사집행법에 따르면 대항할 수 있는 등기된 임차권과 유치권의 경우에는 소멸하지 않고 매수인이 인수하게 되지만 동 협약안에서는 모두 소멸하게 되어, 우리법과 동 협약안의 내용이 충돌하게 된다.

V. 결 론

이 협약안은 선박의 재판상의 매매를 실효성 있게 할 것, 재판상 매매의 승인 및 등기 변경의 확실성을 높여, 매수인이 걱정없이 경매 선박을 매수할 수 있게 할 것, 재판상 매매에 대한 이의를 제한함으로써 매수인에 대한 필요하고도 충분한 보호를 부여할 것, 선박의 재판상 매매가 이루어진 후에는, 그 이전에 발생한 채권으로부터 해방될 것, 재판상 매매의 정당성을 판단하는 가장 적당한 법원은 재판상의 매매가 행해진 국가의 법원이고, 당해 법원만이 이의 신청에 관한 관할권을 갖게 할 것 등의 목적으로 수년간에 걸쳐 수회의 위원회 및 소위원회에서의 논의 및 각국의 의견수렴을 거쳐 베이징초안을 작성하게 되었고, 이 초안을 대상으로 한 논의결과 2014. 6 함부르크 국제회의 총회에서 동 협약안이 성안되기에 이르렀다.

이 협약안의 핵심은 타국에서의 법원 기타 권한기관이 행하는 재판상 매매에 대하여 저당권 기타 권리제한 없는 소유권을 경락인에게 부여하는 것이다. 이를 위해 법원 등 재판상 매매 실시기관은 재판상 매매에 의한 부담없는 소

16) 외국선박에 대한 경매가능성에 대한 내용은 이정일, "외국선박에 대한 집행절차에 있어서 저당권자의 지위", 판례연구, 제17집, 부산판례연구회, 2006. 2, 747~749면; 윤기창, "외국선박 가압류 채권자의 배당 요구 적법성 - 대법원 2011. 9. 8. 선고 2009다49896호 판결 -", 한국해법학회지, 제34권 제2호, 2012. 11, 45면; 문영화, "외국선박의 저당권자가 외국선박에 대한 집행절차에서 배당을 받기 위한 요건", 판례실무연구Ⅷ, 박영사, 2006, 160면; 서영화, "외국선박에 대한 집행에 있어서의 문제점", 선박집행의 제문제, 부산지방법원, 1999, 192면 등 참조.

유권 이전을 위하여 증명서를 발급하고, 재판상 매매에 대한 이의를 실시국 법원의 전속관할로 하고, 이의를 신청할 수 있는 자도 한정하여 재판상 매매의 효과의 안정을 도모하고 있다는 점이다.

2012년 베이징협약 초안에는 없었던 내용을 신설하기도 하고, 수정하기도 하였다. 즉, 수정한 내용으로는 더불린 소위원회에서, 이의신청기간을 재판상 매매 실시일로부터 3개월 이내로 한정하는 규정이 있었지만, 각국의 법제가 다르고, 이의신청기간은 더 짧은 경우도 있으므로 각국의 법제에 위임하자는 제안에 따라 삭제하였으며, 공서양속 위반에 의한 재판상 매매의 효력 부정의 심사에서는 절차에 관한 정사(精査)를 배제해야할 것이고, 그 방법으로서 공서양속 위반이 "명백하게(manifestly)" 인정되는 경우에만 승인을 정지 또는 거절해야 한다는 제안이 있었다. 다른 협약, 예컨대 UNCITRAL의 국제도산에 관한 모델법 제6조는 채권자가 체약국의 공서에 "명백하게" 위반하는 경우 적용제외를 인정하고 있다. 이러한 사정을 감안하여 "명백하게"를 추가하였다.

또한 함부르크 소위원회에서는 본조에서 정한 통지는, 통지가 요구된 자가 합의한 어떤 방법에 의해서도 가능하다는 점을 신설하였고, 또한 증명서 양식을 새롭게 작성하여 별첨으로 첨부하기도 하였다.

이 협약안은 아직도 최종적으로 확정된 협약이 아니므로 앞으로도 수정이 가능함은 물론이다. 이 기초적인 연구를 바탕으로 논의가 활성화되어 우리의 실정에 부합하는 최종 협약의 성립에 일조되는 계기가 되었으면 한다.

참고문헌

김인유, 「선박담보물권법」, 다솜출판사, 2015.

정완용, 「선박담보법의 연구」, 경희대학교 출판국, 2005.

권오곤, "외국선박 집행상의 몇 가지 문제점", 재판자료, 제34집, 법원행정처, 1986. 12.

김인유, "외국에서 실행된 선박경매의 승인에 관한 연구 – 베이징초안을 중심으로–", 한국해법학회지 제35권 제2호, 2013. 11.

문영화, "외국선박의 저당권자가 외국선박에 대한 집행절차에서 배당을 받기 위한 요건", 판례실무연구Ⅷ, 박영사, 2006.

서영화, "외국선박에 대한 집행에 있어서의 문제점", 선박집행의 제문제, 부산지방법원, 1999.

윤기창, "외국선박 가압류 채권자의 배당 요구 적법성 –대법원 2011. 9. 8. 선고 2009다49896호 판결–", 한국해법학회지, 제34권 제2호, 2012. 11.

이정일, "외국선박에 대한 집행절차에 있어서 저당권자의 지위", 판례연구, 제17집, 부산판례연구회, 2006. 2.

中村哲朗, "外國での船舶競賣の承認" 海法會誌, 復刊 第54号, 勁草書房, 2010. 12.

中村哲朗, "外國での裁判上の賣買の承認に關する文書", 海法會誌, 復刊 第55号, 勁草書房, 2011. 12.

中村哲朗, "外國での船舶の裁判上の賣買の承認に關する國際條約" 海法會誌, 復刊 第56号, 勁草書房, 2012. 12.

中村哲朗, "外國での船舶の裁判上の賣買及びその承認に關する國際條約案" 海法會誌, 復刊 第58号, 勁草書房, 2014.3.

http://www.comitemaritime.org/Recognition–of–Foreign–Judicial–Sales–of–Ships/0,2750,15032,00.html.

http://www.comitemaritime.org/Recognition–of–Foreign–Judicial–Sales–of–Ships/0,2750,15032,00.html DOCUMENTS PRODUCED.

건조중인 선박에 관한 법률관계*

김 인 유

Ⅰ. 서 론

해상운송을 위한 선박의 건조에는 많은 비용과 오랜 시간을 요한다. 특히 선박건조에 요구되는 막대한 비용조달은 자기자본으로 이에 충당하는 경우도 있겠지만, 그렇지 못한 경우가 대부분이고 결국은 융자를 얻을 수밖에 없다. 융자를 통해 선박을 건조하는 경우 건조중에 있는 선박이 과연 담보물로서 기능할 수 있을 것인지가 건조계약 당사자의 입장에서는 매우 중요한 관심사이다. 우리 「상법」은 항행의 용도와 능력을 갖추지 못한 건조중인 선박에 대하여 해운기업의 건전한 발전과 해운기업 자금의 원활한 조달이 가능하도록 건조중인 선박에도 저당권을 설정할 수 있다고 규정하고 있다. 그런데 우리 현행 「상법」상 건조중인 선박에 대한 규정은 선박저당권의 규정을 준용한다는 규정뿐이고, 선박저당권에 대해서는 「상법」 제787조 한 조문뿐이다. 건조중인 선박의 개념이나 이에 대한 저당권 등기시점 등에 관한 구체적인 규정은 없는 실정이다.

선박의 건조방법은 크게 두 종류로 대별할 수 있다. 즉, 건조자가 스스로 선박을 건조하고 그 완성된 선박을 타인에게 매각하는 방법과 주문자의 의뢰를 받아 건조하는 방법이다. 물론 오늘날에는 후자가 대부분의 경우를 차지하고 있다. 따라서 이 연구에서도 법률관계가 복잡하고 실제로도 분쟁이 종종 발생하고 있는 후자를 대상으로 건조중인 선박에 관하여 검토하고자 한다.

건조중에 있는 선박에 관한 주요한 문제점들로는 건조중인 선박의 개념문제, 건조중인 선박의 법적 성질문제, 건조중인 선박의 소유권귀속문제, 건조중인 선박에 대한 저당권설정 및 그 효력의 문제 등이 쟁점사안이다. 이 연구는

* 이 논문은 한국해법학회지 제32권 제1호(2010. 4)에 게재된 내용을 수정·보완하였음.

이들의 문제점에 대한 학설 및 판례를 검토하면서 쟁점사안에 대한 해결점을 모색해 보고자 한다.

II. 건조중인 선박의 개념 및 건조계약의 법적 성질

1. 건조중인 선박의 개념

「선박법」 제1조의 2에 의하면, 이법에서 선박이란 “수상 또는 수중에서 항행용으로 사용하거나 사용될 수 있는 배의 종류를 말한다”고 규정하고 있으므로 건조중인 선박은 우리 「선박법」상 선박이라고는 할 수 없으나, 건조중인 선박도 선박저당권의 목적이 되고(「상법」 제790조), 또한 이에 대하여 선박소유권의 등기를 하지 아니한 채 저당권의 등기만 할 수 있도록 규정하고 있다(선박등기규칙 제23조).

이와 같이 지금 당장은 선박으로서의 경제적 가치도 보유하지 아니하고 건조물로서의 물리적 구조도 갖추지 못한 장래물에 불과한 건조중인 선박에 선박저당권이나 선박우선특권 등의 선박담보권을 인정하는 이유는 선박건조에 막대한 자금과 오랜 시일이 소요되므로 선박건조중에 금융의 원활을 꾀하여 조선을 장려하고자 함에 있다.[1]

건조중인 선박 그 자체에 대한 저당권 설정이 가능한 경우 과연 건조중인 선박은 무엇을 의미하는지, 즉 어느 정도 공정이 이루어졌을 때 저당권을 설정할 수 있는지가 문제된다.[2] 단순히 선박건조에 착수한 것만으로도 가능한지, 아니면 선박의 특정성을 구비한 정도, 즉 용골[3]이 짜 올려지거나 이것과

1) 정영석, 「해상법원론」(텍스트북스, 2009). 549면; 송상현·김현, 「해상법원론」(박영사, 2008), 251면.
2) 비교법적으로는 건조계약이 적법하게 체결된 때에 등기를 허용하는 이탈리아와 어떤 형태로든지 건조를 위한 작업이 개시되어야 등기를 허용하는 프랑스, 독일, 네델란드 및 선박의 외형이 완성되어야 등기를 허용하는 노르웨이가 있다(鴻常夫, “建造中の船舶について諸權利の登記に關する條約案について”, 海法會誌, 復刊 第11号, 1965. 4, 65面 以下).
3) 용골(龍骨, keel)이라 함은 선박의 선미에서 선수까지 보통 선저중앙에 길이방향으로 설치된 등뼈구실을 하는 주요 구조재를 말한다.

유사한 단계에 이르렀을 때 가능하다고 해야 할 것인지가 문제된다. 이는 결국 건조중인 선박의 개념을 어떻게 정의하느냐의 문제이다.

여기서 건조중인 선박이라 함은 건조중이어서 아직 완성되지 아니한 상태의 선박을 말한다. 언제부터 건조중인 선박이라고 할 것인지에 대해서는 건조예정인 계획단계로부터 건조중인 선박으로 보는 국가도 있고, 용골이 설치된 단계로부터 건조중인 선박으로 보는 국가도 있다. 우리나라는 건조중인 선박에 대한 정의규정은 어디에서도 찾아볼 수가 없지만, 실무상으로는 용골이나 키가 설치되어 있으면 저당권설정등기가 가능하다고 한다.[4] 선박은 국제적 운송수단이고, 선박의 건조는 특정국가에 한정되어 있어서 건조중인 선박에서 발생하는 법률관계는 매우 복잡하다. 그래서 건조예정인 선박 또는 건조중인 선박에 관한 소유권 및 저당권의 등기에 관한 국제적인 법률문제를 처리하기 위하여 1967년에 "건조중인 선박에 대한 권리의 등기에 관한 협약"(International Convention relating to Registration of rights in respect of vessels under Constructions, 이하 협약이라 칭한다)을 체결한 바 있다. 이 협약에서는 건조중인 선박에 대한 정의개념은 없지만, 등기시점과 관련하여 용골이 설치되기 전에도 등기할 수 있다는 규정을 둠으로써 건조중인 선박의 개념을 건조예정인 선박에까지 확장시키고 있다.[5] 선박건조를 위한 자금은 용골을 설치하기 이전부터 필요하므로 주문자에게 자금융통의 편의를 제공하고, 금융권자에게도 대여자금 회수를 위한 조치를 취할 수 있도록 할 필요성이 있으므로 용골 설지 전이라도 건조중인 선박에 등기를 할 수 있도록 해야 할 것이다. 이러한 취지에서 전술한 협약은 건조중인 선박의 개념을 용골이 설치되기 전 단계, 즉 선박건조계약이 확정된 시점을 포함하는 넓은 개념으로 규정하고 있다. 이러한 취지의 국제협약 내용은 시사하는 바가 크지만, 현행 우리 법제와는 상충하는 측면이 있다. 즉 우리 물권법은 물권의 객체를 원칙적으로 물건에 한

4) 법원행정처, 「법원실무제요」 민사집행(Ⅲ) –동산·채권 등 집행–, 법원행정처, 2003, 5~6면.

5) 협약 제4조에서는 등기가능시점과 관련하여 각 국가가 결정할 수 있도록 단서 규정을 두고 있기는 하지만, 원칙적으로는 "선박의 건조를 위한 계약이 체결되었거나 건조자가 스스로의 계산으로 선박을 건조할 것을 결정한 때로부터 가능하다"(Registration of rights in respect of a vessel which is to be or is being constructed shall be permitted when a contract for the building of a properly specified vessel has been executed or the builder declares that he has decided to build such a vessel for his own account).

하고 있으며, 이 물건은 현존해야 하고 특정되어 있어야만 한다.

따라서 건조중인 선박의 개념과 관련하여 현행 우리 법체계에 부합하기 위해서는 선박의 특정성을 구비한 용골이 설치되거나 이것과 유사한 단계에 이를 것이 요구된다.

2. 건조중인 선박의 법적 성질

(1) 서설

선박의 건조는 일반적으로 건조계약[6]을 통해 이루어진다. 선박건조계약은 당사자간의 권리·의무에 관하여 약정하고 건조중인 선박의 소유권이전시기도 명시하는 것이 통상적이다. 그러나 건조계약에서 이러한 선박의 소유권 및 이전시기에 관하여 규정하지 않은 경우에는 선박건조계약의 성질에 따라 이를 결정할 수밖에 없다.

선박건조계약의 법적 성질이 매매인지 도급인지, 아니면 양자를 모두 포함하는 계약인지에 대해서는 논의된 바가 거의 없으므로 우선 「민법」상의 일반론을 고찰한 다음 선박건조계약의 법적 성질을 규명해 보기로 한다. 선박건조계약은 제작물공급계약의 일종이다. 여기서 제작물 공급계약이라 함은 계약당사자가 주문·지시에 따라 자기의 재료로 물건을 제작하여 상대방에게 공급할 의무를 지는 계약을 말한다.[7] 도급계약에서 수급인은 도급인이 제공하는 재료로써 도급인의 지시를 받아 그 일의 완성의무를 부담하는 것이 일반적이지만, 수급인이 일의 완성의무 뿐 아니라 재료조달의무까지 부담하는 경우를 특별히 도급계약과는 구별하여 제작물 공급계약이라 한다.

이와 같이 제작물 공급계약은 "물건의 제작"과 "제작된 물건의 공급"이라는 두 요소가 포함되어 있다. 이 중 전자는 도급계약의 내용인 일의 완성에 해당

6) 선박건조계약은 발주계약, 수주계약, 건조계약 등의 명칭이 사용되고 있지만, 이 연구에서는 건조계약으로 표현하기로 한다.

7) 곽윤직, 「채권각론」(박영사, 2004), 251면; 이은영, 「채권각론」(박영사, 2005), 511면; 김준호, 「민법강의」(법문사, 2009), 1507면.

할 것이고, 후자는 완성된 제작물의 소유권을 대가를 받고 이전하는 매매의 성질에 해당한다고 볼 수 있다.[8] 선박의 건조는 제작물 공급계약에 해당되지만, 「민법」이나 다른 특별법에서도 아무런 규정이 없으므로 학설 및 판례에 의할 수밖에 없다. 여기서 염두에 두어야 할 것은 이러한 학설의 대립이 발생하는 것은 당사자간에 다른 특약이 없는 경우이며, 특약이 있는 때에는 그 특약에 의함은 물론이다. 물건의 제작측면을 강조하는 도급계약설과 매매와 도급의 성질을 모두 포함하는 혼합계약설, 제작물이 대체물인 때에는 매매이고, 부대체물인 때에는 도급이라는 분류설로 나뉜다.

(2) 학설

1) 도급계약설

제작자가 제작의무 외에 지는 소유권이전의무는 매매의 규정을 꼭 유추적용해야만 인정되는 것은 아니고 도급계약의 내용으로서도 인정할 수 있으므로 제작물공급계약은 도급계약이라고 보는 견해이다.[9] 물론 여기서 제작물공급계약에는 주문판매를 제외한 협의의 제작물공급계약을 의미한다.

선박건조계약은 건조자가 주문자의 주문에 따라 일정한 일을 완성하고 일의 결과를 인도하는 반면 주문자는 그 보수를 지불하는 계약이기 때문에 선박건조계약도 도급계약이라고 본다. 원래 도급은 어디까지나 일의 완성이 목적이고 매매와 같이 재산권의 이전을 목적으로 하는 것은 아니지만, 수급인이 주로 자기의 재료로 부대체물을 제작하여 공급하는 경우에는 수급인은 인도의무 외에 소유권이전의무도 부담한다고 보아야 하며 이를 인정한다고 하더라도 도급의 본질에 어긋나지 않는다고 한다.

2) 혼합계약설

제작물공급계약은 물건의 제작이라는 측면에서 도급의 성질을 가지며, 제작물의 공급이라는 측면에서는 매매의 성질을 가지므로 도급과 매매의 혼합계

8) 곽윤직, 전게 「채권각론」, 252면.
9) 박준서 편집대표, 「주석 채권각칙(2)」(한국사법행정학회, 1999), 374면.

약이라고 보는 견해이다.[10] 그 근거로서는 첫째, 제작물의 소유권이전의무는 매매로서의 성질에 기인하고, 주문자의 지시에 따라 일을 완성할 의무는 도급으로서의 성질에서 기인하므로 제작물공급계약에는 양 계약의 성질이 혼재되어 있다는 점, 둘째, 도급계약에 의해 소유권이전의무가 발생한다고 보는 것은 도급의 본질을 제대로 파악하지 못한 결과라는 점을 들고 있다.[11]

3) 분류설

제작물이 대체물인 때에는 매매의 성질을 가지며, 부대체물인 때에는 도급의 성질을 갖는다고 보는 견해이다.[12][13] 제작물공급계약에 주문계약을 포함하는 넓은 의미로 파악하는 견해이다. 이 견해는 결과적으로 제작물 공급계약에 주문판매계약을 제외한다면 도급으로 파악하는 것과 동일해 진다. 즉 선박건조계약을 협의의 제작물공급계약으로 파악한다면 전술한 도급계약설과 같은 결과가 된다.

(3) 판례

선박건조계약의 법적 성질에 대한 직접적인 판례는 없지만, 제작물공급계약의 법적 성질에 관한 판례는 대체물인 경우에는 매매에 관한 규정이 적용되고, 부대체물인 경우에는 당해 물건의 공급과 함께 그 제작이 계약의 주목적이 되어 도급의 성질을 띠게 된다고 한다. 즉 "당사자의 일방이 상대방의 주문에 따라 자기 소유의 재료를 사용하여 만든 물건을 공급하기로 하고 상대방이 대가를 지급하기로 약정하는 이른바 제작물공급계약은 그 제작의 측면에서는 도급의 성질이 있고 공급의 측면에서는 매매의 성질이 있어 대체로 매매와 도

10) 김형배, 「채권각론」(박영사, 1997), 642면; 김현태, 「채권법각론」(일조각, 1969), 234면.
11) 이은영, 전게 「채권각론」, 511면.
12) 곽윤직, 전게 「채권각론」, 252면; 김주수, 「채권각론」(삼영사, 1997), 381면; 이태재, 「채권법각론」(진명문화사, 1985), 297면.
13) 국내에서는 대체물과 부대체물로 나누어 전자는 매매로, 후자는 도급으로 보는 것에 비해, 영국계약법상에서는 선박은 하나의 물품으로 취급하므로 선박 건조계약은 선박소유자와 조선소 사이의 선박의 건조에 관한 합의에 의하여 성립하는 이른바 물품매매계약으로 보아 매매계약을 취한다고 한다(정선철, "영국법상 선박 건조계약에 대한 고찰", 해사법연구, 2005. 3, 42면).

급의 성질을 함께 가지고 있으므로, 그 적용 법률은 계약에 의하여 제작 공급하여야 할 물건이 대체물인 경우에는 매매에 관한 규정이 적용되지만, 물건이 특정의 주문자의 수요를 만족시키기 위한 부대체물인 경우에는 당해 물건의 공급과 함께 그 제작이 계약의 주목적이 되어 도급의 성질을 띠게 된다"고 하여 부대체물의 경우에는 도급계약의 성질을 띤다고 판시하고 있다.[14)]

(4) 소결

선박건조계약은 수급인이 재료를 조달하는 부대체물의 제작물공급계약이므로 도급설과 분류설은 차이가 없게 된다. 선박건조계약의 법적 성질과 관련하여 학설의 대립은 도급계약설과 혼합계약설로 대별된다. 양설의 차이는 「민법」 제580조와 제667조의 어느 규정을 적용하느냐에 따라서 차이가 있게 된다. 혼합계약설은 원칙적으로 제580조를 적용하게 되지만, 도급계약설은 제667조를 적용하게 된다.[15)]

선박의 건조계약은 제작물 공급계약에 해당되지만, 「민법」이나 다른 특별법에서도 아무런 규정이 없다. 물론 선박건조계약도 계약이므로 당사자자치의 원칙이 지배하는 영역이고, 따라서 당사자간의 명시든 묵시든 특약이 있으면 이에 따라야 한다. 다만 당사자간의 아무런 특약이 없으면 결국은 법률행위 해석의 문제로 귀결된다. 법률행위 해석의 첫 번째 기준은 당사자가 기도한 목적이 무엇인지를 밝혀내는 것이다. 그렇다면 선박건조계약에서 당사자가 기

14) 대판 2006. 10. 13, 2004다21862; 이외에도 동지의 판례로서는 대판 1987. 7. 21, 86다카2446; 대판 1999. 1. 29, 98다1584; 대판 1996. 6. 28, 94다42976; 대판 1993. 11. 23, 92다38980; 대판 1987. 7. 21, 86다카2446 등.

15) 결국 양설의 차이는 하자담보책임에서 하자보수청구권이 적용유무이다. 도급계약설은 이를 인정하지만, 혼합계약설은 그렇지 않다.
「민법」 제580조 [매도인의 하자담보책임] ① 매매의 목적물에 하자 있는 때에는 제575조 제1항의 규정을 준용한다. 그러나 매수인이 하자있는 것을 알았거나 과실로 인하여 이를 알지 못한 때에는 그러하지 아니하다. 「민법」 제575조 제1항 [제한물권있는 경우와 매도인의 하자담보책임] ① 매매의 목적물이 지상권, 지역권, 전세권, 질권, 또는 유치권의 목적이 된 경우에 매수인이 이를 알지 못한 때에는 이로 인하여 계약의 목적을 달성할 수 없는 경우에 한하여 매수인은 계약을 해제할 수 있다. 기타의 경우에는 손해배상만을 청구할 수 있다. 「민법」 제667조[수급인의 하자담보책임] ① 완성된 목적물 또는 완성전의 성취된 부분에 하자가 있는 때에는 도급인은 수급인에 대하여 상당한 기간을 정하여 그 하자의 보수를 청구할 수 있다. 그러나 하자가 중요하지 아니한 경우에 그 보수에 과다한 비용을 요할 때에는 그러하지 아니하다.

도한 목적은 무엇일까. 신조선 계약의 실무 및 관행에 따르면 건조자는 주문자의 요구에 따라 당해 선박을 건조하고 그 건조대금을 받는 것이 주된 목적이며, 주문자는 주문한대로 건조된 선박에 대한 대금을 지급하고 당해 선박의 소유권을 취득함에 그 주된 목적이 있다. 그렇다면 선박건조계약은 전형적인 도급계약으로 봐야 할 것이다. 판례 또한 부대체물인 경우는 순수한 도급계약으로 보고 있다.

물론 도급계약은 일의 완성에 대한 보수지급이지만, 보수에 관해서는 약정이나 관습이 있으면 그에 의하므로(「민법」 제665조 제2항), 반드시 일의 완성과 보수지급이 동시이행관계에 있어야 하는 것은 아니다. 선박건조 계약의 실무에서도 보수지급은 주로 계약체결시, 선체완성시, 선박진수시로 나뉘어 각각 지급하는 것이 관례이므로 보수지급을 분급한다고 하더라도 이것이 도급계약의 본질에 어긋나는 것은 아니다.

한편 도급계약에 의하여 수급인에게 소유권이전의무가 발생한다고 보는 것은 도급계약의 본질을 제대로 파악하지 못한 결과라는 점과 관련하여, 수급인은 일의 완성의무 뿐만 아니라 완성한 일을 도급인에게 인도할 의무가 있다는 것에는 이설이 없다. 다만 경우에 따라서는 목적물의 소유권 이전의무도 부담하는 경우가 있을 수 있는데, 이 때의 소유권이전의무는 매매의 규정에 따를 필요는 없고 도급계약의 내용으로서도 이런 의무를 인정할 수 있을 것이다.[16)] 여기서 소유권 이전의무가 발생하는 경우는 제작물의 소유권이 수급인에게 귀속되는 예외적인 경우, 즉 수급인이 재료를 조달하는 부대체물의 제작물공급계약의 경우이다. 그런데 선박건조계약의 경우는 명시적인 계약으로 혹은 묵시적으로도 선박의 소유권은 도급인에게 귀속되는 것이 일반적인 거래 관행이다. 따라서 현실적으로 선박소유권이 수급인에게 소유권보존등기가 된 상태에서 도급인에게로 이전하는 경우는 거의 발생하지 않는다고 할 수 있다.

16) 동지; 곽윤직, 전게 「채권각론」, 253면.

Ⅲ. 건조중인 선박의 소유권귀속

1. 서설

건조중인 선박의 소유권에 관하여 건조계약에서 이를 명시한 경우에는 문제가 생기지 않지만, 소유권의 귀속 및 그 이전시기에 관하여 명시하지 않은 경우에는 건조계약의 법적 성질과 관련하여 고찰하지 않으면 안된다.

전술한 바와 같이 선박건조계약을 도급계약으로 보더라도 건조중인 선박의 소유권을 누가 갖는지에 대해서는 견해의 대립이 있을 수 있다. 먼저 도급계약에서 완성물의 소유권 귀속에 관한 「민법」상의 일반론을 전개한 다음 건조중인 선박의 소유권 귀속에 관한 내용을 살펴보고자 한다.

2. 도급계약상 완성물의 소유권귀속

(1) 학설

1) 수급인 귀속설

도급인이 재료의 전부 또는 주요부분을 공급하는 경우에는 완성된 물건의 소유권은 동산이든 부동산이든 모두 원시적으로 도급인에게 귀속하며, 가공에 관한 규정(「민법」 제259조)은 그 적용이 없다는 데에 이설은 없다. 그런데 이 학설은 수급인이 재료의 전부 또는 주요부분을 제공한 경우에 완성물의 소유권은 동산이든 부동산이든 관계없이 언제나 수급인에게 원시적으로 귀속한다고 보는 견해이다[17]. 다만 수급인이 취득한 완성물의 소유권은 동산이든 부동산이든 인도만에 의하여 도급인에게 이전한다고 한다.

17) 김기선, 「한국채권법각론」(법문사, 1982), 243면; 김현태, 전게 「채권법각론」, 235면; 이태재, 전게서, 295면.

2) 도급인 귀속설

도급건축물의 소유권은 누가 재료를 제공하는가를 묻지 않고 도급인에게 원시적으로 귀속한다는 견해이다.[18] 그 근거[19]로서는 첫째, 수급인 귀속설에 의하면 물권변동의 이론상 완성된 건물의 보존등기는 수급인명의로 하고 이를 도급인에게 이전하여야 한다는 결과가 되지만, 거래의 실정은 이러한 경로를 밟지 않고 바로 도급인 앞으로 보존등기를 한다는 점이고, 일반적으로 완성된 건물은 도급인의 것이라고 생각하는 것이 거래관념이라는 점이다. 둘째, 도급계약의 특성은 도급인을 위하여 일의 완성을 한다는 데에 있으며, 수급인의 관심은 오로지 보수를 받는데 있지 완성물의 소유권을 취득하는데 있지는 않다는 것이다. 수급인의 보수청구권의 확보는 유치권, 동시이행의 항변권, 저당권설정[20] 등으로 달성되며, 당해 완성물의 소유권을 취득시킬 필요까지는 없다는 점이다. 셋째, 수급인 귀속설은 수급인에게서 도급인에게 소유권이전이 인도만으로 가능하다고 하는데, 이는 부동산물권변동에서 등기를 요하는 물권변동이론에 어긋나며, 거래의 안전을 해치는 결과가 된다.

(2) 판례

종래 판례는 당사자의 합의가 없는 경우에 수급인을 건물소유자로 본다고 하여 수급인귀속설을 취하였다.[21] 그러나 "소유권의 귀속을 가리려면 도급인과 수급인의 약정내용을 살펴보아야 하고, 도급계약이란 사실만으로 그 소유

18) 건조중인 선박에 대한 소유권 귀속에 관한 국내 학설은 없지만, 일반론으로서 도급건축물의 소유권은 누가 재료를 제공하는가를 묻지 않고 도급인에게 원시적으로 귀속한다는 견해이다(곽윤직, 전게 「채권각론」, 257면; 김주수, 전게 「채권각론」, 390면; 김형배, 전게 「채권각론」, 602면; 황적인, 「현대민법론 Ⅳ」(박영사, 1987), 319면; 이은영, 전게 「채권각론」, 534면 등).

19) 곽윤직, 전게 「채권각론」, 256~257면.

20) 「민법」 제666조 [수급인의 목적부동산에 대한 저당권설정청구권] 부동산공사의 수급인은 전조의 보수에 관한 채권을 담보하기 위하여 그 부동산을 목적으로 한 저당권의 설정을 청구할 수 있다고 규정하여, 수급인에게 보수채권의 담보목적으로 저당권설정 청구권을 인정하고 있는데, 이 규정은 다분히 도급인에게 소유권이 있다는 것을 전제로 한 규정이라고 해석할 수 있다. 이 경우 건조자는 선박소유자의 동의를 얻어 선박소유자를 물상보증인으로 하는 저당권을 설정할 수 있고 이로써 선박건조대금채권을 확보할 수 있게 된다.

21) 대판 1963. 1. 17, 62다743; 대판 1972. 2. 29, 71다2541, 2542; 대판 1980. 7. 8, 80다1014; 대판 1988. 12. 27, 87다카1138, 1139; 대판 1992. 3. 27, 91다34790 등.

권이 수급인에게 귀속한다고 할 수 없다"고 판시[22]한 이후 도급인 귀속설을 인정한 판례가 많이 등장하고 있다.[23] 즉 "일반적으로 자기의 노력과 재료를 들여 건물을 건축한 사람은 그 건물의 소유권을 원시취득하고, 다만 도급계약에 있어서는 수급인이 자기의 노력과 재료를 들여 건물을 완성하더라도 도급인과 수급인 사이에 도급인 명의로 건축허가를 받아 소유권보존등기를 하기로 하는 등 완성된 건물의 소유권을 도급인에게 귀속시키기로 합의한 것으로 보여질 경우에는 그 건물의 소유권은 도급인에게 원시적으로 귀속된다"고 한다. 이 사례에서 "다가구용 단독주택의 신축공사 도급계약을 체결함에 있어 공사대금은 평당 금 1,500,000원으로 하되 계약 당일에 계약금 금 3,000,000원을, 공사착수일에 금 15,000,000원을 각 지급하고 나머지 공사대금은 공사완료 후 도급인이 주택의 각 가구를 전세 놓아 그 전세금으로 지급키로 약정하고 주택의 신축공사에 있어서 그 건축허가의 명의도 도급인으로 되어 있는 경우, 도급인과 수급인 사이에는 공사 도급계약 당시부터 완성된 건축물의 소유권을 원시적으로 도급인에게 귀속시키기로 하는 묵시적 합의가 있었다"고 판시하였다.

3. 건조중인 선박의 소유권귀속

(1) 학설

1) 주문자가 소유권자라는 견해

선박건조용 재료의 제공자가 누구냐를 묻지 않고 주문자가 소유권을 갖는다고 하는 이 견해는 「민법」 제666조(도급계약)와 「상법」 제58조(상사유치권)를 근거로 하고 있다. 즉 「민법」 제664조는 "도급은 당사자일방이 어느 일을 완성할 것을 약정하고 상대방이 그 일의 결과에 대하여 보수를 지급할 것을

22) 대판 1985. 5. 28, 84다카2234.

23) 대판 1996. 9. 20, 96다24804; 동지의 판례로서는 대판 2005. 11. 25, 2004다36352; 대판 1994. 12. 19, 94마2089 등.

약정함으로써 그 효력이 생긴다"고 규정하고 있고, 또한 「상법」 제58조는 "상인간의 상행위로 인한 채권이 변제기에 있는 때에는 채권자는 변제를 받을 때까지 그 채무자에 대한 상행위로 인하여 자기가 점유하고 있는 채무자소유의 물건 또는 유가증권을 유치할 수 있다"고 규정하고 있다. 선박의 건조자 및 수선자에게는 상사유치권이 인정된다. 설령 상사유치권이 인정되지 않는 경우라 하더라도 "타인의 물건 또는 유가증권을 점유한 자는 그 물건이나 유가증권에 관하여 생긴 채권이 변제기에 있는 경우에는 변제를 받을 때까지 그 물건 또는 유가증권을 유치할 권리가 있다(「민법」 제320조)"고 하는 「민법」상의 법정담보물권인 유치권은 당연히 성립한다.

이와 같이 유치권은 타인의 물건을 점유하고 있는 자에게 부여하는 권리이기 때문에 「상법」이 건조자에게 유치권을 부여하는 것은 건조중인 선박의 소유권이 주문자에게 있다는 것을 의미한다고 해석한다.

그러나 일률적으로 주문자에게 소유권을 인정하는 것은 건조자가 조선재료를 제공한 경우에 주문자가 파산하면 건조중인 선박은 파산재단에 귀속하게 되므로 건조자 보호에 미흡하다는 비판이 제기된다.[24]

2) 건조자가 소유권자라는 견해

건조중인 선박에 대한 저당권은 주문자가 발주하여 건조중인 선박을 담보로 금융기관 등으로부터 융자를 얻기 위한 수단으로 이용되는 것을 목적으로 입법된 것이지만, 건조계약의 내용은 주문자가 건조중인 선박의 소유권을 순차로 취득하는 형태는 아니고, 건조자가 그 소유권을 원시취득한다고 한다.[25] 그리고 완성후에 주문자에게 당해 선박을 인도하는 것이라고 한다.

3) 건조재료 제공자를 기준으로 소유권자를 판단하자는 견해

우리 계약법 규정에 비추어 본다면 선박용 건조재료를 누가 제공했는지와

24) 물론 이 경우 건조자는 유치권을 행사하여 보호받을 수 있는 측면이 있기는 하지만, 유치권자에게는 경매청구권은 있으나, 우선변제력이 없다. 다만 우리법제상으로는 유치권자에게 사실상의 우선변제력이 있는 것이나 다름이 없지만, 입법례를 보면 유치권자에게 이런 사실상의 우선변제력을 인정하지 않는 입법례도 있으므로 건조자 보호에는 미흡하다고 볼 수 있다.

25) 加藤一郎 外, 「擔保法大系」 第3卷, 社團法人 金融財政事情研究會, 1985, 82面.

무관하게 건조계약은 도급계약으로 볼 수 있겠지만 우리 법은 건조중인 선박에 대한 소유권의 귀속에 관해서는 아무런 규정이 없다. 따라서 건조재료의 제공자를 기준으로 판단해야 한다는 것이 이 견해의 주장이다. 즉 건조자가 건조재료를 공급한 경우 건조중인 선박의 소유권은 건조자에게 귀속하고, 주문자가 건조재료를 제공한 경우에는 가공물의 가치가 재료의 가치를 상회하는 경우에는 가공물의 소유권은 건조자에게 있고, 가공물의 가치가 재료의 가치를 하회하는 경우에 그 소유권은 주문자에게 있다고 하는 견해이다.

그러나 이 견해는 순수 이론상으로는 가능하겠지만, 선박건조계약의 현실 및 도급계약에 따라 소유권을 도급인에게 귀속시키려는 당사자의 의사에도 부합하지 않는다고 생각된다.

또한 주문자가 재료를 제공한 경우 가공가치와 재료의 가치를 비교하면서 소유권을 결정한다면 가공가치가 재료의 가치를 상회하는 때에는 건조자에게 있고, 하회하는 때에는 주문자에게 있다고 하여 소유권자가 변동할 가능성이 있고, 또한 가공가치와 재료의 가치가 일치하는 때에는 소유권자가 불명확하게 될 염려가 있다.

(2) 판례

건조중인 선박의 소유권 귀속에 관한 판례는 없지만, 건물신축도급계약에서 신축건물의 소유권을 도급인에게 귀속시키기로 합의한 경우, 그 건물의 소유권이 도급인에게 원시적으로 귀속된다는 판례가 있다. 즉 "신축건물의 소유권을 원칙상 자기의 노력과 재료를 들여 이를 건축한 사람이 원시취득하는 것임은 물론이나, 건물신축도급계약에 있어서는 수급인이 자기의 노력과 재료를 들여 건물을 완성하더라도 도급인과 수급인 사이에 도급인 명의로 건축허가를 받아 소유권보존등기를 하기로 하는 등 완성된 건물의 소유권을 도급인에게 귀속시키기로 합의한 경우에는 그 건물의 소유권은 도급인에게 원시적으로 귀속된다"고 판시하고 있다.[26]

26) 대판 2005. 11. 25, 2004다36352; 이외에도 동지의 판례로서는 대판 2003. 12. 18, 98다43601; 대판 1997. 5. 30, 97다8601.

(3) 소결

도급계약에 있어서 소유권귀속에 관한 이론은 당사자간에 다른 특약이 없는 경우에 적용되는 것이며, 특약이 있으면 그 특약에 따라서 소유권관계가 결정된다는 데에 대해서는 학설 및 판례가 일치하고 있다. 따라서 수급인이 재료의 전부를 제공한 경우라도 완성된 목적물의 소유권을 원시적으로 도급인에게 귀속하는 것을 특약으로 정할 수 있다. 이러한 특약은 묵시적인 것이라도 상관없다. 이러한 묵시적인 특약을 추인하는데 중요한 요소 중의 하나가 보수를 어떻게 지급하느냐의 문제이다.

선박건조계약의 경우 계약체결시, 선체완성시, 진수시, 인도시에 보수를 일부씩 지급하는 것이 관례이며, 일의 완성전에 보수의 전부를 지급하지는 않더라도 상당부분이 지급되는 것이 보통이다. 이와 같이 보수의 상당부분이 지급되는 경우에도 완성된 목적물의 소유권을 수급인에게 귀속시킬 수는 없을 것이다. 판례도 이러한 경우에는 완성된 목적물의 소유권을 원시적으로 도급인에게 귀속시키기로 하는 묵시적 합의가 있는 것으로 판시하고 있다.[27]

일의 완성시점에 보수전액을 지급하는 경우라면 수급인 귀속설이 일응 타당해 보이지만, 이러한 경우는 선박건조계약의 경우에는 찾아보기 어려운 현실이다. 따라서 건조중인 선박의 소유권 귀속관계는 도급인 귀속설이 타당하다고 본다.[28] 선박건조계약의 특성은 주문자를 위하여 당해 선박을 건조하는데 있고, 수급인의 관심사는 보수를 받는데 있다고 본다면, 수급인에게 보수청구권을 확보해 주면 되는 것이지 굳이 소유권을 취득시킬 필요는 없다고 본다.

수급인의 보수청구권의 확보는 건조자와 주문자와의 관계에서는 동시이행의 항변권, 유치권, 저당권으로, 제3자와의 관계에서는 유치권이나 저당권을 통해 보수청구권을 확보할 수 있다.

결론적으로 건조중인 선박의 경우 건조자가 자기의 재료로써 건조하는 경우에도 특별한 사정이 없는 한 당해 건조중인 선박의 소유권은 주문자에게 귀

27) 대판 1994. 12. 19, 94마2089.
28) 동지; 김성균, "건조중인 선박의 저당권 등기 제도에 대한 연구 -금융 및 세무를 중심으로-", 중앙법학 제9집 제2호, 2007. 8, 959면.

속시킨다는 묵시적 합의가 있는 것으로 해석하는 것이 타당하다고 본다.

4. 건조중인 선박의 소유권 이전시기

건조중인 선박의 소유권 이전의 문제는 건조자에게 귀속된 소유권이 주문자에게로 이전하는 경우를 말하며, 이것이 문제되는 경우는 소유권이 건조자에게 있는 다음의 두 가지의 경우이다. 즉 당사자간의 약정으로 소유권이 건조자에게 있는 경우와 건조재료의 제공자를 기준으로 판단하는 경우 그 제공자가 건조자인 때에는 건조중인 선박의 소유권은 건조자에게 있으므로 소유권의 이전의 문제가 발생한다.

물론 건조중인 선박의 소유권 이전시기는 법률에 규정이 있거나 당사자간의 약정이 있으면 그에 따른다. 이 소유권의 이전문제는 첫째, 건조중인 선박을 담보로 융자를 받고자 하는 경우와 둘째, 위험부담의 문제를 둘러싸고 양당사자간에 중요한 사안이 된다. 건조중인 선박의 소유권 이전문제는 선박건조계약의 법적 성질이 그 전제가 된다.

(1) 학설

1) 매매계약설－인도시설(引渡時說)

건조계약의 법적 성질을 매매로 본다면, 동산물권변동은 소유권이전합의를 전제로 당해 동산을 인도한 때에 소유권은 이전한다. 선박도 마찬가지이다. 다만 선박의 경우 그 소유권은 등기를 함으로써 제3자에게 대항할 수 있다고 규정하고 있을 뿐이다. 물론 인도에는 현실의 인도뿐만이 아니라 간이인도, 점유개정도 포함된다.

2) 도급계약설

건조계약의 법적 성질을 도급계약으로 보는 경우, 재료의 제공자를 불문하고 소유권은 주문자에게 있다고 하지만, 건조용 재료를 건조자가 직접 제공한 경우에 처음부터 소유권을 주문자에게 부여하는 것은 건조자에게 너무 가혹하다는 비판이 제기된다. 따라서 건조재료의 제공자가 건조자인 때에는 건조중인 선박의 소유권은 건조자에게 있으므로 소유권의 이전의 문제가 생길 수 있다. 그 소유권은 건조대금이 분할지급되는 경우에 단계적으로 주문자가 소유권을 취득하는가, 그렇지 않으면 선박의 제조가 완료되어 선박의 인도가 이루어진 때에 주문자가 소유권을 취득하는지 해석이 나뉠 수 있다.

또한 건조재료를 주문자가 제공한 경우 선박의 소유권은 가공가치와 재료의 가치를 비교하여 결정해야 하지만, 이 경우 건조자로부터 주문자에게로 소유권의 이전은 재료의 가치가 가공의 가치를 상회하는 시점에서 이루어진다고 말할 수 있을 것이다.

(2) 소결

건조중인 선박의 소유권이전 시기와 관련하여 전술한 도급계약설에 따르면 처음부터 소유권은 원시적으로 주문자에게 있다고 해석한다. 물론 도급계약설에 따른다고 하더라도 이론상으로는 극히 예외적으로 건조재료를 전적으로 건조자가 제공하고, 건조대금도 일의 완성과 동시이행하는 경우에는 건조중인 선박의 소유권은 건조자에게 있다고 할 것이므로 소유권의 이전의 문제가 생길 수 있다. 물론 이 경우 선박의 건조가 완료되어 선박의 인도가 이루어진 때에 주문자가 소유권을 취득한다고 할 것이다. 또한 건조재료를 주문자가 제공한 경우 선박의 소유권은 가공가치와 재료의 가치를 비교하여 건조자로부터 주문자에게로 소유권의 이전은 재료의 가치가 가공의 가치를 상회하는 시점에서 이루어진다고 말할 수 있을 것이다. 이론적으로는 가능한 해석이지만, 현실적으로는 주문자가 선박건조 재료를 제공하는 경우는 드문 현상이고, 건조대금도 분할지급하는 것이 관례인 점을 고려한다면, 건조중인 선박의 소유권은 특약이 있으면 특약에 의할 것이지만, 특약이 없는 경우 해석상 소유권은 처음부터 주문자에게 있다고 봐야 할 것이므로 건조자에게 소유권이 있음을 전제로 건조자로부터 주문자에게로의 소유권이전의 문제가 발생할 가능성은 매우 희박하다고 본다.

건조중인 선박의 소유권을 원시적으로 주문자에게 있다고 해석하는 것이 주문자 측면에서는 건조중인 선박을 대상으로 담보권을 설정하기에 용이할 것이다.

5. 건조중인 선박의 위험부담의 문제

쌍무계약의 한쪽의 채무가 책임없는 사유로 이행불능이 되어 소멸한 경우 그에 상응하는 다른 쪽의 채무도 소멸하는지가 위험부담의 문제인데, 우리 「민법」은 채무자주의를 채택하고 있다(「민법」 제537조, 제538조).

쌍방 당사자에게 책임 없는 사유로 완성된 또는 일부 이루어진 목적물이 멸실한 때에는 그 손실은 수급인(건조자)이 부담하는 것이 되어 지출한 비용은 물론이고 보수도 청구하지 못하며(「민법」 제537조), 이미 받은 것이 있으면 도급인(주문자)에게 반환하여야 한다. 만일 건조자가 보관하는 주문자의 소유물이 멸실, 훼손되었다면 수급인은 그에 대한 책임이 없다고 해야 한다[29].

주의해야 할 것은 위험부담은 언제나 건조자에게 있는 것이 아니라, 주문자의 수령지체 중에 이행불능으로 된 경우에는 위험부담은 주문자에게로 이전하여 건조자는 보수청구권을 잃지 않는다는 점이다(「민법」 제538조 제1항).

다만 건조자의 귀책사유로 이행불능이 된 경우에는 채무불이행의 문제로 해결하면 되므로 위험부담의 문제는 아니다.

Ⅳ. 건조중인 선박에 대한 저당권

1. 서설

등기된 선박은 비록 동산이기는 하지만 법률상 부동산으로 취급되므로 소

29) 곽윤직, 전게 「채권각론」, 264면.

유권은 물론 저당권과 임차권의 설정·보존·이전·변경·처분의 제한 또는 소멸 등기가 가능하다(「선박등기법」 제3조).[30] 선박의 저당권은 그 속구에 미치며, 선박의 저당권에는 「민법」의 저당권에 관한 규정이 준용된다(「상법」 제787조 제2항, 제3항). 따라서 등기된 선박에 대한 저당권의 설정 등에 관해서는 부동산에 대한 저당권의 경우와 거의 동일하다고 할 수 있다. 그런데 건조중인 선박은 아직 항행의 용도와 능력을 갖추지 못한 상태이므로 선박이라고 할 수 없음에도 불구하고 우리 「상법」은 해상기업의 건전한 발전을 위하여 기업자금의 원활한 조달이 가능하도록 건조중인 선박에도 저당권을 설정할 수 있다고 규정하고 있다(동법 제790조).

건조중인 선박에 대한 저당권은 당해 선박의 완성을 정지조건으로 건조중인 선박에 대한 저당권을 설정할 수 있다는 것이 아니라, 건조중인 선박 그 자체를 대상으로 하여 저당권이 설정되고 그 선박이 완성된 때에도 저당권의 동일성이 유지되는 것을 의미한다.

이와 같이 건조중인 선박을 대상으로 저당권을 설정하는 것이 법률상 가능하다고 하더라도 다음과 같은 문제점이 발생할 수 있다. 즉, 첫째, 누가 저당권을 설정할 수 있는 권리자인가, 그리고 선박소유자 이외의 자가 저당권을 설정할 수 있는가, 둘째, 건조중인 선박은 그 구성요소가 고정되어 있지 않고, 건조단계에 따라 그 구성요소가 증대하므로 저당권의 효력이 미치는 범위가 어디까지인지가 문제된다. 이하에서는 건조중인 선박 등기에 관한 국제협약의 내용을 살펴보고, 국내에서의 건조중인 선박에 대한 저당권설정등기 절차를 살펴 본 다음 전술한 문제점들을 순차로 고찰하기로 한다.

---

30) 선박등기에 관한 현행법체계는 상위법으로써 「선박법」이 있고, 동법에서 선박의 등기에 관하여 따로 법률로 정하도록 규정하고 있다(동법 제8조 제4항). 이를 근거로 제정된 「선박등기법」은 목적, 적용범위, 등기할 사항, 관할등기소, 준용규정 등 6개 조문을 두고 있을 뿐, 그 시행에 관한 필요한 사항은 대법원규칙에 위임하고 있다. 이 위임규정에 의해 제정된 것이 선박등기규칙이다.

2. 건조중인 선박등기에 관한 국제협약

(1) 의의

우리「상법」제790조는 금융의 편의와 채권자의 보호를 위하여 건조중인 선박에 대하여도 저당권의 설정을 인정하고 있다. 이 경우는 건조중이므로 선박의 소유권 보존등기는 불가능하지만 저당권의 등기는 할 수 있게 하고 있다. 따라서 선박이 완성되면 선박저당권의 등기의무자가 선박소유권의 보존등기를 하고 그 등기용지에 선박저당권의 등기를 주말하는 형식을 취하고 있다.

1967년 브뤼셀에서 개최된 해사법 외교회의에서는 국제적인 법률문제의 처리를 위하여 건조중인 선박에 대한 제 권리의 등기에 관한 협약을 성립시킨 바 있다.[31] 이하에서는 그 주요내용을 살펴보고자 한다.

(2) 협약의 내용

1) 목적

이 협약은 체약국의 영토 내에서 건조 중이거나 건조할 예정인 선박에 관해 동 협약 제5조에서 설정된 권리에 대한 등기제도에 체약국들이 동 협약의 일정한 내용을 반영하도록 하는 것에 그 주된 목적이 있다(제1조).

2) 이중등기의 방지

체약국 내에서 건조중이거나 건조예정인 선박에 관한 등기는 다른 국가에서는 등기할 수는 없다(제3조). 또한 건조중인 선박이 완성되어 다른 국가에서 선박등기를 하고자 하는 경우 건조중인 국가에 등기된 각 등기가 말소되었거나 다른 나라에서 등기를 하는 일자에 말소될 것이라는 증명서가 첨부되는 경우에 한하여 가능하도록 하고 있다(제10조).

31) http://www.admiraltylawguide.com/conven/construction1967.html, 협약 전문에 대한 내용 참조.

3) 건조중인 선박의 등기시점

건조중이거나 건조예정인 선박의 등기는 적절하게 특정된 선박의 건조를 위한 계약이 체결되었거나 건조자가 스스로의 계산으로 선박을 건조할 것을 결정한 때로부터 가능하다고 하여 건조에 착수한 것만이 아니라 건조가 예정된 선박에도 등기가 가능하다고 명시하였다. 그러나 국내법이 용골이 설치되거나 이와 동등한 건조작업이 행해진 시점을 등기시점으로 하는 것을 허용한다(제4조).[32]

4) 등기의 대상

건조중이거나 건조예정인 선박에는 신청에 따라 소유권, 저당권이 등기부에 기입된다(제5조).[33]

5) 등기의 효력

건조중인 선박에 대한 등기된 권리는 선박에 부착될 예정인 재료, 기계 및 장비로서 건조자의 건조장소 내에 위치하고 건조중인 선박에 부착될 예정임을 표시하는 표지가 있는 것에도 미친다(제8조).[34] 다만 제5조의 권리는 각국 국내법에 따라 등기했다면 각국 국내법상 취득한 우선권은 다른 국가에서도 인정하도록 하고 있다(제9조).

32) Article 4: Registration of rights in respect of a vessel which is to be or is being constructed shall be permitted when a contract for the building of a properly specified vessel has been executed or the builder declares that he has decided to build such a vessel for his own account. However, the national law may make it a condition for registration that the keel has been laid or equivalent constructional work has been performed in the place of launching

33) Article 5: Titles to and mortgages and "hypothèques" on a vessel which is to be or is being constructed shall, on application, be entered in the register.
여기서 hypothèques(저당권, 비점유질)는 로마법에서 전해진 것으로서 점유를 옮기지 않거나 또는 채권자에게 임의의 매각권을 인정하지 않는 담보제도를 의미한다. 영국에서 전통적인 용어로서는 특히 선박저당을 의미할 때도 있다.

34) Article 8: The national law may provide that the registered rights on a vessel under construction shall attach to materials, machinery and equipment which are within the precincts of the builder's yard and which by marking or other means are distinctly identified as intended to be incorporated in the vessel.

6) 우선순위

한편으로는 건조중인 선박에 설정된 저당권사이의 우선순위와, 다른 한편으로는 건조중인 선박에 대한 우선특권(lien)과 소유권유보 사이의 우선순위는 선박등기가 완료된 후 적용될 규칙에 따라야 한다(제7조).

(3) 동 협약과 우리 「상법」의 비교

건조중인 선박에 대한 우리 「상법」은 하나의 규정만을 두고 있지만, 전술한 협약에서는 보다 상세한 규정을 두고 있다. 특히 다음의 세 가지 측면에서는 해석상 논란이 될 수 있는 부분을 명문으로 규정했다는 측면에서 시사하는 바가 크다고 생각한다.

첫째, 건조중인 선박의 등기시점이다. 우리 「상법」은 이에 대해 아무런 규정이 없지만, 동협약에서는 건조중인 선박의 등기는 선박의 건조를 위한 계약이 체결되었거나 건조자가 스스로의 계산으로 선박을 건조할 것을 결정한 때로부터 가능하다고 하여 등기시점을 명시하고 있다.

둘째, 건조중인 선박을 대상으로 어디까지 등기할 수 있는지와 관련하여 우리 「상법」은 저당권설정등기에 한하지만, 동 협약에서는 소유권에 대한 등기도 가능하게 했다는 점이다.

셋째, 건조중인 선박에 대한 등기의 효력, 즉 이에 대한 저당권설정시에는 없었지만 그 이후에 부착된 속구에도 저당권의 효력이 미치는지와 관련하여 우리 「상법」은 아무런 규정이 없으므로 해석상 논란이 될 수 있지만, 동 협약에서는 이들 속구에도 미친다고 규정하고 있다.

3. 건조중인 선박에 대한 저당권설정 등기절차

(1) 관할등기소 및 기재사항

건조중인 선박에 관한 저당권의 등기는 조선지를 관할하는 등기소에 신청하여야 한다(선박등기규칙 제23조). 그리고 건조중에 저당권의 등기가 있는 선박에 관한 소유권보존등기는 저당권의 등기를 한 등기소에 이를 하여야 한다(동 규칙 제24조 제1항).

건조중인 선박에 저당권등기신청을 하는 경우에는 신청서에 다음의 사항을 기재하고 신청인이 이에 기명날인하여야 한다(동 규칙 제23조 제2항).

① 선박의 종류와 선질
② 용골의 길이, 다만, 선박에 용골을 설치하지 않은 경우에는 선박의 길이를 적는다.
③ 계획의 폭과 깊이
④ 계획의 총톤수
⑤ 건조지
⑥ 조선자의 성명, 주소(조선자가 법인인 때는 그 상호 또는 명칭 및 본점 또는 주된 사무소를 말한다)
⑦ 「부동산등기규칙」 제43조 제1항 제2호부터 제6호까지, 제8호 및 제9호에서 정하고 있는 사항[35]
⑧ 등록면허세액

(2) 첨부서면

신청서의 일반적 첨부서면은 부동산저당권설정등기의 경우와 동일하다. 다

35) 부동산등기규칙 제43조(신청정보의 내용) ① 등기를 신청하는 경우에는 다음 각 호의 사항을 신청정보의 내용으로 등기소에 제공하여야 한다.
1. 다음 각 목의 구분에 따른 부동산의 표시에 관한 사항
2. 신청인의 성명(또는 명칭), 주소(또는 사무소 소재지) 및 주민등록번호(또는 부동산등기용등록번호)
3. 신청인이 법인인 경우에는 그 대표자의 성명과 주소
4. 대리인에 의하여 등기를 신청하는 경우에는 그 성명과 주소
5. 등기원인과 그 연월일
6. 등기의 목적
7. 등기필정보. 다만, 공동신청 또는 승소한 등기의무자의 단독신청에 의하여 권리에 관한 등기를 신청하는 경우로 한정한다.
8. 등기소의 표시
9. 신청연월일

만 선박등기규칙 제23조 제3항에서는 제2항 제1호 내지 제6호에 게기한 사항을 증명하는 조선자의 서면을 별도로 첨부하도록 규정하고 있다.

(3) 등기의 실행방법

등기부의 구성은 표제부와 갑구(甲區) 및 을구(乙區)로 구성된다. 건조중인 선박에 관하여 처음으로 저당권의 등기를 하는 때는 그 실행방법은 다음과 같다.

1) 표시란

표시란에는 제37조 제1호 내지 제6호 사항, 즉 ① 선박의 종류와 선질 ② 용골의 길이, 선박에 용골의 비치가 없는 경우에는 선박의 길이 ③ 계획의 폭과 깊이 ④ 계획의 총톤수 ⑤ 건조지 ⑥ 조선자의 성명, 주소, 조선자가 법인인 때는 그 명칭과 사무소를 기재한다(등기처리규칙 제39조). 다만 건조중인 선박에 관한 등기용지의 선박명칭란은 공란으로 둔다.

2) 갑구

갑구 사항란에는 등기의무자의 성명, 주소와 저당권의 등기신청으로 인하여 등기를 하는 취지를 기재하여야 한다(동 규칙 제39조).

3) 을구

을구 사항란에는 건조중인 선박에 대한 저당권설정등기를 한다. 부동산에 대한 저당권설정등기와 마찬가지로 접수연월일, 저당권설정원인, 채권액, 변제기, 이자, 채무자 및 채권자의 주소 등을 기재한다.

(4) 건조중의 저당권등기 있는 선박의 소유권보존등기

1) 건조중에 저당권의 등기있는 선박에 관한 소유권보존등기는 저당권의 등기를 한 등기소에 이를 하여야 한다(동 규칙 제40조 제1항). 선적항이 다른 등

기소의 관할에 속하는 때에는 지체없이 그 등기용지와 부속서류 또는 그 등본을 관할등기소에 이송하여야 한다(동 규칙 제41조).

2) 건조중의 저당권의 등기있는 선박소유권의 보존등기는 저당권의 등기를 한 등기용지에 이를 하여야 한다(동 규칙 제40조 제2항).

3) 건조중의 저당권의 등기있는 선박소유권의 보존등기를 하는 때는 등기용지 중 표시란에 기재한 전표시와 제39조의 규정에 의하여 갑구 사항란에 한 등기를 주말(朱抹)하고[36] 소유권보존등기로 인하여 말소한다는 취지를 기재하여야 한다(동 규칙 제40조 제3항).

4. 저당권설정권자

「상법」제787조 제1항에서 "등기한 선박은 저당권의 목적으로 할 수 있다"고 규정하여 원칙적으로 등기한 선박을 대상으로 저당권을 설정할 수 있다. 그런데 동법 제790조에서 "이 절의 규정은 건조중의 선박에도 준용한다"고 규정하여 건조중의 선박도 등기대상임을 명시하고 있다. 그런데 누가 저당권설정자인지에 대해서는 아무런 규정이 없고, 단지 선박저당권은 「민법」의 저당권에 관한 규정을 준용한다(「상법」 제787조 제3항)고 규정하고 있을 뿐이다. 「민법」 제356조 의하면 "저당권자는 채무자 또는 제3자가 점유를 이전하지 않고 채무의 담보로 제공한 부동산에 대하여 다른 채권자보다 자기채권의 우선변제를 받을 수 있다"고 규정하여 저당권설정자는 채무자이외에 제3자도 포함하고 있다. 따라서 건조중의 선박의 경우 선박소유자 또는 선박소유자로부터 권한을 부여받은 제3자도 선박저당권을 설정할 수 있다.

이와 같이 선박소유권자나 제3자는 건조중인 선박에 저당권을 설정할 수 있지만, 선박건조재료의 제공자가 누군지를 불문하고 주문자에게 소유권을 인정한다면 재료의 제공을 건조자가 하는 경우 건조자는 선박에 저당권을 설정하고 융자를 받기에는 불리한 상황에 처할 염려가 있다. 그러나 이 경우에도

36) 김태기, "선박등기에 관한 약간의 고찰", 법원행정처 재판자료 제44집, 1988, 604면.

소유권자인 주문자의 승낙을 얻어 당해 선박에 저당권을 설정하는 것이 가능하므로 반드시 건조자에게 불리한 경우만은 아니라고 본다.

또한 건조중인 선박의 재료를 주문자가 제공하여 선박의 소유권을 가공가치와 재료의 가치를 비교형량하여 결정하는 경우, 선박의 소유권이 건조자로부터 주문자에게로 또는 주문자로부터 건조자에게로 교대할 가능성이 있기 때문에 저당권설정자의 불확실성에 따른 저당권자의 불안을 초래할 수도 있다. 따라서 사견으로는 건조중인 선박에도 저당권설정을 가능하게 함으로써 건조자금융통을 원활하게 하려는 「상법」의 취지를 고려하여 당해 선박의 소유권자인 주문자가 저당권설정자가 되는 것이 타당하다고 보며, 또한 이렇게 함으로써 전술한 불확실성을 해소하는 방편이 되기도 한다.

5. 저당권의 효력이 미치는 범위

(1) 건조중인 선박 그 자체

건조중인 선박 그 자체에 저당권의 효력이 미치는 것은 당연하다. 그러나 건조중인 선박은 재료, 기계 및 설비 등의 합성물이고 건조중인 선박은 그 선박의 구성요소가 건조과정에 따라 증대한다. 우리 「상법」은 건조중인 선박에 저당권을 설정할 수 있다고만 규정하고 있을 뿐 저당권이 미치는 범위에 관해서는 아무런 규정이 없다. 따라서 건조중의 선박에 저당권을 설정한 경우 저당권이 미치는 효력의 범위는 저당권설정시인가, 아니면 저당권행사시인지가 문제된다.

이의 구별실익은 저당권설정시에는 없던 선박의 속구가 후에 당해 선박에 부착된 경우, 당해 속구에도 저당권의 효력이 미치는지에 그 초점이 모아진다. 물론 선박건조계약시에 당사자간의 명시의 약정이 있으면 그에 따르면 되겠지만, 아무런 약정이 없는 경우가 문제이다. 「민법」상의 일반론을 살펴보고 그 해결책을 제시해 보고자 한다.

(2) 부합물·종물

1) 부합물

「민법」상 저당권의 효력은 저당부동산에 부합된 물건과 종물에도 미친다(「민법」 제358조 본문). 따라서 목적부동산과 결합하여 거래관념상 부동산의 일부분이 되었다고 인정되는 것에도 저당권의 효력은 미친다.[37] 토지에 대한 수목[38]이나 건물에 대한 증축건물,[39] 부속건물[40] 등은 부합물의 예이고 이들에도 저당권의 효력이 미친다.

문제는 저당권의 효력이 저당권설정 당시 이미 부합하고 있는 것에 한하는지 아니면 그 후에 부합한 것에도 미치는지에 대해 통설[41] 및 판례[42]는 저당권설정 후에 부합한 경우에도 그 효력이 미친다고 한다.

2) 종물

저당권의 효력은 저당부동산의 종물에도 미친다(「민법」 제358조 본문). 종물의 의미는「민법」제100조[43]에서와 동일하다. 부합물에서와 마찬가지로 종물은 저당권설정 당시에 존재하고 있는 것은 물론이고 저당권설정 등기 후에 새롭게 생긴 것도 포함된다.

3) 예외

부합물과 종물에도 저당권의 효력이 미친다는 원칙에 대한 두 가지의 예외가 있다. 첫째, 법률에 특별한 규정이 있는 때이다(「민법」 제358조 단서). 예컨

37) 대판 2000. 10. 28, 2000마5527; 대판 1983. 11. 24, 83마469.

38) 대판 1968. 8. 23, 68마867.

39) 대판 1969. 8. 26, 69마80.

40) 대판 2002. 10. 25, 2000다63110; 대판 1986. 5. 23, 86마295.

41) 곽윤직·김재형, 「물권법」, 박영사, 2015, 443면; 김상용, 「물권법」, 법문사, 2003, 701면; 김용한, 「물권법론」(박영사, 1988), 560면; 이영준, 「물권법」, 박영사, 2009, 871면; 이은영, 「물권법」, 박영사, 2003, 763면 등.

42) 대판 1972. 10. 10, 72다1437.

43)「민법」 제100조 [주물, 종물] ① 물건의 소유자가 그 물건의 상용에 공하기 위하여 자기 소유인 다른 물건을 이에 부속하게 한 때에는 그 부속물은 종물이다.
② 종물은 주물의 처분에 따른다.

대「민법」제256조 단서에서 "타인의 권원에 의해 부속된 것"은 부합물이지만 예외적으로 저당권의 효력이 미치지 않는다. 따라서 전세권자나 부동산 임차인 등이 식재한 수목 또는 축조한 건물 기타 공작물이나 부속시킨 물건은 목적 부동산에 부합되지 않고, 부동산 사용권자인 전세권자나 임차인의 소유에 속한다고 할 것이므로 저당권의 효력이 미치지 않는다. 둘째, 설정행위에서 다른 약정을 한 때이다(「민법」 제358조 단서). 당사자는 저당권설정계약에 의하여 저당권의 효력이 부합물에 미치지 않는 것으로 할 수 있다. 다만 이 약정은 등기하여야만 제3자에게 대항할 수 있다(「부동산등기법」 제140조 제1항).

(3) 소결

건조중의 선박에 저당권을 설정한 경우 저당권 설정 당시에는 없던 속구가 그 후에 설치되었다면 저당권의 효력은 이에도 미치는 것인지에 대한 구체적인 논의는 없지만, 「민법」상의 일반론으로서 해결해 본다면, 속구에도 저당권의 효력이 미친다고 봐야 할 것이다. 물론 선박에 대한 속구[44]가 부합물인지 종물인지가 논해져야 하겠지만, 이 논제와 관련해서는 부합물이든 종물이든지 불문하고 저당권의 효력이 미치므로(「민법」 제358조) 여기서는 굳이 양자를 구별할 실익은 없다.

그리고 저당권 설정 후에 설치된 부합물이나 종물이라도 저당권의 효력이 미친다는 것이 「민법」상 통설이고 판례인 점을 감안한다면 저당권 설정 후에 설치된 속구에도 저당권의 효력이 미친다고 해석하는 것이 타당하며 이렇게 해석하는 것이 당사자의 의사에도 부합한다고 본다. 다만 법률의 규정 및 당사자간의 설정행위에 다른 약정이 없어야 함은 물론이다.

44) 선박의 속구란 나침반, 해도(海圖), 돛, 구명 기구 등을 말하며, 이들은 선박의 구성 부분이 아니라 독립한 물건이지만, 선박에서 늘 사용하는 것이므로 선박에 부속된 것으로 인정되는 물건을 말한다. 종물과 부합물의 가장 큰 차이는 종물은 법률상 주물과 구별되는 독립된 별개의 물건으로 취급되지만, 부합물의 경우에는 부합된 물건은 원 물건과의 독립성을 상실하게 되어 법률상 전체가 하나의 물건으로 취급된다는 점에 있다. 그리고 부합물이란 훼손하지 않으면 분리할 수 없거나 분리에 과다한 비용을 요하는 경우, 분리할 경우 경제적 가치가 심히 떨어지게 되는 경우 등, 사회통념상 하나의 물건으로 되는 경우를 의미한다. 따라서 나침반, 해도, 돛, 구명 기구 등 선박의 속구는 종물로 봐야 할 것이다.

V. 결 론

우리 현행법상 건조중인 선박에 대한 규정은 선박저당권의 규정을 준용한다는 규정뿐이고, 선박저당권에 대해서는 「상법」 제787조[45] 한 조문뿐이다. 건조중인 선박의 개념 및 이에 대한 등기시점은 언제로 해야 되는지에 대한 규정은 전무하다. 일반적으로는 용골이 설치된 때로부터 행 물권법 체계와는 맞지 않는 측면이 있다. 즉 물권의 객체는 물건이어야 하고 물건은 현존해야 하며, 특정되어 있어야 하기 때문이다. 따라서 현행법 체계와 부합하기 위해서는 어느 정도 특정성이 구비된 용골이 설치되거나 이것과 유사한 단계에 이르렀을 때 등기가 가능하다고 해야 할 등기가 가능하다고 해석하지만, 선박건조를 위한 자금은 용골을 설치하기 이전부터 필요하므로 주문자에게 자금융통의 편의 및 대여자의 대여자금 회수를 위한 조치를 위하여 용골설치 전이라도 건조중인 선박에 등기를 할 수 있도록 해야 할 필요성이 제기된다. 「선박법」상 선박이 아닌 건조중인 선박에 저당권을 설정할 수 있도록 배려한 「상법」 규정의 입법취지를 고려한다면 협약에서와 같이 선박건조 계약이 체결되었거나 건조자가 스스로의 계산으로 선박을 건조할 것을 결정한 때로부터 저당권 설정 등기를 할 수 있다고 해야겠지만, 형식주의를 취하고 있는 우리 현것이며, 명문의 규정을 두어 등기시점을 명확하게 할 필요가 있다.

건조중인 선박의 소유권의 귀속은 특약이 있으면 특약에 의할 것이지만, 특약이 없는 경우에는 건조중인 선박의 법적 성질과 밀접한 관련을 맺고 있다. 건조중인 선박의 법적 성질에 대해서는 견해의 대립이 있지만, 도급계약설로 보는 것이 선박건조자금 융통을 위한 담보권 설정의 편의 및 당사자의 의사에도 부합한다고 본다. 그렇다면 건조중인 선박의 소유권은 원시적으로 주문자에게 있다고 해석하는 것이 타당하다고 본다.

한편 우리 「상법」은 건조중인 선박에 저당권을 설정할 수 있다고는 하지만, 그 저당권이 미치는 범위에 관해서는 명확한 규정이 없을 뿐 아니라 이에 관

45) 「상법」 제787조 [선박저당권] ① 등기한 선박은 저당권의 목적으로 할 수 있다.
② 선박의 저당권은 그 속구에도 미친다.
③ 선박의 저당권에는 「민법」의 저당권에 관한 규정을 준용한다.

한 명확한 해석기준도 없는 실정이다. 따라서 저당권이 미치는 범위를 저당권 설정시로 볼 것인지, 아니면 저당권 행사시로 볼 것인지에 대한 문제 등이 제기될 수 있지만, 국내에서는 아직 이에 대한 논의는 찾아보기 어렵고 판례 또한 거의 없는 실정이다. 이 경우 특히 문제로 되는 것이 저당권설정 후에 부착된 속구에 대해 저당권의 효력이 미치는지가 핵심문제이지만, 「민법」의 일반이론에 따른다면 후에 부착된 속구에도 저당권의 효력이 미친다는 것이 통설 및 판례이고, 협약의 경우에도 이들에게 저당권의 효력이 미친다는 규정을 두고 있는 점을 감안한다면 후에 부착된 속구에도 저당권의 효력이 미친다고 해석해야 할 것이고, 이러한 내용의 규정을 두어 입법적으로 해결하는 것이 타당하다고 본다.

그리고 우리 「상법」은 건조중인 선박에 대하여 저당권설정은 가능하도록 하고 있지만, 소유권보존등기는 할 수 없다. 그러므로 소유권보존등기가 되어 있지 않은 상태, 즉 누가 소유권자인지가 불명한 상황이므로 법적으로는 저당권 설정이 가능하다고 하더라도 현실적으로는 그 이용도가 저조한 실정이다. 따라서 협약에서처럼 소유권 등기도 가능하게 하는 것이 저당권설정의 활성화에 기여하는 측면이라고 생각한다.

이상과 같이 건조중인 선박에 대한 법적 성질의 문제, 소유권의 귀속문제, 저당권설정시점 및 저당권이 미치는 효력의 범위 등의 문제들을 포함하여 건조중인 선박에 대한 법규정을 두는 것이 분쟁해결의 명확성 추구 및 건조자금 융통에 이바지하게 될 것이다.

해상법분야는 대부분 국제협약에 기초하고 있다. 그런데 우리나라는 해상법분야의 각종 협약에는 거의 가입하지 않고 있지만, 그 협약의 내용은 수용하는 태도를 취하고 있다. 따라서 전술한 문제점에 대한 입법론적 측면에서도 협약을 내용을 수용하여 「상법」의 개정시 반영하여야 할 것이다.

참고문헌

곽윤직·김재형, 「물권법」, 박영사, 2015.

곽윤직, 「채권각론」, 박영사, 2004.

김기선, 「한국채권법각론」, 법문사, 1982.

김상용, 「물권법」, 법문사, 2003.

김용한, 「물권법론」, 박영사, 1988.

김주수, 「채권각론」, 삼영사, 1997.

김준호, 「민법강의」, 법문사, 2009.

김현태, 「신고채권법각론」, 일조각, 1969.

김형배, 「채권각론」, 박영사, 1997.

박준서 편집대표, 「주석채권각칙(2)」, 한국사법행정학회, 1999.

법원행정처, 「법원실무제요 민사집행(Ⅲ)」 –동산·채권 등 집행–, 법원행정처, 2003.

송상현·김현, 「해상법원론」, 박영사, 2008.

이영준, 「물권법」, 박영사, 2009.

이은영, 「물권법」, 박영사, 2003.

이은영, 「채권각론」, 박영사, 2005.

이태재, 「채권법각론」, 진명문화사, 1985.

정영석, 「해상법원론」, 텍스트북스, 2009.

황적인, 「현대민법론Ⅳ」[채권각론], 박영사, 1987.

김성균, "건조중인 선박의 저당권 등기 제도에 대한 연구 –금융 및 세무를 중심으로–", 중앙법학 제9집 제2호, 2007.8.

김태기, "선박등기에 관한 약간의 고찰", 법원행정처 재판자료 제44집, 1988.

정선철, "영국법상 선박 건조계약에 대한 고찰", 해사법연구, 2005.3.

加藤一郎 外, 擔保法大系 第3卷, 社團法人 金融財政事情研究會, 1985.

鴻常夫, "建造中の船舶について諸權利の登記に關する條約案について", 海法會誌, 復刊 第11号, 1965.4.

http://www.admiraltylawguide.com/conven/construction1967.html.

제 2 장

선체용선계약

선체용선계약에서 선박의 인도*

- Barecon 2001을 중심으로 -

정 영 석

Ⅰ. 머리말

선체용선계약(bareboat charter-party)에 대하여 가장 보편적으로 사용되는 표준서식으로는 Barecon 2001[1])을 들 수 있다. 선체용선계약이 선박임대차계약(charter by demise)의 성질을 가진다는 점은 우리 법이나 영국법이 모두 일치한다(상법 제848조 제1항 참조).[2])

한국법이나 영국법 모두 용선계약은 개품운송계약이나 보험계약과 같은 부

* 2012년 「한국해법학회지」, 제34권, 제2호에 게재된 같은 제목의 논문을 일부 수정하여 게재하였다.

1) Barecon 89는 코펜하겐에 본부를 둔 볼틱국제해운동맹(BIMCO)이 작성한 표준 선체용선계약서식이다. 과거에는 Barecon A와 Barecon B의 두 가지 용선계약서식을 사용하다가, 이를 통합하여 Barecon 89를 제정하였다(Harvey Williams 著, 西澤與志英/東 通生 譯, 「傭船契約と船荷證券の解說」, (東京, 海文堂, 2002), 142쪽 참조). 과거의 Barecon A는 기존 선박에 대한 선체용선계약서식을 말하고, Barecon B는 주로 신조선의 재원 조달시 저당권 설정용으로 사용되는 것을 말한다. Barecon 89는 통상 Barecon A와 Barecon B를 통합한 것으로 신소선에만 적용되는 신택규정을 포함한 것을 일컫는다(「海運·物流用語大辭典」, 제10개정증보판, (코리아쉬핑가제트, 2006), 183쪽 참조). 이 Barecon 89를 대체하여 채택한 선체용선의 표준계약서식이 Barecon 2001이다. Barecon 2001은 Bimco가 기존 채택해 온 Barecon 89의 전통적 박스형식의 Part Ⅰ을 채용하여, 서식 Part Ⅰ에서는 Part Ⅱ 내지 Part Ⅴ에 관계되는 계약의 열쇠가 되는 다양한 정보를 삽입하도록 하는 박스를 사용하고 있다. 서식의 Part Ⅱ은 신조선의 선체용선계약에는 모두가 적용되는 것은 아니지만, 선체용선계약의 주된 조건(terms and conditions)을 포함하고 있다. 또 Part Ⅲ 내지 Part Ⅴ는 특정한 합의의 성격에 적합하게 적용되는, 신조선 선박, 용선료 완납 후 소유권이전합의와 선체용선등록부에 등록된 선박에 적용될 조건에 관한 부분이다(「Explanatory notes to BARECON 2001」, p.1/9; https://www.bimco.org/en/Chartering/Documents/Bareboat_Chartering/BARECON2001/Explanatory_Notes_BARECON2001.aspx(2012년 9월 20일 검색)).

2) 같은 의견, Mark Davis, 「Bareboat Charters」, (London, LLP, 2000), p.1 footnote 1) 참조; 吉本英雄, 「傭船契約の基礎理論」,(東京, 日本海運集會所, 1986), 30쪽; 沈載斗, 「海上運送法」,(吉安社, 1997), 46~48쪽 참조; 정영석, 「해상법원론」, (텍스트북스, 2009), 114~115쪽; 염정호, 「정기용선계약법」, (법문사, 2010), 4쪽에서는 선체용선계약의 법적 성질을 명확하게 밝힌 것은 아니나, 대체로 임대차계약에 유사하게 설명하고 있다.

합계약과는 그 성질을 달리하는 것으로 해석하고 있기 때문에 강행법규의 적용이 없고, 계약의 성립과 효력에 대하여 완전히 계약자유의 원칙이 지배한다. 따라서 영국법이나 미국법에서는 선체용선계약에 대하여 별도로 명문의 규정을 가지고 있지 않고, 커먼로상의 계약법을 적용한다. 한국법에서는 상법 제847조 내지 제851조에서 선체용선계약에 대한 규정을 가지고 있지만, 제848조 제1항에서 '선체용선계약은 그 성질에 반하지 아니하는 한 「민법」상 임대차에 관한 규정을 준용한다.'라고 규정하여 법적 성질이 임대차계약임을 분명히 하였다.[3] 선체용선계약은 이와 같이 그 본질이 임대차계약이기 때문에 선박소유자가 선체용선자와 일정기간 선박의 전부의 점유권 및 지배권을 선체용선자에게 넘겨주기로 약속하고 이에 대하여 선체용선자는 기간단위로 용선료를 지급하기로 하는 계약으로 정의된다.[4] 따라서 선체용선계약은 선박의 사용수익을 위한 용선계약의 존속기간이 그 본질이라고 볼 수 있으므로, 용선계약이 개시되는 선박의 인도와 관련된 여러 가지 법률적 분쟁이 발생하기도 한다.

선체용선계약의 사실상 유일한 표준계약서식인 Barecon 2001[5]에서는 현존선에 대해서 Part Ⅱ 제3조에서 인도의 개념, 제4조에서 인도시기에 대하여 규정하고 있고, Part Ⅲ 제2조에서는 선박담보목적으로 이용되는 신조선의 선체용선계약상의 인도의 개념과 장소에 대하여 규정하고 있다. Barecon 2001을 비롯한 표준용선계약서식의 상당수가 준거법을 영국법으로 하고 있으나, 실제로는 계약자유의 원칙에 의하여 동일한 서식 하에서도 미국법이나 한국법을 준거법으로 지정할 수도 있다(국제사법 제17조, 제25조 참조).[6][7] 미국법을 적용할 경우에도 영국법과 마찬가지로 커먼로가 적용될 것이다.

전술한 바와 같이 한국법은 선체용선계약에 대하여 상법 제847조 내지 제

3) 沈載斗, 위의 책, 147쪽; 정영석, 위의 「해상법원론」, 115쪽.

4) 정영석, 「傭船契約法講義」, (海印出版社, 2005), 16쪽.

5) 표준적인 선체용선계약에 대하여 여러 가지 종류의 서식이 필요하지 않다고 한다. 이는 이러한 형태의 계약을 필요로 하는 자는 계약의 법률적인 성질과 상업상의 목적을 잘 알고 있다면, Barecon 2001 서식의 내용이 이미 필요충족요건인 기본적인 사항을 모두 갖추고 있기 때문이다; Harvey Williams 著, 앞의 책, 142쪽 참조.

6) 서울민지판 1978.8.3, 77가합 1615; 정영석, 앞의 「傭船契約法講義」, 33쪽 참조.

7) 채권계약의 성립과 효력의 준거법을 당사자의 의사에 따라 결정하는 당사자자치의 원칙은 세계 각국이 그 입법례에서 널리 채택하고 있다; 金演·朴正基·金仁猷, 「國際私法」, 제2판, (法文社, 2006), 289쪽 참조.

850조의 5개 조항으로 규정하고 있지만, 선체용선계약의 의의, 법적 성질, 등기청구권, 제3자에 대한 법률관계, 채권의 소멸에 대하여만 규정하고 있고, 계약의 구체적인 해석에 대하여는 민법상 임대차계약에 관한 규정을 준용하게 하고 있다(상법 제849조 제1항). 한국법을 준거법으로 지정할 경우에는 이들 법률이 적용된다.

이하에서는 Barecon 2001 표준선체용선계약서식 상, 현존선박의 인도와 관련된 제3조, 제4조, 신조선박의 인도의 개념과 시기에 대한 Part Ⅲ 제2조의 조항을 영국법, 미국법, 한국법을 준거법으로 지정할 경우로 나누어 각각 해석론을 정립하고, 한국법을 준거법 지정할 경우 법적 안정성에 있어서 문제점의 발생가능성 등을 예측해 보기로 한다.

Ⅱ. Barecon 2001의 선박인도관련 조항

1. 선박인도관련 조항의 구성

선박의 인도와 관련하여서는 Barecon 2001 Part Ⅱ 제3조와 제4조에 규정이 되어 있다. 다만, 이 조항은 현존선의 선체용선계약에만 적용이 되고, 선박담보목적으로 이용되는 신조선에 대하여는 Barecon 2001 Part Ⅲ 제2조 인도의 시기와 장소(Part Ⅲ, 2. Time and place of delivery)에서 별도로 규정하고 있다.

2. 현존선박의 인도에 관한 조항

현존선의 인도에 관한 Barecon 2001 Part Ⅱ 제3조의 내용은 다음과 같다 :

(1) 번역

제3조 인도

(박스 37[8])에 기재된 것처럼, Part Ⅲ이 적용될 경우에는 적용하지 않음)

(a) 선박소유자는 선박의 인도 이전 및 인도 당시에, 본 용선계약 하에서 서비스를 위하여 선박이 감항능력을 갖추고, 선체, 기관과 장비가 모든 면에서 준비되도록 상당한 주의를 다하여야 한다. 선박은 용선자가 지정한 준비된 선석에서 박스 13[9])에 적시된 항구 또는 장소에서 용선자에게 인도 및 인수되어야 한다.

(b) 선박은 Box 5[10])에 적시된 旗國法(flag of state)과 Box 10[11])에 언급된 선급협회의 요건에 따라 적절하게 서류를 갖추어야 한다. 인도 시 선박은 최신의 검사증서와 적어도 박스 12[12])에서 합의된 개월 수 동안 유효한 항행허가서와 선급증명서를 가지고 있어야 한다.

(c) 선박소유자의 선박의 인도와 용선자에 의한 선박의 인수는 제3조에 따라 선박소유자의 모든 의무를 선박소유자가 완전히 이행한 것을 구성한다. 그러므로 용선자는 선박에 대한 조건, 표시, 명시적 또는 묵시적 보장조건을 이유로 선박소유자에게 클레임을 제기할 수 없지만, 용선계약하에서 인도 당시에 존재하는 선박의 잠재적 하자에 의하여 발생한 기관 또는 부속품에 대하여 결함을 수선하거나 교체할 책임이 있다. 다만, 그러한 하자는 박스 32에서 달리 정한 경우가 아니면 인도 후 12개월 이내에 스스로 명백해진 경우에 한한다.

8) Box 37. Newbuilding Vessel (indicate with "yse" or "no" whether PART Ⅲ applies)(optional).
9) Box 13. Port or Place of delivery (Cl. 3).
10) Box 5. Vessel's name, call sign and flag (Cl. 1 and 3).
11) Box 10. Classification Society (Cl. 3).
12) Box 12. Further particulars of Vessel (also indicate minimum nimber of months' validity of class certificates agreed acc. to Cl. 3).

(2) 원문

3. Delivery

(not applicable when Part Ⅲ applies, as indicated in Box 37)

(a) The Owners shall before and at the time of delivery exercise due diligence to make the Vessel seaworthy and in every respect ready in hull, machinery and equipment for service under this Charter.
The Vessel shall be delivered by the Owners and taken over by the Charterers at the port or place indicated in Box 13 in such ready safe berth as the Charterers may direct.

(b) The Vessel shall be properly documented on delivery in accordance with the laws of the flag State indicated in Box 5 and the requirements of the classification society stated in Box 10. The Vessel upon delivery shall have her survey cycles up to date and trading and class certificates valid for at least the number of months agreed in Box 12.

(c) The delivery of the Vessel by the Owners and the taking over of the Vessel by the Charterers shall constitute a full performance by the Owners of all the Owners' obligations under this Clause 3, and thereafter the Charterers shall not be entitled to make or assert any claim against the Owners on account of any conditions, representations or warranties expressed or implied with respect to the Vessel but the Owners shall be liable for the cost of but not the time for repairs or renewals occasioned by latent defects in the Vessel, her machinery or appurtenances, existing at the time of delivery under this Charter, provided such defects have manifested themselves within twelve (12)months after delivery unless otherwise provided in Box 32.

3. 현존선박의 인도시기에 관한 조항

현존선의 인도시기에 관한 Barecon 2001 Part Ⅱ 제4조의 내용은 다음과 같다:

(1) 번역

제4조 인도시기

(박스 37에 기재된 것처럼, Part Ⅲ이 적용될 경우에는 적용하지 않음)

용선자의 동의가 없는 한, 선박은 Box14[13]에 기재된 날짜 이전에 인도되어서는 안 된다. 그리고 선박소유자는 Box 15[14]에 기재된 날짜보다 늦지 않게 선박을 인도하기 위하여 상당한 주의를 다하여야 한다.

박스 18[15]에서 달리 합의되지 않는다면, 선박소유자는 용선자에게 30 연속일 이상의 준비기간을 주어야 하고, 선박의 인도를 위한 준비가 예상되는 날짜를 적어도 14일 이상 두고 확정통지를 하여야 한다.

선박소유자는 선박위치의 가능한 변경에 대하여 용선자와 긴밀한 통지를 유지하여야 한다.

(2) 원문

4. Time for Delivery

(not applicable when Part III applies, as indicated in Box 37)

The Vessel shall not be delivered before the date indicated in Box 14 without the Charterers' consent and the Owners shall exercise due diligence to deliver the Vessel not later than the date indicated in Box 15.

Unless otherwise agreed in Box 18, the Owners shall

13) Box 14. Time for delivery (Cl. 4).

14) Box 15. Cancelling date (Cl. 5).

15) Box 18. Running days' notice if other than stated in Cl. 4.

give the Charterers not less than thirty (30) running days' preliminary and not less than fourteen (14) running days' definite notice of the date on which the Vessel is expected to be ready for delivery.

The Owners shall keep the Charterers closely advised of possible changes in the Vessel's position.

Ⅲ. 선박인도의 개념과 구성요소

1. 영국법을 준거법으로 지정할 경우

(1) 인도의 개념

Barecon 2001 Part Ⅱ 제3조의 규정은 선체용선자에게 선박이 인도·인수될 것을 요건으로 한다고 규정하고 있다. 그러므로 선체용선계약의 본질에서 볼 때, 용선계약서의 문구상 '인도'라 함은 선박소유자가 계약에서 정한 기간, 선박의 점유권(possession)16)과 지배권(control)17)을 포기한다는 것을 의미하는

16) 영국법과 미국법상 possession은 점유 또는 점유권으로 해석이 되는데, ① 현실 또는 잠재적인 물건에 대한 물리적 지배, ② 점유의사, ③ 물리적 지배의 사실 또는 가능성, 즉 점유의사가 외부적 표시에 의하여 제3자에게 인식이 가능할 것과 같은 세 가지 요소로 구성된다; 鴻 常夫 編修, 「英美商事法辭典」, (大光書林, 1988), 557쪽 참조.

17) 영국법과 미국법상 지배권(control)이라 함은 관리, 지시, 지휘, 통제, 지배, 통치 또는 감독할 권한을 의미한다(power or authority to manage, direct, superintend, restrict, regulate, govern, administer, or oversee). 본인과 대리인의 관계 또는 사용자와 사용인의 관계가 포함된 지배권은 명령이나 지시권이 반드시 부수되어야 한다고 하는 미국 판례의 견해에 비추어 보면 선체용선계약에서 말하는 지배권도 명령이나 지시권이 부수된 완전한 지배권이라고 볼 수 있다(Mid－Continent Petroleum Corporation v. Vicar, 221 Ind. 387, 47 N.E.2d 972.); Henry Campbell Black, 「Black's Law Dictionary」, 5th ed., (ST. Paul Minn, West Publishing Co., 1979), p.298.
반면, 우리 법상 私權을 작용을 기준으로 분류하면, 지배권·청구권·형성권·항변권의 네 가지가 된다. 이 중 지배권은 권리의 객체를 직접적으로 지배하고 타인에 의한 침해를 배척하여 그 이익을 향수할 수 있는 권리를 말한다. 무루건과 무체재산권 등이 이것에 해당한다. 지배권을 침해하는 자가 있을 경우에는 이에 대하여 손해배상청구권 및 방해제거청구권이 생기는 것이 보통이다; 金麗洙 외 8인 編著, 「最新콘사이스法學辭典」, (法通社, 1966), 1351쪽.

것이다.[18] '용선료는 선박을 선체용선자에게 인도한 날짜 및 시간부터 효력을 가진다'고 규정한 제11조 제(b)항의 해석상으로도 선박의 점유권과 지배권이 이전하는 것을 의미한다는 점은 분명하다.

(2) 인도를 구성하는 선박소유자의 주의의무

1) 선박소유자의 상당한 주의의무

선박소유자는 선박이 용선계약을 이행하기 위하여 필요한 ① 감항능력과, ② 선체, 기계류, 의장의 모든 면에서 준비를 갖추기 위하여 필요한 상당한 주의(due diligence)를 다하여야 할 의무가 있다. 이들 의무는 각각 독립된 주의의무로 존재한다. 첫째, 감항능력을 갖출 의무는 절대적인 주의의무가 아니라 선박이 감항능력을 갖추도록 할 상당한 주의의무를 의미한다. 이는 18번째 줄에서 선박소유자가 선박의 인도 이전 및 인도 시 모두 상당한 주의로 그 의무를 준수하여야 한다는 것을 명확하게 규정하고 있다.[19] 둘째, 용선서비스를 위하여 선박을 준비상태로 만들기 위한 의무도 절대적 의무가 아니라 상당한 주의를 다하여야 할 의무라는 점이다.[20]

문제는 상당한 주의를 하여야 할 의무가 무엇을 의미하는가라는 점인데, 합리적인 관리와 기술(reasonable care and skill)을 다하는 것을 '상당한 주의'(due diligence)로 해석하고 있다. 따라서 상당한 주의가 결핍되었다는 것(lack of due diligence)은 부주의(negligence)를 의미한다.[21] 이 의무는 헤이그 규칙 제3조 제1항 (a)호에 의해 운송인에게 부과된 의무와 유사하다. 그러므로 Barecon 2001 제3조 제(a)항의 문맥 상 선박소유자의 상당한 주의의무는 엄중

영미법상의 control이 우리 법률용어상의 지배권과 완전히 일치하는 것은 아니지만, 선체용선계약에서는 용선자가 선박의 점유권이라는 물권을 취득하게 되기 때문에 점유권의 작용이라는 점에서는 지배권으로 해석하더라도 무난할 것으로 보인다.

18) Mark Davis, op. cit., p.20 참조.

19) 만약 선박소유자가 인도 시에만 상당한 주의로 선박을 항해에 적합하도록 하여야 하는 것을 요구받는다면 그것은 상업적으로 아무 의미가 없는 것이다(W. Angliss & Co(Australia) Pty v. Peninsular and Oriental Steam Navigation Co [1927] 2 KB 456 at p.463).

20) Mark Davis, op. cit., p.20 참조.

21) Per Lord Devlin in Union of India v. N.V. Reederij Amsterdam (The Amstelslot) [1963] 2 Lloyd's Rep 223 at p.235.

한 의무이며 다른 사람에게 떠넘길 수 없는 의무를 말한다. 그것은 그들이 선박소유자의 사용인이거나 독립계약자인가에 관계없이, 선박의 감항능력을 표준수준으로 가져오거나 유지하기 위해 선박소유자 및 선박소유자를 대리하여 업무를 수행하는 모든 자에게 상당한 주의를 요구한다는 것을 의미한다. 선박소유자는 단지 능력 있는 사람을 고용하거나 필요한 작업을 감독하였다는 것으로는 그들의 의무로부터 벗어날 수는 없다. 만약 그들의 사용인이나 대리인이 상당한 주의를 행사하지 못한 결과 선박이 감항능력을 갖추지 못한다면, 선박소유자가 그 책임을 진다.[22)]

선박소유자가 중고선을 구입할 경우, 선박이 항해에 적합하며, 발견할 수 있는 결함들을 바로 잡기 위하여 그들이 유능한 검사관에 의하여 주의 깊고 숙련된 검사를 확실히 한다면, 그들은 선박의 前 소유자가 감항능력을 갖추기 위하여 기울여야 할 상당한 주의에 대하여 책임을 지지는 않는다. 만약 이전의 잘못된 작업이 숨겨지고 상당한 주의로도 탐지할 수 없다면, 현재의 선박소유자는 그에 대한 책임을 지지 않는다.[23)] 신조 선박과 관련한 선박소유자의 의무는 그들로 하여금 능력 있는 조선소, 선박설계자, 검사관이 선박의 건조단계 동안 임명될 것을 보장하는 것이 요구된다.[24)]

2) 감항능력 주의의무

Barecon 2001 제3조의 문맥상 '선박에는 보통의 사려 깊은 선박소유자가 항해 개시 시에 그 선박에 내해 가저야 힐 필요가 있는 적합한 정도의 '감항능력'이 있어야 한다. 분별력 있는 선박소유자라 함은 바다로 항해하기 전에 해당 선박이 항해에 적합하기 위해서 무엇이 필요한가를 알고 있었는가?'를 기준으로 판단해야 한다.[25)] 선박이 항해에 적합한지 그렇지 아니한 지는 특별한 상황에서[26)] 경우에 따라 결정되는 사실판단의 문제이다.

---

22) Riverstone Meat Co v. Lancashire Shipping Co (The Muncaster Castle) [1961] AC 807.
23) Ibid. per Lord Radcliffe at p.867
24) W. Angliss & Co (Australia) Pty v. Peninsular and Oriental Steam Navigation Co [1927] 2 KB 456.
25) Per Scrutton LJ in F.C. Bradley & Sons v. Federal Steam Navigation (1926) 24 Ll L Rep 446.
26) Per Webster J in The Arianna [1987] 2 Lloyd's Rep 376 at p.390.

3) 항해준비 의무

본 용선계약에 따라 항해를 위한 선체, 기계류, 장비 등 모든 면에서 선박에 상당한 주의를 기울여야한다는 선박소유자의 의무는 상업적인 관점(commercial view point)에서 판단하여야 한다. 장기간에 걸친 선체용선계약이라는 관점에서 볼 때, 선박의 운항능력에 전혀 또는 거의 영향을 미치지 않는 작은 결함은 본 조항의 목적상 선박을 '준비 미완료' 상태로 용선하여 주는 것으로 판단할 것은 아니다. '준비'라는 단어는 상업적 관점에서 결함의 중요성에 따라 판단되어야 한다.[27)]

비록 항해용선계약과 관련된 사건이긴 하지만, The Arianna 사건[28)]의 경우가 해석상 참고할 만하다. 이 사건에서 선창, 선창의 기어 및 장비의 준비상태 — 기어가 위에서 진술한 선적이 진행될 때까지는 필요하지 않았다 — 와 필요한 상태 사이에 차이가 있다고 판단되고, 그 선창의 준비상태는 계약착수 시에 요구되었다. Barecon 2001 서식에서는 선체용선계약의 경우 선박의 선체, 기계류, 장비 등 모든 면에서 준비를 갖추어야 한다는 제18번 내지 제21번째 줄에서 요구하는 사항은 위에서 언급한 항해용선계약에 관한 판례와 해석상 차이는 없어 보인다.

선박의 감항능력을 갖추고 서비스를 위한 준비를 갖추기 위하여 상당한 주의를 다하여야 할 의무는 중간조건(innominate terms)[29)]에 해당한다.[30)] 항해용선계약상 감항능력주의의무 위반은 과거 커먼로 상으로는 보장조건(warranty)

27) The Arianna [1987] 2 Lloyd's Rep 376.

28) Per Devlin J in Noemijulia Steamship Co v. Minister of Food (1950) 83 Ll L Rep 500 and (1950) 84 Ll L Rep 354 (CA)

29) 영국법은 계약의 내용을 중요성에 따라 근본조건(condition)과 보장조건(warranty)으로 분류해 왔다. 그러나 1960년대부터 영국 법원이 위의 두 가지 조건 외에 다른 종류로서 중간조건(intermediate terms or innominate terms)이란 유형을 인정하기 시작하였다. 중간조건은 근본조건도 보장조건도 아닌 제3의 유형으로 그 위반의 효과가 사전에 결정되어 있지 아니한 계약내용이다. 만일 그 위반이 중대하고 그로인한 결과가 심대한 경우라면 상대방은 계약해제권과 손해배상청구권을 가지지만, 그러하지 아니하고 그 위반이 사소한 것이고 그로 인한 결과 또한 미미한 것이라면 상대방은 계약해제는 할 수 없고 다만 손해배상청구권만 가진다(John F. Wilson, 「Carriage of Goods by Sea」, 4th ed., (London, Longman, 2001), pp.14~15쪽 참조). condition, warranty, innominate terms에 대하여 심재두 변호사는 각각 조건, 담보, 중간적 내용으로 번역하고 있다(沈載斗, 앞의 책, 72~75쪽 참조).

30) Bunge Corporation v. Tradax Export SA, [1981] 2 Lloyd's Rep. 1.

으로 해석해 왔으나, 1961년 Hong Kong Fir Shipping Company Ltd. 사건[31] 이후 중간조건으로 판결이 내려졌다. 이는 선체용선계약에서도 이와 같이 계약의 내용을 해석하는 것이 타당하다고 본다. 그러므로 계약상 선체용선자의 전체 이익을 상당히 빼앗을 정도로 그 결함이 심각한 경우에는 인도를 거절하고 결국엔 계약의 이행을 거절할 수 있는 권리가 있다고 본다.

만약 감항능력부족이 선체용선자가 계약을 종료시킬 정도로 충분히 심각한 것이 아니라면, 선박소유자가 계약이행을 거절하거나 또는 선박을 항해에 적합하도록 하여야 할 당사자 측에서 스스로 선체용선자의 관점에서 계약을 종료시킬 수 있다.[32] 다만, 그러한 권리는 Barecon 2001 제5조에서 규정한 선체용선자의 계약상 해제권(charterer's contractual right to cancel)과는 완전히 다른 것으로 해석해야 한다. 그러나 만약 그 결함이 비교적 짧은 기간 내에 수선 가능하거나, 선박소유자가 수선하는 것을 선체용선자가 알지 못할 정도에 해당한다면, 선체용선자는 용선계약을 종료시킬 수 없다. 만약 선체용선자가 계약을 종료시키려는 행위는 '선박소유자에게 계약을 종료시킬 수 있는 권리를 부여하게 되는 선체용선자의 계약위반'(repudiatory breach)[33]을 구성하게 된다.[34]

4) 적절한 서류 구비 의무

제3조 제(b)항에서는 인도 시에 '선박에 적절하게 서류가 갖추어질 것'을 규정하고 있다. 감항능력에 관한 선박소유자의 의무와는 대조적으로, 비록 '적절한 서류가 제출될 것'이 무엇을 의미하는지가 본 조항에서 설명되어 있지 않다고 하더라도 이것은 절대적인 의무(an absolute obligation)에 해당하는 것으로 본다.[35] 그것은 선박이 감항능력에 관한 문서 및/또는 증명서를 소지하고

31) Hong Kong Fir Shipping Company Ltd v. Kawasaki Kisen Kaisha Ltd (The Hong Kong Fir) [1961] 2 Lloyd's Rep 478.

32) Per Sellers LJ in The Hongkong Fir at p.486.

33) 영국법상 'repudiation'은 계약에 관한 거절로 해석되는데, 일반적으로는 당사자의 일방이 계약 이행기 이전에 계약을 지키지 않겠다는 의사를 표시한 것을 말한다; 鴻 常夫 編修, 앞의 「英美商事法辭典」, 625쪽.

34) The Hermosa [1980] 1 Lloyd's Rep 638 and [1982] 1 Lloyd's Rep 570.

35) Mark Davis, op. cit., p.22 참조.

있음을 선박소유자가 보장할 것을 요건으로 하는 것이다.[36] 그러한 문서는 船舶의 旗國法에 따라 다양하지만, 선박의 선급증명서(Classification certificate)와 항행구역증명서(Trading certificate)는 통상 포함된다. 이 의무도 중간조건에 해당한다.[37]

5) 선박소유자의 의무 위반의 효과

선박소유자가 선박을 항해에 적합하도록 하고 본 용선에 따라 항해를 위한 선체, 기계류, 장비 등 모든 면에서 상당한 주의의무에 위반하였다면 다음과 같은 결과가 발생한다.

첫째, 선체용선자는 이로 인하여 발생한 손해에 대하여 손해배상청구권을 가지게 되는 경우가 있다. 이는 선박소유자의 의무 위반이 중요하지 않은 결함으로 발생한 경우의 일반적인 해결 방법이고, 이러한 결함으로는 선박이 즉시 출항하는 것을 막지 못하거나 비교적 짧은 기간 내에 해결할 수 있는 경우이다.[38]

둘째, 선체용선자는 선박의 인수를 거절할 수 있다. 만약 결함이 선박소유자가 선박을 항해에 적합하도록 상당한 주의를 기울이지 못하여 발생하였다면, 그 결함은 박스 15에 규정된 계약 해제일(cancelling date) 조항에 의하여 해결될 수 없고, 용선계약을 해제할 지에 대하여 선체용선자가 선택할 수 있다. 만약 선박이 인도되지 못한 이유에 상관없이 해제일까지 선박이 인도되지 못하였다면, 선체용선자의 계약해제권은 자동적으로 발생하게 된다.

셋째, 계약상의 해제권과 더불어, 만약 선박소유자의 의무위반이 계약상 선체용선자의 전체 이익을 빼앗을 만큼 충분이 심각하거나, 또는 작은 결함을 해결하지 못하거나 해결을 거부당한 것이 그 자체로 계약을 유지할 의사가 없다는 의도를 보여준 것이라면, 결과적으로 용선계약에 적용될 커먼로에 의하여 선체용선자는 계약을 해지함과 동시에 손해배상청구권이 발생할 수도 있다.[39]

36) The Derby [1985] 2 Lloyd's Rep 325.
37) Mark Davis, op. cit., p.22.
38) The Arianna and The Hermosa.
39) Mark Davis, op. cit., p.23 참조.

(3) 잠재적 결함에 대한 수선비용부담

Barecon 2001 제3조 제(c)항 40~43번째 줄에서 '선박소유자는 인도 후 12개월 이내에 또는 제Ⅰ편의 박스 32에서 당사자들이 합의하여 기재한 기한 내에 선박, 기계류, 부속품에 나타나는 잠재적 결함을 수선 또는 교체할 비용에 대하여 책임이 있다'고 규정하고 있다. 기한은 분명히 선체용선계약을 위해 협상하는 과정에서 선체용선계약기간, 선박의 건조년도 및 상태와 같은 여러 요소와, 선박 및 그 기록을 검토할 기회를 고려해서 정해질 것이다.[40]

'선박소유자는 잠재적 결함을 수선 또는 교체할 비용에 대한 책임이 있다'고 규정하고 있는데, '책임이 있다'는 것은 '책임을 질 의무가 있다'는 의미이다.[41] 선체용선자가 선박을 운항하고 유지 및 수선한다는 조건하에 진행되는 선체용선계약의 계약구조하에서는 잠재적 결함에 대하여 선체용선자가 수선하고 그 비용은 선박소유자가 부담한다는 의미에서 책임을 진다는 표현을 쓴 것으로 본다. Barecon 89에서는 책임을 진다(… be responsible for repairs …)라고만 규정되어 있어서, 이를 비용에 대한 책임이라고 해석해 왔으나 Barecon 2001에서는 이를 명확히 하여 '비용에 대한 책임'(… be responsible for the cost of …)이라고 명시적으로 규정하였다.

선체용선자는 그러한 작업이 이행되는 동안 기대수익 상실을 선박소유자에게 청구할 수 있는가라는 문제가 있다. 그러나 Barecon 2001 제5조에서 수선이 이행되는 동안 발생한 수입손실에 대해 선박소유자가 책임을 진다는 표현이 없으며, 잠재적 결함의 존재는 선박소유자에 의한 용선계약상의 의무 위반을 구성하지는 않기 때문에 수선비용부담에 한정하는 것이 합리적이다.[42] 다만, 결함이 선박소유자가 선박을 항해에 적합하도록 하거나 및/또는 인도를 준비하는 부분에서 부주의로 인하여 발생한 경우에는 이는 잠재적 결함이 원인이 아니기 때문에 경우에 따라서는 수익상실에 대하여 책임을 질 수도 있을 것이다. Barecon 89 제4조와는 달리 Barecon 2001 제5조에서는 제(c)항을

40) Ibid., pp.24~25.

41) 같은 취지의 판결, Total Transport Corporation v. Arcadia Petroleum Limited (The Eurus) [1998] 1 Lloyd's Rep 351.

42) Mark Davis, op. cit., p.26 참조.

신설하여 선체용선자의 선박소유자에 대한 청구권을 침해하지 않음을 명시하였다.

2. 미국법을 준거법으로 지정할 경우

선박소유자의 선체용선자에 대한 의무는 계약에 정해진 시기와 장소에서 계약에 정해진 선박을 선체용선자에게 인도함과 동시에, 선박소유자는 선체용선자에게 인도해야 할 선박에 대해서 특별한 합의가 없는 한, 그 인도 시에 선박이 감항능력을 가지고 있을 것을 보장(to warrant)할 의무가 있다.[43] 이러한 선박소유자의 의무는 용선계약상 제한 또는 포기의 특약을 하지 않는 한, 그 의무에 대해서 계약상 명시의 합의를 하지 않는 한 용선계약의 조항에 포함되어 있는 선박소유자의 법률상의 당연한 보장조건(warranty)으로 해석되고 있다.[44] 그러나 이들 판례는 영국법상 1961년 중간조건(innominate terms)의 판례가 정립되기 이전의 판례라는 점을 고려하면, 선체용선계약의 성질상으로는 선박의 인도 시 감항능력주의의무를 위반한 경우에는 선박의 인도를 거절할 수 있을 것이고 이는 계약해제의 효과를 가져오는 것이기 때문에 중간조건으로 보아야 할 것으로 본다. 기타 선박의 인도와 관련된 내용은 영국법과 달리 해석될 이유는 없을 것으로 본다.

3. 한국법을 준거법으로 지정할 경우

(1) 인도의 개념

선체용선자가 선박의 사용·수익을 하기 위해서는 선박의 점유를 필요로 하기 때문에 선박소유자는 선박을 선체용선자에게 인도하여야 한다(민법 제100조 제2항). 이때 선박의 인도라 함은 선체, 기계류 및 속구 등 주물과 종물의

43) Cullen Fuel Co., v. W.E. Hedger, Inc., 290 U.S. 82, 1933 A.M.C. 1584.
44) Nevros Corp. v. Northwestern Nati Inc. Co., 359 F. Supp. 310, 1972 A.M.C. 2443, 2449.

일체의 점유이전을 의미한다.[45] 민법상 인도라 함은 점유의 이전을 의미하는 것으로 선박에 대한 사실상의 지배가 선체용선자에게 이전하는 것을 말한다(민법 제188조 제1항, 제192조 제1항). 동산의 인도는 현실인도(민법 제188조 제1항)가 원칙이지만, 민법상 당사자의 의사표시만으로도 효력이 발생하는 간이인도(제188조 제2항), 점유개정(민법 제189조) 등이 인정된다.[46] 그러나 Barecon 2001 제3조에서 말하는 인도는 선박의 소유권 변동에 있어서의 인도를 의미하는 것이 아니고, 선체용선계약이라는 채권의 이행으로 발생하는 점유의 이전이라는 점에서 인도를 해석하는 것이기 때문에 Barecon 2001에서 말하는 인도는 현실인도로 해석하는 것이 옳다고 본다.

(2) 인도를 구성하는 선박소유자의 주의의무

Barecon 2001 제3조에서는 선박이 용선계약을 이행하기 위하여 필요한 ① 감항능력과 ② 선체, 기계류, 의장의 모든 면에서 준비를 갖추기 위하여 상당한 주의를 다하여야 할 의무가 있다고 규정하고 있다. 우리 상법상 선체용선계약에 기하여 선박소유자가 선체용선자에게 선박을 인도할 때 영국법이나 미국법과 같이 보장조건 수준의 감항능력주의의무를 이행해야 할 것인가에 대하여, 선체용선계약에 관한 상법 제847조 내지 제851조의 규정에서는 아무런 규정을 두고 있지 않다. 상법 제841조 제1항 및 제794조에서 규정한 감항능력주의의무는 개품운송계약과 항해용선계약에 적용되는 것이 명확하므로 선체용선계약에는 적용이 없다고 보아야 한다.[47] 따라서 영국법 또는 미국법상의 보장조건에 해당하는 감항능력주의의무를 선체용선계약에서 선박소유자의 선박인도 시 지울 것인가의 여부는 전적으로 당사자의 의사에 달려 있다고 보아야 한다.[48] 따라서 선체용선계약에 기해서 선박인도 시 선박소유자의 감항능력주의의무를 물을 것인가의 여부는 계약의 목적과 계약의 체결, 선박이용을 의도한 선체용선자, 선박을 선체용선자에게 이용하도록 하기로 합의한

45) 金亨培·金奎完·金明淑, 「民法學講義」, 제10판, (新潮社, 2011), 1389쪽 참조.
46) 金亨培·金奎完·金明淑, 앞의 책, 501쪽.
47) 정영석, 앞의 「해상법원론」, 314쪽 참조.
48) 吉本英雄, 앞의 책, 39쪽 참조.

선박소유자와의 상호의 효과의사의 해석에 의해서 객관적으로 결정되어야 한다. 그렇다면 이용능력을 가지고 있지 않은 선박을 용선하려고 생각한 선체용선자는 통상의 경우에는 존재하기 않을 것이고, 다른 한편 자기소유 선박을 용선하여, 선체용선자로부터 용선료를 받으려고 하는 선박소유자로서는 통상의 경우에는 이용가능한 능력을 가진 선박을 용선할 의도를 가지고 있다고 판단해야 한다. 따라서 이러한 관점에서 보면, 영국법이나 미국법과 마찬가지로 선박인도 시 감항능력주의의무는 부담한다고 보아야 한다.[49)]

다만, 항해용선계약에서의 감항능력주의의무와 그 내용은 다르다고 보아야 한다. 일반적으로 선박의 감항능력이라 함은 ① 의도한 운송행위에 합치하도록 장비를 갖추고, 정비되어야 한다는 물리적 특성과 ② 이들 특성을 충분히 활용할 능력을 갖출 것, 즉, 충분히 훈련된 선장과 선원을 승무시키는 인적요건을 갖출 것이 필요하다.[50)] 그러나 선체용선은 선체만을 선체용선자에게 인도하고 이후 선체용선자가 선박을 의장하고, 선장을 임명하고, 기타 승무원을 승선시키는 것이 통상의 형태이기 때문에 선박소유자의 감항능력주의의무의 내용도 선박의 물리적 특성을 구비하고 있는 정도로 충분하다. 따라서 선박소유자의 감항능력주의의무는 그 정도의 이행을 다하면 되는 것으로 보아야 한다.[51)] 이때 물리적 특성에는 선급증명서, 항행구역증명서 등과 같이 선박운항의 자격과 관련된 사항을 포함한다고 본다.

선체용선계약에서 선박인도 시 감항능력주의의무를 영국법과 같이 중간조건으로 해석할 것인가에 대하여는 우리 상법상 선체용선계약에 관한 제845조 내지 제851조에서는 아무런 규정을 두고 있지 않다. 또 감항능력주의의무에 관한 상법 제841조 제1항, 제794조의 규정은 항해용선계약에 적용되는 것으로 선체용선계약에 관련된 조항은 아니다. 따라서 이는 민법상의 임대차계약에 관한 규정과 당사자의 의사에 의하여 정해질 문제이다.[52)] 이러한 점에서 Barecon 2001 제3조에서는 감항능력을 갖출 선박소유자의 의무를 명확히 하

49) 위의 책, 39쪽 참조.
50) Aaby v. States Marine Corp. 181, F. 2d. 383, 1950 A.M.C. 947; Rolssler & Hass Lacher Chem Co., v. Hypania Transp. Co. (The Sagmore) 300 F. 701, 1924 A.M.C. 961.
51) 吉本英雄, 앞의 책, 39쪽 참조.
52) 위의 책, 39쪽 참조.

고 있다고 본다.

이는 우리 민법상 임대인의 사용·수익에 필요한 상태유지의무의 일부에 해당한다고 본다. 대법원은 '임대인은 일반적으로 임차인에 대하여 임대차목적물을 임차인에게 인도하고 계약이 존속하는 동안 그 사용·수익에 필요한 상태를 유지하게 할 의무를 부담한다'고 판시하고 있다.[53] 또 수선의무의 내용에 대하여는 목적물이 사용·수익에 적합하지 아니하면 임대인은 다른 약정이 없는 한 이를 수선할 의무를 지는 것으로 본다. 수선의 필요 여부는 수선하지 않으면 계약의 목적에 좇아 임차목적물을 사용·수익할 수 없는 가의 여부에 따라 판단되며, 반드시 사용·수익이 불능일 필요는 없다고 본다.[54] 이와 관련된 대법원 판례는 '임대차계약에 있어서 임대인은 임차목적물을 계약 존속 중 사용·수익에 필요한 상태로 유지하게 할 의무를 부담하는 것이므로, 임차목적물에 임차인이 계약에 의하여 정해진 목적에 따라 사용·수익할 수 없는 상태로 될 정도의 파손 또는 장해가 생긴 경우 그것이 임차인이 별 비용을 들이지 아니하고도 손쉽게 고칠 수 있을 정도의 사소한 것이어서 임차인의 사용·수익을 방해할 정도의 것이 아니라면 임대인은 수선의무를 부담하지 않지만,[55] 그것을 수선하지 아니하면 임차인이 계약에 의하여 정해진 목적에 따라 사용·수익할 수 없는 상태로 될 정도의 것이라면 임대인은 그 수선의무를 부담한다 할 것이고, 이러한 임대인의 수선의무는 특약에 의하여 이를 면제하거나 임차인의 부담으로 돌릴 수 있으나, 그러한 특약에서 수선의무의 범위를 명시하고 있는 등의 특별한 사정이 없는 한 그러한 특약에 의하여 임대인이 수선의무를 면하거나 임차인이 그 수선의무를 부담하게 되는 것은 통상 생길 수 있는 파손의 수선 등 소규모의 수선에 한한다 할 것이고,[56] 대파손의 수선, 건물의 주요 구성부분에 대한 대수선, 기본적 설비부분의 교체 등과 같은 대규모의 수선은 이에 포함되지 아니하고 여전히 임대인이 그 수선의무를 부담한다고 해석함이 타당하다 할 것이다'라고 판시하였다.[57] 물론 우리 민법상의

53) 대판 2010. 6. 10, 2009다64307.
54) 대판 2008. 3. 27, 2007다91336.
55) 대판 2000. 3. 23, 98두18053.
56) 대판 1994. 12. 9, 94다34692·34708.
57) 대판 2008. 3. 27, 2007다91336.

임대인의 수선의무는 임대차기간의 존속 중의 수선의무를 규정한 것이지만, 유추하여 해석하면 선체용선계약의 이행 첫 단계인 선박의 인도시에 이미 선박의 사용·수익에 필요한 상태가 갖추어져 있지 않으면, 당연히 계약의 목적을 달성할 수 없으므로 주의의무의 이행정도는 계약상의 선박의 사용·수익에 지장이 없도록 선박의 감항능력을 갖추어야 한다는 점에서는 Barecon 2001 제3조의 선박소유자의 주의의무는 우리 민법과 동일한 수준의 의무로 보아야 한다(선체와 기계류에 대한 물리적 감항성을 갖출 주의의무로 볼 수 있음). 또한 선체용선계약은 해당 선박의 사용·수익을 목적으로 한 계약이므로 선박의 입출항 등에 필요한 각종 서류를 갖추는 것도 물론 포함된다고 보아야 한다. 다만, 물리적 감항능력은 선박의 상태에 대한 상당한 주의의무라고 할 수 있지만, 각종 서류를 갖출 주의의무는 상당한 주의를 다하였다고 하더라도 구비서류를 갖추지 못한 경우에는 어떠한 경우에도 선박의 사용·수익이 불가능하기 때문에 절대적 주의의무로 규정한 것이다. 따라서 서류구비의무를 위반하면 선박의 인도로 볼 수 없다고 해석한다.

(3) 주의의무 위반의 효과

선박의 인도 시 불감항 상태, 기계류 등의 결함 등에 대하여 선박소유자의 상당한 주의의무 위반이 원인이 되었거나, 선박서류가 미비한 상태일 경우에는 선체용선자의 비용청구권, 손해배상청구권, 계약해제권이 발생할 수 있다.

첫째, 민법상 임차인이 임차물의 보존 및 관리에 필수적인 비용, 즉 필요비를 지출한 때에는 임차인은 즉시 그 상환을 청구할 수 있다(민법 제626조 제1항).[58] 따라서 불감항 상태, 기계류 등의 결함, 선박서류의 미비가 있더라도 이를 보정하여 용선계약을 계속하는 것이 합리적이라고 볼 때에는 이에 소요되는 보정비용은 필요비로 그 상환을 청구할 수 있다고 본다.

둘째, 민법상 임차목적물의 권리의 하자에 대하여는 임대인의 악의 또는 적어도 과실이 인정되므로 권리의 하자에 대한 임차인의 선의·악의를 불문하고 임대인은 손해배상책임을 부담하며, 그 범위는 이행이익으로 본다(민법 제390

58) 金亨培·金奎完·金明淑, 앞의 책, 1391쪽.

조, 제393조).[59] 따라서 불감항 상태, 기계류 등의 결함, 선박문서의 미비 등에 고의·과실이 있을 경우에는 필요비 외에도 선체용선계약으로 인한 사용·수익권의 상실에 대한 손해배상책임이 발생한다고 본다.

셋째, Barecon 2001 제3조는 선박의 인도와 인수가 이루어졌다고 하면, 선박소유자의 의무의 완전한 이행으로 간주하고 있기 때문에, 선박의 인도·인수가 이루어 질 당시에 선박의 상태와 선박문서 구비 상태를 면밀히 검토하여 상기의 필요비 청구권과 손해배상 청구권의 존재를 전제로 계약을 이행할 것을 명확히 해야 할 것이다.

넷째, 선박의 인도시 불감항상태, 기계류 등의 결함, 선박문서의 결함 등이 계약의 이행이 불가능한 상태일 경우에는 선체용선자는 계약을 해제할 수 있다(민법 제546조, 제551조).

(4) 잠재적 결함

민법상 임대인은 임대차기간 중 임대물의 사용·수익에 필요한 상태를 유지할 적극적인 의무를 부담한다(민법 제623조). 목적물이 사용·수익에 적합하지 아니하면 임대인은 다른 약정이 없는 한 이를 수선할 의무를 진다. 수선의 필요 여부는 수선하지 않으면 계약에서 한 목적에 좇아 임차목적물을 사용·수익할 수 없는가의 여부에 따라 판단되며, 반드시 사용·수익이 불능일 필요는 없다.[60] 우리 민법상 원칙적으로 선체용선된 선박의 사용·수익에 필요한 상태를 유지할 적극적 의무가 발생한다. 다만, Barecon 2001 제3조는 선박의 인도가 정상적으로 이루어지면, 이는 선박의 사용·수익에 필요한 상태를 갖춘 상태로 인도가 이루어진 것으로 보는 것으로 규정되어 있고, 이는 당사자의 합의로서 유효하다고 본다. 따라서 Barecon 2001 제3조 제(c)항 제40번째 내지 제46번째 줄에서 '인도 후 12개월 이내 또는 Part Ⅰ 박스 32에서 당사자가 합의한 기한 내에 선박, 기계류, 부속품에 나타나는 잠재적 결함을 수선 또는 교체할 책임이 있다'라고 규정한 것은, 인도 당시에 선체용선자의 상당한 주의로

59) 위의 책, 1393쪽.
60) 대판 2010. 4. 29, 2009다96984.

도 발견할 수 없는 잠재적 결함으로 인하여 정해진 기한 내에 발생하는 선박의 사용·수익이 불가능할 경우에는 선박소유자의 수선 또는 부속품 등의 교체의무가 있음을 명시한 것이다. 이는 Barecon 2001 제3조 제(c)항 제36번째 내지 제40번째 줄에서 선박의 인도 시 선박소유자의 면책을 규정한 조항에 대한 예외 규정이다. 잠재적 결함에 대하여는 선박소유자가 선박을 반선 받아 수선 후 재인도한다기 보다는 선체용선자가 수선 또는 부품 등의 교체 후 그 비용을 청구할 수 있는 권리로 해석하는 것이 타당하다고 본다.[61]

Ⅳ. 선박인도의 장소

1. 영국법/미국법을 준거법으로 지정할 경우

선박은 Part I 박스 13에 적시된 항구 또는 장소에서 선체용선자에게 인도·인수되어야 하고, 다른 합의가 없으면 선석은 선체용선자가 안전한 선석을 지정하여야 한다.[62] 선체용선자가 지정한 선석을 준비된 선석이라 한다. 항해용선계약과 관련된 사건인 'The Jay Ganesh 사건'[63]에서 Colman 판사의 다음과 같은 판시에서도 유추할 수 있다. '용선자는 선박을 준비된 선석으로 즉시 이동할 것을 지정하지 못함으로 인해서 발생하는 지연으로 인한 비용을 부담하여야 한다. 만약 그러한 지연이 용선자가 계약을 이행할 의사가 없음을 보여주기 위한 것이라면, 선박소유자는 용선계약을 종료시킬 권리가 있다. 어떠한 경우이든 그러한 지연이 용선계약을 종료시킬 권리를 발생시킬 정도로 심각한 가의 여부는 상황에 따라 결정되어야 할 '사실판단의 문제'(a question

61) Mark Davis, op. cit., p.26 참조.

62) 선박소유자가 선박을 인도할 장소는 용선자가 지정하는 준비된 안전선석이라고 규정하고 있는데, 이는 항해용선계약에서의 안전항 지정의무와 유사한 결론이다; 「Explanatory notes to BARECON 2001」, p.1/9.

63) United Nations Food and Agriculture Organisation–World Food Programme v. Caspian Navigation Inc(The Jay Ganesh) [1994] 2 Lloyd's Rep 358 at p.362.

of fact)이다.' 이 판시내용으로 볼 때 선박의 인도는 즉시 이용이 가능한 상태로 선체용선자가 지정한 장소(선석, 항구 등)에서 이루어 져야 한다고 본다.

2. 한국법을 준거법으로 지정할 경우

채무의 내용에 좇은 변제의 제공이 되기 위해서는 변제의 장소에서 행해져야 한다. 여기서 변제의 장소라 함은 채무가 이행되는 장소를 말한다. 변제의 장소는 1차적으로 당사자의 의사표시 또는 채무의 성질에 의해 결정된다(민법 제467조 제1항). 또 당사자의 의사표시로 변제 장소를 정하지 아니한 때에는 특정물 인도는 채권성립 당시에 그 물건이 있던 장소에서 하도록 규정하고 있다. 특정물인도이외의 채무변제는 채권자의 현주소에서 하도록 하고 있다(민법 제467조 제2항).[64]

Barecon 2001 Part Ⅰ 박스 13은 인도항구 또는 장소(Port or Place of delivery)를 규정하고 있는데, 이는 인도 장소에 대한 합의로 보아야 한다. 그러므로 인도 장소는 선체용선자가 지정하는 항구 또는 선석으로 해석이 되고, 즉시 이용이 가능한 상태로 선체용선자가 지정한 장소에서 인도가 이루어져야 한다는 점에서는 영국법을 준거법으로 지정할 경우와 해석상 다를 바가 없다. 또 선체용선자가 지정한 장소를 인도장소로 한 것도 우리 민법이 ① 당사자의 의사로 정하기로 한 것이나, ② 채권자의 현주소로 하는 것과 동일한 논리라고 본다.

64) 金亨培·金奎完·金明淑, 앞의 책, 1129쪽.

V. 선박인도의 시기

1. 영국법/미국법을 준거법으로 지정할 경우

(1) 인도해야 할 시기

Barecon 2001 제4조와 제5조는 Part I 박스 14 및 15와 연계하고, 이와 동시에 제3조가 의미하는 범위 내에서 선박을 선체용선자에게 인도하여야 할 정확한 시기를 설정해야 한다. 그러나 제4조는 선박이 인도되어야 하는 정확한 날짜를 규정하고 있다고 하기 보다는 ① Part I 박스 14에 지정된 날짜 이전에 인도되어서는 안 된다는 점과 ② 선박의 인도 예정일을 규정하고 있다는 것에 의미가 있다.[65] 일반적으로 계약에서 채무 또는 의무의 이행시기를 특정일까지 이행할 것을 전제로 지정하는 것과 달리 특정일 이전에 인도해서는 안 된다는 방식으로 규정하고 있다는 점이 특이하다. 이는 선체용선계약의 특성상 인도예정일 이전에 선박을 인도하게 되면 미처 준비가 되지 않은 선체용선자가 선박의 이용계획은 서 있지 않은 상태에서 용선료 지급의무만 발생하기 때문으로 보인다. 다만, 당사자의 별도의 합의가 있는 경우에는 이를 앞당길 수 있는 것으로 단서규정을 두고 있기 때문에 실질적인 문제의 소지는 없을 것이다.

(2) 통지의무

Barecon 2001 제4조는 선박소유자가 선체용선자에게 ① 적어도 30 연속일(running days) 이상을 두고 사전통지할 것과 ② 선박의 인도 준비예정일을 적어도 14 연속일 이상을 두고 확정적 통지를 할 것을 요구하고 있다. '연속'(running)이라는 말은 정박기간의 문맥에 정의되어 있는데, 그것은 '한 날

65) Mark Davis, op. cit., pp.25~26에서도 이와 유사하게 해석하고 있다.

뒤에 바로 따라오는 날'(days which follow one immediately after the other),[66] 그리고 '선박이 운항할 때의 전체 일자. 밤·낮으로 매일'(the whole of every day when a ship is running. What is that? That is every day, day and night…)[67] 등으로 해석된다. 그것은 또한 연속적인 날을 의미해야 한다고 규정되어 있다. 또한 Barecon 89 제3조 제29번째 줄에서는 '연속일'(running days)과 '날들'(days)로 달리 표현하고 있었으나, 해석상으로는 차이가 없는 것으로 보고 있었다.[68] 이에 Barecon 2001 제3조에서는 '연속일'(running days)로 통일된 용어를 사용하고 있다. Barecon 2001 제4조의 분명한 의도는 선박소유자에게 선박의 인도 준비되기 전에 박스 14에 기재될 날짜를 통지할 것과, 최대 30일전에 통지하고 나서, 선박의 인도 준비가 예정된 날짜로부터 최소 14일 이전에 확정통지할 것을 요건으로 한다는 것이다.

이 조항의 목적은 가장 빨리 선박이 인도될 수 있도록 선체용선자에게 그들의 자원(식료품 및 선원 포함)을 동원할 수 있는 충분한 시간을 주는 것이다. 이것은 선박의 인도 준비가 되지 않는다는 선박소유자의 예상과 반대로 선체용선자의 선원들은 선박이 인도되리라고 기대하고 있는 날짜에 항구에서 계속 대기하는 상황이 발생할 경우에도 선체용선자나 그 선원은 아무런 보상을 받을 수 없다는 점도 고려되었다고 본다.[69] 그러나 박스 15에 표시된 계약해제일에 인도준비가 되지 않는다면 선체용선자는 제5조에 따라 용선계약을 해제할 수 있는 권리를 가진다.

(3) 선박의 위치 변경

선박소유자는 Barecon 2001 제4조 제58번째 내지 제59번째 줄은 선박의 위치 변경이 있는 경우, 이를 선체용선자에게 통지하여야 한다고 규정하고 있다. 선박소유자가 이 의무를 준수하지 못한다면 선체용선자는 그 결과 발생한 손

66) BIMCO 등이 공동으로 발행한 「1980년 용선계약상 정박기간의 정의」(Charterparty Laytime Definitions 1980) 제15조; 「1980년 용선계약상 정박기간의 정의」에 대하여는 [박용섭, 「정기용선계약법」, 전면개정제4판, (효성출판사, 1999), 455~497쪽] 참조.

67) Nielsen v. Wait (1885) 16 QBD 67 per Lord Esher MR.

68) Mark Davis, op. cit., p.26.

69) Ibid., p.26.

해배상청구권을 가지게 된다.[70]

2. 한국법을 준거법으로 지정할 경우

선박의 인도 시기는 선체용선계약상의 변제의 시기라고 볼 수 있다. 우리 민법상 변제의 시기는 당사자의 의사표시, 채무의 성질, 법률의 규정에 의하여 정해진다. 이러한 기준에 의해 변제기가 정해지지 않는 경우에는 채무자가 이행의 청구를 받은 때 이행기에 있다고 해석된다.[71]

선박의 인도시기에 관한 Barecon 2001 제4조, 제5조, 제3조는 서로 연관되어 있는데, 이는 선체용선계약의 이행시기에 관한 조항이다. 특이한 것은 ① Part Ⅰ 박스 14에 지정된 날짜 이전에 인도되어서는 안 된다는 점과 ② 선박의 인도 예정일을 사전에 통지할 것을 규정하고 있다는 점에 그 의미가 있다고 본다.

또 제4조 제58번째 내지 제59번째 줄의 선박의 위치 변경에 대한 통지의무는 선박의 인도이전에 예비항해 중 현재의 선박의 위치는 계약이 적기에 이행가능한가를 판단함에 매우 중요하기 때문에 현재위치의 변경에 대하여 밀접하게 서로 알려줄 의무를 부과한 것이다.

Ⅵ. 신조 선박의 선체용선계약에서 선박 인도의 시기와 장소

1. Barecon 2001의 관련 조항

Barecon 2001 제3조와 제4조는 현존선에만 적용되고 신조선의 선체용선계약에는 적용되지 않는다. 통상 현존선의 선체용선계약은 선박의 운항을 목적

70) Ibid., p.26.
71) 金亨培·金奎完·金明淑, 앞의 책, 1129쪽.

으로 선체용선자가 선박을 임대차하는 경우에 해당하지만, 신조선의 선체용선계약은 ① 선박소유자는 선박의 용대선업을 목적으로 선박을 발주하고 실제 수요자인 선체용선자가 선박의 운항을 목적으로 하는 경우와 ② 선박건조자금의 대출을 위한 담보목적으로 이용되는 경우로 나눌 수 있다. 소위 과거 Barecon B 서식에 해당하는 Barecon 2001 Part Ⅲ은 선박건조자금의 대출을 위한 담보목적으로 사용될 목적으로 주로 사용된다.[72] 어느 경우이든 선박건조자, 선박소유자, 실제 수요자인 선체용선자의 3자의 합의에 기초하여 선박의 인도가 이루어진다고 볼 수 있다. Barecon 2001에서도 신조선박의 인도에 대하여는 Part Ⅲ 제2조에서 '인도의 시기와 장소'(Time and Place of Delivery)라는 제목으로 별도의 규정을 두고 있다.

번역: 제2조 인도의 시기와 장소

(a) 건조계약과 용선계약서를 충족하기 위해서 화물장비검사를 포함한 선박의 인수검사를 완수할 것을 조건으로, 용선계약의 당사자와 선박건조자가 합의한 선박건조자의 조선소 야드 또는 어떤 다른 안전하고 접근 가능한 준비된 선거(dock), 부두 또는 장소에서 인도준비와 서류가 갖추어졌을 때, 떠있는 상태로 선박을 선박소유자가 인도해야 하고 용선자는 인수받아야 한다. 건조계약에 따라 선박건조자는 선박소유자에게 인도할 준비를 해야 하지만, 용선의 목적을 위하여 건조계약에서 지정하고 있는 날짜의 이전이든 이후이든, 검사가 완료된 이후로 선박건조자가 실제로 선박을 인도할 준비가 되었을 날짜로 정할 수 있다.

제1조 제(d)항[73]에 따라서, 선박의 인수를 받기로 한 이후 용선자는 선박의 인도를 거절할 수 없다. 그리고 명시적이든, 선박의 감항능력 또는 인도지연에 관해서, 명시적이든 묵시적이든 근본조건(condition), 표시(representation), 보장조건의 무엇을 이유로 하든 선박소유자에 대하여 청구권을 가질 수 없다.

72) 「Explanatory notes to BARECON 2001」, p.8/9; 吉本英雄, 앞의 책, 42쪽 참조.

73) 선박인도 후 결함 등에 대하여 용선자가 가지는 손해배상청구권 등에 관한 규정으로 선박건조계약상의 보증조항에 근거하고 있다.

(b) 건조 계약 하에서의 선박소유자의 과실 이외의 어떠한 이유에 대하여, 선박건조자는 건조계약에 의해 선박소유자에게 선박을 인도하지 않을 권리를 가진다. 그리고 용선자에게 그러한 권리를 가진 선박건조자의 서면통지를 준 선박소유자는 용선자에 대한 선박의 인도를 면제받고, 용선자가 그러한 서면통지를 받음으로써 이 용선계약은 그 효력을 종료하게 된다.

(c) 만약 어떠한 이유로 선박소유자가 건조계약에 따라 선박의 인수를 거절할 수 있게 된다면, 선박소유자는 그러한 거절권의 행사 전에 용선자와 그러한 사안에 대하여 의논하여야한다.

(i) 만약 용선자가 선박의 인수를 원하지 않는다면, 용선자는 선박소유자에게 7 연속일 이내에 서면으로 통지하고, 용선계약이 효력을 종료하게 된다는 통지를 선박소유자가 수령하였음을 알려야 한다. 또는

(ii) 만약 용선자가 선박의 인수를 원하면, 용선자는 7 연속일 이내에 서면으로 통지함으로써 선박소유자가 인도가 이행되고/또는 인수거절권 행사를 자제하여야 할 조건에 관해서 선박선박건조자와 협상할 것을 요구할 수 있다. 그리고 선박소유자는 그러한 협샹을 개시하고/도는 선박건조자로부터 선박을 인수하고 용선자에게 선박을 인도해야 한다는 것의 통지를 요구할 수 있다.

(iii) 어떤 상황에서도 선박소유자가 선박건조자로부터 선박의 인수를 거절하는 경우가 아니면, 용선자는 선박의 인수를 거절할 수 없다.

(iv) 만약 이 용선계약이 이 조 제(b)항 또는 제(c)항에 의해 종료하면, 선박소유자는 그 이후 이 용선계약에서 발생하는 또는 용선계약의 종료로 인한 클레임에 대하여 용선자에게 책임을 지지 아니한다.

(d) 건조계약 하에서 선박인도의 지연에 대하여 청산된 어떠한 손해와 그로 인하여 클레임을 청구하면서 발생한 비용은 Box 41(c)[74]에 기재된 당사자의 계좌에 입금되거나, 그러한 기재가 없다면 당사자 사이에 균등하게 배분되어야 한다.

74) 41. Liquidated damages and costs shall accrue to (state party acc. to Cl. 1).

원문:

2. Time and Place of Delivery

(a) Subject to the Vessel having completed her acceptance trials including trials of cargo equipment in accordance with the Building Contract and specifications to the satisfaction of the Charters, the Owners shall give and the Charterers shall take delivery of the Vessel afloat when ready for delivery and properly documented at the Builders' Yard or some other safe and readily accessible dock, wharf or place as may be agreed between the parties hereto and the Builders. Under the Building Contract the Builders have estimated that the Vessel will be ready for delivery to the Owners as therein provided but the delivery date for the purpose of this Charter shall be the date when the Vessel is in fact ready for delivery by the Builders after completion of trials whether that be before or after as indicated in the Building Contract. The Charterers shall not be entitled to refuse acceptance of delivery of the Vessel and upon and after such acceptance, subject to Clause 1(d), the Charterers shall not be entitled to make any claim against the Owners in respect of any conditions, representations or warranties, whether express or implied, as to the seaworthiness of the Vessel or in respect of delay in delivery.

(b) If for any reason other than a default by the Owners under the Building Contract, the Builders become entitled under that Contract not to deliver the Vessel to the Owners, the Owners shall upon giving to the Charterers written notice of Builders becoming so entitled, be excused from giving delivery of the Vessel to the Charterers and upon receipt of such notice by the Charterers this Charter shall cease to have effect.

(c) If for any reason the Owners become entitled under the Building Contract to reject the Vessel the Owners shall, before exercising such right of rejection, consult the

Charterers and thereupon.

(i) if the Charterers do not wish to take delivery of the Vessel they shall inform the Owners within seven (7) running days by notice in writing and upon receipt by the Owners of such notice this Charter shall cease to have effect; or

(ii) if the Charterers wish to take delivery of the Vessel they may by notice in writing within seven (7) running days require the Owners to negotiate with the Builders as to the terms on which delivery should be taken and/or refrain from exercising their right to rejection and upon receipt of such notice the Owners shall commence such negotiations and/ or take delivery of the Vessel from the Builders and deliver her to the Charterers;

(iii) in no circumstances shall the Charterers be entitled to reject the Vessel unless the Owners are able to reject the Vessel from the Builders;

(iv) if this Charter terminates under sub-clause (b) or (c) of this Clause, the Owners shall thereafter not be liable to the Charterers for any claim under or arising out of this Charter or its termination.

(d) Any liquidated damages for delay in delivery under the Building Contract and any costs incurred in pursuing a claim therefor shall accrue to the account of the party stated in Box 41(c) or if not filled in shall be shared equally between the parties.

2. 영국법/미국법을 준거법으로 지정할 경우

신조 계약에서 선박의 인도일은 선박소유자가 직접 관여할 수 있는 범위 밖의 사항이기 때문에, 신조 선박의 선체용선계약에서는 ① 가장 빠른 시일에 인도할 것, ② 특정일에 선박이 인도되지 않을 경우 계약해제권을 규정하는 것은 타당하지 않다. 따라서 (a)항은 신조 계약에서 지정된 인도 예정일 전후이든, 선박건조자에 의한 인도검사의 완료 후, 선박이 실질적으로 인도 준비가 되었을 때를 인도일로 지정할 것을 규정한 것이다.

또 인도는 선박건조자의 조선소 야드 또는 당사자 사이에 합의된 안전하고 접근이 용이한 장소에서 이루어진다.

선체용선자가 만족할 정도로 인도검사가 완료되었고, (Part Ⅰ 박스 10에서 지정한 대로) 선박이 선급을 부여받고 적절하게 선박서류가 준비된다면, 선체용선자는 인도를 수락해야 하고, 제67 내지 74번째 줄에서 합의한 바와 같이 선박의 감항능력의 부족 또는 인도 지연에 대하여 손해배상청구를 할 수 없다.

Part Ⅲ 제1조를 보면, 일단 선체용선자가 인도를 수락하면 선박의 성능, 명세, 결함[75] 또는 인도지연에 관해서는 선박소유자에 대하여 청구권을 행사할 수 없다. Barecon 89 Part Ⅲ 제2조 제49번째 줄에서는 '그 외 다른 이유에서라도'(otherwise howsoever)라는 단어가 규정되어 있었지만, 그 의미가 분명하지 않았고, 법원은 그러한 단어에 의존하고자 하는 계약자들에게 불리하게 해석할 가능성이 높아서, 그러한 일반적인 단어의 사용으로 계약자의 부주의에 대한 법적 책임이 면제되는 것을 허용치 않을 것으로 해석되었다.[76] 이러한 견해를 받아들여 Barecon 2001 Part Ⅲ 제2조 제(a)항 74번째 줄에서는 'otherwise howsoever'라는 문구를 아예 삭제하였다.

제(b)항에 따라 선박소유자측의 과실을 이유로 하지 않고, 건조계약에 따라 선박건조자가 선박을 선박소유자에게 인도하지 않을 수 있는 권리가 있는 경우에, 선박소유자는 인도를 할 수 없음에 대한 양해를 구하고, 선체용선자가 그 결과를 통지받는 즉시 선체용선계약의 효력은 중단된다.

선박건조자가 건조계약 하에서 선박소유자 측의 과실의 결과(예를 들어 신조 계약가액의 선불 할부금의 미지급)로 선박의 인도를 거부할 수 있는 권리를 갖게 되는 경우에는, 선박소유자는 선체용선계약 상의 이행의무를 면제받을 수 없다. 이러한 경우는 선체용선자로부터 손해배상청구를 받을 수 있는

75) 신조선박의 선체용선계약에 관한 Barecon 2001 Part Ⅲ 제1조 (d)호의 내용 중 면책사유에 따르면, 인도 후 12개월 이내에 나타나는 결함을 의미한다; Mark Davis, op. cit., pp.132~133 참조.

76) Lord Moston in Canada Steamship Lines Ltd. v. The King [1952] AC 192, [1952] 1 Lloyd's Rep. 1; Approved by the House of Lords in Smith v. South Wales Switchgear Co Ltd. [1978] 1 WLR 165.

가능성이 있는데, 손해배상의 기준은 계약된 용선요율과 시세에 따른 용선요율의 차이가 된다.[77)]

제(C)항은 선박소유자가 건조계약 하에서 선박의 인도를 거부할 수 있는 경우에 해당한다. 이러한 상황에서, 선박소유자는 이러한 권리를 행사하기 이전에, 선체용선자와 상의하여야 한다. 만일, 상의한 결과, 선체용선자가 인도받기를 원하지 않을 경우에는 선박소유자에게 7 연속일 이내에 서면으로 용선계약의 효력이 종료함을 통지하고, 그 통지를 선박소유자가 수령하였음을 알려야 한다.

만약 선체용선자가 인도받기를 원할 경우에는, 선박소유자에게 7 연속일 이내에, 선박소유자와 선박의 인도조건을 협상할 것과 선박 인수거부권 행사를 자제할 것을 서면으로 통지하여야 한다. 양당사자 모두, 선박소유자가 무의식적으로 선박거부권을 포기하지 않도록 주의하여야 한다.[78)] 만일 선박소유자가 당연한 순서에 따르고 선체용선자의 계약조건에 따라서 선박의 인수를 행하였다면 수용 가능한 계약조건은 협상가능하다.

만일 협상이 선체용선자의 요구에 따른 계약조건의 획득에 성공적이지 못할 경우, 그들은 인수를 다시 거절하게 되고 용선계약의 효력도 종료된다. 용선계약자는 제(C)항 (ii)호에 따른 협상이 만족스럽지 못하게 결론 내려졌을 경우의 선박 인수거부권의 유지에 대한 통지를 확실하게 하여야 한다.[79)] 용선계약이 제(b)항이나 제(c)항에 따라 종료하게 되면, 선박소유자는 선체용선자에 대하여 용선계약의 발생과 종료에 따른 어떠한 청구권에 대하여도 책임을 지지 않는다고 규정하고 있다.

제(d)항은 건조계약 하에서 발생한 선박인도지연으로 인한 손해와 클레임 청구비용은 Box 41 (c))에 기재된 당사자의 계좌에 입금하거나 당사자 사이에 균등하게 분할 배분하도록 규정하고 있다

77) Mark Davis, op. cit., p.133.

78) (c)항 iii)호는 어떠한 경우에도 선박소유자가 선박건조자로부터 선박의 인수를 거절할 수 있는 경우가 아니면 선체용선자는 선박의 인수를 거절할 수 없다고 규정하고 있다.

79) Mark Davis, op. cit., p.134.

3. 한국법을 준거법으로 지정할 경우

신조선박의 선체용선계약에서는 선박건조자와 선박소유자, 선체용선자의 3자의 협력에 의하여 선박의 인도가 이루어지기 때문에, 선박소유자와 선체용선자만의 합의만으로는 선박의 인도가 완벽하게 실현될 수 없다. 따라서 Barecon 2001에서도 신조선박의 경우에는 인도예정일 전후에 선박인도검사가 완료된 후 인도일을 정하도록 규정한 것이다.

또 인도장소도 선박건조자의 조선소 또는 합의된 장소로 당사자가 합의하도록 하고 있다.

실제로 선박을 임차할 목적으로 선체용선계약을 하던 아니면 신조 자금의 담보목적으로 선체용선계약을 하던[80] 상관없이 선박에 대한 현실 인도를 실행하여 이를 사용·수익하는 주체는 선체용선자이므로 가장 직접적인 이해관계를 가진다고 할 것이므로 인도 당시 선박의 성능, 명세, 결함 또는 인도지연에 대한 문제의 제기도 선체용선자가 제기하지 않는 한, 선박의 인노는 하자없이 이루어진 것으로 추정된다고 본다.

(b)항, (c)항 및 (d)항의 해석에 있어서도 계약자유의 원칙상 당사자의 합의내용이 명확한 이상 영국법과 달리 해석할 여지는 없어 보인다.

Ⅶ. 맺음말

선체용선계약은 선체용선자가 본선을 점유하고 선원을 고용하여, 본선 및 선원의 관리와 통제를 맡는다는 점에서 선박의 리스 또는 임대차계약으로서의 성질을 가지고 있다. 우리 상법은 제847조 내지 제850조의 5개 조항의 명문규정을 두고 있으나, 선체용선계약상 발생하는 당사자간의 분쟁에 대하여 구체적 규정을 둔 것은 아니기 때문에 민법의 임대차관련 규정을 준용하도록

80) 정영석, 앞의 「해상법원론」, 114쪽 참조.

하고 있다. 반면, 대부분의 용선계약서에서 준거법으로 채택하고 있는 영국법에서는 명문의 규정이 없이 계약의 방식이나 내용에 있어서 완전한 자유가 보장되는 계약에 속한다. 이는 부합계약의 성질을 띤 개품운송계약과는 달리 용선계약은 당사자의 자유로운 의사와 수요와 공급에 의한 시장원리가 가장 잘 적용된다는 특징에서 유래된 것으로 보인다. 원래 선체용선계약은 휴가철에 본선 선원들이 휴가를 가버리자, 선체용선자가 자기가 고용한 선원을 선박에 승선시키면서 시작되었으나 1942년 내려진 판결[81]에서 MacKinnon 판사가 말한 바와 같이 한동안은 이미 한물간 용선계약의 형태로 인식되기도 했던 것이다. 최근에는 신조선 또는 중고선 구입을 위한 금융담보의 방편으로 되살아나게 되었다.[82] 선체용선계약에서는 사실상 Barecon 2001이 전 세계에 걸쳐서 통일된 표준서식의 역할을 하고 있는 유일한 계약서식이다. 따라서 선체용선계약에 대하여는 Barecon 2001의 해석론이 곧 선체용선계약에 대한 법적 해석론이라고 볼 수 있다.

이 서식은 Part Ⅱ에서 운항형 선체용선계약을 중심으로 작성되어 있고, Part Ⅲ에서 소유권취득조건부 선체용선계약에 적용되는 특수한 사항에 대한 규정으로 구성되어 있다.

선체용선계약은 영국법이나 한국법상 모두 물건의 임대차계약에 속하는 것으로, 법적 성질을 다루는 것은 주로 계약 당사자가 아닌 제3자와의 법률분쟁을 해결하기 위하여 그 본질을 밝히는 것이지만, 당사자 간에는 계약서를 분석함으로써 법률관계를 분명히 할 수 있다. 이때 선체용선계약은 선박의 인도로부터 이행이 개시된다고 볼 수 있는데, 중고선의 경우에는 선박소유자와 선체용선자의 양 당사자의 계약이행만 문제가 되지만, 신조선의 선체용선계약에서는 선박건조자, 선박소유자, 선체용선자의 3자가 선박인도의 당사자가 된다고 할 수 있다. 또 선체용선계약의 특성상 선체용선자가 실제로 선박을 사용수익할 목적으로 선박을 건조하는 것이기 때문에, 선박인도에 있어서도 선체용선자의 의사를 반영하도록 한 것이 특징이라 할 것이다.

준거법을 영국법으로 하건 미국법으로 하건 또는 한국법으로 하건 임대차

81) Sea and Land Securities v. Dickson [1942] 2 K.B. 65.
82) 林錫珉 譯, Paul Todd 著, 「海上貨物運送契約論」, (三英社, 1998), 47~48쪽 참조.

계약은 계약을 지배하는 강행법규가 별도로 없고 당사자자치의 원칙이 가장 잘 보장되는 유형의 계약이기 때문에 당사자의 의사가 명확하게 표시된 이상 Barecon 2001은 계약조항 자체의 해석에 있어서 크게 차이가 날 것은 없어 보인다. 적어도 선박의 인도와 관련된 Barecon 2001의 해석론 상으로는 한국법을 준거법으로 지정한다고 하여 영국법이나 미국법을 준거법으로 하는 경우에 비하여 특별한 해석상 의문이 발생할 가능성은 없어 보인다.

참고문헌

「海運·物流用語大辭典」, 제10개정증보판, (코리아쉬핑가제트, 2006).

金演·朴正基·金仁猷, 「國際私法」, 제2판, (法文社, 2006).

金亨培·金奎完·金明淑, 「民法學講義」, 제10판, (新潮社, 2011).

박용섭, 「정기용선계약법」, 전면개정제4판, (효성출판사, 1999).

沈載斗, 「海上運送法」,(吉安社, 1997).

염정호, 「정기용선계약법」, (법문사, 2010).

林錫珉 譯, Paul Todd 著, 「海上貨物運送契約論」, (三英社, 1998).

정영석, 「傭船契約法講義」, (海印出版社, 2005).

______, 「해상법원론」, (텍스트북스, 2009).

吉本英雄, 「傭船契約の基礎理論」(東京, 日本海運集會所, 1986).

Harvey Williams 著, 西澤與志英/東 通生 譯, 「傭船契約と船荷證券の解說」, (東京, 海文堂, 2002).

John F. Wilson, 「Carriage of Goods by Sea」, 4th ed., (London, Longman, 2001).

Mark Davis, 「Bareboat Charters」, (London, LLP, 2000).

Raoul Colinvaux, 「Carver's Carriage by Sea」, 12th ed., (London, Stevens & Sons, 1971).

선체용선계약에서 반선*

-Barecon 2001의 해석을 중심으로-

정 영 석

Ⅰ. 머리말

선체용선계약(bareboat charter-party)은 선박소유자가 일정기간 선박의 전부의 점유권 및 지배권을 용선자(bareboat charterer)에게 넘겨주기로 약속하고 이에 대하여 용선자가 기간단위로 용선료를 지급하기로 하는 계약으로 정의된다.[1] 이는 영국의 커먼로(common law)상 확립된 개념[2]일 뿐만 아니라 한국 상법 제849조 제1항에서도 법적 성질이 임대차계약임을 명문화 하고 있다. 물건의 임대차계약은 일정기간 물건을 사용·수익하는 계약이기 때문에 임대차 대상 물건을 인도할 때로부터 반환할 때까지 존속한다. 따라서 선체용선계약은 선박의 사용·수익을 위하여 선박을 인도할 때로부터 반환할 때까지를 임차기간 즉, 용선기간(charter period)이라고 할 수 있다. 선박은 부동산과 달리 장소를 이동하는 물건이므로 약정된 시간에 인도를 하는 것뿐만 아니라 약정된 시간에 반환하는 것도 쉽지 않다. 따라서 선체용선계약에서는 반선을 둘러싼 분쟁 역시 빈번하게 발생하고 있어서 법률적으로 중요한 문제가 되고 있다.

선체용선계약은 부합계약인 개품운송계약과는 달리 강행법규의 적용이 없이 당사자의 합의에만 의존하기 때문에 이에 적용되는 국제협약이 존재하는

* 2014년 「한국해법학회지」, 제36권, 제1호에 게재된 같은 제목의 논문을 일부 수정하여 게재하였음.

1) 정영석, 「해상법원론」(텍스트북스, 2009), 114~115쪽; 정영석, 「傭船契約法講義」(해인출판사, 2005), 16쪽; 선체용선계약의 법적 성질을 임대차계약으로 보는 데는 이견이 없다. 다만, 운항형선체용선계약과 소유권취득조건부선체용선계약으로 구분할 경우에 후자의 경우에는 그 본질을 매매계약의 한 형태로 볼 수 있다.

2) Mark Davis, 「Bareboat Charters」, 2nd ed., (London, LLP, 2005), p.1 참조.

것은 아니나, BIMCO가 제정한 Barecon 2001[3)4)]이 유일한 국제적 표준계약서식이라고 할 수 있다. Barecon 2001을 포함한 대부분의 표준용선계약서식은 준거법을 영국법이나 미국법으로 지정하고 있지만, 당사자가 합의하면 한국법을 준거법으로 지정할 수도 있다(국제사법 제17조, 제25조 참조).[5)6)] 이는 국제사법의 규정이나 이론뿐만 아니라 분쟁해결에 관한 Barecon 2001 제30조의 규정에서도 영국법, 미국법 또는 당사자가 정하는 다른 법률을 준거법으로 지정할 수 있도록 규정하여 이를 확인하고 있다(Part Ⅱ 제30조 note).

이하에서는 Barecon 2001에서 현존선의 반선에 관한 Part Ⅱ 제7조와 제15조, 신조선박의 반선에 관한 Part Ⅲ 제5조에 대하여 영국법, 미국법, 한국법을 준거법으로 지정할 경우에 각각의 해석론과 그 차이점을 논하고자 한다.

Ⅱ. Barecon 2001의 반선 관련 조항

1. 반선 관련 조항의 구성

Barecon 2001에서 반선 관련 조항은 Part Ⅱ 제7조와 제15조에 규정되어 있다. 다만, 이 조항은 현존선의 선체용선계약에만 적용이 되고, 신조선의 경우에는 Part Ⅲ 제5조에서 반선검사에 관한 규정 1개 조항만 두고 있다.

3) Barecon 2001에 대한 간략한 소개는 [정영석, "선체용선계약에서 선박의 인도", 「한국해법학회지」, 제34권 제2호, (2012. 11), 239쪽 각주 1] 참조.

4) 표준적인 선체용선계약에 대하여 여러 가지 종류의 서식이 필요하지 않다고 한다. 이는 이러한 형태의 계약을 필요로 하는 자는 계약의 법률적인 성질과 상업상의 목적을 잘 알고 있다면, Barecon 2001 서식의 내용이 이미 필요충족요건인 기본적인 사항을 모두 갖추고 있기 때문이다: Harvey Williams 著, 西澤與志英/東 通生 譯, 「傭船契約と船荷證券の解說」(東京, 海文堂, 2002), 142쪽 참조.

5) 서울민지판 1978.8.3., 77가합 1615; 정영석, 앞의 책, 「傭船契約法講義」, 33쪽 참조

6) 채권계약의 성립과 효력의 준거법을 당사자의 의사에 따라 결정하는 당사자자치의 원칙은 세계 각국이 그 입법례에서 널리 채택하고 있다; 金演·朴正基·金仁猷, 「國際私法」, 제2판, (法文社, 2006), 289쪽 참조

2. 현존선의 반선에 관한 조항

(1) 반선조항

현존선의 반선에 관한 Part Ⅱ 제15조의 규정은 다음과 같다:

(2) 반선검사조항

번역:

15. 반선

용선기간의 만기에, 선박소유자가 지시한 준비된 안전선석에서, Box16[7]에 지시된 대로 안전하고 무결빙의 항구 또는 장소에서 용선자가 선박소유자에게 선박을 반선하여야 한다. 용선자는 선박소유자에게 예정일, 반선항구의 범위 또는 반선항구 또는 장소를 적어도 30연속일 이전에 미리 통지하여야 하고, 반선 예정일과 반선 항구 또는 장소를 적어도 14 연속일 이전에는 확정통지를 하여야 한다. 그 후 선박의 위치에 변경이 있을 경우에는 선박소유자에게 즉시 통지하여야 한다.

용선기간 내에 선박의 반선을 허용하는 시간 내에 완성될 것을 합리적으로 기대할 수 없는 항해(직전 공선항해를 포함함)를 허용하지 않을 것을 용선자들이 보장(warrant)한다. 위에 내용에도 불구하고 용선자가 용선기간 내에 반선하지 못하면, 용선자는 Box 22[8]안에 기재된 요율에 10%를 더한 요율을 기준으로 또는 시장요율이 더 높을 경우에는 시장요율을 기준으로 용선기간을 초과한 일수에 대한 일할용선료(daily equivalent)를 지급해야한다. 용선의 다른 모든 조항, 조건과 규정은 계속해서 적용한다.

제10조의 규정에 의하는 경우가 아니면, 인도되었을 때와 같은 구조, 상태, 조건과 선급으로 선박소유자에게 반선되어야 한다. 이때 정당한 마

7) Part Ⅰ, Box 16. Port or Place of redelivery (Cl. 15).
8) Part Ⅰ, Box 22. Charter hire (Cl. 11).

모(fair wear and tear)는 예상선급에 영향을 주지 않는다.

반선된 선박은 적어도 Box 17에 합의된 개월 수만큼 최신 검사주기, 유효한 항행구역증서 및 선급증서를 가지고 있어야 한다.

원문:

15. Redelivery

At the expiration of the Charter Period the Vessel shall be redelivered by the Charterers to the Owners at a safe and ice-free port or place as indicated in Box 16, in such ready safe berth as the Owners may direct. The Charterers shall give the Owners not less than thirty (30) running days' preliminary notice of expected date, range of ports of redelivery or port or place of redelivery and not less than fourteen (14) running days' definite notice of expected date and port or place of redelivery. Any changes thereafter in the Vessel's position shall be notified immediately to the Owners.

The Charterers warrant that they will not permit the Vessel to commence a voyage (including any preceding ballast voyage) which cannot reasonably be expected to be completed in time to allow redelivery of the Vessel within the Charter Period. Notwithstanding the above, should the Charterers fail to redeliver the Vessel within the Charter Period, the Charterers shall pay the daily equivalent to the rate of hire stated in Box 22 plus 10 per cent. or to the market rate, whichever is the higher, for the number of days by which the Charter Period is exceeded. All other terms, conditions and provisions of this Charter shall continue to apply.

Subject to the provisions of Clause 10, the Vessel shall be redelivered to the Owners in the same or as good structure, state, condition and class as that in which she was delivered, fair wear and tear not affecting class excepted. The Vessel upon redelivery shall have her survey cycles up to date and trading and class certificates valid for at least the number of months agreed in Box 17.

현존선의 반선 검사에 관한 Part Ⅱ 제7조의 규정은 다음과 같다:

번역:

제7조 인도와 반선 검사

(Box37[9]에 지시 바와 같이, Part Ⅲ가 적용될 때는 적용하지 않음)

선박소유자와 용선자는 각각 이 계약에 따라 선박의 인도와 반선이 이루어지는 때에 그 선박의 상태(condition)를 서면으로 결정하고 합의할 목적으로 검사원을 임명해야 한다. 가능한 한, 선박소유자는 시간 손실을 포함한 용선개시검사(on-hire survey)[10]에 소요되는 비용을 전액 부담해야 한다. 용선자는 가능한 한 용선요율에 일할비율 또는 용선료에 비례하여 시간 손실을 포함한 용선종료검사(off-hire survey)[11]에 소요되는 비용을 전액 부담해야 한다.

원문:

7. Surveys on Delivery and Redelivery

(not applicable when Part III applies, as indicated in Box 37) The Owners and Charterers shall each appoint surveyors for the purpose of determining and agreeing

9) Part Ⅰ, Box 37. Newbuilding Vessel (indicate with "yes" or "no" whether Part Ⅲ applies) (optional).

10) 용선개시검사(On Hire Survey)라 함은 정기용선계약이나 선체용선계약의 발효시점에 선박소유자가 용선자에게 선박을 인도할 때 수행하는 검사를 말한다. 용선계약 종료시점에 비교할 수 있도록 선박의 상태를 확인하는 것을 목적으로 히는 검사이다; 「海運·物流用語大辭典」, 제10개정증보판, (코리아쉬핑가제트, 2006), 653쪽 참조.

11) 용선종료검사(Off Hire Survey)라 함은 용선계약의 종료시점에 선체용선자 또는 정기용선자가 선박소유자에게 선박을 반선할 때 수행하는 검사를 말한다. 선박의 통상적인 마모(wear and tear)를 제외하고 선박의 인도 당시와 상태가 동일한지 여부를 결정하는 것이다.

in writing the condition of the Vessel at the time of delivery and redelivery hereunder. The Owners shall bear all expenses of the On−hire Survey including loss of time, if any, and the Charterers shall bear all expenses of the Off−hire Survey including loss of time, if any, at the daily equivalent to the rate of hire or pro rata thereof.

Ⅲ. 반선의 개념

1. 영국법 또는 미국법을 준거법으로 지정할 경우

Part Ⅱ 제15조에서는 용선기간의 종료 시 용선자는 선박을 선박소유자에게 반선(shall be redelivered)하여야 한다고 규정하고 있다. 이는 용선 개시 시 용선자에게 선박이 인도·인수될 것을 요건으로 한다는 제3조의 규정에 대응되는 개념이다. 선체용선계약의 본질에 비추어볼 때 반선(redelivery)이라 함은 용선자가 계약에서 정한 용선기간이 종료하면 선박의 점유권(possession)[12]과 지배권(control)[13]을 포기하고 이를 선박소유자에게 돌려주는 것을 의미한다.[14]

'용선료는 선박을 용선자에게 인도한 날짜 및 시간부터 효력을 가진다'고 규

12) 영국법과 미국법상의 possession은 점유 또는 점유권으로 해석이 되는데, ① 현실 또는 잠재적인 물건에 대한 물리적 지배, ② 점유의사, ③ 물리적 지배의 사실 또는 가능성, 즉 점유의사가 외부적 표시에 의하여 제3자에게 인식이 가능할 것과 같은 세 가지 요소로 구성 된다; 鴻 常夫 編修, 「英美商事法辭典」, (大光書林, 1988), 557쪽 참조

13) 영미법상의 control과 한국법상의 지배권의 개념에 대하여는 [정영석, 앞의 논문, "선체용선계약에서 선박의 인도", 245쪽 각주 17)] 참조.

14) ① Reed v. The YKS, 373 U.S. 410, 412, 1963 AMC 1373, 1375−1376; Guzman v. Pichirilo, 369 U.S. 698, 1962 AMC 1142 (1962); Biship v. United States, 476 F. 2d 977, 1973 AMC 574 (5th Cir. 1973); Fitzgerald v. A.L. Burbank & Co., 451 F. 3d 670, 1972 AMC 207 (2d Cir. 1971); Schnell v. United States, 166 F. 2d 479, 1948 AMC 769 (2d Cir.), cert. denied, 334 U.S. 833 (1948).
② 정영석, 앞의 논문, "선체용선계약에서 선박의 인도", 245쪽 참조; 정영석, 앞의 책, 「傭船契約法講義」, 17쪽 참조.

정한 제11조 제(b)항과 '30 연속일이 되지 않는 경우 마지막 용선료의 지급은 반선 전에 남아있는 일수와 시간에 비례하여 계산되어야 한다'고 규정한 제11조 제(d)항의 해석상 반선은 선박의 점유권과 지배권을 용선자가 선박소유자에게 돌려주는 것을 의미한다는 점은 분명하다.

번역:

제11조

(b) 용선자는 Box 22에 명시된 금액을 총액(lump sum)으로 선박소유자에게 지급하여야 한다. 이때 용선료는 적어도 30 연속일 전에 선불로 지급되어야 한다. 다만, 최초의 용선료는 선박의 인도일시에 지급되어야 한다.

원문:

(b) The Charters shall pay the owners for the hire of the Vessel a lump sum in the amount indicated in Box 22 which shall be payable not later than every thirty (30) running days in advance, the first lump sum being payable on the date and hour of the Vessel's delivery to the Charters. Hire shall be paid continuously throughout the Charter Period.

2. 한국법을 준거법으로 지정하는 경우

상법 제848조 제1항에서는 "선체용선계약은 그 성질에 반하지 아니하는 한 「민법」상 임대차에 관한 규정을 준용한다"라고 규정하고 있다(상법 제848조 제1항).[15] 이와 같이 선체용선계약은 선박이라는 동산의 임대차계약에 속한다. 따라서 용선기간이 종료하면 용선자는 대상 선박을 선박소유자에게 반환한다. 이를 반선(redelivery of ship)이라 하는데, 선박의 인도와 반대되는 개념으로 선박의 사용·수익권을 선박소유자에게 되돌려주는 것을 말한다(민법 제

15) 정영석, 앞의 책, 「해상법원론」, 114~115쪽 참조.

618조 반대해석). 이는 영미법에서 말하는 선박의 점유(possession) 및 지배권(control)을 용선자로부터 선박소유자에게 이전하는 것과 동일한 의미로 해석할 수 있다.

Ⅳ. 반선의 요건

1. 영국법 또는 미국법을 준거법으로 지정할 경우

(1) 반선장소

Part Ⅱ 제15조는 용선자가 용선기간 종료 시에 Part Ⅰ의 Box 16[16]에 명시된 안전한 부동항(safe and ice－free port or place) 또는 장소, 선박소유자가 지시한 준비된 안전 정박지에서 반선하도록 규정하고 있다.

만약 합의되지 않은 다른 장소에서 반선하는 경우, 선박소유자는 손해배상청구권을 갖게 된다. 반선장소 위반으로 인하여 부담하여야 할 용선자의 손해배상액의 산정에 관한 영국법상의 판례나 근거가 명확하게 정립된 것은 없다. 이와 관련하여 일정한 기간 운송서비스를 제공하고 용선기간 종료 시 반선을 하는 점이 정기용선계약의 경우와 유사하기 때문에 이를 참조할 수 있을 것이라는 견해가 있다.[17] 정기용선계약은 운송계약의 일종으로 반선장소가 잘못된 경우 약정된 반선장소로 이동하는데 따른 시간 손실을 계산한 것으로 보인다. 그러나 선체용선계약은 선박의 사용·수익권만 양도한 임대차계약이기 때문에 용선기간의 초과로 인한 손해배상책임문제는 별개로 다루고, 잘못 반선된 장소로부터 약정된 인도장소로 선박을 이동하는 데 소요되는 비용 일체에 대한 손해를 배상해야 한다고 본다. 선박을 이동하기 위해서는 선박소유자가 다시 선원을 고용하고 항해에 필요한 여러 가지 경비를 부담해야 하기 때문에

16) Part Ⅰ Box 16. Port or place of redelivery (Cl. 15).
17) Mark Davis, op. cit., p.86 참조.

정기용선계약에서와 같이 단순한 사용기간의 연장으로 볼 수는 없다고 본다.

(2) 반선시기 및 통지

용선기간(charter period)에 대하여 Part Ⅰ Box 21[18]에서 명시하고 있다. 따라서 용선의 개시 뿐 아니라 종료 일시도 결정하게 된다. 용선자는 Part Ⅱ 제15조에 따라 Part Ⅰ의 Box 16[19]에 명기된 범위 내에서 반선항 또는 장소에 대하여 반선예상일로부터 30 연속일(running days)[20] 이전에 예비통지(preliminary notice), 14 연속일 이전에 확정통지(definite notice)를 해야 한다. 이후 선박의 위치에 변경이 생기는 경우, Part Ⅱ 제15조 524~525행에 따라 선박소유자에게 즉시 통지해야 한다.

용선자가 선박소유자에게 30 연속일 이전에 예비통지와 14 연속일 이전에 확정통지를 하도록 하는 요건은 '인도시기'(time for delivery)를 다루고 있는 제4조에 통지문구로 반영되어 있다. 제4조와 마찬가지로, Part Ⅱ 제15조도 선박소유자에게 반선에 필요한 충분한 준비시간을 주는데 그 목적이 있으므로, 용선자도 확정통지를 한 후에 선박의 위치를 변경하는 경우에는 이를 선박소유자에게 즉시 통지할 의무가 있다.[21]

(3) 반선 시의 선박상태

Part Ⅱ 제15조는 선급에 영향을 미치지 않는 '정당한 마모'(fair tear and wear)

---

18) Mark Davis, op. cit., p. 86 참조; 정기용선계약에서는 실제 반선장소로부터 약정된 반선장소까지의 관념상의 항해(notional voyage)에서 그러한 항해기간 동안 대체사용(alternative employment)으로 얻은 순이익－예를 들면, 용선료에서 경상경비(running expenses)를 뺀 금액을 토대로 손해배상액을 산정한다. 이러한 손해액 산정의 기준은 선박이 합의된 반선항구 혹은 그 범위 내에로 반환될 때까지 선박소유자는 선박이 계속 사용 상태에 있다는 계약상의 권리를 가지고 있다는 것을 이론적 근거로 하고 있다.

19) ① Part Ⅰ Box 21 Charter period(Cl. 2).
② Part Ⅱ 제2조에서는 Box 21에 명기된 기간 용선계약이 존속한다고 규정하고 있다.

20) 용선계약에서 연속일(running days, consecutive days)이라 함은 아무런 조건이 붙어 있지 않은 날을 의미하며, 24시간 연속한 달력 일을 말한다. 하역일 뿐 만 아니라 일요일 휴일도 모두 포함하는 것이다; 「海運·物流用語大辭典」, 제10개정증보판, (코리아쉬핑가제트, 2006), 756쪽 참조.

21) Mark Davis, op. cit., p.87.

는 허용하지만, 선박이 인도된 당시와 동일한 정도로 양호한 구조(structure), 상태(state), 조건(condition), 선급(class)으로 선박소유자가 반선되어야 한다고 규정하고 있다(Barecon Part Ⅱ 제15조 538행~542행). 이 조항의 해석과 관련하여 용선기간 중에 선박상태가 악화된 경우, ① 선박소유자가 반선을 거부할 수 있는지, ② 반선을 허용하고 손해배상청구만을 할 수 있는 가가가 문제된다. 이는 반선 전 선박을 수리하여 원상회복시키는 것이 반선의 정지조건(condition precedent)으로 해석할 것인가의 문제로 볼 수 있다. 이에 대하여 Attica Sea Carriers Corporation 사건[22]의 항소법원(the Court of Appeal)의 판결에서 영국 법원의 입장이 확립되었다. 현재까지 확립된 해석론은 사실관계의 해석문제로 ① Part Ⅱ 제15조와 같은 문구의 해석으로는 원상회복을 정지조건으로 볼 수 없고, 상황에 따라서는 손해배상청구권만 인정하고 반선을 받아야 한다고 한다. 다만, 계약조항에서 명확하게 원상회복을 반선의 정지조건으로 규정한 경우에는 그에 따라야 한다고 해석한다.[23] 즉, 자연적 마모가 아닌 한, 용선자는 선박이 인도되었을 때 보다 구조, 상태, 조건 혹은 선급이 악화된 상태로 반선하는 경우, 용선자는 그 손해에 대한 배상책임을 지지만, 선박소유자는 그러한 사유로 반선을 거부할 권리는 없다고 본다.[24]

선박소유자의 입자에서는 반선 시 선박인도시의 상태로 반선하거나 양호하게 수리된 상태로 반선할 용선자의 의무를 선박소유자의 반선수락의무를 정지조건으로 제15조를 수정하는 것이 유리할 것이다.[25] 반선 시 ‘정당한 마

22) Attica Sea Carriers Corporation v. Ferrostaal Poseidon Bulk Reederei GmbH [1976] 1 Lloyd's Rep 250.

23) Attica Sea Carriers Corporation 사건의 내용은 다음과 같다: Puerto Buitrago 호는 인도후 1975년 5월 28일까지, 1개월 연장 혹은 단축 용선자 옵션(one month less or more in Charterer's option)으로 17개월 선체용선계약 되었다. 용선계약서 제15조에 ‘선박은 인도 시와 동일한 양호한 상태로 선박소유자에게 반선되어야 한다…. 반선 전에 용선자는 자신의 비용과 시간으로 필요하다고 밝혀진… 모든 수리와 작업을 해야 한다’라고 규정되어 있었다.
항소법원의 판결에서 Denning 부장판사(Lord Denning MR)는 “용선계약의 진정한 해석에 따라, 검사가 완료되지 않은 사실 혹은 권고사항(recommendation) 없이는 선박이 선급을 유지할 수 없으며 적절한 수리도 하지 않은 사실에도 불구하고, 반선은 효력이 있다. 상반되는 결과를 상정한다면, 수리비가 미화 200만 달러로 추정되는 반면, 선박을 수리했을 경우에 선박가치는 겨우 미화 100만 달러에 그칠 것으로 예상되기 때문에, 덜 합리적인 결과가 될 수도 있을 것이다” 라고 판시하였다; Attica Sea Carriers Corporation v. Ferrostaal Poseidon Bulk Reederei GmbH [1976] 1 Lloyd's Rep 250.

24) Mark Davis, op. cit., p.90.

25) Mark Davis, op. cit., p.90.

모'(fair tear and wear)인가의 여부에 대하여는 용선자가 무과실을 입증하지 못하면 손해배상책임을 지게 된다.[26]

(4) 검사증서 및 선급증서

Part Ⅱ 제15조는 반선 시 해당 선박은 최신의 검사증서(survey cycle)를 보유해야 하며, 적어도 Box 17[27]에서 합의된 개월 수 동안 유효한 항행허가와 선급증서를 보유해야 한다고 규정하고 있다. 이 조항은 용선자가 아직 유효한 (권고사항의 면제에 반대되는) 선급증서를 보유한 선박의 반선을 요건으로 규정한 것이지만, 538행에서 542행까지의 문구는 선급에 영향을 미치지 않는 적정한 마모(fair wear and tear not affecting class)를 제외하고, 선박이 인도되었을 때와 동일한 조건과 선급으로 반선되어야 한다는 것을 명백하게 표현하고 있다.[28]

2. 한국법을 준거법으로 지정할 경우

민법상 선체용선계약이 종료하면 용선자는 선박 자체를 반환하여야 한다. 이 때 반환의 장소나 시기에 대하여는 별도의 규정이 없으므로, 당사자가 합의한 장소와 시기에 이를 반환하면 될 것으로 본다. 따라서 동산인 선박은 이동성으로 인하여 계약에서 정한 장소에서 선박을 반환하면 될 것이기 때문에, 반선장소는 Part Ⅱ 제15조에서 정한 Part Ⅰ의 Box 16[29]에 명시된 장소가 된다.

또 반환 시기는 사용대차계약에서 차용물의 반환시기에 관한 민법 제613조를 준용하면 될 것으로 본다. 이에 따르면 약정시기에 차용물을 반환하여야

26) C.W. Crane Co. v. Evans Transp. Corp. (The C.W. Crane), 155 F. 2d 940, 1946 AMC 979 (2d Cir. 1946); AMC 1504 (2d Cir. 1932) (oral 'harbor demise' of barge).
27) Box 17. No. of months' validity of trading and class certificates upon redelivery (Cl.15)
28) Mark Davis, op. cit., p.91.
29) Part Ⅰ Box 16. Port or place of redelivery (Cl. 15).

하고, 약정시기가 없을 경우에는 … 목적물의 사용, 수익이 종료한 때에 반환하여야 한다고 본다(민법 제613조 제1항, 제2항).[30] 이는 해석상 영국법이나 미국법의 해석과 다르지 않다고 본다.

민법에서는 임차물을 반환할 때의 상태에 대하여 이를 원상에 회복하여야 한다고 규정하고 있다(민법 제654조, 제615조).[31] 이 규정은 Part Ⅱ 제15조 538행~542행의 해석상 분쟁의 소지는 없을 것으로 본다. ① 그 취지가 사실상 동일하고, ② 원상회복에 명확하게 합의하고 있다는 점, ③ 민법의 규정이 임의법규라는 점에서 당사자의 합의를 부인할 이유가 없으므로 영미법과 달리 해석할 여지도 없다고 본다.

Ⅴ. 반선의무 위반의 효과

1. 영국법 또는 미국법을 준거법으로 지정할 경우

(1) 조기반선

용선자가 용선계약 만료 혹은 종료 전에 잘못 반선했을 경우, 선박소유자는 용선계약 잔여기간에 대하여 시장시세와 약정 용선료 간의 차이를 기준으로 추정(prima facie)되는 손해에 대하여 배상청구권을 가진다.[32] 추정적 손해의 개념이기 때문에 당사자가 손해액을 달리 합리적으로 주장할 경우에는 달리 정해질 수 있다.

손해배상액의 산정과 관련된 좋은 사례로 'The Griparion 사건'을 들 수 있다.[33]

30) 김준호, 「민법강의」, 신정6판, (법문사, 2006), 1307쪽 참조.
31) 김준호, 앞의 책, 1307쪽 참조.
32) Mark Davis, op. cit., p.87 참조.
33) Tharros Shipping Co. Ltd. and Den Norske Bank plc v. Bias Shipping Ltd, Bulk Shipping AG and Bulk Oil AG: Bulk Shipping AG and Bulk Oil AG v. Tharros Shipping Co. Ltd, Den Norske

(2) 지연반선

Barecon 2001은 용선기간을 초과한 최후 항해로 인한 분쟁을 최소화하려는 의도로 조항을 설계했다. 즉, 용선자가 합리적으로 용선계약 기간 내에 반선을 할 수 없을 것으로 예상되는 항해의 개시를 허용하지 않을 것을 보장조건(warranty)으로 했다. 그러나 보장조건에도 불구하고, 용선자가 계약된 용선기간 내에 반선하지 못할 경우, 용선자는 계약기간 초과한 일수에 대하여 약정용선료 1일분에 10%를 더 한 금액 또는 시장용선료 중 높은 금액을 지급할 것으로 규정하고 있다. 따라서 용선자가 반선기간 관련 보장조건(warranty)의 위반 여부를 묻지 않고, Part Ⅱ 제15조 규정에 의하여 용선기간 초과에 대한 손해배상액은 동일하다.[34)]

이 조항의 해석을 두고 약정손해배상금(genuine pre－estimate of damages)

Bank plc and Theodore Hlkedis (The Griparion) (No 2) [1994] 1 Lloyd's Rep 533: 이 사건에서 선박소유자와 용선사는 1990년 4월, 최소 38개월 동안 Griparion 호의 선체용선계약을 포함한 계약을 체결했다. 1992년 8월, 용선자는 2회분의 용선료를 지급하지 않고, '선박의 탱크 상태로 인하여 불감항상태이고, 선원의 생명을 심각하게 위협하기 때문에 용선계약이 후발적 이행불능상태(frustrated)가 되었다고 주장하는 서신을 선박소유자에게 발송하였다. 9월에 선박소유자는 계약의 이행거절(repudiation of the contract)로 Falmouth에서 조기 반선을 수락하고, 용선자를 상대로 잔여 계약기간 동안의 용선료인 미화 260만 달러가 넘는 금액에 대한 청구절차를 개시했다. 재판 과정에서 용선자는 조기 반선에 대한 책임을 인정함에 따라, 배상금액과 비용에 대한 판결만 남게 되었다. 1992년 8월, 선박의 상부 측면 탱크의 강철 골조에 즉시 수리를 하지 않고는 선박의 운항할 수 없다는 점과, 그러한 수리에는 시간 손실을 포함하여 미화 약 100만 달러의 수리비가 소요될 것이라는 것이 공통적 의견이었다.
선박소유자는 수리를 하지 않고는 그 선박을 운항할 수 없기 때문에 그들의 청구에 대하여 허용해야할 채권이 없고, 1992년 9월 이후의 시장요율(market rate)을 감안할 때 그 선박을 수리할 필요가 없다고 주장했다. 이러한 조치는 합리적인 선박소유자로서는 당연한 것으로, 선박을 수리하지 않은 상태로 휴항(lay up)시키고, 가능하다면 그 상태로 매각을 모색하던지, 아니면 시장상황이 좋아지기를 기다리는 것이었지만, 상황은 좋아지지 않았다.
릭스 판사(Rix J)는 수리를 하지 않고는 선박을 재용선할 수 없다는 선박소유자의 의견에 동의했다. 수리하지 않은 선박을 재용선할 시장은 없으며, 수리비가 미화 백만 달러에 이를 것이라는 공통적인 의견에 근거한 것이었다. 그는 증거로 미루어 보아 선박소유자가 미화 100만 달러를 지출하지 않고 수리도 하지 않은 것은 합리적인 행동이라는 결론을 내렸다.
릭스 판사는 다음과 같이 판시하였다. "선박소유자는 시장용선료와 약정용선료의 차이를 추정적 손실액으로 하고, 선박을 수리하지 않은 채로 휴항시키면서 시장 상황이 개선되기를 기다리는 합리적인 태도를 보였다고 생각한다. 그러한 상황에서 용선자가 그 당시 시장 상태에 비추어 1992년 9월 또는 그 이후 시점에서 선박소유자의 그런 태도가 비합리적이었다고 증명해야 한다. 선박소유자의 태도는 불합리한 것이 아니며, 그에 따른 손해배상액을 청구할 권리가 있었다".

34) Mark Davis, op. cit., p.88.

으로 볼 것인지 또는 위약금(penalty)으로 해석될 경우 법적 강제력이 다투어질 수 있는 논란의 소지가 있을 수 있다고 하는 견해가 있다.[35] 또 약정손해배상금으로 해석하더라도 ① 선박소유자에게 약정용선료에 10%의 가산금을 지급하거나, ② ①과 시장용선료 중 높은 금액을 지급하는 것에 대한 합리성이 부족하기 때문에, 용선자의 지연반선으로 인하여 선박소유자가 본선을 계속하여 사용하는데 지장을 받았다는 것과 같은 특별한 사유가 없는 한, 용선종료(expiry of charter) 이후 일할시장용선요율만 추정적 손해배상액으로 청구할 권리가 있다는 해석이 있다.[36]

그러나 개품운송계약과 같은 부합계약의 성질을 가진 경우와 달리 선체용선계약은 대등한 당사자 간의 계약으로 지연반선을 방지하고 계약종류 이후 선박소유자의 선박 사용·수익권의 정당한 보호를 위한 수준의 손해배상액의 약정은 유효하다고 볼 수 있다. 따라서 Part Ⅱ 제15조에서 규정한 손해배상액의 예약은 유효하다고 본다. 지연반선의 법적 성질을 중간조건(innominate term)으로 해석하여 지연의 심각성에 따라 선박소유자에게 손해배상청구권 또는 계약해지권을 인정해야 한다고 하는 견해가 있다.[37] 이는 정기용선계약에서 지연반선에 대한 판례에서 근거를 찾고 있는 데,[38] 운송계약인 정기용선계약에서는 선박의 점유권을 선박소유자가 가지고 용선자가 요구하는 항해를 수행하기 때문에 최후 항해의 수행에 있어서 지연반선이 심각한 수준일 경우에는 물리적으로 선박소유자가 계약해지를 할 수도 있고, 그 실익도 있다고 본다. 그러나 선체용선계약에서는 선박의 점유권을 용선자가 가지고 있기 때문에 지연반선은 이미 용선기간이 종료된 상태로 해석이 된다. 따라서 용선계약의 해지는 의미가 없고 단지 손해배상청구권만 인정하는 것이 합리적이라고 본다.

35) Dunlop Pneumatic Type Co. Ltd. v. New Garage and Motor Co Ltd [1915] AC 79; Mark Davis, op. cit., p.88.

36) Mark Davis, op. cit., p.88.

37) Mark Davis, op. cit., pp.88~89.

38) In Torvald Klaverness v. Acri Maritime (The Gregos) [1995] 1 Lloyd's Rep 1: 이 판결에서 템플만 대법관(Lord Templeman)은 반선시간은 본질이라고 판시한 반면, 머스틸 대법관(Lord Mustill)은 중간조건이라는 견해를 가지고 있었다.

(3) 손해배상액의 산정

용선자가 인도 시와 동일한 상태의 선박을 반선하여야 할 의무의 위반에 대하여 선박소유자가 갖는 손해배상청구권은 용선자의 계약위반으로 인한 선박가치의 감소에 해당하는 금액이다.[39] 그러나 대체로 선박소유자는 선박을 인도할 당시의 상태로 환원하는데 필요한 수리비만을 청구하는 것이 합리적이라는 것이 The Rozel 사건에서 필립스 판사(Phillips J)가 내린 결론인데, 이것이 현재의 영국 판례의 태도이다.[40)41]

이 사건에서 필립스 판사(Phillips J)는 The Puerto Buitrago 사건[42]과 The Alecos M 사건[43]을 참조하여, 다음과 같이 판시하였다:

① 계약서에 선박 인도 시 혹은 반선 시 선박의 조건 혹은 속성에 대한 구체적인 조항이 규정되어 있는 경우, 선박소유자는 해당 계약조항을 충족

---

39) Mark Davis, op. cit., p.90.

40) The Rozel [1994] 2 Lloyd's Rep 161.

41) The Rozel 사건에서 사용된 선체용선계약서의 해당조항은 다음과 같다:
"유지와 운항
(a) …용선자는 선박, 기관, 보일러 … 등을 양호하게 수리·관리·유지하여야 한다. 용선자는 합리적인 시간 내에 필요한 수리를 하기 위하여 즉각적인 조치를 취하여야 한다 ….
(b) …용선자는 용선기간 그때그때 훼손되었거나 사용하기에 부적합하게 낡은 장비를 교체하여야 한다. 용선자는 손상입어 낡은 또는 멸실된 부품이나 장비를 그러한 방법으로 유효하게 사용할 수 있도록 수리하거나 교체하여야 하고, 선박의 가치를 감소시켜서는 아니 된다.
"Maintenance and Operation
(a) …The Charterers shall maintain the vessel, her machinery, boilers… in as good state of repair…. The Charterers to take immediate steps to have the necessary repairs done within a reasonable time….
(b) …The Charterers shall from time to time during the Charter period replace such items of equipment as shall be so damaged or worn as to be unfit for use. Charterers are to procure that all repairs to or replacement of any damaged worn of lost parts or equipment be effected in such a manner…as not to diminish the value of the vessel.
"반선
선박은 …을 제외하고 선급에 영향을 미치지 않을 정도로 양호한 상태로 인도된 그대로 양호한 구조, 상태, 조건과 선급으로 선박소유자에게 반선되어야 한다."
"Re-delivery
The Vessel shall be re-delivered to the owners in the same or as good structure, state, condition and class as that in which she was delivered fair wear and tear not affecting class excepted…."

42) [1976] 1 Lloyd's Rep 251.

43) [1991] 1 Lloyd's Rep 120.

하지 못한 복구비용을 반드시 손해배상 받을 수 있는 것은 아니다. 그러한 비용은 그것이 타당한 비용으로 나타나고, 상사적 관점에서 계약위반을 의미하는 경우에만 전보될 수 있다.

② 상사적인 관점에서, 만약 그 비용이 재정적 부족으로 비례 배분 되지 않은(disproportionate) 경우, 회복비용기준(cost of cure basis)으로 삼아 손해를 전보하지 못한다.

그의 판결에서 중재인이 용선자의 계약위반에 대한 손해사정(assessment)에서 올바른 접근방식을 적용하지 않았다고 하였다. 불합리한 조치를 위하여 비용이 발생함에도 불구하고 각서(memoranda)에 언급된 사항을 제거하는데 필요한 모든 조치를 취하는데 소요된 비용을 선박소유자가 법적으로 청구할 권리가 있다는 것을 기초로 중재인이 중재를 진행하였다. 또 그러한 상황에서 이러한 주요 피해항목의 사정에 올바른 법적 접근방식을 적용할 수 있도록 裁定(award)이 중재인에게 환송되었다.

2. 한국법을 준거법을 지정할 경우

Part Ⅱ 제15조 530행~536행에서는 반선기간의 도과로 인한 손해배상액에 대하여 규정하고 있다. 이 규정에서 약정용선료 또는 시장용선료 중 높은 용선료에 10%를 할증하여 일할로 손해배상 하도록 있는데, 약정용선료 또는 시장용선료 중 높은 금액을 기준으로 한 것은 손해배상액의 예정으로 볼 수 있다. 다만, 10% 할증하도록 한 것은 채무의 이행을 확보·강제할 목적으로 채무불이행에 대한 일종의 제재금으로 따로 받는 위약벌에 해당한다 할 것이다.[44] 민법 제398조 제1항의 규정에 비추어 손해배상액의 예정이 가능하기 때문에 문제가 없으나, 10%의 위약벌에 대하여는 그 의무의 강제에 의하여 얻어지는 채권자의 이익에 비해 약정된 벌이 과도하게 무거울 때에는 그 일부 또는 전부가 공서양속에 반하여 무효가 될 수 있는 사실판단의 문제이다.[45] 10%의 위약벌은 해운계의 관행상 허용될 수 있을 것으로 보이지만, 당시의 시장용선료

44) 김준호, 앞의 책, 897~899쪽 참조.
45) 대판 1993. 3. 23, 92다46905.

등 용선시장의 전반적인 상황에 따라 판단해야 할 것으로 본다.

선박은 동산이므로 반선의 장소가 문제되는데, 조기반선의 경우에는 잔여기간 동안 약정용선료와 시장용선료의 차액 또는 용선시황이 매우 불안정하여 달리 용선계약의 추진이 불가할 경우에는 약정용선료의 손실액을 통상손해액으로 보는 것이 합리적이라고 본다(민법 제393조 제1항).[46)]

Ⅵ. 반선검사

1. 영국법 또는 미국법을 준거법으로 지정할 경우

(1) 검사의 목적

Part Ⅱ 제15조의 반선조항은 선박소유자에게 선박을 반선할 때 선급에 영향을 미치지 아니할 정도의 마모를 제외하고, 본선이 인도될 당시와 선박의 구조, 상태, 선급에 있어서 동일한 상태로 반선할 것을 의무로 규정하고 있다. 이 조항에 따라서 선체용선계약의 당사자에게 인도와 반선 시 선박의 상태를 확정하는 것이 매우 중요하고 필수적인 사항으로 인식되고 있고, 선박의 상태를 낭사사 사이에서 확정하는 것이 인도와 반선검사(surveys on delivery and redelivery)라고 할 수 있다. Part Ⅱ 제7조는 이러한 당사자의 의무에 대한 계약구조를 규정한 것으로 신조선박의 선체용선계약에 관한 Part Ⅲ의 규정과는 전혀 다른 체계를 가지고 있다.[47)]

(2) 검사비용

Part Ⅱ 제7조는 통상적인 용선개시검사(on－survey)와 용선종료검사(off－

46) 김준호, 앞의 책, 887쪽 참조.
47) Mark Davis, op. cit., p.43.

survey)의 절차, 선박소유자와 용선자간의 비용과 시간의 배분에 대하여 규정하고 있다. 직접적인 방식으로 각 당사자는 선박의 상태를 판단하고 합의할 목적으로 검사관을 임명한다. 용선자는 시간손실을 포함한 용선개시검사의 모든 비용을 부담하고, 용선자는 시간손실을 포함한 용선종료검사의 모든 비용을 부담한다. 이때 시간손실을 일할용선료(daily rate of hire) 또는 비율용선료로 한다.

그러나 당사자는 검사관을 임명을 포함한 비용의 배분에 대하여 더 적절한 다른 방법에 대하여 합의하여 규정할 수도 있다.[48)]

(3) 선박상태에 대한 분쟁

선박소유자와 용선자로부터 임명된 검사관이 선박의 상태에 관하여 합의하지 못할 경우, 이러한 분쟁은 Part Ⅱ 제30조에 규정된 분쟁해결절차에 따라 해결하게 된다. 다만, 중재나 조정절차는 많은 시간이 소요되므로 양 당사자가 합의하는 검사기관에 위임하여 합의하는 것이 바람직하다고 본다.

다만, 인도와 반선 사이에 선박상태의 악화에 대한 책임이 누구에게 있는가 하는 문제와 제15조에서 말하는 '정당한 마모'(fair wear and tear)가 어느 정도로 인정되는가 하는 문제는 여전히 분쟁의 소지가 높다.

합의가 이루어지지 않을 경우 선체용선기간 중 정당한 마모의 정도를 넘어서는 선박의 손해에 대한 용선자의 손해배상책임을 면하기 위해서는 그 손해에 대한 무과실을 용선자가 입증하여야 한다는 것이 미국 법원의 해석이다.[49)]

(4) 건선거비용의 문제

BIMCO의 서식소위원회(Documentary sub－committee)가 인도 및 반선검사와 관련하여 필요한 입거(drydocking) 또는 출거(undocking)에 관한 Barecon

48) Mark Davis, op. cit., p.43.

49) C.W. Crane Co. v. Evans Transp. Corp. (The C.W. Crane), 155 F. 2d 940, 1946 AMC 979 (2d Cir. 1946); AMC 1504 (2d Cir. 1932); Alpine Forwarding Co. v. pennsylvania R.R., 60 F.2d 734, 1932 AMC 1504 (2d Cir. 1932) (oral 'harbor demise' of barge).

89의 관련 조항에 대하여 통상적인 관례가 아닌 것으로 간주하였기 때문에, 입거비용 및 출거비용에 관한 조항이 Barecon 2001에서는 제외되었다.[50] 그러나 해당 선체용선계약에서 이러한 검사가 드라이독에서 수행될 가능성이 있는 경우에는 분쟁의 소지를 최소화하기 위하여 비용의 부담에 관한 별도로 마련하는 것이 바람직하다.[51]

번역:

Barecon 89 Part Ⅱ의 관련 조항

제6조 검사(신조선박에는 적용하지 않음)

인도와 반선시의 검사－선박소유자와 용선자는 각각 인도 시와 반선 시 선박의 상태를 서면으로 결정하고 합의할 목적으로 검사관을 임명하여야 한다. 선박소유자는 시간손실을 포함한 용선개시검사의 모든 비용을 부담하여야 한다. 그리고 용선자는 시간손실을 포함한 용선종료검사의 모든 비용을 부담하여야 한다. 이때 각각의 검사비용은 필요하다면 입거비용과 출거비용을 포함하고, 일할용선료 또는 용선요율에 비례하여 지급하여야 한다.

원문:

6. Surveys (not applicable to newbuilding vessels)

Survey on Delivery and Redelivery. － The Owners and Charterers shall each appoint surveyors for the purpose of determining and agreeing in writing the condition of the Vessel at the time of delivery and redelivery hereunder. The Owners shall bear all expenses of the On－Survey including loss of time, if any, and the Charterers shall bear all expenses of the Off－Survey including loss of time, if any, at the rate of hire per day or pro rata, also including in each case the cost of any docking and undocking, if required, in connection herewith.

50) BIMCO Bulletin Vol 97, No 2 (2002).

51) 같은 의견, Mark Davis, op. cit., p.44.

2. 한국법을 준거법으로 지정할 경우

민법상 임대차 종료 시 임차물을 반환할 때는 원상에 회복하여야 한다(민법 제654조, 제615조).[52] 따라서 임대차개시시의 임차물의 상태와 임대차 종료 시의 임차물의 상태에 대한 합의가 중요하다. Part Ⅱ 제7조는 용선개시검사와 용선종료검사와 그에 대한 비용부담 문제를 규정하고 있으나, 합리적으로 배분되어 있다고 판단되므로 한국법을 적용하더라도 영국법이나 미국법과 달리 해석될 여지는 없는 것으로 보인다.

Ⅶ. 신조선박의 선체용선계약에서 반선관련 조항

1. Barecon 2001의 관련 조항

Part Ⅱ 반선에 관한 제4조와 제15조는 현존선에만 적용되고 신조선의 선체용선계약에는 적용되지 않는다. 선체용선계약에서는 용선의 개시와 종료가 선박의 인도와 반선에 의하여 이행되기 때문에 인도와 반선은 서로 대칭적인 관계를 형성하게 된다. 따라서 선박의 인도에 관하여 인도 장소와 시기, 인도시의 선박 상태가 문제되듯이, 반선에 관하여도 반선장소, 시기, 반선시의 선박 상태가 문제된다. 그러나 신조선의 선체용선계약은 ① 선박소유자가 선박의 용대선업을 목적으로 선박을 발주하고 실제 수요자인 용선자가 선박의 운항을 목적으로 하는 경우와 ② 선박건조자금의 대출을 위한 담보목적으로 이용되는 경우로 나눌 수 있다.[53] 이중 어느 경우에든 선박의 인수는 조선소와 용선자간에 이행되기 때문에 법률관계도 선박건조자의 건조계약이행과 관련된 문제가 되고 있다. 따라서 현존선의 선체용선계약에서와 같은 선박소유자의

52) 김준호, 앞의 책, 1307쪽 참조.

53) 「Explanatory Notes to BARECON 2001」, p. 8/9; 吉本英雄, 「傭船契約の基礎理論」, (東京: 日本海運集會所, 1986), 42쪽 참조; 정영석, 앞의 논문, "선체용선계약에서 선박의 인도", 263쪽] 참조.

인도검사는 별도의 규정이 필요 없다고 볼 수 있다. 반면 선체용선계약의 종료로 선박을 반선할 경우에는 선박소유자와 용선자간에 선박의 상태와 관련한 분쟁의 소지가 높기 때문에 반선검사가 중요하다고 하였다. 이에 따라 Barecon 2001에서도 반선과 관련하여 Part Ⅲ 제5조에서 반선검사에 관하여만 별도의 규정을 두고 있다.

(1) 번역

제5조 반선검사

선박소유자와 용선자는 반선을 할 때 선박의 상태(condition)를 서면으로 측정하고 합의하기 위하여 검사원(surveyor)을 임명해야 한다.

(Part Ⅱ) 제15조를 침해함이 없이, 용선자는 가능한 한 입거(docking)과 출거(undocking) 비용을 포함하고, 필요한 경우에는 모든 손상에 대한 수리비용을 포함한 모든 검사비용을 부담하여야 한다. 용선자는 수리는 물론 입거와 출거와 관련하여 소요된 시간손실을 부담해야 한다. 이때 일할 용선요율 또는 용선요율에 비례하여 비용을 지급하여야 한다.

(2) 원문

5. Survey on Redelivery

The Owners and the Charterers shall appoint surveyors for the purpose of determining and agreeing in writing the condition of the Vessel at the time of re-delivery. Without prejudice to Clause 15 (Part II), the Charterers shall bear all survey expenses and all other costs, if any, including the cost of docking and undocking, if required, as well as all repair costs incurred. The Charterers shall also bear all loss of time spent in connection with any docking and undocking as well as repairs, which shall be paid at the rate of hire per day or pro rata.

2. 영국법 또는 미국법을 준거법으로 지정할 경우

신조선의 선체용선계약에서 용선자는 ① 신조선계약, 선박제원, 건조계획을 승인할 권한, ② 건조과정에서 실질적 대표성을 가지고, ③ 가인도 시운전을 참관할 권한을 가지기 때문에 인도 시 더 이상의 선박검사를 필요로 하지 않는다. 따라서 반선시의 검사만이 유일한 조항이라고 할 수 있다.[54)]

Part Ⅲ 제5조의 반선검사조항은 ① 당사자가 반선 시 선박의 상태를 결정하기 위하여 검사관을 임명해야 한다는 점, ② 시간손실의 비용, 수리비용과 함께 검사비용을 용선자의 계산으로 부담하여야 한다는 점을 내용으로 하고 있는 매우 단순한 조항이다.

3. 한국법을 준거법으로 지정하는 경우

신조선의 선체용선계약은 통상 용선자가 실제 운항자로 예정된 상태에서 신조계약이 체결되기 때문에 선박의 인수를 용선자가 하는 것이 보통이다. 따라서 반선시의 선박검사가 주로 문제되기 때문에 이와 같은 Part Ⅲ 제5조에서 반선검사에 대한 규정을 두고 있다. 이는 민법상 계약법에 해당하므로 한국법을 준거법으로 지정한다고 하여도 조항의 효력이 달라지거나 해석상 차이가 발생할 것으로는 보지 않는다.

Ⅷ. 맺음말

기간을 단위로 계약이 체결되는 선체용선계약에서는 용선의 개시와 종료가 선박의 인도와 반선으로 이루어진다. 따라서 선체용선계약의 종료와 관련된 문제는 반선과 관련하여 반선의 개념, 반선조건, 특히 반선시의 원상회복의무

54) Mark Davis, op. cit., p.194.

와 관련된 사항, 조기반선, 지연반선 등에 따른 손해배상책임문제 등이 핵심이라고 할 수 있다.

선체용선계약은 Barecon 2001이 세계적으로 통용되는 유일한 표준계약서식인데, 현존선의 계약서식(Part Ⅱ)을 중심으로 신조선에 대한 보충적 서식(Part Ⅲ) 등으로 구성되어 있다. 한국은 2011년 말 현재 지배상선대가 1,189척, 선복량 47,453,000 dwt로 세계 5위의 선박보유국(1,000 G/T 이상 상선대 기준)이고,[55] 2012년 말 현재 무역액이 1조 달러를 넘어서면서 세계 8위의 무역국의 지위에 있다.[56] 이와 같은 해운과 무역규모에도 불구하고 여전히 용선계약에서는 영국법을 준거법으로 지정하고, 영국의 해사중재조항을 두고 있는 실정이다. 다행히 분쟁해결에 관한 Barecon 2001 Part Ⅱ 제30조에서는 영국법, 미국법은 물론 당사자가 합의한 다른 국가의 법률을 준거법으로 하거나 중재지를 합의할 수 있도록 서식을 갖추고 있다. 따라서 Barecon 2001을 한국법을 준거법으로 지정하는 것은 당연히 가능한 구조로 설계되어 있다. 다만, 한국법을 준거법으로 지정할 경우 영국법이나 미국법을 적용할 경우와 해석상 차이가 얼마나 있는지, 조항의 효력에 문제가 발생하지나 않는지에 따라 용선시장에서의 법적 안정성과 시장에서의 통용성에 문제가 있을 수 있기 때문에 이를 미리 점검해 볼 필요가 있다. 다행히 우리 상법과 민법상 선체용선계약 및 동산의 임대차계약에 관한 규정은 대부분 임의법규로서 적어도 선박의 인도와 반선과 관련하여 해석상 특별한 차이나 효력상 문제가 있어 보이지는 않는다. 즉, 반선의 개념, 요건, 반선검사, 신조선의 반선 조항의 어느 부분도 영국법·미국법과 우리 법이 해석상 의미 있는 차이점이 있는 것으로는 보이지 않는다. 따라서 한국법을 준거법으로 한 Barecon 2001의 사용을 기대해 본다.

---

55) 정영석, 「해상운송론」, (텍스트북스, 2013), 7쪽 표 1-2 세계 주요 국가 지배상선대현황 참조.
56) 지식경제부 내부자료.

참고문헌

金演·朴正基·金仁猷, 「國際私法」, 제2판, (法文社, 2006).

吉本英雄, 「傭船契約の基礎理論」, (東京: 日本海運集會所, 1986).

金亨培·金奎完·金明淑, 「民法學講義」, 제10판, (新潮社, 2011).

박용섭, 「정기용선계약법」, 전면개정제4판, (효성출판사, 1999).

沈載斗, 「海上運送法」,(吉安社, 1997).

염정호, 「정기용선계약법」, (법문사, 2010).

林錫珉 譯, Paul Todd 著, 「海上貨物運送契約論」, (三英社, 1998).

정영석, "선체용선계약에서 선박의 인도", 「한국해법학회지」, 제34권 제2호, (2012. 11).

______, 「傭船契約法講義」, (해인출판사, 2005).

______, 「해상법원론」, (텍스트북스, 2009).

______, 「해상운송론」, (텍스트북스, 2013).

지식경제부 내부자료.

「海運·物流用語大辭典」, 제10개정증보판, (코리아쉬핑가제트, 2006).

鴻 常夫 編修, 「英美商事法辭典」, (大光書林, 1988).

「Explanatory Notes to BARECON 2001」.

Harvey Williams 著, 西澤與志英/東 通生 譯, 「傭船契約と船荷證券の解說」(東京, 海文堂, 2002).

John F. Wilson, 「Carriage of Goods by Sea」, 4th ed., (London, Longman, 2001).

Mark Davis, 「Bareboat Charters」, (London, LLP, 2000).

Mark Davis, 「Bareboat Charters」, 2nd ed., (London, LLP, 2005).

Raoul Colinvaux, 「Carver's Carriage by Sea」, 12th ed., (London, Stevens & Sons, 1971).

선박금융의 법적 구조상의 BBCHP의 법적 성질에 관한 연구*

정 대

Ⅰ. 서 론

해운기업은 운송과 용선을 통하여 영업수익을 극대화하게 되는데, 이러한 운송과 용선을 위한 운송수단이 바로 선박이라고 할 수 있다. 즉 선박이라는 물적 설비를 이용하여 화물을 운송한다는 의미에서 선박은 해운기업에 있어서 가장 중요한 자산이 된다고 할 수 있다.[1] 이러한 의미에서 선박을 확보하는 업무는 해운기업의 핵심적인 사업이라고 하지 않을 수 없다.

해운기업이 선박을 취득하기 위해서는 자금이 필요하게 되는데, 해운기업은 주식의 발행[2] 또는 회사채의 발행을 통해 자금을 조달하거나 금융기관으로부터 대출을 받아 자금을 조달하게 된다.[3] 이처럼 선박의 취득과 관련한 자금의 융통을 선박금융이라고 할 수 있다. 구체적으로 설명하면, 선박금융(ship finance, shipping finance)이란 선박건조계약, 선체용선계약 등과 같은 선박거래와 관

* 본 논문은 2015년 6월 동아대 법학연구소의 「Dong－A Journal of International Business Transactions Law」 Vol. 13에 게재되었던 논문을 수정 및 보완한 것임.

1) 김인현, 제4판 해상법(법문사, 2015), 99면.

2) 주식금융(Equity Finance)이란 해운기업이 선박금융의 자금을 주식의 발행을 통해 조달하는 경우를 말한다. 森田 果, "造船とファイナンス," 江頭憲治朗·落合誠一 編 海法大系(商事法務, 2003), 140面.

3) 부채금융(Debt Finance)이란 해운기업이 선박금융의 자금을 채권의 발행을 통하여 조달하거나 다수의 금융기관으로부터 협조융자를 받아 조달하는 경우를 말한다. 그 밖에 부채금융과 주식금융의 중간 형태로 메자닌금융(Mezzanine Finance)이 있는데, 메자닌금융은 전환사채, 신주인수권부 사채 등과 같이 주식의 성질을 갖는 권리를 취득하는 대가로 대출을 하거나 후순위 저당권부 대출을 하는 경우 등이 이에 해당한다. 메자닌금융은 번잡하기 때문에 널리 이용되지는 않는다. 森田 果, 上掲論文, 140~141面.

련하여 선박의 자산가치 및 선박으로부터 발생하는 미래수익을 담보로 이루어지는 자금의 융통이라고 정의할 수 있다.[4)]

이러한 선박금융은 다음과 같은 특징이 있는데, 첫째 일반적으로 선박금융의 대상이 되는 선박의 가격이 고가이므로 대출금의 규모가 크다. 예를 들면, 컨테이너선과 탱커선의 가격은 각각 1억 2,500만 달러에 이르고, 가장 비싼 선박인 LNG탱커선의 경우 그 가격은 2억 5,000만 달러에 달한다.[5)] 따라서 고가의 대형선박의 거래의 경우 세계 여러 금융기관들이 협조융자(syndicated loan) 형태로 자금을 제공하는 것이 일반적이다.[6)]

둘째, 선박금융의 원리금상환의 재원은 해당 선박이 창출하는 경제적 이익이기 때문에 선박의 사용연수 및 수익력 등을 고려한 10년 이상의 장기금융이 대부분이다.[7)]

셋째, 선박금융에 있어서는 편의치적국에 설립되는 특수목적법인(Special Purpose company; 이하 “SPC”라고 한다)이 선박을 소유하는 형태를 취한다는 점에서 선박별로 독립적인 소유구조(즉 1사 1척의 원칙)를 갖는 것이 일반적이다.[8)]

넷째, 선박건조계약과 관련한 조선소의 채무불이행의 위험에 대비하기 위한 목적으로 선수금환급보증서(Refund Guarantee; 이하 “RG”라고 한다)가 발행된다.[9)]

일반적인 선박금융의 거래구조에서는 선박소유자인 SPC가 선체용선자와 국적취득조건부 또는 소유권취득조건부 선체용선계약(Bareboat Charter Hire Purchase; 이하 “BBCHP”라고 한다)을 체결하게 된다. 그런데 이 BBCHP를 둘러싸고 최근 다양한 법적 쟁점들이 부각되고 있는 바, 이하 본 논문에서는 첫째, 선박금융의 법적 구조를 개관하면서 선박금융과 관련한 다양한 계약의 종

4) 정대, “선박금융의 법적 구조에 관한 연구,” 법과 정책, 제18집 제2호(제주대 법과정책연구소, 2012), 551면; 그 밖의 선박금융의 개념을 살펴보면 다음과 같다. 선박금융이란 선박자체의 자산가치 및 선박으로부터 발생하는 미래수익을 담보로 이루어지는 대표적인 자산담보 형태의 금융이라고 한다. 정우영·현용석·이승철, 해양금융실무(한국금융연수원, 2011), 138면.

5) Martin Stopford, Maritime Economics, Second Edition, London: Routledge, 1997, p.194.

6) 이기환·오학균·신주선·이재민, 개정판 선박금융원론(두남, 2011), 30면.

7) 이기환·오학균·신주선·이재민, 상게서, 30면; 정우영·현용석·이승철, 전게서, 138면.

8) 정우영·현용석·이승철, 상게서, 139면.

9) 정우영·현용석·이승철, 상게서, 139면.

류를 설명한 후(II), 둘째 BBCHP의 법적 성질과 법률상의 취급에 대해 분석하고자 한다(III).

II. 선박금융의 법적 구조의 개관

1. 선박금융의 거래구조

(1) 개요

신조선에 관한 선박금융의 기본적 거래구조를 설명하면 다음과 같다. 첫째, 해운시장에서의 선박의 수요와 해운회사의 장래의 영업전망 등을 고려하여 선박의 건조에 관한 경영판단을 한 해운회사는 조선소와 선박건조계약의 협상을 진행하게 된다. 둘째, 선박건조계약에 관한 제조건에 대한 합의를 한 후, 해운회사는 조선소와 선박건조계약을 체결한다. 그리고 보증기관으로부터 해운회사가 조선소에 대해 지급한 선수금에 대한 환급보증을 받는다. 즉 조선소는 보증기관으로부터 RG를 발급받아 해운회사에 제공하게 된다. 셋째, 해운회사는 대주단과의 협상을 통해 주요 금융조건에 대하여 합의를 하게 되는데, 이 때 해운회사는 편의치적국에 SPC를 설립하고, 선박건조계약 및 선수금환급보증서상의 발주자의 지위를 SPC로 이전하게 된다. 넷째, SPC는 대주단과 대출계약을 체결하고, 선체용선자와 BBCHP를 체결한다. SPC는 선체용선료의 수입을 재원으로 하여 대출원리금을 상환하게 된다.[10)]

(2) SPC의 설립 목적

본래 SPC는 금융대상사업의 수익(revenue)을 기초로 하여 금융을 제공하는

10) 김도경, "선박금융과 국내선사의 도산," 선진상사법률연구, 제55호(법무부, 2011), 84~85면.

프로젝트 파이낸스(project finance)[11]의 경우 그 실질 운영자의 다른 수익(revenue) 및 리스크(risk)와 혼재되는 것을 회피할 목적으로 설립되는 것이 일반적이다.[12]

선박금융에 있어서 SPC가 많이 이용되는 이유는 선박의 소유와 운영을 분리하는 해운업의 오랜 전통 때문이다. 즉 해운업은 위험기업으로 선박의 소유에 따른 위험이 해운회사의 기타 자산에까지 확산되는 것을 방지할 목적으로 SPC가 설립된다. 이러한 이유로 1선박 1선주(SPC)의 원칙은 해운업계의 확고한 전통이라고 할 수 있다.[13]

(3) 편의치적의 이유

선박은 선명, 국적, 선적항, 선급, 톤수 등에 의하여 그 개성이 식별된다는 점에서 사람과 비슷한 인격자유사성이 있다. 즉 한국선박[14]은 선명을 붙여야 하고(선박법 제11조), 선박의 국적취득에 관하여는 선박소유자국적주의를 따르고 있다(선박법 제2조). 한국선박으로서의 요건을 갖춘 경우 한국선박의 소유자는 선박등기부에 선박을 등기하고, 선적항을 관할하는 지방해양항만청장에게 당해 선박의 등록을 신청해서 선박원부에 등록하고 선박국적증서를 교부받아야 한다(선박법 제8조). 이것을 선박등록제도라고 한다.

그런데 현대해운업계에서는 국제적 선박등록의 방식으로 편의치적(Flag of Convenience)을 활용하는 것이 일반적이다. 예컨대 선박보유상위 10개국의 편의치적의 비율은 70%에 이를 정도이다. 편의치적이란 선박운영경비, 세금절감, 저임금의 선원고용 등의 편의를 목적으로 등록에 따른 수입을 목적으로

11) 금융기법의 하나로서 이해할 때, 프로젝트 파이낸스는 프로젝트 자체의 현금흐름(cash flow)을 상환재원으로 하고, 프로젝트 자산을 담보로 제공하지만, 사업주(sponsor)에 대한 소구권(recourse)은 제한하면서 특수목적회사(SPC)에 제공되는 금융을 의미한다(협의의 프로젝트파이낸스). 반기로, 프로젝트 파이낸스(한국금융연수원, 2009), 4면.

12) 정우영, "선박금융의 실무 소개," BFL, 제19호(서울대금융법센터, 2006.9), 92면.

13) 정우영, 상게논문, 93면.

14) 선박법상 한국선박은 ① 국유 또는 공유의 선박, ② 대한민국국민이 소유하는 선박, ③ 대한민국의 법률에 의하여 설립된 상사법인이 소유하는 선박, ④ 대한민국의 법률에 의하여 설립된 상사법인 이외의 법인으로서 대한민국에 주된 사무소를 두고 그 대표자(공동대표의 경우에는 전원)가 대한민국 국민인 경우 그 법인이 소유하는 선박을 말한다(선박법 제2조).

하는 제3국에 선적을 두는 제도를 말한다.[15)]

선박금융에 있어서는 SPC를 편의치적국에 설립하는 것이 통상이다. 이와 같이 SPC의 설립과 편의치적제도를 연계하면, 다음과 같은 편의치적제도의 장점을 향유할 수가 있다. 첫째, 조세부담이 완화될 수 있다. 편의치적국의 경우 선박등록절차가 간단하며, 선박의 소득세나 법인세가 부과되지 않거나 부과되어도 저율일 뿐만 아니라 통상 최초의 등록비와 매년의 톤세만을 징수하기 때문이다.[16)]

둘째, 임금이 저렴한 선원을 자율적으로 활용할 수 있다.[17)] 편의치적국은 등록선박에 대한 자국민의 승선요건을 부과하지 않으므로 해운회사는 선원고용의 자율성을 확보할 뿐만 아니라 저렴한 비용으로 선원을 확보할 수 있기 때문이다.[18)]

셋째, 금융상의 이점을 향유할 있다. 편의치적제도는 금융기관의 선박에 대한 저당권의 설정 및 저당권의 실행 등을 용이하게 해주기 때문에 금융기관이 선호한다. 이러한 이유로 금융기관이 선박금융자금을 제공할 때, 대상 선박을 편의치적할 것을 조건으로 하는 것이 일반적이다.[19)]

2. 선박금융과 관련한 계약의 유형

(1) 선박건조계약

선박건조계약(shipbuilding contract)[20)]은 조선소와 SPC 간에 체결되며, 그

15) 우보연, “편의치적선에 대한 법적 규제와 대응에 관한 고찰,” 외법논집 제34권 제1호(한국외대 법학연구소, 2010.2), 373면.

16) 우보연, 상게논문, 374면; 정우영, 전게논문, 94면.

17) 선진국의 해운회사는 선원의 고임금과 엄격한 노동기준 때문에 외국선적(foreign flag)을 선택하게 된다고 한다. See Jan Hoffmann, Ricardo J. Sanchez & Wayne K. Talley, “Determinants of Vessel Flag”, Kevin Cullinane ed., *Shipping Economics*, Elsevier, 2005, p.205.

18) 우보연, 선게논문, 374면; 정우영, 전게논문, 94면.

19) 우보연, 상게논문, 374면; 정우영, 상게논문, 94면.

20) 우리 법상 선박건조계약의 법적 성질은 도급계약의 특수한 형태로서의 제작물공급계약이라고 할 수 있는데, 명시적인 약정으로 또는 묵시적으로 선박의 소유권은 도급인(즉 발주자 또는 주문자)에게 귀속되는 것이 일반적인 거래관행이다. 김인유, “건조중인 선박에 관한 법률관계,”

주요 내용[21]은 선박의 건조, 선박건조가격 및 선박건조대금의 지급방법[22], 건조기간, 선박건조에 대한 감독방법, 불가항력 사유, 계약해지사유, 분쟁해결방법 등이다.[23]

(2) 선수금환급보증서

선수금환급보증서란 금융기관이 조선소의 요청에 따라 발주자에게 발행하여 교부하는 증서로서 선박건조계약상 발주자가 어떠한 이유로든지 조선소로부터 선수금(Advance Payment)[24]을 반환받아야 할 사유가 발생한 경우에 금융기관이 선수금의 환급을 약속한 증서이다.[25] 선수금환급보증서는 발주자와 금융기관의 관계를 규율한다.[26]

일반적으로 금융기관이 발행하는 선수금환급보증서는 발주자가 선박건조대금으로서 분할하여 지급할 금액 중 인도대금을 제외한 나머지 금액 전액과 이에 대한 일정한 이자의 지급을 약속하며, 조선소가 취득하여야 할 선수금환급보증서의 초안을 선박건조계약에 첨부하는 것이 실무인데, 금융기관이 선수금환급보증서를 발행하는 경우에는 보증신용장 양식(Advance Payment Standby Letter of Credit)으로 발행하기도 한다.[27]

한국해법학회지 제32권 제1호(한국해법학회, 2010), 13~26면; 영국의 1979년 물품매매법(Sale of Goods Act)에 의하면 선박건조계약은 매매계약이라고 한다. 정선철,"국제선박매매계약에 관한 연구," 법학박사 학위논문(한국해양대학교 대학원, 2005), 58면 이하.

21) 선박건조계약의 구체적인 내용에 대해서는 김연신 지음·박수만 감수, 영문 선박건조계약서 작성실무(박영사, 2008) 참조.

22) 일반적으로 선박건조대금은 선박건조의 진행 단계에 따라 통상 5회에 걸쳐 나누어 지급되는데, 예를 들면, 계약체결(Contract) 직후 20%, 강재절단(Steel Cutting)시 20%, 용골거치(Keel Laying)시 20%, 진수(Launching)시 20%, 인도(Delivery)시 20% 등 5회에 걸쳐 지급하는 형식을 취한다. 정우영, 전게논문, 94면.

23) 정우영, 상게논문, 94면.

24) 선박건조계약상 선박의 인도 전에 발주자가 조선소에 지급하는 선박건조대금을 선지급금이라고 하는데, 이를 조선소의 입장에서 보면 선수금이 된다. 서영화, "선박건조계약과 관련한 몇 가지 법률문제들," 한국해법학회지 제32권 제1호(한국해법학회, 2010.4), 49면.

25) 서영화, 상게논문, 49면.

26) 서영화, 상게논문, 51~52면.

27) 서영화, 상게논문, 49면.

(3) 해상운송계약

1) 서설

선박금융의 법률관계에서는 SPC가 해운회사와 선체용선계약을 체결하고, 다시 그 선체용선자가 대량의 화주와 장기운송계약 또는 연속항해용선계약 등을 체결하는 것이 일반적이다. 대주인 금융기관이 선박건조자금의 대출여부를 판단할 때, 차주인 해운회사가 용선계약을 통해 취득하는 용선료의 수입 전망을 고려하게 된다. 차주인 해운회사가 용선료를 대출금의 상환의 재원으로 하기 때문이다. 이러한 의미에서 해상운송계약은 선박금융의 법률관계에 있어서 핵심적 역할을 하게 된다고 할 수 있다.

2) 선체용선계약

선체용선계약(Bareboat Charter; BBC)[28]이란 용선자의 관리·지배 하에 선박을 운항할 목적으로 선박소유자가 용선자에게 선박을 제공할 것을 약정하고 용선자가 이에 따른 용선료를 지급하기로 약정함으로써 그 효력이 생기는 계약이다(상 제847조 제1항).

3) 정기용선계약

정기용선계약(Time Charter)[29]이란 선박소유자가 용선자에게 선원이 승무하고 항해장비를 갖춘 선박을 일정한 기간동안 항해에 사용하게 할 것을 약정하고, 용선자가 이에 대하여 기간으로 정한 용선료(hire)를 지급하기로 약정함으로써 그 효력이 생기는 계약이다(상 제842조).

28) 선체용선계약의 표준서식으로는 발틱국제해사위원회(Baltic and International Maritime Council; BIMCO)에서 작성한 Barecon 2001(BIMCO STANDARD BAREBOAT CHARTER CODE NAME: BARECON 2001)이 사용되고 있다.

29) 정기용선계약의 표준서식으로는 ① New York Produce Exchange(NYPE), 1946, ② New York Produce Exchange(NYPE), 1993, ③ BALTIME Form－1939, ④ SHELL TIME Form 4 등이 사용되고 있는데, 이 가운데 ①, ②, ③은 Dry Bulk Carrier용선계약에 사용되고, ④는 Wet Bulk Carrier 용선계약에 사용된다.

4) 항해용선계약

항해용선계약(Voyage Charter)[30]이란 특정한 항해를 할 목적으로 선박소유자가 용선자에게 선원이 승무하고 항해장비를 갖춘 선박의 전부 또는 일부를 물건의 운송에 제공하기로 약정하고, 용선자가 이에 대하여 운임을 지급하기로 약정함으로써 그 효력이 생기는 계약이다(상 제827조 제1항).

5) 연속항해용선계약

연속항해용선계약(Consecutive Voyage Charter; CVC)이란 항해용선계약을 연속으로 수행하는 계약으로 약정된 선박이 중단되지 않고 몇 개의 항차를 연속적으로 수행하는 계약을 말한다.[31] 예컨대, 호주에서 한국으로 연간 100만톤의 대량의 철광석을 운송하여야 하는 경우 특정한 한 선박이 연속적으로 운송을 수행하는 계약을 들 수 있다.[32]

1항차 항해용선계약과 비교했을 때, 연속항해용선계약은 용선자에게는 안정적인 선박의 확보라는 장점이 있고, 선박소유자에게는 일정 기간 동안 화물의 확보라는 장점이 있다. 따라서 연속항해용선계약은 정기용선의 특징을 가미한 항해용선계약의 연장이라고 할 수 있다.[33]

6) 장기운송계약

장기운송계약(Contract Of Affreightment; COA)[34]이란 선박소유자가 어떤 항구로부터 화주의 특정한 동질의 대량화물을 여러 항차에 걸쳐 장기적으로 운송할 것을 약속하고 용선자의 화물을 운송하는 계약을 말한다.[35] 통상 최저 1~2년에서 최고 10년 이상까지 단일화된 운임으로 특정 화물을 운송하는 계

30) 항해용선계약의 표준서식은 화물별로 다양하지만, 일반적으로는 "GENCON" Charter 1994가 널리 사용되고 있다.

31) 오학균·김진권·류동근·김명재, 용선론(두남, 2014), 141면.

32) 보험연수원 편, 해상보험기초과정(보험연수원, 2012), 214면.

33) 오학균·김진권·류동근·김명재, 전게서, 141면.

34) COA는 contract of affreightment의 약자로 이해되는 경향이 있는데, 정확하게는 해상물건운송계약을 지칭한다는 점에서 적절하지 않기 때문에 대량화물운송계약(volume contract)의 별칭인 수량계약(contract of amount)의 약자로 보는 것이 바람직하다는 견해가 있다. 이균성, 신해상법 대계(한국해양수산개발원, 2010), 210~211면.

35) 오학균·김진권·류동근·김명재, 전게서, 142면.

약을 말한다.[36]

장기운송계약에서 선박소유자는 화주의 화물을 장기적으로 운송할 것을 보장하는데, 용선자가 특정 선박을 지정하는 것이 아니라 선박소유자가 특정 선박을 지정하기 때문에 선박소유자는 자신의 보유 선박 또는 용선 등으로 상황에 맞추어 유휴 선박을 배선할 수가 있다. 반면에, 용선자 즉 화주는 어느 특정 기간 동안 연속적으로 운송해야 할 화물을 가지고 있을 경우 선박소유자로부터 안정적으로 화물운송을 보장받을 수 있는 장점이 있다.[37]

(4) 해상보험계약

1) 서설

선박금융의 법적 구조에서 해상보험계약이 갖는 의의는 선박의 멸실·훼손 등의 리스크를 담보한다는 점이다. 대주인 금융기관의 입장에서는 선박이 유일한 담보목적물이기 때문에 선박의 멸실·훼손 등의 리스크 발생을 고려해야만 한다. 따라서 금융기관이 대상 선박에 부보된 선박보험 및 P&I보험 등의 보험금청구권에 대해 담보를 설정하는 것이 일반적이다.

2) 선박건조보험

선박건조보험이란 보험자가 선박의 건조, 재건조 또는 개조과정에서 건조자가 입을 위험(risk)을 인수하는 보험이다. 그런데 선반건조계약에 의해 건소사가 선박을 건조하여 선박소유자에게 선박을 인도하기 전까지 선박에 노출되어 있는 위험은 건조자가 부담하게 되므로 건조자는 건조 중의 선박을 부보하기를 원하게 된다.[38] 이러한 의미에서 선박건조보험은 건조자인 조선소가 선박을 건조하여 발주자에게 인도하기 전까지의 건조 중 선박에 노출되어 있는 위험을 담보하는 보험이라고 할 수 있다. 우리나라에서는 영국의 런던보험자

36) 보험연수원 편, 전게서, 214면.
37) 오학균·김진권·류동근·김명재, 전게서, 142~143면.
38) Robert H. Brown, *Marine Insurance*-Vo1.3－Hull Practice, London: WITHERBY & CO LTD, 1974, p.16.

협회에서 제정한 협회선박건조보험약관(Institute Clauses for Builders' Risks)이 선박건조보험계약의 표준약관으로 사용되고 있다.[39)]

3) 선박보험

선박보험이란 보험의 목적인 선박의 소유자로서의 피보험이익에 관한 보험이다. 선박보험에는 선박 자체 이외에 선박의 속구, 연료, 양식 기타 항해에 필요한 물건은 보험의 목적에 포함된 것으로 한다(상 제696조 제2항).

선박보험약관으로는 영국의 런던보험자협회(Institute of London Underwriters)에서 제정한 협회기간약관(Institute Time Clauses－Hulls)과 협회항해약관(Institute Voyage Clauses－Hulls)이 사용되고 있다.[40)]

4) 선주책임상호보험(P&I보험)

선주책임상호보험이란 해상보험계약에 의해 인수되지 않는 위험을 담보하기 위해 선박소유자, 선체용선자, 용선자 기타 선박운항업자 등이 조합원 자격으로 선주책임상호보험조합(P&I Club, Protection & Indemnity)을 결성하여 영위하는 보험을 말한다. 즉 선박소유자, 선체용선자, 용선자 또는 선박운항자 등이 선박의 운항과 관련하여 발생하는 여러 배상책임 중에서 제3자, 선원 및 하주에 대하여 부담할 배상책임 및 비용을 피보험이익으로 하는 보험이라고 할 수 있다.[41)]

(5) 대출계약

1) 대출계약의 주요 내용

선박금융협상은 해운회사가 자금조달을 요청하는 제안서를 은행에 제출하

39) 선박건조보험약관에 대한 상세한 분석으로 홍성화, “선박건조보험약관에 관한 연구,” 해사법연구, 제23권 제1호(한국해사법학회, 2011), 97~123면 참조; 선박건조보험의 현황과 내용에 관해서는 정 대·정영석, “선박건조공제약관의 개발에 관한 시론”, 세계해양발전연구, 제23권(한국해양대 세계해양발전전략연구소, 2014), 136~140면.

40) 한창희, 보험법(국민대학교 출판부, 2011), 420면.

41) 박세민, 보험법(박영사, 2011), 545면.

면서 시작된다. 은행이 대출가능여부에 대한 1차적인 판단을 하면, 해운회사와 대출협상을 위해 필요한 대출조건명세서(Term Sheet)를 작성하게 된다.[42)]

대출조건명세서는 은행과 차주 사이에 이루어지는 대출조건을 협상하는데 기본이 되는 서류이다. 대출조건명세서에는 선박의 종류, 계약금액, 관련 당사자의 정의, 대출금액, 대출기간, 이자율, 수수료, 대출금의 상환방법 및 채권보전방법 등에 관한 내용이 담겨져 있다. 신조선박일 경우에는 조선소, 선박건조일정에 따른 선박건조대금의 인출일, RG 등의 내용과 용선계약이 체결될 경우 용선자, 용선계약의 내용 및 선박관리계약 등의 내용이 대출조건명세서에 추가적으로 명시된다.[43)]

대출조건명세서의 내용에 관해 은행과 차주 간의 합의가 있게 되면, 은행은 해운회사로부터 대출조건명세서가 첨부된 공식적인 대출신청서를 받게 되고, 최종적으로 정식대출계약서를 작성하게 된다.[44)]

2) 선박인도 전의 담보

① 선박인도 전의 담보의 특수성

선박인도 전의 담보의 특수성은 다음과 같다. 첫째, 선박이 건조 중에 있기 때문에 저당재산으로서의 선체가 존재하지 않는다. 따라서 선체 내지 그에 기한 운항수익을 담보로서 이용할 수 없다. 둘째, 대주인 금융기관은 발주자(선사)의 신용리스크, 해당 프로젝트의 리스크 및 건조자인 조선소의 신용리스크에 대해서도 고려하지 않으면 안 된다.[45)]

② 선박인도 전의 담보의 내용

선박인도 전의 담보의 내용은 다음과 같다. (i) 선박건조계약상의 발주자인 지위를 양도담보로 제공한다. (ii) 분할지급의 선수금반환청구권에 담보권을 설정하거나 RG를 수취한다. (iii) 건조자인 조선소의 선박건조보험계약에 기한

42) 이기환·오학균·신주선·이재민, 전게서 254면.
43) 이기환·오학균·신주선·이재민, 상게서 255면.
44) 이기환·오학균·신주선·이재민, 상게서 256면.
45) 森田 果, 前揭論文, 157面.

보험금청구권에 담보권을 설정한다.[46] (iv) 선박건조가 완료되어 인도하는 시점에 선박저당권·용선료채권의 양도담보 등을 설정한다는 취지의 각서를 징구한다.[47] (v) 보증·주식질권설정 등 그 밖의 담보가 활용된다.[48]

③ 건조 중의 선박에 대한 저당권

선박은 사법상 유체동산에 불과하지만, 그 가격이 고가이고 또 그 용적이 크다는 이유 등으로 법적으로 부동산과 유사하게 취급한다. 그래서 (i) 총톤수 20톤 이상의 기선 및 범선, (ii) 선박계류용, 저장용이 아닌 총톤수 100톤 이상의 부선은 등기하도록 하고 있는데, 이를 선박등기제도(상 제743조)라고 한다.[49]

그리고 등기한 선박(즉 등기선)은 저당권의 목적이 되고, 선박의 저당권은 그 속구에 미치며, 나아가 선박의 저당권에는 민법의 저당권에 관한 규정이 준용된다. 이를 선박저당권제도(상 제787조)라고 한다. 따라서 선박은 부동산과 동일한 방법으로 강제집행을 할 수 있다(민사집행법 제172조). 이러한 선박저당권은 금융의 편의상 건조 중의 선박에도 준용된다(상 제790조).[50]

건조 중의 선박이라고 말할 수 있기 위해서는 단순하게 건조공사에 착수하였다는 것만으로는 충분하지 않고, 용골을 거치했다거나 그와 동일시할 수 있는 상태가 된 단계(특정성을 구비하기에 이른 단계)로부터 저당권설정·등기의 대상이 된다.[51]

46) 선박건조 중에 사고 등에 의해 건조 중의 선박이 훼손·멸실된 경우 보험자로부터 피보험자인 조선소에 대해 지급될 보험금청구권에 담보를 설정하는 것인데, 담보설정방법으로는 질권과 양도담보가 있다. 森田 果, 上揭論文, 162~163面.

47) 예를 들면, "선박완성의 시점에 발주자(차주)가 대주에게 담보를 제공한다"고 하는 취지의 각서가 이용된다. 선박인도 후에 선박저당권을 설정할 예정이라면 선박완성 후에 제1순위 저당권을 설정한다는 취지의 각서가 징구된다. 만약 이 각서에 위반하여 선박저당권을 설정하지 않으면, 발주자(차주)는 대주에 대해 채무불이행책임을 부담하게 된다. 森田 果, 上揭論文, 163面.

48) 森田 果, 上揭論文, 158面.

49) 정영석, 해상법원론(텍스트북스, 2009), 70~87면.

50) 건조 중의 선박에 대한 저당권의 문제를 상세히 다루고 있는 것으로 김인유, 전게논문, 27-36면.

51) 森田 果, 前揭論文, 159面; 김인유, 상게논문, 37면.

3) 선박인도 후의 담보

① 선박인도 후의 담보의 개요

선박인도 후의 담보의 내용은 다음과 같다. 첫째, 가장 일반적인 것은 대상선박에 제1순위 저당권을 설정하는 것이다. 둘째, 대상선박에 설정된 해상보험계약에 기초한 보험금청구권을 담보로 취득하는 방법이 있다. 셋째, 용선료채권에 담보를 설정하는 방법이 있다.[52] 그 밖에 SPC의 발행 주식에 대한 질권설정의 방법 등이 있다.[53]

② 선박저당권의 설정

선박저당권이란 등기선박을 목적으로 하여 계약에 의하여 설정되는 상법상의 특수한 저당권이다(상 제787조 제1항). 따라서 등기선박은 질권의 목적으로 하지 못한다(상 제789조). 선박저당권의 등기는 선박등기법상의 선박등기부에 하게 되고, 선박저당권에 대하여는 부동산의 저당권에 관한 규정이 준용된다(상 제787조 제3항).

선박저당권의 목적물은 등기선박이고, 선박저당권의 효력은 그 속구에도 미친다(상 제787조 제2항). 선박저당권은 다른 일반채권에 대해서는 언제나 우선하지만, 선박우선특권보다 언제나 후순위이다(상 제788조). 선박저당권자는 담보된 선박과 속구에 대한 경매권(민 제363조)과 우선변제권(민 제356조)이 있다.

선박에 대한 강제집행절차는 민사집행법에 규정되어 있는데, 등기할 수 있는 선박에 대한 강제집행은 특별한 규정이 있는 경우를 제외하고는 부동산의 강제집행에 관한 규정에 의하게 된다(민사집행법 제172조).[54]

한편, 선박을 둘러싼 법률관계에 대해서는 우리 법만으로 완결되지 않기 때문에 국제사법적 처리를 고려할 필요가 있다. 예컨대 국제사법에 의하면, 선박의 소유권 및 저당권에 관한 사항은 선적국법에 의하게 된다(국제사법 제60조 제1호). 따라서 대상 선박이 편의치적되어 있을 경우 선박저당권의 준거법

52) 森田 果, 上揭論文, 143~144面.
53) 정우영, 전게논문, 97면.
54) 정영석, 전게서, 544~549면.

은 파나마, 라이베리아 등과 같은 편의치적국의 법이 될 것이다.[55)]

③ 보험금청구권에 대한 담보의 설정

대주인 금융기관이 선박보험, P&I보험과 같은 해상보험계약에 기초한 보험금청구권에 대하여 담보를 설정하는 것이 통상이다. 보험금청구권에 담보를 설정하는 방법으로서는 양도담보와 질권이 이용된다. 영국 및 미국에서는 양도담보의 형식으로 담보를 설정하는 것이 일반적이다. 우리나라에서는 두 가지 방법 모두 이용될 수 있다. 양자의 차이는 ① 질권의 경우에는 보험증권을 점유할 필요가 있음에 대해(민법 제347조),[56)] ② 양도담보의 경우에는 보험증권의 점유취득은 담보의 성립요건이 아니라는 점이다. 어느 방법에 의하든지 대항요건으로 보험자에 대한 통지 또는 보험자의 승낙이 필요하다(민법 제349조, 제450조).[57)]

④ 용선료채권에 대한 담보의 설정

용선료채권에 대한 담보의 설정은 대상선박의 현금흐름(cash flow)을 직접 파악하고자 하는 것으로 프로젝트 파이낸스(project finance)적 성격을 갖는다. 선박소유자는 선박을 자사에서 운항하는 경우와 제3자에게 용선하는 경우가 있는데, 후자의 경우에 이 방법을 이용할 수가 있다.[58)]

첫째, 질권자(채권자, 대주)와 질권설정자(채무자, 선박소유자) 사이에 용선료채권에 대한 질권설정의 합의가 필요하다. 둘째, 대항요건으로 통상의 채권양도와 같이 제3채무자인 용선자에게 확정일자가 있는 통지를 하거나 승낙을 받으면, 제3채무자 및 그 밖의 채권자에게 대항할 수 있다(민법 제349조).[59)]

실무상으로는 용선료채권을 제3채무자가 지급하기 위한 계좌를 개설하고, 그 계좌에 대한 지급으로부터 대주가 자금을 회수하게 된다. 그러나 용선자가

---

55) 森田 果, 前揭論文, 159面.

56) 보험금청구권에 질권을 설정하기 위해서는 첫째, 질권자(채권자)와 질권설정자(채무자) 사이에 질권설정의 합의가 존재하여야 하고, 둘째 채권증서(보험증권)가 있는 경우에는 이를 질권자(채권자)에게 교부할 것을 요한다(민법 제347조).

57) 森田 果, 前揭論文, 147~148面.

58) 森田 果, 上揭論文, 148面.

59) 森田 果, 上揭論文, 148面.

당해 용선계약을 해지해 버리면, 용선료로부터의 투하자금의 회수는 불가능하게 된다. 그래서 대주·용선자 사이 및 대주·차주 사이에 용선계약을 유지한다는 취지의 합의를 하게 된다.[60]

Ⅲ. BBCHP의 법적 성질과 법률상의 취급

1. 문제의 소재

선체용선계약의 표준서식은 발틱국제해사위원회(The Baltic and International Maritime Council; BIMCO)가 작성한 BARECON 2001(BIMCO STANDARD BAREBOAT CHARTER CODE NAME: BARECON 2001)이 사용되고 있다. 그리고 BARECON 2001 서식을 기초로 계약자유의 원칙에 따라 선체용선계약이 체결되는 것이 일반적이라고 할 수 있다.

BBCHP의 유형은 첫째, 선박매수인인 해운회사가 편의치적국에 SPC를 설립하고, 은행은 SPC에 선박매입자금 또는 선박건조자금을 대출하는 방식(이 경우 SPC가 매수인, 즉 선체용선자에 대하여 가지는 BBCHP상의 제반 권리는 담보의 목적으로 대주에게 양도하게 된다)이 있고, 둘째 은행이 SPC를 설립하여 SPC로 하여금 선박을 취득하도록 한 후, 선박매수인인 해운회사에 대하여 선박을 BBCHP방식으로 사용하게 하는 방식이 있다.[61]

우리 상법상의 선체용선계약은 용선자의 관리·지배 하에 선박을 운항할 목적으로 선박소유자가 용선자에게 선박을 제공할 것을 약정하고 용선자가 이에 따른 용선료를 지급하기로 약정함으로써 그 효력이 생기는 계약이다(상 제847조 제1항).[62] 선체용선계약의 법적 성질은 민법상의 임대차계약이라고 할

60) 森田 果, 上揭論文, 149面.

61) 정석종, “회생절차에서의 선박금융에 대한 취급 －BBCHP를 중심으로－,” 도산법연구, 제2권 제2호(한국도산법학회, 2011), 10면.

62) 영국법상으로 선체용선계약은 운용형 선체용선계약(operating bareboat charter)과 금융형 선체용선계약(finance charter)으로 구분되기도 하는데, 일반적으로 금융형 선체용선계약의 용선기

수 있으며, 선체용선계약에는 그 성질에 반하지 않는 한 민법상 임대차에 관한 규정이 준용된다(상 제848조).

첫째, 단순선체용선계약(BBC)의 법적 성질은 임대차계약이라는 점에 대해서는 이견이 없는데, BBCHP의 법적 성질에 관해서는 다양한 견해가 제기되고 있다. 따라서 BBCHP의 법적 성질을 둘러싼 논의를 검토할 필요가 있다.

둘째, 최근 국내 해운경기의 침체가 심화되면서 국내 해운회사들의 경영난이 가중되고 있고, 이로 인해 일부의 해운회사에 대해 "채무자회생 및 파산에 관한 법률(이하 "도산법"이라고 한다)"상의 회생절차가 개시되는 사례가 발생하고 있다. 실무상 회생절차와 관련하여 BBCHP에 따라 용선자가 용선 중인 선박의 처리를 둘러싸고 법적 논쟁이 발생하고 있다.[63] 즉 BBCHP의 구조에서 편의치적국에 설립된 SPC는 용선자인 채무자에 대하여 BBCHP상의 용선료채권을 갖게 되고, 대주인 금융기관은 BBCHP Assignment Agreement에 의하여 용선료채권을 양수받게 되는데, 용선자인 해운회사에 대하여 회생절차가 개시된 경우 SPC 또는 금융기관의 용선료채권을 회생절차에서 어떻게 취급할 것인지가 법적 쟁점이 될 수 있다.[64]

2. BBCHP의 법적 성질

(1) 학설의 개관

1) 소유권취득조건부 임대차계약설

BBCHP는 소유권취득조건부 임대차계약이라고 한다.[65] 즉 BBCHP는 임대차기간이 만료되었을 때에 선박의 소유권이 자동적으로 임차인에게 이전되거

간이 운용형 선체용선계약의 용선 기간에 비해 보다 장기이다. 운용형 선체용선계약과 금융형 선체용선계약에 대한 보다 상세한 설명은 Mark Davis, Bareboat Charters, LLP, 2000, pp.2~3.

63) 이정원, "소유권취득조건부 선체용선계약의 법적 성질과 관련된 몇 가지 문제에 관한 고찰," 법학연구, 제53권 제2호(부산대 법학연구소, 2012), 177~178면.

64) 정석종, 전게논문, 25~26면.

65) 채이식, 상법강의(하)(박영사, 2003), 637~638면; 진호현·김진권, "국적취득조건부 나용선 선박의 관할권에 관한 소고," 해사법연구, 제24권 제1호(한국해사법학회, 2012), 50면.

나 임차인이 명목상의 소액을 지급하고 선박을 매수할 수 있는 권리가 부여된 할부매매와 유사한 선박임대차계약이고, 그 법적 성질은 어디까지나 임대차라고 한다.[66]

2) 금융리스계약설

BBCHP의 경우 선박소유자는 감항능력과 용선자가 요청한 사양을 구비한 선박을 인도한 후에는 원칙적으로 하자담보책임을 부담하지 않고, 선박의 점유와 관리·유지에 관한 책임이 용선자에게 이전된다는 점, 계약의 중도해지 시 선박소유자는 계약해지로 인한 손해배상청구권을 가진다는 점, 선체용선계약에 있어 용선선박은 원칙적으로 일반 동산과 달리 범용성이 현저히 떨어진다는 점 및 상대적이긴 하지만 선체용선계약은 일반적으로 동산의 임대차계약에 비해 용선기간이 현저히 장기라는 점을 감안할 때, 해운실무에서 통용되고 있는 BARECON양식에 의한 BBCHP의 경우는 그 법적 성질이 단순한 선박임대차계약이 아닌 금융리스계약으로 보아야 할 것이다.[67]

3) 할부매매계약설

발틱국제해운협의회(BIMCO)의 BARECON 89의 Hire Purchase(제IV부)에서 Hire Purchase BBC를 할부구매방식으로 처리하고 있다는 점에서 Hire Purchase BBC의 경우 법률상 계약의 성질은 사법상 상품의 할부매매계약이다.[68]

---

66) 채이식, 상게서, 638면.

67) 이정원, 전게논문, 183면; 선박금융의 수단으로 사용되는 선체용선계약에서는 용선기간이 종료된 후에 선체용선자가 선박의 소유권을 취득하기로 약정하는 것이 일반적인데, 이러한 선체용선계약을 BBCHP라고 하고 우리 상법은 BBCHP에도 상법이 적용되도록 규정하고 있다(상 제848조 제2항)고 하면서. 이러한 선체용선은 일종의 물적 금융으로서 리스계약과 유사하다고 설명하고 있다. 최종현, 제2판 해상법상론(박영사, 2014), 494면 각주 84 & 494~495면; BBCHP는 법률상 선박소유자 및 금융기관이 선체용선자가 선정한 선박을 취득하여, 선박에 대한 직접적인 유지·관리책임을 지지 아니하며 선박에 대한 투자금을 용선료 형식으로 정기적으로 분할지급 받음으로써 그 투자금을 회수하는 것이고, 그 계약의 목적 또한 선박을 도입함에 있어서 자금조달을 위하여 행해지는 것인 점을 고려하면 BBCHP는 금융리스의 일종이라고 할 수 있다. 신호영, "해운기업 관련 몇 가지 조세문제에 관한 고찰 –국적취득조건부 나용선 선박의 취득가액 산정을 중심으로–," 한국해법학회지, 제33권 제1호(한국해법학회, 2011), 44면.

68) 민성규·최재수, "선박국적제도의 국제법상 의의와 국적취득조건부 나용선 선박의 통관 문제," 한국해법학회지, 제26권 제2호(한국해법학회, 2004), 492면; 상법 제848조 제2항 전단의 "용선기간이 종료된 후에 용선자가 선박을 매수 또는 인수할 권리를 가지는 경우"가 BBCHP를 염두

(2) 판례의 입장

대법원은 "국적취득조건부 용선계약이라 함은 용선계약의 형식을 취하고는 있으나 실질적으로는 선박의 매매로서 그 매선대금을 일정기간 동안 분할하여 지급하되 그 기간 동안 매수인이 선박을 사용할 수 있는 것으로서 선박수입의 특수한 형태라 할 것이므로 국적취득조건부 용선계약에 의한 선박의 도입은 그 국적취득여부를 불문하고 관세법상 수입에 해당하여 관세부과의 대상이 된다"라고 판시하였다.[69] 나아가 대법원은 "우리나라에 거주하는 자가 외국에 있던 선박의 사실상 소유권 내지 처분권을 취득하고 나아가 그 선박이 우리나라에 들어와 사용에 제공된 때에는 형식적으로는 그 선박이 우리나라의 국적을 취득하지 않았더라도 실질적으로는 관세부과의 대상이 되는 수입에 해당한다"고 하면서 "외국의 선박을 국내거주자가 취득함에 있어서 이른바 편의치적의 방법에 의하여 외국에 서류상으로만 회사를 만들어 놓고 그 회사(이른바 paper company)의 소유로 선박을 등록하여 그 선박이 외국의 국적을 취득하게 한 다음 이를 국내에 반입하여 사용에 제공한 때에도 … 관세법상의 수입에 해당한다"고 판시하였다.[70]

최근 대법원은 "국적취득조건부 용선계약이라 함은 용선계약의 형식을 취하고는 있으나 실질적으로는 선박의 매매로서 그 선박의 매매대금을 일정기간 동안 분할하여 지급하되 그 기간 동안 매수인이 선박을 사용할 수 있는 것으로서 선박수입의 특수한 형태인바 법인세법 시행령 제68조 제3항은 자산의 장기할부조건 판매 또는 양도와 관련하여 장기할부조건이라 함은 자산의 판매 또는 양도(국외거래에 있어서는 소유권이전 조건부 약정에 의한 자산의 임대를 포함한다)로서 판매금액 또는 수입금액을 월부·연부 기타의 지불방법에

에 둔 것이라고 하면서 이는 선박대금에 관한 연지급의 방식으로 외국 선박을 취득하는 경우 대금을 완제할 때까지 소유권은 매도인인 선주에게 유보되고 매수인은 선주와의 선체용선계약에 의하여 선박을 운항하고 대금을 완제함으로써 소유권의 이전을 받게 된다고 한다. 이균성, 전게서, 209면; BBCHP를 연불구매형태라고 한다. 강종희·한철환·황종회, 편의치적제도 활용방안연구(해양수산개발원, 2001), 35면; BBCHP를 연불매매라고 한다. 이원철, "국적취득조건부나용선이 한국해운에 미친 영향에 관한 소고," 해운물류연구, 제6권(한국해운물류학회, 1988), 27면; BBCHP는 소유권유보부매매의 일종이다. 김인현, 전게서, 170면.

69) 대법원 1983.10.11. 선고 82누328 판결

70) 대법원 1994.4.12. 선고 93도2324 판결.

따라 2회 이상으로 분할하여 수입하는 것 중 당해 목적물의 인도일의 다음날부터 최종의 할부금의 지급기일까지의 기간이 1년 이상인 것을 말한다고 규정하고 있으므로, 할부금의 지급방법이 2회 이상으로 분할되어 최종지급기일까지의 기간이 1년 이상인 국적취득조건부 용선계약은 법인세법을 적용함에 있어서 장기할부조건부 매매와 동일하게 취급하여야 할 것이다"라고 판시하고 있다.[71)]

(3) 소결

첫째, 소유권취득조건부 임대차계약설은 상법상 선체용선계약에 대해서 민법상의 임대차에 관한 규정을 준용하고 있다(상 제848조 제1항)는 점에 착안한 것이라고 할 수 있다. 즉 BBCHP의 법적 성질은 임대차계약에 단순히 정지조건과 같은 소유권취득조건이 붙은 것에 불과하다는 것으로 BBCHP의 법적 성질을 형식적으로 파악한 견해라고 생각된다. 즉 BBCHP가 임대차계약을 본질로 하는 단순선체용선계약과 법적으로 구별되는 것임에도 불구하고, 임대차계약을 전제하고 논의를 진행하는 것은 논리적으로 오류가 있다고 본다.[72)]

또한, BARECON 2001 표준서식상의 Part IV의 Hire Purchase Agreement는 BBCHP의 최종 용선료가 완납되면 선박소유자는 매도인의 지위에 서게 되고, 선체용선자는 매수인의 지위에 서게 되며, 이 계약을 선박의 매매계약으로 규정하고 있다는 점[73)]을 볼 때, 이를 단순히 임대차계약에 따라 설명하기는 곤란하다고 생각된다.

둘째, 금융리스계약설은 금융기관이 SPC를 설립하고 선박을 건조하여 소유권을 취득한 후, SPC와 해운회사가 BBCHP를 체결하는 것은 금융리스의 본래의 모습이라는 점에서 BBCHP의 법적 성질은 금융리스계약이라고 한다.[74)]

71) 대법원 2009.1.30. 선고 2006두18270 판결.

72) 이성원, 선게논문, 170면.

73) BARECON 2001 표준서식상의 Part IV의 Hire Purchase Agreement의 규정에 대한 상세한 설명은 오학균·김진권·류동근·김명재, 전게서, 376-378면; BARECON 89의 Part IV: Hire Purchase Agreement의 규정에 대한 상세한 설명은 민성규·최재수, 전게논문, 493~494면.

74) 김도경, 전게논문, 101~103면.

그런데 대법원은 일반적으로 금융리스계약은 그 형식에 있어서는 임대차 계약과 유사하나 그 실질은 물적 금융이고 임대차계약과는 여러 가지 다른 특질이 있기 때문에 금융리스계약은 민법의 임대차에 관한 규정이 바로 적용되지 않는다고 판시하고 있다[75]는 점에서 금융리스계약의 법적 성질은 비전형계약 또는 무명계약이라고 할 수 있다.[76] 결국 금융리스계약설을 주장하는 견해는 BBCHP를 비전형계약 또는 무명계약으로 본다는 점에서 오히려 BBCHP의 법률관계의 불확실성을 초래할 수 있다고 생각된다.[77]

또한, <표 1>에서 보는 바와 같이 BBCHP는 금융리스와 유사한 외관과 형식을 갖추고 있을 뿐, 바로 금융리스라고 단정하기는 어렵다고 생각된다. 나아가 BBCHP의 법률관계의 실질은 오히려 선박의 소유권을 취득하기 위한 목적의 계약이라고 보아야 한다. BBCHP는 선체용선자가 선체용선계약의 종료 후, 선박의 소유권을 취득하는 것이 일반적이기 때문이다.

〈표 1〉 금융리스와 BBCHP의 비교[78]

구분	금융리스	BBCHP
대주	리스회사	국내외 금융기관
차주	채무자	해외 소재 SPC(실제 채무상환자는 채무자)
선박의 소유권	리스회사	해외 소재 SPC
선박사용대가	리스료	용선료
선박사용대가의 성격	리스채무상환	대주 차입금 상환
기간 종료시의 처리	채무자 매입조건	채무자 매입조건
회계처리방식	자산 및 금융리스부채	자산 및 장기미지급금 부채

75) 대법원 2001.2.9. 선고 2000다52929 판결; 대법원 1999.9.3. 선고 99다23055 판결; 대법원 1997.11.28. 선고 97다26098 판결; 대법원 1997.10.24. 선고 97다27107 판결; 대법원 1994.11.8. 선고 97다23388 판결.

76) 정찬형, 제19판 상법강의(상)(박영사, 2016), 402~403면.

77) 비전형계약설 또는 무명계약설은 당사자 간의 이해관계를 적절하게 조정할 수 있는 기준을 제시하지 못한다는 비판을 받고 있다. 정찬형, 상게서, 403면; 이와 유사한 취지의 비판으로 우세나, "채무자 회생 및 파산에 관한 법률상 국적취득조건부 나용선 계약의 처리방안," 법과 정책연구, 제10집 제1호(한국법정책학회, 2010), 158면.

결론적으로 BBCHP는 선박의 소유권을 취득하기 위한 목적의 장기할부매매로서의 소유권유보부 매매계약에 해당하며[79] 그 법적 성질은 정지조건부 소유권이전에 해당한다[80]고 보는 것이 타당하다고 생각된다. 즉 매매 목적물인 선박의 소유권은 매도인에게 유보되지만 매매대금(즉 용선료)의 완급이라는 정지조건의 성취와 함께 선박의 소유권은 매수인에게 자동적으로 이전된다고 보아야 할 것이다.[81] BBCHP상의 당사자 간의 의사와 거래관행은 선박의 매매가 본질이기 때문이다.

이와 관련하여 대법원은 일관되게 BBCHP를 용선계약의 형식을 취하고는 있으나 실질적으로는 선박의 매매로서 그 선박의 매매대금을 일정기간 동안 분할하여 지급하되 그 기간 동안 매수인이 선박을 사용할 수 있는 것으로서 선박수입의 특수한 형태라고 하면서 BBCHP는 법인세법을 적용함에 있어서 장기할부조건부 매매와 동일하게 취급하여야 할 것이라고 판시하고 있다. 또한, 세법의 문제이긴 하지만, 법인세법 시행령[82]은 국외거래에 있어서 소유권이전 조건부 약정에 의한 자산의 임대를 장기할부매매라고 하고 규정하고 있다.[83]

BBCHP의 법적 성질을 장기할부매매로서의 소유권유보부 매매계약으로 볼 때, BBCHP를 둘러싼 법률관계를 명료하게 해결할 수 있을 뿐만 아니라 판례 및 현행법의 합리적 해석을 도출해 낼 수 있다고 생각된다.

78) 정석종, 전게논문, 28면.
79) 두완수, "선박금융과 해운회사 도산의 법률관계에 관한 연구," 법학석사학위논문(한국해양대학교, 2014), 58면.
80) 대법원 1999.9.7. 선고 99다30534 판결; 지원림, 제11판 민법강의(홍문사, 2013), 1429면.
81) 소유권유보부 매매계약에 관한 상세한 설명은 지원림, 상게서, 1428~1433면.
82) "장기할부조건"이라 함은 자산의 판매 또는 양도(국외거래에 있어서는 소유권이전 조건부 약정에 의한 자산의 임대를 포함한다)로서 판매금액 또는 수입금액을 월부·연부 기타의 지불방법에 따라 2회 이상으로 분할하여 수입하는 것중 당해 목적물의 인도일의 다음날부터 최종의 할부금의 지급기일까지의 기간이 1년 이상인 것을 말한다(법인세법 시행령 제68조 제4항).
83) 물론 대법원 판례를 비판하면서, 법인세법 시행령상의 "국외거래에 있어서는 소유권이전 조건부 약정에 의한 자산의 임대를 포함한다"는 부분을 삭제해야 한다고 주장하는 견해도 있다. 신호영, 전게논문, 59면.

3. 회생절차상의 BBCHP의 법적 취급

(1) 학설의 개관

1) 환취권설

BBCHP의 법적 성질을 소유권취득조건부 임대차계약으로 보는 견해에 의하면, 당사자 간의 약정에 따라 용선기간 중 임차인인 용선자에 대한 회생절차 개시를 이유로 임대인인 선박소유자의 계약 해지 및 선박회수권을 인정할 수 있다고 본다.[84] 즉 선박소유자의 회생담보권자로서의 지위를 부인하고 도산법 제70조[85]상의 선박소유자의 환취권을 인정할 수 있다고 한다.[86]

2) 회생담보권설

BBCHP의 법적 성질은 선박의 금융리스로서 선박소유자의 소유권은 자신의 투자금 회수를 위한 담보 목적에 제한되는 형식상 소유권이라고 보아야 할 것이고, 용선기간 중 선박소유자는 감항능력 등을 구비한 선박을 용선자에게 인도함으로써 원칙적으로 계약상의 의무를 부담하지 않으며, 용선기간 만료시 선박소유자의 소유권이전의무와 용선자의 용선료지급의무 사이의 대가적 견련관계를 인정하기도 어려우므로 용선자에 대해 회생절차가 개시된 경우 선박소유자는 도산법 제141조[87]상의 회생담보권자로서의 지위를 가진다고 한다.[88]

84) 민법 제637조 제1항에 의하면, 임차인이 파산선고를 받은 경우에는 임대차 기간의 약정이 있는 때에도 임대인 또는 파산관재인은 임대차계약의 해지를 할 수 있기 때문이다.

85) 제70조(환취권) 회생절차개시는 채무자에게 속하지 아니하는 재산을 채무자로부터 환취하는 권리에 영향을 미치지 아니한다.

86) 이정원, 전게논문, 180면.

87) 제141조(회생담보권자의 권리) ① 회생채권이나 회생절차개시 전의 원인으로 생긴 채무자 외의 자에 대한 재산상의 청구권으로서 회생절차개시 당시 채무자의 재산상에 존재하는 유치권·질권·저당권·양도담보권·가등기담보권·「동산·채권 등의 담보에 관한 법률」에 따른 담보권·전세권 또는 우선특권으로 담보된 범위의 것은 회생담보권으로 한다. 다만, 이자 또는 채무불이행으로 인한 손해배상이나 위약금의 청구권에 관하여는 회생절차개시결정 전날까지 생긴 것에 한한다.

88) 이정원, 전게논문, 183면.

즉 ① BBCHP는 기업회계기준서 제19조에 따라 금융리스로 분류되어 회계처리되고 있다는 점, ② BBCHP에 따라 채무자가 매월 SPC에 지급하여야 하는 용선료는 해당 선박의 사용대가를 기준으로 산정한 것이 아니라 용선기간 동안 SPC가 채권금융기관에 갚아야할 대여금채권의 원리금을 기준으로 한 것인데, 그 용선기간은 해당 선박의 내용 연수와 비슷한 장기로 되어 있는 점, ③ BBCHP에 따르면 해당 선박의 유지·관리의무나 선박의 멸실·훼손에 대한 위험이 모두 용선자인 채무자에게 이전되어 있는 점, ④ BBCHP의 대상이 되는 선박의 경우 범용성이 없는 것이 대부분인 점 등을 근거로 회생담보권으로 보아야 한다는 것이다.[89]

그런데 이 경우 누가 회생담보권자의 지위에 서게 될 것인가 하는 점은 불명확한데, SPC를 회생담보권자로 보는 견해(SPC는 채무자에 대하여 BBCHP상의 채권을 가지고 있고, 선박의 소유자로 등록되어 있기 때문임)와 대주인 금융기관 자체를 회생담보권자로 보는 견해(대주단은 SPC의 채무자에 대한 BBCHP의 채권을 양도담보로 받았기 때문임)가 있을 수 있다.[90]

3) 쌍방미이행 쌍무계약설

선체용선기간 중 용선자에 대해 회생절차가 개시된 경우 선박소유자와 용선자 사이의 관계를 도산법 제119조[91]상 "아직 그 이행을 완료하지 아니한 때"로 보아서 관리인은 용선계약을 해지하거나 계약 이행 후 선박소유자의 채무이행을 청구할 수 있는 선택권을 가지고, 관리인이 계약 유지를 선택한 경우 선박소유자의 용선료채권은 도산법 제179조 제1항 7호[92]에 따라 공익채권

89) 정석종, 전게논문, 26면.

90) 정석종, 상게논문, 26면.

91) 제119조(쌍방미이행 쌍무계약에 관한 선택) ① 쌍무계약에 관하여 채무자와 그 상대방이 모두 회생절차개시 당시에 아직 그 이행을 완료하지 아니한 때에는 관리인은 계약을 해제 또는 해지하거나 채무자의 채무를 이행하고 상대방의 채무이행을 청구 할 수 있다. 다만, 관리인은 회생계획안 심리를 위한 관계인집회가 끝난 후 또는 제240조의 규정에 의한 서면결의에 부치는 결정이 있은 후에는 계약을 해제 또는 해지할 수 없다.
② 제1항의 경우 상대방은 관리인에 대하여 계약의 해제나 해지 또는 그 이행의 여부를 확답할 것을 최고할 수 있다. 이 경우 관리인이 그 최고를 받은 후 30일 이내에 확답을 하지 아니하는 때에는 관리인은 제1항의 규정에 의한 해제권 또는 해지권을 포기한 것으로 본다.

92) 제179조(공익채권이 되는 청구권) ① 다음 각호의 어느 하나에 해당하는 청구권은 공익채권으로 한다.

이 된다고 본다.[93)]

즉 ① BBCHP의 경우 용선자가 그 채무를 모두 이행한 경우 SPC가 용선자에 대하여 선박의 소유권이전등록을 이행하여야 할 의무를 부담한다는 점에서 선박의 등록이전이라는 쌍무계약의 중요한 이행행위가 아직 이행되지 않은 상태라는 점, ② 선박에 대한 소유권은 SPC가 보유하고 있지만, BBCHP의 채권은 대주단이 보유하고 있기 때문에 선박을 회생담보권으로 인정하는 것은 부종성의 원칙에 반한다는 점, ③ 선박에 대한 저당권은 대주단이 보유하고 있고, SPC도 대주단에게 채무를 부담하고 있기 때문에 회생절차에서 용선자가 회생절차에 따라 변경된 BBCHP상의 채무를 변제한다고 하더라도 SPC가 저당권을 말소하고 바로 소유권을 이전해 줄 수 없다는 점, ④ 선박은 해외에 소재하는 SPC의 재산이므로 대주단이 저당권을 실행하는 경우 현실적으로 이를 금지할 방법이 없다는 점 등을 근거로 쌍방미이행 쌍무계약설이 타당하다고 한다.[94)]

(2) 소결

첫째, 환취권설은 BBCHP의 법적 성질을 소유권취득조건부 임대차계약으로 본다는 점에서 타당하지 않다고 본다.

둘째, 회생담보권설은 BBCHP의 법적 성질을 금융리스계약으로 전제했을 경우에 성립하는 견해라고 할 수 있는데, 대법원은 일관되게 BBCHP를 선박의 매매, 즉 장기할부매매로 보고 있다는 점을 간과한 견해라고 생각된다. 다만, 회생담보권설에 의할 경우에는 회생채무자의 공익채권 변제 부담을 감소시키고, 회생담보권의 권리변경을 도모할 수 있어 채무자의 회생에 도움이 될 수

1. 회생채권자, 회생담보권자와 주주·지분권자의 공동의 이익을 위하여 한 재판상 비용청구권
2. 회생절차개시 후의 채무자의 업무 및 재산의 관리와 처분에 관한 비용청구권
3. 회생계획의 수행을 위한 비용청구권. 다만, 회생절차종료 후에 생긴 것을 제외한다.
4. 제30조 및 제31조의 규정에 의한 비용·보수·보상금 및 특별보상금청구권
5. 채무자의 업무 및 재산에 관하여 관리인이 회생절차개시 후에 한 자금의 차입 그 밖의 행위로 인하여 생긴 청구권
6. 사무관리 또는 부당이득으로 인하여 회생절차개시 이후 채무자에 대하여 생긴 청구권
7. 제119조제1항의 규정에 의하여 관리인이 채무의 이행을 하는 때에 상대방이 갖는 청구권

93) 이정원, 전게논문, 178면.

94) 정석종, 전게논문, 26~27면.

있다고 한다.[95)]

결국 BBCHP의 법적 성질을 장기할부매매로서의 소유권유보부 매매계약으로 이해한다면, 선박소유자의 소유권이전의무와 용선자의 용선료지급의무는 대가관계가 있다고 보아야 하고, 따라서 쌍무계약관계에 있다고 보는 것이 타당할 것이다.[96)] 우리 상법상 등기 및 등록할 수 있는 선박의 소유권의 이전은 당사자 사이의 합의만으로 그 효력이 생기고, 이를 등기하고 선박국적증서에 기재하지 아니하면 제3자에게 대항하지 못하도록 규정하고 있다(상 제743조) 고 해서 소유권이전의무가 주된 채무가 아니라고 볼 수는 없을 것이다.[97)] 뿐만 아니라 BARECON 2001 표준서식상의 Part IV의 Hire Purchase Agreement에 의하면, 최종 용선료의 완납과 함께 매도인으로서의 선박소유자는 원칙적으로 권리의 하자가 없는 선박을 인도해야 할 의무를 부담한다는 점에 비추어 보았을 때에도 소유권이전의무는 주된 의무일 수밖에 없다고 본다. 따라서 쌍방미이행 쌍무계약설이 타당하다고 본다.[98)]

나아가 쌍방미이행 쌍무계약설에 따라 BBCHP의 용선료 채권을 공익채권으로 본다면, BBCHP구조에 대하여 도산 절연의 효과[99)]를 인정하게 됨으로써 선박금융거래의 안정성을 증대시키고 거래비용 또는 자본조달비용을 감소시킬 수 있다[100)]고 본다.[101)]

95) 정석종, 상게논문, 27면.

96) 구 파산법상의 논의이기는 하지만, 소유권유보부 매매계약에 있어서 부동산이나 자동차와 같이 소유권의 이전에 등기·등록을 필요로 하는 경우 등기나 등록은 권리이전의 성립요건으로서 그 이행을 위한 별도의 의사표시가 있어야만 이행될 수 있는 것이므로 설사 그 이전에 목적물에 대한 점유의 이전이 있었다고 하더라도 매도인으로서는 대금 완제 시에 상환으로 이행할 잔존 채무가 있는 것이므로 이러한 경우에는 예외적으로 파산법 제50조(쌍무계약의 해제 또는 이행)의 적용이 있고, 따라서 파산법 제38조(재단채권의 범위) 제7호(제50조 제1항의 규정에 의하여 파산관재인이 채무를 이행하는 경우에 상대방이 가지는 청구권)가 적용된다고 한다. 전병서, 제2판 파산법(한국사법행정학회, 2001), 238~239면.

97) 두완수, 전게논문, 57면.

98) 김도경, 전게논문, 106면; 두완수, 상게논문, 58면.

99) 일반적으로 BBCHP의 구조 하에서 SPC의 법인격을 부인하기 어렵다는 점에서 도산절연의 효과가 발생한다. 정석종, 전게논문, 30면.

100) 우리나라의 회생절차개시결정의 효력을 파나마 등과 같은 편의치적국에 등록된 선박저당권에 대하여 실제로 주장하는 것은 현실적으로 어렵다고 본다. 선박저당권의 효력은 선적국인 편의치적국의 법에 따를 것이기 때문에 우리나라에서의 회생절차 개시 결정에도 불구하고 선박저당권의 효력은 제한되지 않을 것이다. 이러한 측면에서 볼 때, 회생담보권설은 선박금융거래의 안정성을 해할 위험성이 크다고 볼 수 있다. 정석종, 상게논문, 30면.

101) 정석종, 상게논문, 27면.

한편, BBCHP의 법적 성질을 소유권취득조건부 임대차계약으로 이해하는 관점에서 민법상의 임대차계약은 도산법 제119조상의 쌍방미이행 쌍무계약으로서 임차인에 대하여 회생절차가 개시된 경우 관리인은 임대차계약의 이행 또는 해지를 선택할 수가 있으므로 용선자의 용선료 채무와 SPC의 BBCHP상의 선박의 사용을 제공할 의무가 대가관계에 선다고 보고 이를 쌍방미이행 쌍무계약으로 구성할 수 있다고 하는 견해도 제시되고 있다.[102]

결론적으로 도산법상의 BBCHP의 법률상 취급에 관한 대법원의 판례는 없지만, 선박금융의 구조상의 BBCHP의 법적 성질을 선박의 매매 즉 장기할부매매로 보고 있는 대법원의 입장을 고려하면, 쌍방미이행 쌍무계약설이 타당하고 합리적이라고 생각된다.

Ⅳ. 결 론

선박금융을 둘러싼 법률문제는 대단히 복잡하고 다양하다고 하지 않을 수 없다. 외국계 금융기관이 선박금융 자금조달의 주된 역할을 담당하고 있는 실정이고, SPC가 설립되며, 편의치적과 같은 해운업의 특수한 현상이 결합되기 때문에 선박금융의 문제는 국제거래법적인 성격을 갖게 된다. 기본적으로 신조선과 관련된 선박금융의 법적 구조는 대출계약, 선박건조계약, 선수금환급보증서, 해상운송계약, 해상보험계약 등으로 복잡하게 얽혀있다.

이러한 선박금융의 법적 구조아래에서 대단히 중요한 역할을 하는 것의 하나가 해상운송계약인데, 그 중에서도 특히 BBCHP가 핵심적인 역할을 한다고 볼 수 있다. 선박금융의 법적 구조아래에서 BBCHP를 둘러싼 법적 쟁점은 크게 두 가지라고 할 수 있다.

첫 번째의 법적 쟁점은 BBCHP의 법적 성질을 둘러싼 논의라고 할 수 있다. BBCHP의 법적 성질에 관한 다양한 법 이론이 제시되고 있지만, 당사자의 계약

102) 정석종, 상게논문, 34면; 한편, BBCHP의 법적 성질을 금융리스계약이라고 하면서도 회생담보권설을 비판하고, 쌍방미이행 쌍무계약설을 주장하는 견해로는 우세나, 전게논문, 169면; 김도경, 전게논문, 106면.

의 의도와 거래관행, 대법원의 판례 및 현행법의 규정에 근거했을 때, BBCHP의 법적 성질은 장기할부매매로서의 소유권유보부 매매계약이라고 할 수 있다.

두 번째의 법적 쟁점은 도산법상의 BBCHP의 취급의 문제라고 할 수 있다. 대법원의 판례가 없기 때문에 다양한 법 이론이 제시되고 있지만, BBCHP의 법적 성질을 장기할부매매로서의 소유권유보부 매매계약이라고 한다면, BBCHP를 쌍방미이행 쌍무계약으로 이해하는 것이 선박금융거래의 원활과 안정을 위해서도 타당하다고 생각된다.

참고문헌

Ⅰ. 국내문헌

1. 단행본

강종희·한철환·황종회, 편의치적제도 활용방안연구(해양수산개발원, 2001).

김규형·김상진·박찬재, 선박금융론(박영사, 2009).

김연신 지음·박수만 감수, 영문 선박건조계약서 작성실무(박영사, 2008).

김인현, 제4판 해상법(법문사, 2015).

박세민, 보험법(박영사, 2011).

반기로, 제6판 프로젝트파이낸스(한국금융연수원, 2009).

이균성, 신해상법 대계(한국해양수산개발원, 2010).

이기환·오학균·신주선·이재민, 개정판 선박금융원론(두남, 2016).

오학균·김진권·류동근·김명재, 용선론(두남, 2014).

전병서, 제2판 파산법(한국사법행정학회, 2001).

정영석, 해상법원론(텍스트북스, 2009).

정우영·현용석·이승철, 해양금융실무(한국금융연수원, 2011).

정찬형, 제19판 상법강의(상)(박영사, 2016).

지원림, 제11판 민법강의(홍문사, 2013).

채이식, 상법강의(하)(박영사, 2003).

최종현, 제2판 해상법상론(박영사, 2014).

한창희, 보험법(국민대학교 출판부, 2011).

보험연수원 편, 해상보험기초과정(보험연수원, 2012).

2. 논문

김도경, "선박금융과 국내선사의 도산," 선진상사법률연구, 제55호(법무부, 2011).

김인유, "건조중인 선박에 관한 법률관계," 한국해법학회지, 제32권 제1호(한국해법학회, 2010).

김진권·홍성화, "파나마 선박등기등록제도에 관한 고찰," 해사법연구, 제24권 제2호(한국해사법학회, 2012).

두완수, "선박금융과 해운회사 도산의 법률관계에 관한 연구," 법학석사학위논문(한국해양대학교 대학원, 2014).

민성규 · 최재수, "선박국적제도의 국제법상 의의와 국적취득조건부 나용선 선박의 통관 문제," 한국해법학회지, 제26권 제2호(한국해법학회, 2004).

서영화, "선박건조계약과 관련한 몇 가지 법률문제들," 한국해법학회지, 제32권 제1호(한국해법학회, 2010).

신호영, "해운기업 관련 몇 가지 조세문제에 관한 고찰 −국적취득조건부 나용선 선박의 취득가액 산정을 중심으로−," 한국해법학회지, 제33권 제1호(한국해법학회, 2011).

우보연, "편의치적선에 대한 법적 규제와 대응에 관한 고찰," 외법논집, 제34권 제1호(한국외대 법학연구소, 2010.2).

우세나, "채무자 회생 및 파산에 관한 법률상 국적취득조건부 나용선 계약의 처리방안," 법과 정책연구, 제10집 제1호(한국법정책학회, 2010).

이원철, "국적취득조건부 나용선이 한국해운에 미친 영향에 관한 소고," 해운물류연구, 제6권(한국해운물류학회, 1988).

이정원, "소유권취득조건부 선체용선계약과 취득세부담주체(대법원 2011. 4. 14. 선고 2008두10591 판결)," 한국해법학회지, 제33권 제2호(한국해법학회, 2011).

이정원, "소유권취득조건부 선체용선계약의 법적 성질과 관련된 몇 가지 문제에 관한 고찰," 법학연구, 제53권 제2호(부산대 법학연구소, 2012).

정 대, "선박금융의 법적 구조에 관한 연구," 법과 정책, 제18집 제2호(제주대 법과정책연구소, 2012).

성 대 · 정영석, "선박건조공제약관의 개발에 관한 시론," 세계해양발전연구, 제23권(한국해양대 세계해양발전전략연구소, 2014).

정석종, "회생절차에서의 선박금융에 대한 취급−BBCHP를 중심으로−," 도산법연구, 제2권 제2호(한국도산법학회, 2011).

정선철, "국제선박매매계약에 관한 연구," 법학박사학위논문(한국해양대학교 대학원, 2005).

정우영, "선박금융의 실무 소개," BFL 제19호(서울대 금융법센터, 2006).

진호현 · 김진권, "국적취득조건부 나용선 선박의 관할권에 관한 소고," 해사법연구, 제24권 제1호(한국해사법학회, 2012).

홍성화, "선박건조보험약관에 관한 연구," 해사법연구, 제23권 제1호(한국해사법학회, 2011).

Ⅱ. 외국문헌

森田 果, "造船とファイナンス", 江頭憲治朗·落合誠一 編, 海法大系(商事法務, 2003).

Jan Hoffmann, Ricardo J. Sanchez & Wayne K. Talley, "Determinants of Vessel Flag," Kevin Cullinane ed., Shipping Economics, Elsevier, 2005.

Mark Davis, Bareboat Charters, LLP, 2000.

Martin Stopford, Maritime Economics, Second Edition, Routledge, 1997.

Robert H. Brown, Marine Insurance-Vo1.3－Hull Practice, WITHERBY & CO LTD, 1974.

제 3 장

해상보험계약

≫ 영국의 The Star Sea호 사건 판결과
해상보험계약에서의 최대선의의무 _ 정 대

≫ 항만운영자의 책임에 관한 고찰 _ 지상규

≫ 해양플랜트공사보험약관의 고찰 _ 지상규

영국의 The Star Sea호 사건 판결과 해상보험계약에서의 최대선의의무*

정 대

Ⅰ. 서 론

일반적으로 모든 계약은 신의에 좇아 성실히 준수될 것을 요구한다. 보험계약도 사법의 일반원칙에 따라 신의성실의 원칙에 구속된다고 보아야 할 것이다. 그런데 보험계약은 당사자의 일방 또는 쌍방의 구체적인 급부의무의 발생이 불확실한 우연적 사실에 관계되어 있는 사행계약적 성격이 강하다. 다시 말해서 급부의 성부가 우연한 사실에 관계되어 있으므로 불로의 이득을 목적으로 악용될 소지가 많다고 할 수 있다. 이러한 점에서 보험계약은 일반의 전형계약보다는 윤리성·사회성이 더욱 요구된다고 할 수 있다. 그래서 보험계약의 선의계약성 또는 최대선의계약성이 특히 강조되는데, 그것은 보험사고를 고의로 유치하거나 손해의 확대를 도모한다면 보험사고 발생의 불확실성의 확보나 급부의 균형유지가 곤란하게 되어 보험제도 자체의 건전한 운영이 방해받는 것은 물론 계약법의 관점에서 보아 당사자간의 형평에 반하는 결과를 초래할 수 있기 때문이다.[1)]

---

* 본 논문은 2005년 9월 한국해사법학회의 「해사법연구」제17권 제2호에 게재되었던 논문을 수정 및 보완한 것임.

1) 우리나라와 일본의 학자들은 보험계약의 선의계약성 또는 최대선의계약성을 보험계약의 사행계약적 성격과 관련시켜 설명하는 것이 일반적이다. 김성태, 보험법강의(법문사, 2001), 113~114면; 박용섭, 전면개정 해상보험법(효성출판사, 1999), 4면; 이기수·최병규·김인현, 보험·해상법(박영사, 2003), 49면; 장덕조, 제2판 보험법(법문사, 2015), 48~49면; 정찬형, 제16판 상법강의(하)(박영사, 2014), 533~534면; 최준선, 제10판 보험·해상·항공운송법(삼영사, 2016), 87~88면; 倉澤康一郎, 復刻版 保險法通論(新青出版, 2004), 30面; 田村諄之輔·平出慶道, 補訂第二版 保險法·海商法 (青林書院, 2003),44, 53面; 山野嘉郎·山田泰彦, 第6版 現代保險·海商法30講(中央經濟社, 2004), 18~19面.

따라서 보험계약에 있어서는 보험자와 보험계약자 상호간의 신뢰가 기본적으로 유지되어야 하고, 나아가 다른 일반계약관계에 비추어 보다 높은 고도의 선의가 필요하게 된다. 즉 보험계약의 당사자는 보험자이든 보험계약자이든 최대선의로 보험계약을 체결하고 이행할 것을 요한다.[2] 이와 관련하여 영국해상보험법에서는 보험자와 보험계약자간의 최대선의의 원칙(the doctrine of utmost good faith)의 준수를 요구하고 있다. 즉 영국해상보험법(Marine Insurance Act, 1906: MIA) 제17조는 해상보험계약은 최대선의에 기한 계약이고 어느 일방당사자에 의해 최대선의가 준수되지 않을 때에는 타방당사자는 계약을 취소할 수 있다고 규정한다. 영국해상보험법(MIA) 제18조 이하의 고지의무 및 부실표시에 관한 구체적 규정도 계약체결단계에 관해서 최대선의의 원칙을 구체화한 것이라고 보는 것이 일반적이지만, 최대선의의 원칙은 그것에 한정되지 않는 보다 광범한 원칙을 포함하는 것이다.[3]

영국해상보험법(MIA)의 최대선의의 원칙과 관련하여 보험자와 보험계약자에게 요구되는 최대선의의무의 구체적 내용과 범위 및 그 효과에 대해서는 판례상으로 명확하지 않은 면이 있는데, Star Sea호 사건 판결에서 이러한 쟁점들에 대한 판시가 있었다. 본고에서는 Star Sea호 사건판결을 통해 영국해상보험법상의 최대선의의무의 내용과 그 위반의 효과를 검토해 보고자 한다.

II. 해상보험계약에서의 최대선의의무

1. 의의

해상보험계약은 최대선의의 원칙(principle of uberrimae fidei)[4]에 뿌리를

---

2) 채이식, 개정판 상법강의(하)(박영사, 2003), 426면.

3) 최대선의의무와 관련된 새로운 추가적인 연구로는 신건훈, "영국 해상보험법상 지속적인 최대선의의무의 범위," 한국해법학회지 제28권 제2호(한국해법학회, 2006); 한낙현·김은주·박명섭, "선박오염보험상 최대선의원칙의 적용에 관한 연구," 한국해법학회지 제33권 제1호(한국해법학회, 2011).

4) 1766년 Carter v. Boehm사건([1766] 3 Burr 1905)에서 Mansfield경이 보험은 사행계약이지만 보

두고 있다. 그래서 보험은 최대선의계약이라고 하고, 영국해상보험법(MIA) 제17조에서도 이 점을 명확히 밝히고 있다. 즉 "해상보험계약은 최대선의(the utmost good faith)를 기초로 하는 계약이다. 당사자 일방이 최대선의를 준수하지 않을 때 타방 당사자는 계약을 취소(avoid)할 수 있다"고 규정하고 있다. 이러한 최대선의의 원칙은 그 위험(risk) 또는 보험의 목적(the subject-matter insured)이 무엇이든 간에 모든 보험계약에 적용된다.[5]

우선 "최대(utmost)"라고 하는 의미는 제17조를 충족시키기 위해서 요구되는 선의의 정도가 고도의 것이라는 점을 시사한다. 이와 관련하여 CTI사건 판결[6]에서 Stephenson판사는 선의의 정도(degrees of good faith)에 대해서 직접적인 언급은 하지 않았지만, 악의의 부재(an absence of bad faith)보다 그 이상의 것이 모든 보험계약에서의 양당사자에게 요구되는 것으로 충분하다고 판시하고 있다. 그는 선의의 다양한 측면에 대한 논의에 들어가는 것을 꺼려했지만, 악의의 부재 그 이상의 것이 요구된다고 하여 그 최저기준(minimum standard)을 제시한 것은 분명하다고 본다. 그럼에도 불구하고 Banque Keyser Ullmann v. Skandia사건 판결[7]에서 Steyn판사는 그 의무는 악의를 자제하는 것뿐만 아니라 최대선의를 적극적인 의미에서 준수하는 것이라는 점을 밝히고 있다.[8]

한편, 제17조에 규정된 "당사자 일방에 의해(by either party)"라는 문언으로 볼 때, 최대선의의무는 상호적 성격의 의무(reciprocal duties)라고 할 수 있다. Banque Keyser Ullmann v. Skandia사건 판결[9]에서 Slade판사는 중요사실을 고지할 의무는 보험자와 피보험자에게 부과되는 상호적 의무이며, 해상보험계약에 있어서 제17조는 실질적으로 그렇게 규정되어 있다고 판시하였다.[10]

험계약자의 보험자에 대해서만이 아닌 양 당사자의 신뢰에 근거한 계약이라고 하여 새로운 법원칙을 제시한 이래 최대선의의 원칙으로 명명되어 19세기에 판례법상 발전된 것이다. 양승규·한창희, 해상보험법(삼지원, 2007), 131면.

5) Susan Hodges, Law of Marine Insurance(Cavendish Publishing Limited, 1997), p. 83.

6) Container Transport International Inc. v. Oceanus Mutual Underwriting Association(Bermuda) Ltd, [1984] 1 Lloyd's Rep. 476, 525.

7) Banque Keyser Ullmann v. Skandia, [1987]1 Lloyd's Rep. 69, 93.

8) Susan Hodges, op. cit., p.83.

9) Banque Keyser Ullmann v. Skandia, [1987]1 Lloyd's Rep. 69, 93.

10) Susan Hodges, op. cit., p. 85.

2. 고지의무 및 표시와의 관계

조문배열로 보면, 제17조는 "고지와 표시(Disclosure and Representations)"라는 표제하에 있는 조문 가운데 처음에 위치하고 있다. 이러한 조문의 배열로 인해 최대선의의 원칙은 고지와 표시에 관련된 문제에만 적용되고 나아가 제18조의 고지의무(duty of disclosure)가 계약체결 전에만 적용되는 것처럼 제17조도 이와 같이 계약체결 전의 상황에만 적용되는 것으로 이해되기도 하였다.

고지의무가 최대선의의 원칙과 밀접하게 관련되어 있는 것은 물론, 그 뿌리가 최대선의의 원칙에 있다는 점은 분명하다. 그러나 최대선의의 원칙이 고지의무에 근거하고 있는 것은 아니다. 다시 말하면 최대선의의 의무(duty of utmost good faith)는 고지의무와 표시에 관한 법(law of representation)의 원천이 된다고 할 수 있으며, 두 개념보다도 폭넓고, 더 많은 효력을 갖고 있다고 할 수 있다.[11]

일반적으로 불고지(non-disclosure) 또는 부실표시(misrepregentation)의 증명에 의해 최대선의의무의 위반이 확정되었다. 어쨌든 이것은 오랫동안 잘 정의되지 않은 최대선의의 항변과 불고지의 항변을 구별할 수 있도록 하였다. CTI사건 판결에서 항소심법원의 Kerr판사는 최대선의의무는 전면적인 의무(an overriding duty)이며, 고지의무는 최대선의의무의 한 측면에 불과한 것이라고 하였다. 이와 같은 맥락에서 Parker판사는 제17조가 부과하는 최대선의의무는 단순히 제18조 이하의 조문 하에서의 의무의 이행을 요구하는 것 이상의 것이라고 판시하고 있다.[12]

3. 적용범위와 법적 효과

Litsion Pride사건[13]에서 최대선의의무와 관련되어 중요한 두 가지 법적 쟁

---

11) Ibid., p. 84.

12) Ibid.

13) Black King Shipping Corporation and Wayang(Panama)S.A. v. Mark Ranald Massie, [1985] 1

점이 제기되었는데, 그 첫째는 최대선의의무가 보험계약의 체결 전뿐만 아니라 체결 후에도 적용되는가 하는 점이고, 둘째는 사기적 보험금청구(fraudulent claim)가 최대선의의무의 위반을 구성하는가 하는 점이다.

첫 번째 쟁점에 관해 Hirst판사에 의하면, 최대선의의무는 보험계약의 체결 전후를 불문하고 적용된다고 보는 것이 자명하며, 이러한 의미에서 최대선의의무는 피보험자가 보험계약 체결 전 보험자에게 모든 중요한 사실을 고지할 의무를 규정한 제18조의 고지의무보다 더 넓은 개념이라고 보아야 할 것이라고 한다. 즉 제18조의 고지의무는 시간상의 제한(time limit)이 있지만 제17조의 최대선의의무는 어떠한 시간상의 제한도 받지 않는다.[14]

두 번째 쟁점에 관해 Hirst판사에 의하면, 사기적 청구를 하지 않을 의무와 최대선의의무를 위반한 보험금청구를 하지 않을 의무는 보험계약의 묵시적 조항(implied term)이라고 판시하고 있다. 이러한 점에 비추어 볼 때 제17조가 하나의 완전한 항변권(a complete defence)으로서 고유의 권리 위에 서있다고 볼 수 있다.[15]

최대선의의무위반의 법적 효과는 그 계약은 당사자 일방에 의해 취소될 수 있다고 하는 문언 속에 명시되어 있다. 제17조의 취소(avoidance)는 처음부터(ab initio) 무효임을 의미한다. 손해배상청구권(a right to damages)과 같은 다른 법적 구제수단이 제17조에 규정되어 있지 않으므로 보험계약의 취소(avoidance of the contract)는 보험계약의 당사자에게 이용 가능한 유일한 구제수단이라고 할 수 있다.[16]

Lloyd's Rep. 437.(The "Litsion Pride").

14) Susan Hodges, op. cit., p. 84.

15) Ibid.

16) Ibid., p. 85.

Ⅲ. The Star Sea호 사건판결의 내용

1. 문제의 제기

영국해상보험법(MIA) 제17조의 최대선의의무에 관해서는 그 의무의 구체적 내용이 무엇인가 하는 점이 특히 문제가 되고 있다. 즉 영국해상보험법(MIA)은 제18조부터 제21조까지 보험계약체결시의 고지의무 및 표시에 대해서 규정하고 있는데 이것이 최대선의의무의 중요한 내용을 이루고 있다. 그러나 제17조의 법문에는 최대선의의무는 보험계약체결시의 의무라고 하는 제한이 없다. 따라서 최대선의의무는 보험계약의 체결 후에도 계속해서 존재한다고 해석되는데, 보험계약체결 후의 최대선의의무의 내용에 대해서는 동법에 규정이 없다. 이러한 점 때문에 보험계약체결 후의 최대선의의무의 구체적 내용은 무엇인지, 어떠한 경우에 그 위반이 성립하는 것인지가 문제가 된다.

이와 관련하여 보험계약체결 후의 최대선의의무의 문제를 취급한 Star Sea호 사건에 대한 귀족원 판결을 검토하고자 한다.[17] 이 사건은 항해중 발생한 화재로 인해 추정전손이 된 선박(Star Sea호)의 손해에 대해 선박소유자가 보험금의 지급을 청구한 것이다. 선박소유자에게 감항능력담보의무위반이 있었는지의 여부가 기본적 쟁점이 되었는데, 보험자는 이와 함께 보험금의 청구단계에서 선박소유자에게 해상보험법 제17조의 최대선의의무의 위반이 있었다고 주장하였다.

2. 사실관계

(1) 화물선 Star Sea호

Manifest Shipping사 소유의 Star Sea호는 1974년 건조된 총톤수 6,925톤의

17) Manifest Shipping Co. Ltd. v. Uni－Polaris Insurance Co. Ltd & La Rêunion Europêene [2001] 1 Lloyd's Rep. 389(The "Star Sea").

냉동물 운반선이다. 동선은 1990년 5월 29일, 항해중 기관실에서 화재가 발생하여 수일간 소화할 수 없었고 이로 인해 추정전손이 되었다. 본건소송은 Manifest Shipping사가 이 화재로 인한 동선의 손해에 관해 보험금의 지급을 청구한 것이다.

보험계약은 1989년 11월 8일에 갱신된 보험기간 1년의 기간보험이다. 이 보험계약은 Kappa해운회사가 운항하고 있는 약 40척의 선단전부를 하나로 모아서 보험 가입한 것으로 Star Sea호는 그 가운데 한척으로서 보험의 목적이 되어 있는 것이다. Star Sea호의 보험가액은 320만 달러, 보험계약상의 관계는 영국법에 의하는 것으로 되어 있다.

Star Sea호는 기관실과 선창의 화재 진화용 탄산가스소화장치(a CO_2 system)가 있었다. 이 장치는 44개의 탄산가스 실린더(cylinder)를 중심으로 구성되어 있는 것인데, 이것이 유효하게 기능하기 위해서는 화재발생 후 빠른 시기에 이것을 사용하고 모든 탄산가스를 일시에 방출할 필요가 있다. 또한, 가스를 방출하는 기관실과 선창을 철저히 밀폐하여야 하였다.

(2) Kappa해운의 선단

원고인 Manifest Shipping사는 키프러스(Cyprus)의 회사(이사는 Faraklas씨)이지만, Star Sea호만을 소유한 이른바 1척의 회사이다. 실질적으로 Star Sea호는 영국에 거주하는 Kollakis씨의 가족의 소유에 속하고 영국의 회사인 Kappa해운회사가 운항하는 약 40척의 선단에 소속하였다. 당시 Kappa해운의 이사는 Kollakis선장(그 후 사망), 그의 두 명의 아들인 Pantelis(Lou)와 George 및 기술이사인 Nicholaidis씨의 4명이었다. 한편, Star Sea호의 등록관리인은 Charterwell해사회사(Piraeus에 본점이 있는 그리스의 회사)이며, 그 당시의 그 이사는 Kollakis선장과 Faraklas씨이다.

(3) Star Sea호 화재사고 이전의 2건의 화재사고

Kappa해운이 운항하는 선단에서는 Star Sea호의 화재 전에도 2척의 선박

(Centaurus호와 Kastora호)이 화재로 인해 추정전손이 된 사고가 있었다. Centaurus호의 화재는 1989년 2월, Kastora호의 화재는 동년 4월에 발생하였다. 양선 모두 탄산가스소화장치가 있었지만, 그것에 의한 소화가 이루어지지 않았다. Centaurus호에서는 선원이 그것을 조기에 사용하지 못하였고, 또한 기관실(engineroom)을 유효하게 밀폐할 수 없었다. Kastora호의 선원은 화재발생 약 반시간 후에 탄산가스를 사용하였지만, 연돌에 있는 환기통로폐쇄기(damper)가 닫혀있지 않았기 때문에 탄산가스에 의한 진화 효과가 없었다.

이 두 척의 사고가 있은 후 Kastora호에 대해서는 Kappa해운의 지시를 받은 검사인인 Atherton박사가 동선을 2회 검사하였다. 첫 번째 검사에서 Atherton박사는 연돌에 있는 환기통로폐쇄기(damper)의 하나가 일부 열린 상태에서 고착되어 있는 것을 발견하였는데, 그것은 화재로 변형된 것이라고 생각하였다(1989년 5월 23일의 제1차 보고서). 두 번째 검사에서 Atherton박사는 환기통로폐쇄기(damper)자체의 검사에 의거하여 그것이 작동불량 상태에 있었고, 환기통로를 유효하게 밀폐하지 못하였을 것이라고 보고하였다(1989년 9월 22일의 제2차 보고서).

이러한 사실에 따라 Kappa해운에서는 Star Sea호의 선박직원을 한국인에서 그리스인으로 교체하고, 새로운 선장을 임명하였다. 새로이 선장이 된 자는 1978년에 선장자격을 취득하고, 11년간 Kappa해운의 선단에 근무하고 있었으며 근무기록도 양호했던 자였다. 그러나 Star Sea호의 기관실의 보수점검에 관해서 Kappa해운관계자는 특별한 조치를 취하지 않았다. 그들은 종전과 마찬가지의 보수점검절차를 계속해서 신뢰했던 것 같다. Star Sea호가 1989년 11월에 매년의 휴항기간을 마치고 통상의 업무에 복귀하기 전에 기관실에 필요한 수리와 정비를 수행하도록 업자에게 의뢰하고, 그 후 화물선안전증서의 갱신을 받기 위해 필요한 검사를 받았다.

(4) Star Sea호의 화재사고

Star Sea호의 화재는 1990년 5월 27일에 발생하였다. 그 당시 동선은 바나나 등의 적하를 적재하고, 니카라과의 Corinto로부터 Zeebrugge를 향해 항해중이었다. 이 화재는 선원이 기관실의 작업장에서 산소아세틸렌취관(oxyacetylene torch)을 사용하여 작업을 하고 있을 때에 그 불이 산소가스통(oxygen gas bottles)에 옮겨 붙은 것으로 그 화재의 발생자체는 선박의 불감항에 의한 것은 아니었다. 화재발생 당시 선장은 다량의 연기 때문에 탄산가스소화장치를 즉시 사용하지 못하고, 발화 후 2시간 반을 경과한 후에야 비로소 그것을 사용하였다. 그런데 탄산가스소화장치는 그 작동이 적절하지 않아서 그 전체량의 절반정도만이 방출되었다. 한편, 원고는 추정전손의 보험금청구를 하기 위한 절차를 진행하였다.

(5) 보험자의 주장

원고의 보험금청구에 대해 보험자는 첫째, Star Sea호는 발항당시 ① 환기통로폐쇄기(damper)가 고장이 나서 기관실을 완전하게 밀폐할 수 없는 상태에 있었다는 점 및 ② 선장이 탄산가스소화장치의 정확한 사용법을 알지 못했다는 점의 불감항이 있고, 피보험자는 이러한 사실을 알고 있었기 때문에 보험자는 이러한 불감항에 기인한 손해에 대해서는 책임을 지지 않는다고 주장하였다. 영국해상보험법 제39조 제5항은 "기간보험에서는 선박이 항해의 어떠한 단계에서도 감항능력이 있지 않으면 안 된다고 하는 묵시적 담보는 없다. 단 선박이 피보험자가 알고서(with the privity of the assured) 불감항의 상태로 취항한 경우에는 보험자는 불감항에 기인한 일체의 손해에 대해서 책임을 지지 않는다"고 규정하고 있다. 본건의 보험계약은 기간보험이었다. 보험자가 불감항에 기인한 손해에 대해서 면책이 되기 위해서는 선박의 취항 당시 피보험자가 불감항을 알고 있었다는 점이 필요하다. 본건의 보험자는 피보험자가 상기의 두 가지 사실의 불감항을 알고 있었다고 주장하였다.

둘째, 보험자는 제17조의 최대선의의무에 관해서 다음과 같이 주장하였다.

제17조의 최대선의의무는 ① 손해 및 청구에 관계된 사실에 대해서 피보험자는 알고 있지만, 보험자는 모르는 것이 있을 때 그것을 고지할 의무, ② 고의 또는 과실에 의하여(culpably) 묵비 또는 불고지를 하지 않을 의무, ③ 고의 또는 과실에 의하여 오해를 줄 행위를 하지 않을 의무 및 ④ 사기적 청구를

하지 않을 의무를 포함한다. 이러한 의무의 위반이 있을 경우 보험자는 보험계약을 취소할 수 있다.

한편, 피보험자가 Star Sea호의 불감항의 사실을 알고 있었다라고 하는 보험자의 주장의 일부는 Centaurus호 및 Kastora호의 화재로부터 알 수 있었다는 점을 기초로 하고 있는 것이다. 이 점에 대한 보험자의 주장은 다음과 같다. 피보험자는 Atherton박사의 보고서는 법률상 불고지가 허용되는 것이라고 하고, 소송절차가 있는 단계까지 이것을 고지하지 않았다. 또한, 피보험자의 관계자는 보험자에 대해 이 보고서(특히 제2차 보고서)의 내용을 설명하지 않으면서, 이에 관해 혼동하기 쉬운 설명을 하였다. 예컨대 Kappa해운기술이사 Nicholaidis씨는 Atherton박사의 제2차 보고서(Dr. Atherton's second report)를 받아 보았지만, 이것에 Kastora호의 환기통로폐쇄기(damper)의 부적합에 관한 기재가 있다는 사실을 알지 못했다고 말하고 있다. 선박소유자는 Atherton박사의 사실문제에 관한 진술서를 제출하였지만, 여기에는 제2차 보고서에 관한 사항이 기재되어 있지 않았다. Kappa해운의 Kollakis형제도 그 증언 중에 Atherton박사의 제2차 보고서에 대해서는 말하지 않았다. 원고의 중개인(broker)이 본건의 해결을 위한 교섭과의 관계에서 쓴 편지에도 Kastora호 사건에 관해서 오해를 줄 기재가 있었다. 요컨대 보험자는 이러한 행위들이 제17조의 의무위반이 되기 때문에 불감항에 기인한 손해뿐만이 아니라 청구액 전부에 대해서 책임을 지지 않는다고 주장하였다.

(6) 소송의 경과

1) 제1심 판결

제1심의 Tuckey판사는 Star Sea호는 불감항이 있었고, 피보험자의 관계자(Kollakis선장, 그의 두명의 아들, 및 Faraklas씨)는 불감항의 사실을 알고 있었다고 인정하고, 보험자의 해상보험법 제39조 제5항에 기한 항변은 이유가 있다고 판시하였다. 그러나 보험자의 제17조의 항변은 이유가 없다고 판시하였다. 즉 "피보험자의 청구가 보험자에 의해 거절된 후에는 최대선의의 의무는 종료한다. 그 의무는 늦어도 소제기가 있었던 때에 종료한다"고 하였다. 그리고 보험자는 불감항에 기인하지 않는 분손(170만 달러)에 대해서 보험금지급 의무가 있다고 판시하였다.18)

2) 항소심 판결

제1심 판결에 대해서 양당사자가 항소하였다. 항소법원의 Leggatt판사, Henry 판사 및 Walker판사는 다음과 같이 판시하며, 추정전손에 대한 보험금청구를 인용하였다. ① 피보험자의 관계자(제1심 판결이 고려한 4명 이외에 Nicholaidis 씨를 포함시켰다)에게 불감항의 사실을 알고 있었다는 점이 인정되지 않는다. ② 피보험자가 사기를 행하였다는 점은 증명되지 않았고, 사기적 청구 이외의 경우에 제17조의 최대선의의무위반의 성립을 인정할 수는 없다. 이에 의하면 보험자는 320만 달러의 지급의무가 인정된다.19)

이에 대해 보험자는 제17조의 문제에 대해서 피보험자가 사기보다도 낮은 정도의 비난가능성이 있는 행위를 하였을 경우에도 최대선의의무의 위반이 성립한다고 주장하며 상고하였다.

3. 귀족원의 판결

귀족원은 상기 항소심 판결의 ①과 ②의 어느 문제에 대해서도 상고는 이유 없다고 하면서 상고기각의 판결을 하였는데, 상고기각의 결론은 판사전원일치의 의견이다. 이하에서는 영국해상보험법 제17조에 관한 판시사항을 중심으로 각 판사의 판시사항을 개략적으로 소개하도록 한다.

(1) Steyn판사

나는 Clyde판사, Hobhouse판사, 및 Scott판사의 판결을 읽었다. 나도 이들 판사가 판시한 이유에 근거하여 본건 상고를 기각한다.20)

18) [1995] 1 Lloyd's Rep. 651.
19) [1997] 1 Lloyd's Rep. 360.
20) [2001] 1 Lloyd's Rep. 389, 391.

(2) Hoffmann판사

나는 Hobhouse판사와 Scott판사의 판결의 원고를 읽었다. 나는 이들 판사가 판시한 이유에 근거하여 본건 상고를 기각한다.[21)]

(3) Clyde판사[22)]

보험자의 제17조에 관한 주장은 사실과의 관계에서 성립되지 않는다고 생각한다. 보험자가 소송의 단계에서 공정한 행위 및 고지를 요구하는 것은 정당하다고 하더라도 나는 보험자가 말하는 고의 또는 과실에 기한 불고지(culpable non-disclosure)가 피보험자 측에 실제로 존재하였다고 하는 주장을 뒷받침하는 증거가 있다고 생각하지 않는다. 청구가 다투어지고 있는 단계에서의 피보험자의 법률상의 의무에 대해서 나는 피보험자가 소송의 상대방에 대해 자신의 주장을 전부 고지할 의무를 부담하는 것은 아니라고 하는 견해를 취한다. 나는 그와 같은 의무를 정당화해야 할 실제상의 이유는 없다고 생각한다. 보험계약체결의 단계에서 보험자는 보험계약을 인수할 것인지, 보험료를 어떻게 결정할 것인지에 대해 피보험자의 고지를 대폭적으로 신뢰할 수가 있다. 이에 반해, 보험금청구에 대해 방어할 목적으로 알 필요가 있는 사실에 대해서 보험자는 그것을 발견할 수단을 갖고 있다. 나는 보험자의 주장을 지지하는 선례를 발견할 수 없었다.[23)]

최대선의라는 문언이 의미하는 고지의 포괄성 및 그 의무가 인정되는 기간의 한정이 없다는 점에 대해서는 보험자의 주장에 어느 정도의 지지를 한다. 그러나 만약 내가 옳다고 생각하는 견해가 정당하고, 소송의 단계에서 최고에 상당하는 정도의 고지는 필요하지 않다고 하면, 제17조의 이러한 형식상의 의미는 정당하지 않게 된다. 한 가지 해결방법은 이 규정이 적용되는 당사자간의 관계에 기간의 한정을 하고, 그것은 계약체결 전의 교섭에서만 적용된다고

21) [2001] 1 Lloyd's Rep. 389, 391.
22) Clyde판사의 판시사항 중 제17조에 관한 내용만을 부분적으로 소개하도록 한다.
23) [2001] 1 Lloyd's Rep. 389, 391.

하는 것이다. 그것은 제17조가 고지의무와 표시를 다루는 규정들 속에 위치하고 있다는 사실에 의해서 지지될 수 있다. 제17조 이하에 위치한 특별규정들은 계약체결 시에 적용되는 일반원칙을 나타낼 수 있지만 포괄적인 것은 아닐 수 있다. 그러나 이러한 해결방법은 현 단계에서 채택될 수는 없을 것이다. 이러한 상황 하에서 이용 가능한 남은 길은 최대선의의 개념에 대해서 유연한 해결방법을 채택하는 것이다.[24)]

나의 견해로는 보험계약에서의 최대선의의 개념은 당사자간의 관계의 여러 단계에서 당사자에게 요구되는 고지의 정도를 반영하는 것이다. 그것은 절대적인 것은 아니다. 요구되는 의무의 내용은 그 문제를 판단할 단계에 따라 달라질 수 있는 것이다. 계약체결의 단계에서는 대단히 고도의 고지를 기대하는 것이 합리적이지만, 계약이 체결된 후에는 그와 같은 고도의 고지의 요청이 계속해서 존재한다고 해석할 이유는 없다. 결론적으로 나는 상소가 기각되어야만 한다는 점에 동의한다.[25)]

(4) Hobhouse판사[26)]

1) 제17조의 법률문제

제17조에 대해서는 많은 문제가 있다. 본건 상고에 대한 판단에 대해서는 그 중 두 가지 문제(사기적 청구의 문제와 소송절차중의 문제)만이 중요하지만, 이 두 가지 문제의 검토는 제17조의 문제가 있는 성격을 포함시켜 그 일부로서 행할 필요가 있다. 제17조의 성격에는 1906년 이전 및 이후의 시기에서의 관련된 개념의 역사적 및 실제적 발전이 겹쳐있다.[27)]

보험법과의 관계에서의 선의의 개념의 역사는 Pan Atlantic Insurance Co. v.

---

24) [2001] 1 Lloyd's Rep. 389, 392.
25) [2001] 1 Lloyd's Rep. 389, 392.
26) Hobhouse판사는 제17조의 문제를 사실관계와 법률문제로 나누어 판시하고 있다. 그리고 후자의 법률문제에 관해서는 총론, 선박서류, 사기적 청구, 소송절차중의 문제의 순서로 판시를 하고 있다. 이하에서는 사실문제 부분은 생략하고, 제17조의 법률문제의 총론 부분과 사기적 청구 및 소송절차중의 문제에 관한 판시사항 가운데 본건에 대한 판단에서 중요하다고 생각하는 부분을 인용하도록 한다.
27) [2001] 1 Lloyd's Rep. 389, 398.

Pine Top Insurance Co. 사건[28]에서의 Mustill판사의 판결에서 검토되어 있고, 또한 Howard Bennett씨의 귀중하고도 상세한 조사를 한 논문[29]에서 검토되어 있다. 그 승인되어 있는 기원은 Mansfield판사의 Carter v. Boehm사건[30]의 판결이다. Mustill판사가 지적한 바와 같이, Mansfield판사는 선의의 일반원칙을 영국의 상법에 도입하려고 시도하였고, 그러한 시도는 결국 성공하지 못했으나 보험계약과 같은 제한적 범위의 거래에서는 성공하였다. Carter v. Boehm 사건에 대한 그의 판결은 보험계약체결 시에 그 선의의 일반원칙을 적용한 것이었다. 그것은 보험청약자(proposer)와 보험자(underwriter)간의 정보의 불균형과 투기(speculation)에 기한 계약으로서의 보험계약의 성격에 근거를 두고 있다. 그는 불고지(non－disclosure)를 사기(fraud)와 동일하게 생각했다. 그는 "그러한 상황 하에서의 묵비(the keeping back)는 사기이고, 따라서 보험계약은 무효이다. 비록 그러한 은폐(suppression)가 어떠한 사기적인 의도가 없이 실수로 발생했다고 하더라도 여전히 보험자는 기망당했고, 보험계약은 무효이다"[31]라고 판시하였다. 이와 같이 그것은 보통법(common law)에서의 실제적인 사기(actual fraud)가 아니라 일방당사자가 이익을 얻는 것이 허용되지 않는 착오의 한 형태(a form of mistake)였다.[32]

본건에서의 대리인의 주장은 당사자 쌍방의 의견이 일치하고 있는 부분이 있다는 점을 명확히 하였다. 최대선의의무의 원칙은 해상보험에 한정되는 것이 아니라 모든 보험에 적용된다. 그리고 제17조 자체가 "당사자의 일방이 최대선의를 준수하지 않을 때"의 문언에 의해 가리키는 것처럼 당사자 쌍방이 부담하는 의무이며, Carter v. Boehm사건[33]에서의 Mansfield판사도 명시적으로 언급하고 있다.[34]

둘째 대리인은 어쨌든 최대선의는 공정거래(fair dealing)의 원칙이고, 계약

---

28) Pan Atlantic Insurance Co. v. Pine Top Insurance Co., [1994] 2 Lloyd's Rep. 427.

29) Howard N. Bennett, "Mapping the doctrine of utmost good faith in insurance contract law", Lloyd's Maritime and Commercial Law Quarterly, Part 2 (May 1999).

30) Carter v. Boehm, (1766) 3 Burr. 1905.

31) Carter v. Boehm, (1766) 3 Burr. 1905, 1909.

32) [2001] 1 Lloyd's Rep. 389, 398.

33) Carter v. Boehm, (1766) 3 Burr. 1905.

34) [2001] 1 Lloyd's Rep. 389, 399.

이 체결된 그것으로 종료되는 것은 아니라는 점을 인정하고 있다. 제17조 규정의 문언 및 해상보험법 중에서의 그 규정의 위치에서 볼 때는 이와 다른 해석도 가능하다. 이 규정은 "고지와 표시(disclosure and representation)"라는 표제 하에 위치하여 있고, 그 다음의 제18조부터 제21조까지는 명문상 계약체결 전에 발생한 사항에 관계되어 있다. 그러나 그 원칙은 계약체결 후에서의 당사자의 행위에도 계속해서 의미가 있다고 하는 방론적 의견을 서술하고 있는 상당수의 판례가 있다. 어쩌면 왜 당사자는 계약체결 후에는 선의에 기하여 행동해서는 안 되는 것인지가 문제가 될지도 모른다. Chalmers경(Sir MacKenzie Chalmers)은 1907년 발행된 해상보험법론에서 제17조에 다음과 같은 각주를 붙이고 있다.

"각주(Note): 본조에서 이러한 일반원칙을 규정한 것은 이후의 특별규정이 포괄적이지 않기 때문이다".

최대선의의 의무는 계약체결 후에도 미친다고 하는 점을 판시하고 있는 다수의 판례가 있다. 내가 이 판결 속에 들고 있는 인용은 그 점을 가리키는 것이다. 예를 들면 Overseas Commodities Ltd. v Style사건[35]에서 McNair판사는 보험증권의 유통(the currency of the policy)에 있어서 피보험자에게 부과된 의무인 보험자에 대한 선의의무를 언급하고 있다. 그러나 선의를 준수할 의무의 내용은 상황에 따라 다른 적용 및 내용을 갖는 것이다. 제18조 및 제20조가 규정하고 있는 고지의무는 계약체결 시점에 한정되어 적용된다.[36]

셋째, 대리인은 어쨌든 Banque Keyser사건[37]에서의 항소법원의 결론은 좋은 법이고, 선의의무의 위반이 있더라도 그것으로부터 손해배상청구권은 발생하지 않는다는 점을 승인하고 주장하고 있다. 또한, 대리인은 이러한 결론은 제17조 후단("타방 당사자는 계약을 취소할 수 있다")으로부터 발생하며, 유일한 구제수단은 계약의 취소라고 하고 있다. 그 결과 피고가 원용하는 원칙은 묵시의 조항이 아니라 보험계약을 체결 시로 소급하여 무효로 하는 권리를 지지하기에 충분한 법원칙이 된다.[38]

---

35) Overseas Commodities Ltd. v Style, [1958] 1 Lloyd's Rep. 546.
36) [2001] 1 Lloyd's Rep. 389, 399.
37) Banque Keyser Ullmann S. A. v. Skandia(U.K.) Insurance Co., [1988] 2 Lloyd's Rep. 513.
38) [2001] 1 Lloyd's Rep. 389, 400.

계약의 이행과정에서의 계약상의 선의의 의무를 인정하는 것 자체는 개념상의 곤란은 없다. 이러한 의무는 묵시의 계약조항 또는 추론적 계약조항으로부터 발생하는 경우가 있다. 그것은 예컨대 조합계약(partnership contracts)과 같은 일정한 유형의 계약에서는 명시적 조항으로서 규정되는 것이 통상이다. 당사자가 일단 계약관계에 들어서면 당사자 상호간의 의무의 기초는 계약이다. 다만 계약은 반드시 배타적인 것은 아니고, 새로이 발생하는 관계가 그 자체로서 다른 책임(예: 불법행위책임)을 발생시킬 수 있다.

계약위반에 대한 제1차적 구제수단은 손해배상이다. 그러나 계약위반의 효과는 이것에 한정되지 않는다. 이와는 별개의 효과가 발생하는 경우가 있다. 그것은 계속해서 계약을 이행할 타방당사자의 의무를 면제하거나 혹은 일시정지하는 것과 같은 계약상의 조건의 위반에 상당하는 것일 수도 있다. 그것은 타방당사자에게 계약을 종료시키고 손해배상을 청구할 권리를 부여하는 권리포기(renunciation)의 증거가 되거나 또는 이행거절이 되는 위반(repudiatory breach)일 수 있다. 그러나 이와 같은 계약상의 의무의 면제는 장래를 향해서만 적용되고, 이미 취득한 권리에는 영향을 주지 않는다. 손해배상을 청구할 권리는 통상은 손해발생과 동시에 발생한다.[39)]

제17조가 규정하고 있는 취소권(the right to avoid)은 이와는 다르다. 취소권은 계약을 처음으로 소급해서 무효로 하는 것을 가능하게 한다. 따라서 피해자가 취소권을 행사하면 계약은 전면적으로 무효가 되어 그 계약에 기하여 행하여진 것은 모두 원래대로 되돌아가게 된다. 만약 당사자의 재산적 지위의 조정이 행하여진다면 그것은 계약에 기해서가 아니라 부당이득법(law of restitution)에 의해서 이루어진다. 이것은 그 원인이 되는 최대선의의 위반이 선행하고, 그것이 계약체결에 있어서 중요한 것이라면 타당하다. 그러나 최대선의의 위반이 계약체결 후에 발생한 경우 동일한 효과를 인정하고, 피해자에게 그러한 권리를 인정하는 것은 이례적이며 적합하지 않다. 그러나 피고의 주장을 인정한다면, 이러한 결과가 발생한다. 이러한 결과는 실질적으로 대단히 가혹한 것(penal)이다. 예컨대 피보험자가 1년간 보험계약을 체결하여 보

---

39) [2001] 1 Lloyd's Rep. 389, 400.

험료를 납부하였고, 그 보험에 의해 전보되는 사고가 발생하여 보험금이 지급되었는데, 그 후 그 기간의 종료 무렵에 피보험자가 무엇인가의 점에서 최대선의의 의무를 위반하였다고 가정하자. 그러한 경우 보험자는 그 후의 의무를 면할 뿐 아니라 그 때까지 완전히 적절하게 행하여지고 있는 것을 무효로 하여 뒤엎을 수 있다는 것이다. 이것은 원칙과 조화되지 않는다. 이 정도로 광범한 원칙은 해상보험법 제정의 전후의 어떠한 판례에 의해서도 지지되지 않는다. 이와 같은 효과를 발생시키는 계약조항을 규정하는 것은 가능할 것이다. 그러나 그것은 당사자가 합의할 것 같지도 않을 조항이고, 이것을 묵시의 조항으로서 정당화하는 것은 불가능하지는 않다고 하더라도 곤란하다. 문제의 선의의 위반은 이미 발생하고 있는 것 또는 그 후에 발생한 것과 실질적 관련이 없는 경우도 있을 수 있다.[40)]

모순이 없는 체계는 계약체결 자체(또는 그 변형물)에 있어서 중요한 선의의 위반과 계약이행과정에서의 선의의 위반으로 인해 상대방에게 불이익 내지 손해를 주는 것 또는 계속적 관계를 파괴하는 것을 구별함으로써 얻을 수 있다. 전자는 계약체결 전부터 존재하는 법의 요구에 의해 발생하는 것이다. 그것은 계약이 체결된 때에만 중요하게 되는 것인데, 계약으로부터 발생하는 것은 아니다. 이러한 경우의 구제수단은 계약을 취소할 수 있는 권리이다. 이에 대해 후자는 명시적 또는 묵시적 계약조항으로부터 발생할 수 있는 것이다. 그것은 계약으로부터 발생하는 계약상의 의무이고, 구제수단은 계약법에 의해 수어지는 계약상의 구제수단이다. 다수의 경우에 판사들이 선의의무의 계약체결 후의 적용을 묵시의 조항에 기한 것이라고 하는 것은 이러한 이유에 기인하기 때문일 것이다.[41)]

피고가 주장하는 원칙은 보험자에 대해 정보를 고지할 것을 요구하는 선의의무이다. 피고는 제17조의 의무는 계약기간을 통해 동일한 내용 및 동일한 효과를 갖는 것으로서 존속한다고 주장한다. 그리고 피고는 모든 단계에서의 모든 불고지를 선의의무의 위반으로서 취급해야 한다고 주장한다. 그것은 기본적으로 동일한 내용을 갖고, 동일한 구제수단, 즉 취소권을 발생시킨다고

40) [2001] 1 Lloyd's Rep. 389, 400.
41) [2001] 1 Lloyd's Rep. 389, 400.

주장한다.[42)]

계약체결 전의 단계에서는 어떠한 정보의 고지가 필요하고, 어떠한 정보의 고지가 필요하지 않는가를 결정하는 기준을 제시하는 것이 가능하다. 그 기준은 청약에 관련된 위험의 인수 및 보험료의 액의 결정에 대한 중요성이다. 이것은 1906년 법에 규정되어 있고, 또한 Pine Top사건의 주제였다. 그러나 계약체결 후의 고지에 대해서 기준은 상당히 불확정적이다. 무엇에 대해서 중요한 정보의 고지가 필요한 것인가? 이에 대해서는 약간의 참고가 될 해답이 이미 주어져 있다. 계약이 변경될 경우 그 변경에 의해 보험자가 인수할 추가적 위험에 관하여 중요한 사실을 고지하지 않으면 안 된다. 최초의 위험이 인수된 후에 발생하거나 발견된 사실로 그 최초의 위험의 인수 또는 요율의 결정에 있어서 중요한 사실은 고지의 필요가 없다. 논리적으로 생각하면, 이러한 새로운 정보는 보험자에게 있어서 중요한 것일지도 모른다. 그것은 보험자가 변경의 합의를 함에 있어서 어느 정도의 요구를 하는가에 영향이 있을지도 모른다. 또한, 그것은 그의 재보험의 결정에 영향이 있을지도 모른다. 그러나 그것은 고지할 것을 요하지 않는다. Lishman v. Northern Maritime Insurance사건 판결[43)]에서 Blackburn판사는 다음과 같이 판시하고 있다.

“계약체결 전에 피보험자에게 알려져 있는 중요사실의 묵비(concealment)는 계약을 무효로 한다. 원칙은 보험의 경우 최대선의를 준수하지 않으면 안된다고 하는 것이기 때문이다. 보험계약이 실제로 체결된 이후 당사자가 계약조항을 변경하는 새로운 조항을 추가하는 것에 합의하였다고 가정하자. 그 변경이 계약을 보험자에게 보다 부담이 무거운 것으로 하는 것이고 그 변경에 있어서 중요하며, 당시 피보험자에게 알려져 있던 사실이 묵비되었을 때는 계약은 무효라고 해야만 할 것이다. 그러나 그 사실이 그 변경에 있어서 중요하지 않고, 보험자가 최초의 계약체결 시에 불리한 계약을 하였다는 것을 가리키는 것이며 가능하다면 보험자로서는 계약으로부터 벗어나고 싶다고 생각하는 의미에서만 보험자에게 중요할 때는 나는 그 사실은 고지할 의무는 없다고 생각한다.”[44)]

---

42) [2001] 1 Lloyd's Rep. 389, 400.
43) Lishman v. Northern Maritime Insurance Co.,(1875) L.R. 10 C.P. 179, 182.
44) [2001] 1 Lloyd's Rep. 389, 401.

Blackburn판사는 이 사건에 있어서 리딩케이스(leading case)인 Cory v. Patton사건판결[45)]에서 동판사가 채택한 것과 유사한 해결을 하고 있다. Cory v. Patton사건에서는 보험자가 보험인수서(Slip)에 서명함으로써 위험을 인수한 때(이러한 인수는 도의상으로만 구속력이 있다)와 법적으로 구속력이 있는 보험증권의 발행 사이에 발견된 피보험자에게 불리한 사실은 고지할 의무가 있는가의 문제에 관련되어 있다. Blackburn판사는 "보험자가 보험인수서(Slip)에서 합의된 사항으로부터 이탈하는 것은 신의위반(breach of faith)이 된다. 그리고 피보험자는 보험자에 대해 보험자에게 영향을 줄 수 없는 정보이지만 그가 계약을 위반하고 싶다고 하는 유혹에 노출되는 정보는 고지할 의무가 없다. 피보험자는 그의 이웃을 유혹에 빠뜨려서는 안 된다"고 판시하고 있다. 선의의무는 공평한 것이고, 상대방이 이것을 자신이 악의로 행동할 기회로서 이용해서는 안된다.[46)]

Cory v. Patton사건판결은 1906년 법에 의해 승인되었다. Blackburn판사가 Lishman사건판결에서 판시한 것은 그 후의 다수의 판례에 의해 계승되고 있다.[47)]

이들 판례는 계약체결 전의 고지의무와 계약체결 후의 고지의무 간에는 명확한 차이가 있다는 점을 보여주고 있다. 피고는 "귀족원은 계약체결 전에 모든 사실을 적극적으로 고지해야할 광범한 의무가 있다는 점으로부터 계약체결 후에도 이와 마찬가지로 보험자가 아는 것에 이익을 갖고 있고, 보험자의 행위에 영향을 주는 모든 사실을 고지할 광범한 의무가 있다고 하는 결론을 인정해야만 한다"라고 말하고 있지만, 이것은 정당하지 않다. 법원은 지금까지 일관되게 피보험자의 선의의무를 보험자가 악의로 행동하기 위한 도구로서 사용하는 것에 반대해 왔다. 계약체결 후의 단계에서의 불가피한 결과는 계약취소권이라는 구제수단이 실제상은 완전히 일방적인 것이라고 하는 점이다. 그것은 보험자에게 있어서 가치있는 수단이고, 만약 보험자의 주장이 승인된다고 하면, 보험자에게 부당한 이익을 준다. 그것은 보험자가 이전에 그

---

45) Cory v. Patton(1872) L.R. 7 Q.B. 304.
46) [2001] 1 Lloyd's Rep. 389, 401.
47) [2001] 1 Lloyd's Rep. 389, 401.

리고 유효하게 인수한 손해전보의 책임을 소급적으로 면하는 것을 가능하게 한다. 어떤 유형의 재보험특약의 경우를 제외하면 피보험자가 계약체결 후에 발생한 사건을 이유로 한 보험계약의 취소에 의해 이익을 받을 상황을 상정하는 것은 곤란하다. 당사자가 계속해서 거래를 하고 있는 경우에는 통상 피보험자가 보험계약에 기하여 어떤 청구를 하고 있는 것으로서 생각하지 않으면 안 된다.[48]

2) 사기적 청구(fraudulent claims)

이 문제는 보험금 청구 시까지 유효하고 강제가능하다고 추정되는 보험계약에 관해 발생한 것이다. 계약취소권은 아직 발생하지 않았다. 계약에 관한 통상의 원칙에 의하면 계약체결 후에 발생한 무엇인가의 사유와의 관계에서 당사자가 어떠한 권리를 갖는가의 문제는 계약의 조항(명시적 조항 및 법률상의 묵시적 조항)에 따른 계약의 해석에 의해서 해결되어야 할 것으로 생각된다. 실제 보험계약에서는 사기적 청구가 행해진 경우에 관해 명시적으로 규정한 조항을 포함하고 있는 것이 통상이다. 그러나 일반법으로부터 도출된 원칙을 체결된 계약에 적용하는 것도 가능하다. 계약의 목적불달성(frustration)은 그 일례이다. 당사자는 자신의 위법한 행위를 이용할 수 없다고 하는 원칙도 그 일례이다. 본건에서 피고가 의지하고 있는 것은 이와 같은 원칙이다. 이미 서술한 바와 같이 계약위반 및 장래를 향한 이행거절(repudiation)에 대한 계약상의 구제수단이 있지만, 피고는 이에 기한 주장은 하지 못한다. 당사자가 희망할 경우에는 소급효가 있는 구제수단 또는 그 효과를 계약 속에 규정하는 것도 가능하다. 이 모든 것은 다음과 같은 것을 말하고 있다. 즉 법원은 계약관계에 관해 당사자가 그것을 희망하면 계약 속에 삽입할 수 있는 법원칙을 적용하는 것에 신중해야만 한다는 것이다. 또한, 법원은 이와 같은 원칙을 특정한 상황에 적용하는 것에 대해서 검토하고, 그 적용이 어느 범위에서 공서의 원칙(principles of public policy) 또는 가장 중요한 정의의 요청을 반영한 것인가를 생각해야만 한다. 주장되고 있는 원칙의 적용이 당사자일방의 이익

48) [2001] 1 Lloyd's Rep. 389, 401.

에만 기여하고, 나아가 부당한 방식이 될 것 같은 경우에는 그 원칙이 정확하게 형성되었는지 혹은 정확하게 적용되고 있는지를 재검토하는 것이 정당하다. 또한, 주장되고 있는 권리의 기초가 되는 제정법이 정확하게 해석되고 있는지를 재검토하는 것이 정당하다.[49]

피보험자가 보험자에 대해 사기적 청구를 하였다고 인정되었을 경우에 보험자는 그 사기적 청구에 대해 책임을 지지 않는 것은 당연하다. 즉 사기적 청구를 한 피보험자는 정직하게 청구할 수 있었던 보험금의 지급을 받을 수 없다고 하는 것이 법의 원칙이다. 이러한 원칙은 19세기 초에 확립되었고, 그 이후 확고하게 존속하고 있다.[50] 이러한 결과는 그러한 효과를 갖는 조항이 계약 속에 규정되어 있는 것에 기인하거나 보험의 종류에 따라 다른 것은 아니다. 그것은 법원칙의 결과이다. 법은 피보험자가 범죄를 하고 그것을 손해전보의 기초로 이용하는 것을 허용하지 않는 것[51]과 마찬가지로 사기적 청구를 한 피보험자가 보험금의 지급을 받는 것을 허용하지 않는다. 논리는 단순하다. 사기적 청구를 한 피보험자가 "사기가 성공하면 자신은 이익을 얻는다. 실패하더라도 항상 잃는 것은 아니다"라고 생각하는 것을 허용해서는 안된다.[52]

Goulstone v. Royal Insurance Co.사건[53]은 화재보험에 관한 사건이다. 보험자 측으로부터 청구는 사기적으로 과장되었다고 하는 주장이 있었다. Pollock 판사는 "만약 청구가 무언가 중요한 점에서 고의에 의한 허위(wilfully false)였었다고 한다면, 그러한 경우 원고는 보험증권에 기한 모든 권리를 상실하게 되기 때문에 배심은 피고 승소의 판단을 해야만 한다"고 하는 배심에 대한 설시를 하였다. Britton v. Royal Insurance Co.사건[54]도 화재보험에 관한 사건인데, 피보험자는 사기적 청구를 하기 위해 화재를 이용하였다고 하는 주장이 있었다. Willes판사는 배심에 대해 다음과 같이 설시하였다.

"이와 같은 경우에 관한 법은 정의(justice) 및 건전한 정책(sound policy)에

---

49) [2001] 1 Lloyd's Rep. 389, 402~403.
50) Halsbury's Laws of England, 4th ed., reissue vol.25(1994) p.284 par. 492; Welford and Otter-Barry Fire Insurance, 4th ed. (1948), p.289 et seq.
51) Berisford v. Royal Insurance Co. Ltd.,[1937] 2 K.B. 197.
52) [2001] 1 Lloyd's Rep. 389, 403.
53) Goulstone v. Royal Insurance Co., (1858) 1 F. & F. 276.
54) Britton v. Royal Insurance Co., (1866) 4 F. & F. 905.

합치하고 있다. 그 법이란 이와 같은 사기적 청구를 한 자는 보험금의 지급을 전혀 받을 수 없다고 하는 점이다. 보험계약은 당사자쌍방에게 완전선의계약(perfect good faith)이고 이와 같은 선의가 유지되는 것이 매우 중요하다. 화재보험계약에서는 사기적 청구의 경우 계약이 무효가 되는 취지의 조항을 삽입하는 경우가 많고 본건 계약에서도 그러한 조항이 있다. 이와 같은 조항은 법원칙 및 건전한 정책에 합치하고 있다. 당사자들이 이러한 사기를 하는 것을 허용하고, 나아가 그들의 허위 및 사기에도 불구하고 멸실한 물건의 실제 가액에 대해서 보험금의 지급을 받을 수 있다고 하는 결론을 인정하는 것은 매우 위험하다. 보험금청구에 관해 고의적인 허위 및 사기가 있었을 경우에 피보험자는 계약에 기한 모든 청구권을 상실한다. 따라서 이것은 방화의 항변과는 별개의 독립적인 항변이다."

Willes판사는 배심에 대해 보험금 청구가 공정하게 행해져야 한다는 점, 및 보험이 사기에 대해 보호되는 것이 대단히 중요하다는 점을 강조하였다.[55]

이들 판례는 이 항변을 선의의 준수에 결부시키고 있는데, 구체적으로는 보험금의 청구시 피보험자의 실제의 사기를 기초로 하고 있다. 그리고 이들 판례는 "계약체결시로 소급한 무효"라는 용어를 사용하지 않고, "계약에 기한 모든 이익의 상실" 또는 "계약에 기한 모든 청구권의 상실"이라는 용어를 사용하고 있다. 당시의 명시적 조항에서 사용된 용어가 이와 유사하였던 것 같다. 보험법의 체계서[56]에서도 실질적으로 이와 동일한 취급을 하고 있다.[57]

그러나 최근의 판례들이 항상 이와 같은 분석을 채택하고 있는 것은 아니다. Orakpo v. Barclays Insurance Services사건[58]에서 보험은 건물의 손해에 관한 것이었다. 보험계약은 중요한 부실고지(material misrepresentation)에 의해 체결되었던 것으로 취소가 될 수 있었지만, 피고 보험회사는 보험금청구가 현저하게 과다하고, 사기적이라고 하는 항변도 주장하였다. 항소법원(Court of Appeal)에서 그러한 항변은 계속적 선의의무(continuing duty of good faith)가 그와 같이 분석되어야 한다고 하는 가정아래 묵시적 조항(implied term)을 기

55) [2001] 1 Lloyd's Rep. 389, 403.
56) Clarke, Insurance Contracts 3rd ed. (1997), p. 746 et seq.
57) [2001] 1 Lloyd's Rep. 389, 403.
58) Orakpo v. Barclays Insurance Services Ltd., [1995]L.R.L.R.443.

초로 주장된 것이 분명하다. 항소법원은 부실고지가 있었다는 점을 이유로 법관전원일치로 그 항소를 기각하였다. 그런데 방론(obiter)이기는 하지만, 사기적 청구의 항변에 대해서는 의견의 불일치가 있었다. Staughton판사는 반대의견으로 묵시적 조항의 위반 또는 선의의무의 위반은 보험자를 면책시킬 만큼 본질적인(fundamental) 것은 아니었다고 하였다. 다수의견, 즉 Hoffmann판사와 Parker판사는 보험자는 그러한 이유에 의해서도 청구의 전부에 대한 항변을 할 수 있다고 판시하였다. Hoffmann판사의 판결은 계약에 관한 원칙의 적용에 의한 것이고, 묵시적 조항을 문제 삼고 있다. Hoffmann판사는 다음과 같이 판시하고 있다.

"보험회사는 피보험자가 선의로 보험금청구를 하는 것이라고 신뢰할 수 있어야만 한다고 생각한다. 보험금청구를 하는 경우의 사기는 계약의 근간에 관계된 것이고, 보험자는 그로 인해 책임을 면할 수 있다. 피보험자가 의심스러운 청구, 또는 과다한 청구를 하고 있다는 사실로부터 안이하게 사기를 추론해서는 안된다고 하는 것은 당연하다. 부실고지 또는 묵비(concealed)가 없고, 손해사정인(loss adjuster)이 보험금청구의 유효성 또는 그 액수에 대한 의견을 형성하는 것에 피보험자와 동일한 양호한 지위에 있을 때 그것은 피보험자가 교섭의 출발점이 되는 액수를 제시한 것이라고 생각할 정당한 이유가 될 것이다. 그러나 보험금청구에 대한 사기의 주장이 있고, 그것이 증명되었을 때 보험자는 그로 인해 모든 책임을 면해야만 한다고 생각한다."

Parker판사는 다음과 같이 판시하고 있다.

"항소인은 특별한 계약조항이 없을 때 피보험자는 자신이 현저히 사기적이라는 점을 알면서 청구를 할 수 있지만, 그럼에도 불구하고 사기적이지 않은 청구의 일부분에 관해 보험금의 지급을 받을 수 있다고 하는 것이 법이라고 주장한다. 이러한 주장을 수용한다면, 보험계약은 최대선의의 계약이지만, 피보험자는 현저히 사기적인 청구를 할 수 있고, 그러한 경우에도 피보험자는 그 청구가 사기적인 범위에서 거절되기는 하지만 그 이외의 제재는 받지 않는다고 하는 견해를 인정하게 된다. … 나는 피보험자는 전연 보험금의 지급을 받을 수 없다고 생각해야만 하는 … 강한 이유가 있다고 생각한다."

Parker판사는 또한 보험금청구 및 보험계약을 무효로 하는 취지의 명시적 조항이 없는 경우에 보험금청구권만이 상실되어야 하는지의 문제, 및 Britton사건의 경우와 달리 명시적 조항이 없을 때는 초과액만이 허용되지 않는다고 하는 Scottish사건[59]에 대해서도 언급하고 있다. 결론적으로 Parker판사는 다음과 같이 판시하고 있다.

"나의 판단으로는 보험금청구권만이 상실되는 것은 아니다. 나는 보험자가 계약체결시의 중요사실의 불고지(material non-disclosure) 또는 부실고지를 이유로 보험계약을 취소하는 것을 인정하면서 계약체결 후에 실제로 발생하지 않은 손해를 이유로 보험자로부터 보험금의 지급을 받으려고 하는 사기의 시도가 있었을 때 상실되는 것은 보험금청구권만이라고 하는 것은 조리(reason)에 반하는 것이라고 생각한다."[60]

이들 방론(dicta)은 본건에서 보험금청구에서의 실제의 사기까지 이르지 않은 어떤 행위가 선의의 원칙의 적용을 발동하는가라고 하는 중요한 점에서 피고를 돕는 것은 아니다. 피고의 대리인은 법원에 대해 본건에서는 보험금청구권이 전부 상실되는가 혹은 보험계약 전체도 효력을 상실하는가 하는 점은 문제가 되지 않는다고 하고 있다. Britton사건의 판례는 보험금청구권이 전부 상실된다고 판시하고 있다. 그리고 이것이 Orakpo사건에서 중요한 논점이었다. 사기적 청구를 하는 것이 보험자에게 계약을 처음부터 무효로 하는 권리를 부여하는가의 문제는 Orakpo사건에서는 사안의 해결에 직접 관계가 없는 이론상의 문제이고 본건에서도 당사자의 주장의 하나라는 점을 제외하면 이론상의 문제이기는 하지만, 이 점에 대해서 Orakpo사건판결은 전면적으로 선례로서 기능하는 것은 아니다. Orakpo사건에서는 계약을 기초로 하는 판단이 행하여지고 있기 때문이다. Hoffmann판사의 문장은 그 계약으로부터의 분석에 있어서 전면적으로 정당하다. 즉 계약의 근간에 관련된 것으로 그로 인해 보험자는 책임을 면한다고 하고 있다. 사기는 거래 및 보험자와 피보험자간의 계약관계의 계속과 근본적으로 모순된다.[61]

본건 소송의 이 부분에서 피고가 방어에 성공하기 위해서 피고는 청구가 사

---

59) Reid & Co. v. Employers' Accident and Livestock Insurance Co., (1899) 1 F. 1031.
60) [2001] 1 Lloyd's Rep. 389, 403~404.
61) [2001] 1 Lloyd's Rep. 389, 404

기에 의한 것이라는 점을 증명하지 않으면 안 된다. 피고는 사기의 증거물을 획득하지 못했다. 피고가 그 주장하는 제39조 제5항의 항변을 위한 무언가의 증거를 얻기 위해서 알고 싶다고 생각한 모든 서면 및 정보를 선박소유자가 사기의 의도없이 소송 도중에 고지하지 않았다고 하는 것만으로는 충분하지 않다. 제17조에 기한 항변은 이유가 없다. 더욱이 본건의 인정사실에 비추어 보았을 때 만약 피고의 항변이 성립하였다고 하면 대단히 부당한 결과가 발생하였을 것이다. 제39조 제5항의 항변은 모든 중요한 증거의 전면적인 고지 및 조사에 의해서도 인정되지 않았다. 보험금청구는 실제로 선박소유자가 보험계약에 기하여 손해액에 따라 지급을 받을 수 있는 정당한 것이었다. 피고는 그것을 지급할 책임이 있었다. 보험계약은 유효하고 강제 가능한 것이었다. 피고가 제17조의 원용에 의해 보험증권을 소급적으로 무효로 하고 청구의 전부를 거부할 수 있다고 하는 것은 피고가 주장하는 문제의 행위와 비교할 때 완전히 불균형이다. 사기는 당사자간의 관계에 근본적인 영향이 있고, 중대한 공익상의 고려(public policy considerations)를 발생시킨다. 정정 가능한 오류는 이와 같은 성질을 갖는 것은 아니다.[62]

3) 소송절차중의 문제

여기에서의 문제는 선의 및 고지의무는 당사자가 법원에서 대립하는 입장에서 소송을 하고 있는 경우에도 계속해서 무제한적으로 적용되는가하는 것이다. 이 문제에 관해 직접적으로 언급한 판례는 없다.[63]

소송절차가 개시되었을 때, 당사자의 권리는 고정화된다. 소송의 기능은 당사자의 권리가 무엇인가를 확인하고, 그에 적합한 해결을 하는 것에 있다. 본건에서의 피고의 주장은 이와는 달리 당사자일방의 소송상의 행위가 그 당사자의 실체법상의 권리를 변경할 뿐 아니라 계약을 소급적으로 무효로 함으로써 소급적으로 권리를 변경하는 것도 있다고 하는 점이다. 소송이 개시되었을 때 당사자 간의 관계에 중요한 변화가 발생한다는 것은 다툼의 여지가 없다. 이익공동체는 더 이상 존재하지 않는다. 당사자는 분쟁상태에 있고, 그 이익

62) [2001] 1 Lloyd's Rep. 389, 405~406.
63) [2001] 1 Lloyd's Rep. 389, 406.

은 대립한다. 당사자 간의 관계와 당사자의 권리는 소송규칙 및 당사자일방의 신청에 의해 법원이 발하는 명령에 의해 지배된다. 전선이 형성되고, 당사자는 새로운 구제수단을 이용할 수 있다. 문서 및 사실의 고지가 각각의 일정한 제재와 함께 규정되어 있다. 법원의 명령은 소송상의 규칙에 의해 정해진 범위에서 재량적이다. 고지의 일정한 면제가 고지면제규칙(rules of privilege)에 의해 주어진다. 만약 당사자일방이 그의 요구에 대한 상대방의 대응에 만족하지 않을 때 그는 법원의 명령을 요구할 수 있다. 만약 위증에 의해 판결이 내려졌을 때 불이익을 받은 당사자는 구제수단을 이용할 수 있다. 따라서 상황은 크게 변화한다. 제17조에 기한 취소권은 필요하지 않다. 그보다 한층 적절한 구제수단을 이용할 수 있다.[64)]

나는 계약에 관한 무언가의 행위를 소송에서 할 수 있는 경우가 있다는 점은 인정한다. 소장과 이와 동일한 소송관련서류의 송달은 의사소통의 한 형태이다. 그러한 의사소통은 유효한 계약적 중요성을 가질 수 있다. 이와 같이 소장에 의해 계약을 부인하거나 계약의 종료로서 이행거절(repudiation)을 수용할 수 있다. 이러한 맥락에서 청구나 항변은 토지소유자(landlord)와 임차인(tenant)간의 실체적 권리에 영향을 줄 수 있다. 그러나 본건에서 피고가 주장하는 피보험자의 행위나 과실은 그와 같은 성질의 것은 아니다. 그것은 제17조의 선의를 준수하지 않았다고 하는 주장에 관해 의미가 있을 뿐이다. 제17조의 원칙은 법의 원칙이다. 만약 그 존재이유(rationale)가 더 이상 적용되지 않고, 그 작용, 즉 취소권의 부여가 상업상 또는 법률상의 의미를 갖지 않는다면 그것은 이미 효력이 없거나 혹은 적어도 소송상의 규칙에 의해 대체되는 것으로 취급되어야 한다.[65)]

따라서 나는 당사자 간에 소송이 개시되었을 때, 소송에 있어서 행해져야 할 고지의 범위를 정하는 것은 제17조 자체가 아니라 소송에 관한 규칙이며, 제17조는 다만 법원이 그 재량권을 행사함에 있어서 법원에 영향을 줄 수 있을 뿐이라고 하는 견해를 강하게 지지한다.[66)]

64) [2001] 1 Lloyd's Rep. 389, 406.
65) [2001] 1 Lloyd's Rep. 389, 406~407.
66) [2001] 1 Lloyd's Rep. 389, 407.

따라서 이 점도 피고의 불이익으로 판단하지 않으면 안 된다.[67]

(5) Scott판사

Scott판사의 판결을 요약하면 제17조의 문제에 대해서 다음과 같이 판시하고 있다.[68]

① 제17조의 최대선의의무는 보험계약체결 후에도 존속한다.

② 최대선의의무는 보험계약체결 후에는 보험계약체결 시와는 다른 내용의 것이 된다.

③ 사기적 청구의 경우에 피보험자는 제17조에 의해 권리를 상실한다.

④ 사기보다도 낮은 정도의 비난가능성이 있는 행위는 당연히 최대선의의무의 위반을 구성하는 것은 아니다.

⑤ 보험금청구의 단계에서의 최대선의의무의 내용은 정직의무(a duty of honesty)이다.

⑥ 소송절차가 개시된 후에는 최대선의의 의무의 적용이 없게 되는지의 문제에 대해서는 판단을 유보한다. 이 가운데 ①부터 ④까지는 Hobhouse판사의 판결과 유사한 취지이지만, ⑤ 및 ⑥에 대해서는 Hobhouse판사와 다른 견해이다.[69]

Ⅳ. The Star Sea호 사건 판결의 검토

1. 판결의 요약

① 제17조의 최대선의의무는 보험계약체결 시에 한정되지 않고, 보험계약체결 후 보험계약의 존속 중에도 계속해서 적용된다.

67) [2001] 1 Lloyd's Rep. 389, 407.

68) [2001] 1 Lloyd's Rep. 389, 407~415.

69) 中西正明, "保険契約の善意契約性とイギリス法", 損害保険研究 第65巻 第3·4号 (2004), 89面.

② 보험계약체결 후의 경우에 최대선의의 의무는 보험계약체결 시와는 다른 내용의 것이 된다.

③ 보험계약체결 후 보험자가 계약을 변경하고, 새로운 위험을 인수하는 합의를 한 때 피보험자는 중요사실을 고지할 의무를 부담한다.

④ 피보험자가 보험금청구를 함에 있어서 사기를 하였을 때 피보험자는 보험계약에 기한 모든 권리를 상실한다. 종래의 판례에서는 화재보험 등 보험약관에 그러한 취지의 규정이 있는 경우에 이러한 결과를 인정하였지만, 본 판결에 의하면 보험약관에 그러한 취지의 규정이 없는 경우에도 동일한 결론이 인정된다.

⑤ 피보험자가 보험금청구에 있어서 사기보다도 낮은 정도의 비난가능성이 있는 행위를 하였을 경우에는 당연히 최대선의의무의 위반이 되는 것은 아니다.

⑥ 피보험자와 보험자간에 소송절차가 개시된 후, 피보험자의 행위에 대해서는 제17조의 최대선의의무는 적용되지 않는다. 소송절차에 있어서 필요한 고지의 범위를 정하는 것은 소송절차에 관한 규칙이며, 제17조 자체는 아니다. 이러한 판지는 종래의 판례와는 다른 견해이다.

이상의 판시사항 가운데 마지막 ⑥의 소송절차중의 행위의 취급에 관해서는 Hobhouse판사의 의견이다. Scott판사는 이 점에 대해서 판단을 유보하고 있다. 한편, Clyde판사는 제17조의 의무는 소송절차중의 행위에도 적용된다고 하는 견해를 갖고 있는 듯하지만, 피보험자는 소송의 상대방에 대해 자신의 주장을 전부 고지할 의무를 부담하는 것은 아니라고 판시하고 있다.[70)]

2. 판결의 분석

(1) 보험계약체결 후의 최대선의의무의 내용

본 판결은 제17조의 최대선의의무는 보험계약체결 전후에도 존속하고 적용

70) 上揭論文, 90~91面.

된다고 하는 기존 판례의 입장을 그대로 유지하고 있다. 그런데 보험계약체결 후의 최대선의의무는 보험계약체결 전의 그것과는 다른 내용의 것이라고 판시하였는데, 그 구체적 내용은 본 판결에 의하면 첫째, 보험계약체결 후 보험계약을 변경하여 보험자가 새로운 위험을 인수할 경우 피보험자는 중요한 사실의 고지의무가 있다고 하는 점이다. 이에 대해서는 새로운 판시사항이라고 하기 보다는 오히려 기존의 판례를 유지한 것이라고 평가할 수 있다.

둘째, 보험계약체결 후의 최대선의의무의 내용은 보험금지급청구와 관련하여 사기적 보험금지급청구를 하지 않을 의무가 있다고 하는 점이다. 이러한 경우 최대선의의무위반이 되기 위해서는 보험금지급청구가 사기에 의한 것임이 증명될 것을 요한다고 할 것이다.

이러한 맥락에서 볼 때, 보험계약체결 후의 최대선의의무는 구체적 사건에 따라 그 내용이 사항적으로 한정되는 성질의 것이라고 평가할 수 있을 것이다.[71)]

한편, Hobhouse판사의 견해에 의하면, 사기적 보험금지급청구를 하지 않을 의무는 제17조의 최대선의의무의 일내용이 아니라 보험자가 제17조의 취소권을 취득하지 못한다는 의미에서 법의 일반원칙으로부터 발생하는 결과라고 생각하고 있는 것처럼 보인다. 만약 동판사의 견해에 따른다면 보험계약체결 후의 최대선의의무의 내용을 이루는 것은 보험계약변경의 경우의 중요사실의 고지의무만이 해당한다고 보아야 할 것이다.[72)]

(2) 소송절차중의 제17조의 적용 여부

최대선의의무는 보험계약체결 후에도 계속해서 존속하고 적용된다고 하는데, 피보험자와 보험자간에 법적 분쟁이 발생하여 소송이 제기된 후에도 영향을 주는지가 문제가 되었다. 이 점에 대해서 본 판결은 소송절차 개시 후 피보험자의 행위에 대해서는 제17조의 최대선의의무는 적용되지 않는다고 하였다. 즉 소송절차에 있어서 필요한 사실의 고지의 범위를 정하는 것은 소송설차에

---

71) 上揭論文, 91面.
72) 上揭論文, 91面.

관한 규칙이며, 제17조 자체는 아니라고 판시하였다.

(3) 사기적 보험금지급청구의 내용

일반적으로 최대선의의무는 보험금지급청구단계에서 중요한 의의를 갖는다고 할 수 있다. 보험금지급청구를 할 때 피보험자는 최대선의에 따라 행동할 것을 요한다고 할 수 있다. 즉 피보험자는 정직하게 보험금지급청구를 하여야 하며, 보험금지급청구와 관련된 중요한 사실에 대해 고지를 할 것을 요한다고 할 것이다.[73] 예컨대 본 판결에서 Scott판사는 결론적으로 보험금지급청구의 단계에서의 최대선의의무의 내용은 정직의무라고 판시하고 있다.

본 판결에 의하면, 피보험자가 사기적 보험금지급청구를 하였을 경우 모든 권리를 상실한다고 하였다. 이러한 판지는 종래의 판례의 견해를 유지하는 것인데, 본 판결은 결론적으로 본건의 경우에 사기가 있었다고는 인정되지 않는다고 판시하였다. 다만 본 판결은 사기의 개념에 대해서는 판시하지 않았다.[74]

(4) 사기보다도 낮은 정도의 비난가능성이 있는 행위

본 판결에 의하면 피보험자가 보험금지급청구에 있어서 사기보다도 낮은 정도의 비난가능성이 있는 행위를 하였을 경우 당연히 최대선의의무의 위반으로 되는 것은 아니라고 판시하였다. 이러한 판지는 본건에서의 보험자의 주장에 대답을 한 것인데, 그 내용은 다수의 구체적인 경우를 포괄할 수 있는 폭이 넓은 의미의 것이라고 보인다. 본 판결에서 보험자가 Star Sea호의 불감항에 관한 피보험자의 고의의 항변을 주장하기 위해 Kastora호의 사고에 관한 정보를 얻고 싶다고 생각하고 있던 상황 하에서 피보험자가 Kastora호의 환기통로폐쇄기(damper)에 관한 검사보고서를 소송절차 도중에 고지하지 않았던

73) 보험금지급청구와 관련된 계속적 최대선의의무 내지 계속적 고지의무에 관한 상세한 검토와 분석으로는 박세민, "영국의 The Litsion Pride사건 판결에 대한 비판적 고찰", 한국해법학회지 제26권 제2호(한국해법학회, 2004), 261면 이하.

74) 中西正明, 前揭論文, 91面.

행위 및 이에 관련된 피보험자의 불명확한 증언 등은 최대선의의무의 위반이 되지 않는다고 판시한 점은 중요하다고 볼 수 있다. Hobhouse판사는 본건의 경우에 보험자에게 제17조의 취소권을 인정하는 것은 피보험자의 행위의 태도와 대비하였을 때 조화가 되지 않고 보험자에게 부당한 이익을 주는 것으로 적당하지 않다고 판시하였다. 이러한 점에 비추어 볼 때, 본 판결은 사기보다 낮은 정도의 비난가능성이 있는 행위에 대해서는 보험계약성립 후의 최대선의의무의 위반이 성립하지 않는다고 한 판례로 이해할 수가 있다. 다만 이러한 입장에 선 경우에도 사기보다도 낮은 정도의 비난가능성이 있는 행위의 유형은 다양할 수 있으므로 본건의 경우와는 다른 유형의 행위가 제17조의 위반이 되는지의 여부에 대해서는 구체적인 경우에 따라 개별적으로 판단할 수 있는 여지는 있다고 볼 수도 있을 것이다.[75]

(5) 보험약관과의 관계

화재보험 등의 육상의 손해보험계약에서는 보험약관에 이른바 사기적 청구조항을 마련하고 있는 것이 통상이다. 본건의 선박보험약관에는 그와 같은 조항은 없었다. 보험약관에 사기적 청구조항이 마련되어 있는 경우에는 본건 귀족원판결의 입장에서도 원칙적으로 그 문언에 따른 효과가 인정된다고 볼 것이다.[76]

V. 결 론

Star Sea호 사건판결은 영국해상보험법 제17조의 최대선의의무와 관련되어 의미가 있는 판결이며, 특히 보험계약체결 후의 제17조의 최대선의의무의 적용에 대해 상세히 판시하였다는 점에서 의의가 있다고 평가할 수 있다. Star

75) 上揭論文, 91~92面.
76) 上揭論文, 92面.

Sea호 사건판결의 의의를 정리하면 다음과 같다. 첫째, 최대선의의무는 보험계약 체결 후에도 존속되고 적용되는 의무라는 점이다. 둘째, 최대선의의무는 구체적 사건에 따라 그 내용이 사항적으로 한정되는 성질의 것이며, 보험자가 보험계약을 변경하여 새로운 위험을 인수한 때 피보험자의 고지의무와 사기적 보험금지급청구를 하지 않을 의무 등을 들 수 있다. 피보험자가 사기적 보험금지급청구를 하였을 때는 보험계약에 기한 모든 권리를 상실한다. 셋째, 사기보다 낮은 정도의 비난가능성이 있는 행위에 대해서는 최대선의의무위반의 성립은 어렵다고 보아야 한다는 점이다. 넷째, 제17조는 소송절차가 개시되었을 때 피보험자의 행위에는 그 적용이 부정된다고 하는 점이다.

우리나라의 대법원도 영국해상보험법상의 최대선의의무와 관련하여 의미가 있는 판결을 내렸다. 즉 피보험자인 피고가 사고선박의 매수가액과 정식검사증서의 발급 여부에 관하여 부실의 고지를 하였음을 이유로 보험자인 원고가 이 사건 보험계약을 취소할 수 있다고 한 원심판단을 수긍하면서 상고를 기각한 사안에 관하여 대법원은 다음과 같이 판시하였다.

「영국해상보험법 제17조는 "해상보험계약은 최대선의(utmost good faith)에 기초한 계약이며, 만일 일방당사자가 최대선의를 준수하지 않았을 경우 상대방은 그 계약을 취소할 수 있다"라고 규정하고 있고, 이러한 최대선의의 원칙에 기초하여 같은 법 제18조, 제20조는 피보험자에게 고지의무 및 부실표시금지의무를 부과하고 있는 바, 위 제17조에 규정된 최대선의의무는 제18조 및 제20조에 규정된 의무보다 넓은 개념의 것으로서 보험계약이 체결된 이후 또는 사고발생이후라 할지라도 적용되는 것이며, 따라서 피보험자가 사고발생 이후 사기적 방법으로 보험금을 청구하는 경우에 있어서도 보험자는 최대선의의무 위반을 이유로 보험계약을 취소할 수 있다고 할 것이다」.[77]

상기의 대법원판결은 영국의 판례의 입장을 충실히 반영하고 있는 것이라고 평가할 수 있을 것이다.

다만, Star Sea호 사건 판결 및 상기 대법원의 판결과 관련하여 논의가 필요한 점은 보험계약자의 최대선의의무위반과 관련된 점이다. 즉 보험계약자의

77) 대법원 2005. 3. 25. 선고 2004다22711, 22728.

최대선의의무위반으로 인해 보험자가 면책되는 것과 관련된 문제이기도 하다. 이 점에 대해서는 보험자와 보험계약자 간의 관계에서 생각해 볼 때 보험계약체결 전후의 최대선의의무위반의 문제는 구별해서 생각할 여지가 있는 것처럼 보인다. 생각건대 최대선의의무의 구체적 내용이 불명확하다는 점을 고려해 볼 때, 보험계약체결 후 보험계약자의 최대선의의무위반의 경우에 대해서는 엄격하게 해석되어야 한다고 생각한다. 즉 보험계약자의 최대선의의무위반은 그것이 적극적인 기망 내지 사기에 기인한 경우로 한정해야 하고, 단순한 과실이나 부주의에 의한 경우에는 그 위반으로 보아서는 안 된다고 본다. 예컨대 보험계약자가 자신이 적절한 조사를 하지 못한 관계로 손해발생의 상황을 부정확하게 고지한 경우 최대선의의무의 위반으로 볼 수는 없다고 해석하는 것이 타당할 것이다.[78] 보험자가 직접 손해발생과 관계없는 사유를 갖고, 보험계약자의 최대선의의무위반을 이유로 면책되는 것은 지나치게 보험자에게 유리하여 부당하다고 생각되기 때문이다.

한편, 이와 관련하여 The Star Sea호 사건 판결 등은 최대선의의 원칙을 근거로 보험금지급의무를 면하려고 한 보험자의 시도에 대해 영국의 귀족원이 제약을 가하려고 한 것이라고 하면서, 영국해상보험법 제17조를 근거로 보험자가 강한 면책의 주장을 하고 있는 배경에는 1980년대 후반이후의 런던시장(London Market)에서의 보험자의 신중하지 않은 보험인수(underwriting)와 수지의 악화가 있다고 보는 견해도 나오고 있다.[79]

2008년 정부의 보험법 개정안은 영국해상보험법상의 최대선의의 원칙을 우리나라의 보험법에 도입하고자 하였다. 그런데 최대선의의무를 위반한 경우의 법적 효과를 둘러싼 논란으로 인해 최종적으로는 입법에 반영되지 않았다.[80]

---

78) 박세민, 전게논문, 263~264면.

79) 이와 관련하여 영국해상보험법상의 최대선의원칙에 대해 비판적인 입장을 취하는 견해로는 山下友信, "海上保険法の動向", 江頭憲治郎·落合誠一 編, 海法大系(日本海法會創立百周年祝賀)(商事法務, 2003), 530面 以下; 山下友信 , "最大善意の原則は時代遅れか?", 日本海法會 海法會誌 復刊 第39號 (1995), 113~124面 參照.

80) 장덕조, 전게서, 48~49면.

참고문헌

김성태, 보험법강의(법문사, 2001).

박용섭, 전면개정 해상보험법(효성출판사, 1999).

양승규·한창희, 해상보험법(삼지원, 2007).

이기수·최병규·김인현, 보험·해상법(박영사, 2003).

장덕조, 제2판 보험법(법문사, 2015).

정찬형, 제16판 상법강의(하)(박영사, 2014).

채이식, 개정판 상법강의(하)(박영사, 2003).

최준선, 제10판 보험·해상·항공운송법(삼영사, 2016).

박세민, "영국의 The Litsion Pride사건 판결에 대한 비판적 고찰," 한국해법학회지 제26권 제2호(한국해법학회, 2004).

신건훈, "영국 해상보험법상 지속적인 최대선의의무의 범위," 한국해법학회지 제28권 제2호(한국해법학회, 2006).

한낙현·김은주·박명섭, "선박오염보험상 최대선의원칙의 적용에 관한 연구 ," 한국해법학회지 제33권 제1호(한국해법학회, 2011).

Hodges, Susan, Law of Marine Insurance, London: Cavendish Publishing Limited, 1997.

Bennett, Howard N., "Mapping the doctrine of utmost good faith in insurance contract law," Lloyd's Maritime and Commercial Law Quarterly, Part 2 (May 1999).

山野嘉郎·山田泰彦, 第6版 現代保險·海商法30講(中央經濟社, 2004).

倉澤康一郎, 復刻版 保險法通論(新青出版, 2004).

田村諄之輔·平出慶道, 補訂第二版 保險法·海商法(青林書院, 2003).

中西正明, "保険契約の善意契約性とイギリス法," 損害保險研究 第65巻 第3·4号(2004).

山下友信, "海上保險法の動向," 江頭憲治郎·落合誠一 編, 海法大系(日本海法會創立百周年祝賀)(商事法務, 2003).

________, "最大善意の原則は時代遲れか?," 日本海法會 海法會誌 復刊 第39號 (1995).

항만운영자의 책임에 관한 고찰*

지 상 규

Ⅰ. 머리말

오늘날 선박의 대형화, 고속화를 통한 엄청난 양의 화물이 전세계적으로 유통되고 있으며, 이러한 국제간의 화물유통을 원활히 하기 위하여 항만의 기능이 확대되고, 철도·육상·해상·항공 및 복합운송의 거점지점으로서 중요한 역할을 담당하고 있다. 이와 관련하여 항만운송사업법 제2조 제1항에서 항만운영자가 행하는 항만운송에 관하여 정의하고 있으며, 이중 ①내지 ⑤호의 행위를 항만하역이라고 하여 항만운송사업 중 가장 중요한 영역으로 규정하고 있다(항만운송사업법 제3조 제1호).[1] 따라서 항만운영자는 컨테이너 및 벌크화물의 적·양하, 보관, 반출등의 용역을 하주나 운송인에게 제공하고 그 대가를 받아 영업이익을 창출하고 있다.

이렇듯 항만운영자가 국제 화물유통에 있어 중요한 임무를 담당하고 있음에도 불구하고, 운송인이 책임에 관한 국제협약의 발전과 비교해서 항만운영자의 책임에 관한 법규정은 독자적으로 규정되어 있지 않은 실정이다. 따라서 화물의 멸실 또는 훼손 그리고 지연에 따른 손해배상책임 문제가 발생할 경우, 명확한 기준이 없으므로 항만운영자의 책임이 운송인보다 확대될 위험이 있다.

이에 이 논문은 항만운영자가 화주 또는 운송인과 체결하는 하역약관의 내용 및 법적성질에 관하여 살펴보고, 히말라야 약관의 유효성 및 관련 국제협

---

* 본 논문은 2011년 11월 한국법학회의「법학연구」제44집 및 2012년 2월 한국법학회「법학연구」제45집에 게재되었던 논문을 수정 및 보완한 것임.

1) 정영석,「국제해상운송법」(범한주식회사, 2008), 153면.

약의 내용, 그리고 1994년 유엔국제화물터미널운영자 책임협약의 구성 및 내용을 검토한 후 항만운영자 책임에 관한 입법방안을 제시하고, 항만운영자가 장기체화 화물을 보관·관리함에 따른 문제점과 하주 또는 운송인과 체결하는 항만하역약관의 내용 중 장기체화 화물의 처리에 관한 내용을 살펴보고자 한다.

II. 항만하역약관의 의의 및 법적성질

1. 항만하역약관의 의의

항만하역약관은 항만운영자가 운송인 또는 하주로부터 적하, 양하 또는 보관 및 적입 작업등을 의뢰받아 일의 완성을 목적으로 다수의 상대방과 계약을 체결하기 위하여 일정한 형식에 의하여 미리 마련한 계약의 내용을 말한다. 따라서 항만하역약관에는 항만운영자가 하주나 운송인의 의뢰에 따라 특정한 선박에 대하여 화물을 선적 또는 양하 하거나, 컨테이너에 화물을 적입하는 작업의 수행, 항만내에서 이동작업등의 업무 내용을 포함하고 있으며, 아울러 그 작업의 종료 후에 작업의 성취에 따른 대가 등을 규정하고 있다.

2. 항만하역약관의 주요내용

(1) 계약의 상대방

항만하역계약은 화물을 직접 소유한 하주가 항만운영자에게 화물의 보관이나 선박에의 선적 또는 양하를 의뢰하거나, 화물의 국제운송을 위하여 해상운송인이 화물의 보관 및 적·양하를 의뢰함으로써 성립한다. 따라서 항만하역계약의 상대방은 하주와 운송인으로 크게 구분할 수 있다. 그러나 항만하역계약의 당사자가 운송인인가 또는 하주인가에 따라 각각의 법률관계가 달리 형성된다.[2] 즉, 각국의 법과 판례에 따라 항만운영자의 주의의무와 손해배상책임의 내용이 달라 질 수 있다. 통상 컨테이너선에 의한 정기선 운송에서는 항만운영자와 운송인 사이에서 운송계약의 도급계약의 형태로 항만하역계약이 체결된다. 또 용선 계약과 같은 부정기선에 의한 운송에서는 선박소유자가 운송물에 대한 선적 양륙의 의무를 부담하지 않은 적양하비용선주무관계조건(Free In and Out: FIO), 적양하적부비용선주무관계조건(Free In and Out, Stow: F.I.O.S), 적양하트림비용선주무관계조항(Free In and Out, Trim: F.I.O.T)의 형태로 운송계약이 체결되기 때문에 항만하역계약의 상대방은 하주가 되며, 일반적인 운송계약과는 완전히 독립된 별개의 계약으로 법률관계가 형성된다.[3]

(2) 항만하역약관의 주요 내용[4]

1) 위탁인의 작업정보의 제공

현재 사용 중인 컨테이너터미널의 항만하역약관에는 위탁인의 작업정보에 관하여 규정하고 있는데, 이를 자세히 살펴보면 "위탁인은, 화물작업에 필요한 아래의 정보를 터미널의 전산망이나 서면을 이용하여 항만운영자에게 알려 주어야 한다. ① 이미 통보된 선박입항계획의 변경내용이 있다면 그 즉시, ②선박설비나 화물이 특수하여 특별한 작업이 요구되는 경우에는, 안전한 하역작업에 필요한 자료를 해당선박 접안 12시간 전까지, ③ 화물이 출입문을 통과하기 위해서는 출입문을 통과하기 전까지, ④ 화물을 수입하는 경우에는, 양하에 필요한 자료(Profile, Bay Plan, Summary, 이선적 화물목록, 위험물 목록, 특수화물 목록, 보세운송 및 부두통관화물 목록등)를 해당선박 접안 24시간 전까지(대한통운 하역약관 제2조), ⑥ 기타 하역에 필요한 정보 제공(우암터미널 하역약관 제5조)"라고 규정하고 있다. 이러한 작업정보의 제공은 하주 또는 운송인의 중요한 의무에 해당한다. 따라서 하주나 운송인이 이러한 의무

---

2) Central Stikstof Verkoopkanter, N.V. v. Walsh Stevedoring Co., 380, F. 2d., 523, 1968 A.M.C. 1948, 5th Circuit 1967(diversity case controlled by Albama Law); Tulane Law Review, Vol. 45, No. 4, June 1971, p. 756.

3) 정영석, 전게서, 154~155면.

4) 대한통운부산컨테이너터미널(주) 항만하역약관 및 우암컨테이너터미널(주) 항만하역약관 참조.

를 위반한 경우에는 항만운영자가 적·양하 작업을 거부할 수 있거나(대한통운 하역약관 제8조 1호), 위탁자의 이행부실을 이유로 발생하는 작업지연 및 손해 등에 대하여 위탁자의 책임 및 부담을 청구할 수 있다(우암터미널 하역약관 제9조).

2) 항만운영자의 책임 및 책임기간

항만운영자의 책임 및 책임기간과 관련하여, 항만하역약관은 "터미널은 위탁받은 화물을 터미널에 반입한 때로부터 반출할 때까지의 기간 중에 선량한 관리자로서의 책임을 부담한다고 규정하고 있거나(대한통운 하역약관 제11조 제1항), 관리 운영하는 터미널내에 장치중인 컨테이너에 대하여 회사는 선량한 관리자로서 책임을 다한다(우암터미널 하역약관 제24조 제1항)"고 규정하고 있다. 이를 정리하면 항만운영자에게 위탁된 화물의 관리에 있어 선량한 관리자로서의 주의의무를 부과시키고 있는 것이다. 즉, 항만운영자는 화물의 하역, 장치 및 보관에 관하여 과실책임주의원칙에 따라 손해배상책임을 지고 있는 것이다.[5]

또한 항만운영자의 책임과 관련하여서는 "제1항의 기간 중에도, 60일 이상 체화되어 터미널 운영에 지장을 주는 화물로서, 다음 각호의 1에 해당되는 경우에는 책임을 지지 아니한다. ① 위탁인이 화물의 인수를 거부하거나 사실상 포기한 경우, ② 소재지불명 등의 사유로 위탁인에게 화물을 인도할 수 없게 된 경우, ③ 위탁인에게 3회이상 반출을 촉구했음에도 불구하고 반출해 나가지 않은 경우(대한통운 하역약관 제11조 제2항)"에 책임을 지지 않는다는 면책 사항을 규정하고 있으며, 또 다른 하역약관에서도 이와 유사하게 "다음 각호의 경우에는 회사에서 책임을 지지 아니한다. ① 선박으로부터 양하전의 컨테이너, ② 선박에 선적한 이후의 컨테이너, ③ 반입전의 컨테이너, ④ 반출후의 컨테이너, ⑤ 위탁자 운반구상의 컨테이너(우암터미널 하역약관 제24조 제2항)"라고 규정하여 항만운영자의 면책사유를 확실히 규정하고 있다. 이는 위탁인의 과실에 의하여 화물에 하자가 발생하는 경우에는 항만운영자에게 책

5) 정영석, "항만하역사업자의 책임", 「상사판례연구」, 제15권, (한국상사판례학회, 2003), 474면.

임을 물을 수 없음을 규정하고 있는 것이다.

3) 항만운영자의 책임한도

항만운영자의 책임한도와 관련하여서도, 하역 약관은 "터미널은 제11조(터미널의 책임기간)의 규정에 의한 책임기간 중에 터미널의 귀책사유로 인하여 선박·화물 및 차량 등에 손해가 야기된 경우에는, 상법의 규정으로 정한 책임한도 금액의 범위안에서 이를 원상으로 복구하거나 그 손해에 대하여 배상하여야 한다, 또한 터미널은 터미널의 귀책사유로 터미널안 또는 선박에 합법적으로 출입한자의 신체나 재산에 피해에 대하여 배상한다(대한통운 하역약관 제13조 제1항 및 제2항)"라고 규정하고 있으며, 또 다른 하역약관에서도 이와 유사하게 "① 회사가 터미널에 보관 또는 하역 중에 회사의 귀책사유로 선박, 컨테이너 및 내장화물, 장비 및 일반화물에 손상이 발생하였을 경우, 회사는 이를 원상복구 또는 위탁자에게 손해를 배상할 수 있다. 다만, 회사의 귀책사유가 아닌 때에는 그러하지 아니한다, ② 터미널내 또는 선박에 합법적으로 출입이 허용된 사람 및 차량이 업무 중 회사의 귀책사유로 재해가 발생하였을 때는 손해배상을 할 수 있다(우암터미널 하역약관 제26조 제1항 및 제2항)"라고 규정하고 있다.

위 항만하역약관을 자세히 살펴보면, 항만운영자에게 귀책사유에 의하여 발생한 손해에 대한 손해배상책임을 규정하고 있는데, 책임의 범위를 "상법의 규정으로 정한 책임한도 금액의 범위안에서 이를 원상으로 복구하거나 그 손해에 대하여 배상하여야 한다"고 한정하고 있다. 그러나 위의 하역약관상에는 상법상의 책임한도가 어디까지 인가에 대한 명확한 기준이 없다. 즉, 상법상 책임제한의 규정이 있는 제770조의 선박소유자의 책임한도액을 기준으로 하는지, 아니면 제797조 운송인의 책임한도 내에서 위탁자에게 책임을 부담하는지 명확하지 아니하다. 따라서 항만운영자가 항만하역약관상에 규정된 상법상의 운송인의 책임한도를 원용하기 위해서는 선하증권에 항만운송인의 상법상 운송인의 책임제한 또는 면책 원용을 인정하는 히말라야 약관의 규정이 명시되어 있어야 한다. 그러나 대한통운 하역약관이나 우암터미널 하역약관이 히말라야 약관을 대체하는 효력이 있다고 할 수는 없다. 만약 이를 인정하게 된다면, 항만하역약관의 내용에 대하여 전혀 알지 못하는 하주에게 불측의 손해를 줄 수 있기 때문이다. 따라서 대한통운 하역약관상의 책임제한에 대한 규정은 법률해석에 대한 혼동으로 생각된다.

결과적으로 항만운영자의 책임의 범위는 대법원의 판결 "물건이 멸실 또는 훼손된 경우 그로 인한 손해는 원칙적으로 멸실·훼손 당시의 수리비나 교환가치(시가)를 통상의 손해라 보아야 하되, 건물이 훼손되어 수리가 불가능할 경우에는 그 상태로 사용이 가능하다면 그로 인한 교환가치의 감소분이, 사용이 불가능하다면 그 건물의 교환가치가 통상의 손해일 것이고, 수리가 가능한 경우에는 그 수리에 소요되는 수리비가 통상의 손해일 것이나, 훼손된 건물의 원상으로 회복시키는데 소요되는 수리비가 건물의 교환가치를 초과하는 경우에는 그 손해액은 형평의 원칙상 그 건물의 교환가치 범위내로 제한되어야 한다"과 같이 해석되어야 할 것이다.[6)]

항만 하역약관은 위탁자의 책임에 관하여도 규정하고 있다. 즉 "위탁인 또는 출입자의 귀책사유로 인하여 터미널에 인적·물적 피해를 준 경우에, 위탁인 또는 출입자는 터미널에 배상하여야 한다(대한통운 하역약관 제13조 제3항)"라고 규정하고 있거나, "위탁자가 이 약관을 준수하지 않거나 또는 위탁자의 귀책사유로 회사에 손실이 발생하였을 경우, 위탁자가 손해배상을 하여야 한다(우암터미널 하역약관 제26조 제3항)"고 규정하여 손해발생의 귀책사유가 위탁자에게 있는 경우, 그 책임을 위탁자가 배상하도록 하고 있다.

4) 항만운영자의 면책

항만운영자의 면책사유와 관련하여 하역약관은 "터미널은 다음 각호의 1의 경우에 해당되는 사고에 대하여는, 배상책임을 지지 아니한다.

1. 위탁인 및 출입자의 고의 또는 과실로 인하여 발생된 사고
2. 위탁인이, 이 약관의 규정 또는 터미널이 정한 안전수칙을 지키지 아니하여 발생된 사고
3. 위탁인이, 특별한 하역작업이 요구되는 화물에 대한 정보를 미리 터미널

---

6) 대판 1999. 1. 26. 97다39520.

에 알려주지 아니하여 발생된 사고

4. 컨테이너 또는 화물에 내재된 숨은 하자·화물의 특수한 성질·부적절한 포장 또는 틀리게 알려준 정보로 인하여 발생된 사고
5. 천재지변 등의 불가항력 또는 터미널 귀책사유와 무관한 화재·폭발·폭동·파업·정전등으로 발생된 사고(대한통운 하역약관 제14조)"라고 규정하고 있으며, 또한 기타의 하역약관에서도 유사하게 "회사는 다음 각 호의 사유로 인하여 발생한 사고의 경우는 배상책임을 지지 아니한다.

1. 위탁자의 고의 또는 과실로 인한 경우
2. 위험물 내장 컨테이너로서 위탁자가 이 약관 제14조(위험물 내장 컨테이너의 하역) 및 제16조 제3항(하역작업 거부)을 이행하지 아니한 경우
3. 위탁자가 컨테이너 내장 화물의 특질, 특별한 취급방법, 기타 필요한 사항을 회사에 사전 서면 통보하지 아니한 경우
4. 위탁자가 중량화물 내장 컨테이너의 중량을 사전 서면 통보하지 아니한 경우(우암터미널 하역약관 제27조)
5. 천재지변 또는 전쟁으로 인한 행위(동 약관 제28조)"를 규정하여 항만운영자를 면책시키고 있다.

이러한 하역약관들의 공통된 면책 사유를 살펴보면, 첫째, 항만운영자의 행위와 관련 없는 위탁자의 고의 또는 과실의 경우, 둘째, 위탁자의 통보의무 위반 및 관리의무 위반의 경우, 셋째, 천재지변등의 불가항력으로 인한 경우로 나눌 수 있다.

5) 배상시효의 소멸

하주 또는 운송인등의 위탁인 손해배상청구 시효와 관련하여 항만하역약관은 다음과 같이 규정하고 있다. "위탁인은, 이 약관의 규정에 의한 배상청구를 화물이 터미널로부터 반출된 날로부터 1년 이내에 제기하지 아니하면 터미널은 책임을 지지 아니한다(대한통운 하역약관 제15조)". 기타 하역약관에서는 "회사는 제26조 제1항(손해배상)에 관련된 손해배상의 경우 컨테이너 및 일반화물의 경우는 인도 후 15개월 이내, 선체 및 장비의 경우는 터미널에서 출발 후 12개월 이내에 제기하지 아니하면 모든 책임으로부터 면책된다(우암터미

널 하역약관 제29조)"라고 규정하고 있다. 이를 살펴보면, 각각의 하역약관은 손해배상청구 시효를 달리 규정하고 있다. 대한통운 하역약관에서 손해배상청구의 시효는 1년을 기점으로 하고 있으나, 우암터미널의 하역약관은 화물과 재산을 구분하여 15개월과 1년을 각각 기점으로 하고 있다. 이러한 손해배상청구의 시효는 계약자유의 원칙에 따라 위탁인과 사이의 계약 내용에 따라 다르게 정할 수 있다. 그러나 비계약적 청구, 즉 불법행위의 경우에는 당사자 사이의 하역약관상의 소멸시효가 적용되는 것이 아니라 민법상의 소멸시효가 적용되기 때문에 제3자가 불법행위를 이유로 한 손해배상청구 시에는 이러한 약관의 규정에 실익이 없다고 할 것이다.

4. 항만하역약관의 법적 성질

항만하역약관의 규정들을 살펴보았듯이 항만하역계약은 항만운영자가 운송인 또는 하주로부터 적하, 양하 또는 보관 및 적입 작업등을 의뢰받아 일의 완성을 목적으로 계약을 체결하고, 일의 완성 시 대가를 지급받기 때문에, 법적성질은 도급계약의 일종이라고 할 수 있다. 또한 항만하역계약에 따라 일정기간 하주 또는 운송인의 화물을 보관하고 있으므로 이는 상법상의 임치계약에 속한다고도 볼 수 있다. 그러나 이러한 보관은 항만운영자가 항만서비스의 제공을 위해 행하는 업무의 일부분으로 볼 수 있으므로, 보관도 항만업무의 일부이며 따라서 항만하역약관은 도급계약으로 보아야 할 것이다. 이는 항만하역계약 약관에도 본 하역계약이 도급계약이라는 것을 명시하고 있다. 대한통운 하역약관 제10조 제1항에 의하면 "터미널은 모선별 하주별로 하역비와 부대비용의 청산에 필요한 증비서류를 구비하여 위탁인에게 요금을 청구한다"라고 규정하고 있으며, 또한 우암터미널 하역약관의 경우에도 제20조에 "회사가 시설 및 용역을 제공한 컨테이너 및 일반화물의 하역비와 기타 부대비는 청구에 필요한 증빙 서류를 구비하여 위탁자에게 청구한다"라고 규정하고 있어, 항만운영자가 위탁인인 하주나 운송인에게 작업관련 비용을 청구하기 위해서는 의뢰한 작업이 계약의 목적에 부합하여 완성되었음을 서류로서

증명하고, 위탁자는 이를 근거로 청구금액을 산정하여 항만운영자에게 비용을 지급한다. 이를 종합해 볼 때 본 항만하역계약의 약관은 일의 완성을 목적으로 체결하는 도급계약이라 할 것이다.

Ⅲ. 항만운영자의 책임에 관한 국제협약 및 상법상의 규정

1. 총설

본 절에서 검토하여야 할 사항은 항만운영자의 책임을 해상운송인과의 관계에서 어떻게 해결할 것인가에 관한 것이다. 즉 항만운영자가 해상운송의 중요한 일부를 담당하고 있으므로 해상운송인이 화물의 멸실 또는 훼손에 따른 제3자에 대한 책임관계에 있어 적용받는 책임제한 및 면책에 관한 권리를 원용할 수 있는가의 문제이다. 이러한 문제를 검토하기 위해서는 먼저 해상운송인의 사용인 또는 대리인에게 해상운송인의 책임제한권과 면책권을 원용할 수 있다고 규정하고 있는 국제협약 및 상법상의 히말라야 약관의 정확한 의의와 그 내용을 살펴볼 필요가 있다.

여기서 말하는 히말라야 약관이라 함은 해상운송인이 국제협약이나 국내법에서 향유하는 책임제한 규정이나 면책규정을 직접 계약당사자가 아닌 제3자[7](예컨대, 이행보조자 또는 대리인)에게도 인정해주는 선하증권 이면상의 면책약관을 말한다.[8]

---

7) 여기서 제3자란 선박·선원·바지·피더선·하역인·항만운영자·창고업자·자동차운송인·철도 등을 소유, 운항 또는 용선하는 형태로 종사하는 모든 이해관계인 및 그들의 대리인을 말하는 것으로 운송과 관계한 해상 및 육상운송인과의 계약에 따라 운송 업무를 수행하는 개인 및 법인을 포함하는 광범위한 개념이다.

8) 고명규, "해상물건운송인의 면책약관에 관한 고찰 －부지약관을 중심으로", 석사학위논문, 경희대학교대학원, 1999, 75면; 대판 2007.4.27, 2007다4943 "(1)선하증권 뒷면에 '운송물에 대한 손해배상 청구가 운송인 이외의 운송관련자(anyone participating in the performance of the Carriage other than the Carrier)에 대하여 제기된 경우, 그 운송관련자들은 운송인이 주장할 수 있는 책임제한 등의 항변을 원용할 수 있고, 이와 같이 보호받는 운송관련자들에 하수급인(Subcontractors), 하역인부, 터미널 운영업자(terminals), 검수업자, 우송과 관련된 육상·해상·

원래 영국 코먼 로에서는 '어떤 계약으로부터 생기는 권리는 그 계약의 직접 당사자에 의하여서만, 또 그 계약의 직접당사자에 대하여서만 주장할 수 있다'는 것을 내용으로 하는 "직접관계의 원칙(doctrine of privity of contract)이 적용되어 왔기 때문에, 운송인이 아닌 그 이행보조자들은 자신들에 대한 손해배상청구에 있어서 운송계약상의 항변과 책임제한을 원용할 수 없었다.[9] 그러나 이후 Alder v. Dickson(The Himalaya) 판결을 계기로 운송인은 제3자도 운송인과 동일한 책임을 부담한다는 내용의 약관을 삽입하게 된 것이다. 이후 영국법에서 히말라야 약관의 효력을 인정한 것은 추밀원(Privy council) The Eurymedon(New Zealand Shipping CO. Ltd. v. A.M. Satterthwaite & Co. Ltd, (1975) A.C. 154 사건이다. 이 사건을 내용을 간략하게 살펴보면, 영국의 리버풀에서 제조업자가 뉴질랜드의 웰링턴까지 매수인에게 구멍 뚫는 기계를 선적·운송하였다. 운송인의 대리인은 히말라야 약관이 삽입된 선하증권을 발행하였다. 운송인이 언제나 고용하고 있는 항만운영자가 기계의 양륙작업을 했다. 그런데 양륙중에 기계를 떨어뜨려 880파운드의 손해를 입혔다. 선하증권은 운송물이 도착하기 전에 수하인에게 배서·양도되었다. 수하인은 소송의 원인이 발생한 날로부터 1년 이상 경과한 후에 항만운영자를 상대로 손해배상

항공 운송인 및 직간접적인 하청업자가 포함되며, 여기에 열거된 자들에 한정되지 아니한다'는 취지의 이른바 히말라야 약관(Himalaya Clause)이 기재되어 있다면, 그 손해가 고의 또는 운송물의 멸실, 훼손 또는 연착이 생길 염려가 있음을 인식하면서 무모하게 한 작위 또는 부작위로 인하여 생긴 것인 때에 해당하지 않는 한, 독립적인 계약자인 터미널운영업자도 위 약관조항에 따라 운송인이 주장할 수 있는 책임제한을 원용할 수 있다. (2) 상법 제789조의 3 제2항은 '운송인이 주장할 수 있는 책임제한'을 원용할 수 있는 자를 '운송인의 사용인 또는 대리인'으로 제한하고 있어 운송인의 사용인 또는 대리인 이외의 운송관련자에 대하여는 적용되지 아니한다고 할 것이므로, 당사자 사이에서 운송인의 사용인 또는 대리인 이외의 운송관련자의 경우에도 운송인이 주장할 수 있는 책임제한을 인용할 수 있다고 약정하더라도 이를 가리켜 상법 제789조의3의 규정에 반하여 운송인의 의무 또는 책임을 경감하는 특약이라고는 할 수 없고, 따라서 상법 제790조 제1항에 따라 그 효력이 없다고는 할 수 없다. (3) 이른바 히말라야 약관(Himalaya Clause)은 운송인의 항변이나 책임제한을 원용할 수 있는 운송관련자의 범위나 책임제한의 한도 등에 고나하여 그 구체적인 내용을 달리 하는 경우가 있으나, 해상운송의 위험이나 특수성과 관련하여 선하증권의 뒷면에 일반적으로 기재되어 국제적으로 통용되고 있을 뿐만 아니라, 간접적으로는 운송의뢰인이 부담할 운임과도 관련이 있는 점에 비추어 볼 때, 약관의 규제에 관한 법률 제6조 제1항에서 정하는 '신의 성실의 원칙에 반하여 공정을 잃은 조항'이라거나 같은 법 제6조 제2항의 각호에 해당하는 조항이라고 할 수 없다"고 판시하였다.

9) Alder v. Dickson(The Himalaya)(1955) 1 Q.B 158사건; Scruttons v. Midland Silicones (1962) A.C. 446사건.

청구소송을 제기하였는데, 항만운영자는 1924년 영국 해상물건운송법(COGSA)을 준거법으로 하여, 운송물에 관한 소송은 1년의 제소기간이 적용되도록 규정되어 있는 선하증권의 규정에 근거하여 1년의 제소기간 경과의 항변을 주장하였다.

이 사건에서는 라이드(Reid) 경이 주장한 원칙, 즉 ① 선하증권 중의 책임제한규정이 항만운영자를 보호한다는 의도가 선하증권에 명확하게 나타나 있는 경우, ② 운송인이 자신을 위해서는 물론 그의 대리인으로서 항만운영자에게도 면책이나 책임제한 규정이 적용되도록 계약한 것을 선하증권이 명확하게 하고 있는 경우, ③ 운송인이 항만운영자로부터 계약체결의 대리권을 얻고 있거나 또는 계약 체결 후에 항만운영자가 추인할 것이라는 것을 명시한 경우, ④ 항만운영자와의 법률관계에서 약인(consideration)[10)]을 주장하였는데, 이중 ①내지 ③의 3가지가 충족되고 있다고 인정되었기 때문에 ④의 원칙이 충족되었는지의 여부가 문제되었다. 항만운영자가 운송인과 계약상 의무의 이행 자체가 유송물의 하주와의 계약에 대한 약인이 된다는 항만운영자의 주장은 선하증권이 발행된 시점에는 항만운영자에게 아직 운송인과의 계약상의 운송물 양륙의무가 발생하지 않았다는 이유로 뉴질랜드 항소법원에서는 부정되었다.

상급심에서 추밀원은 직접계약관계가 발생하였는지 아닌지를 결정함에 있어서 법원이 청약과 승낙이라는 엄격하게 정의된 규칙에 구속된다는 개념을 부인하고 주위의 상황, 특히 계약의 상업적 성격을 고려할 수 있다고 판시하여, 뉴질랜드 항소법원이 내린 판결을 뒤집고 항만운영자는 제소기간의 이익을 받을 수 있다고 판결하였다.[11)]

---

10) 약인(consideration)이란 계약당사자 일방의 특정의 약속에 대한 대가로서 다른 일방당사자가 제공하는 행위나 약속으로서, 경제적 가치가 있는 물건을 주거나, 이로운 행위를 하거나, 청약자에 대한 채권을 포기하거나, 불이익을 수락하는 경우와 같은 반대급부적인 물건, 행위, 책임 및 불이익을 말한다. 대륙법계의 학설에서는 계약은 당사자간의 자유로운 의사의 합치뿐만 아니라 계약당사자 상호간에 등가적인 대가관계의 제공인 약인이 있어야 계약이 성립한다고 한다. 이는 대륙법계의 법률에서는 무상계약과 유상계약을 포함한 넓은 의미의 계약의 개념에서 출발하지만, 판례법인 코먼로로 대표되는 영미법에서는 법률적인 문제가 발생하는 유상계약의 개념에서 출발하기 때문이다.

11) 정영석, 전게서, 167~168면 참조.

2. 히말라야 약관에 대한 국제협약 및 상법

(1) 헤이그-비스비 규칙

히말라야 약관에 관한 최초의 국제협약은 1968년 벨기에의 브뤼셀에서 체결된 헤이그-비스비 규칙이다. 본 협약 제4조의 2의 제1항에서 "이 조약에 규정되어 있는 항변사유 및 책임제한은 그 소송이 계약에 근거하건 불법행위에 근거하건 불문하고 운송계약에 포함되는 물건의 멸실 또는 훼손에 관한 운송인에 대한 일체의 소송에 적용된다"고 규정하고 있으며,[12] 본조 제2항에서는 "소송이 운송인의 사용인 또는 대리인(그러한 사용인 또는 대리인은 도급계약자가 아닐 것)에 대하여 제기된 경우에는 그러한 사용인 또는 대리인은 운송인이 이 협약에 기하여 원용하려는 항변 사유 및 책임한도를 주장할 권리를 가진다."고 규정하여[13] 사용인 또는 대리인등이 운송인의 책임한도에 관한 권리를 원용할 수 있다고 규정하고 있다.

헤이그-비스비 규칙 제4조의 2의 제3항에서는 운송인이 누리는 책임제한 등의 이익을 운송인의 사용인·대리인에 대하여도 인정한 것에 대응하여, 운송인 및 그 사용인 등으로부터 회수할 수 있는 손해배상액의 총계가 협약상의 한도를 초과하지 못한다는 뜻을 명시하고 있다.[14] 만약 이와 같은 제한을 두지 않는다면 하주가 운송인, 그 사용인과 대리인 등 책임을 물을 수 있는 모든 사람으로부터 협약상의 한도액 이상의 손해배상을 받을 수 있다는 해석이 나올 가능성이 있으므로 이행보조자의 면책 원용권을 인정한 제2항의 규정의 취

---

12) 헤이그-비스비 규칙 제4조의 2 제1항 원문 "The defences and limits of liability provided for in this Convention shall apply in any action against the carrier in respect of loss or damage to goods covered by a contract of carriage whether the action be founded in contract or in tort."

13) 헤이그-비스비 규칙 제4조의 2 제2항 원문 "If such an action is brought against a servant or agent of the carrier (such servant or agent not being an independent contractor), such servant or agent shall be entitled to avail himself of the defences and limited of liability which the carrier is entitled to invoke under this convention."

14) 헤이그-비스비 규칙 제4조의 2 제3항 원문 "The aggregate of the amounts recoverable from the carrier, and such servants and agents, shall in no case exceed the limit provided for in this Convention."

지가 몰각될 염려가 있기 때문이다.[15)]

또한 본조 제4항에 의하면 "손해를 발생시킬 의도로써 행하거나, 또는 무모하게 또한 그러한 손해가 일어 날 수 있음을 알고서 행한 사용인 또는 대리인의 작위 또는 부작위에 의해서 일어난 손해가 증명된 경우에는, 운송인의 사용인 또는 대리인은 이 조의 규정을 이용할 권리를 가지지 못한다"라고 규정하고 있는데,[16)] 이는 사용인이나 대리인이 손해를 일으킬 의도로써 또는 무모하게 또한 손해가 일어날 수 있다는 것을 알면서 행한 작위 또는 부작위에 의한 손해에 대하여 본조의 적용을 원용할 수 없다는 것을 나타낸 것이다.

(2) 함부르크 규칙

함부르크 규칙 제1조 정의부분에 의하면 운송인은 "직접 또는 그의 명의로 송하인과 화물운송계약을 체결한 사람"으로 규정하고 있고,[17)] 실제운송인은 "운송인으로부터 화물운송의 전부 또는 일부의 이행을 위임받은 사람과 그 이행을 위임받은 기타의 사람"으로 규정하고 있다.[18)] 여기서 실제운송인이란 제1의 운송계약의 존재를 전제로 하여 그 운송인으로부터 다시 운송의 위탁을 받은 운송인 그리고 그에 따라 실제 운송 업무를 이행한 제3자등을 포함하는 개념이다.[19)] 그러나 운송인은 비록 실제운송인에게 운송업무의 전부 또는 일부를 위임하였다고 하여도 여전히 운송구간 전체에 대하여 책임을 지며, 실제운송인과 그 피용인 또는 대리인의 행위에 대하여 책임을 진다. 또한 손해발생시 운송인과 실제운송인이 함께 책임을 부담하는 경우 또한 그 한도에서 양

---

15) 정영석, 전게 논문, 470면.

16) 헤이그-비스비 규칙 제4조의 2 제4항 원문 "Nevertheless, a servant or agent of the carrier shall not be entitled to avail himself of the provisions of this article, if it is proved that the damage resulted from an act or omission of the servant or agent done with intent to cause damage or recklessly and with knowledge that damage would probably result."

17) 함부르크 규칙 제1조 제1항 원문 "'Carrier' means any person by whom or in whose name a contract of carriage of goods by sea has been concluded with a shipper."

18) 함부르크 규칙 제1조 제2항 원문 "'Actual carrier' means any person to whom the performance of the carriage of the goods, or of part of the carriage, has been entrusted by the carrier, and includes any other person to whom such performance has been entrusted."

19) 김진권, "해상운송계약에서 독립계약자의 권리에 관한 연구-히말라야 약관을 중심으로", 「해사법연구」, 제19권, 한국해사법학회, 252면.

자는 연대책임을 부담하게 된다.[20]

본 규칙에서 제3자의 히말라야 약관 관련 조항은 제7조 비계약적 청구에 대한 적용 규정에 명시되어 있다. 즉 비계약적 청구란 불법행위를 의미하게 되는데, 이는 제3자의 하주에 대한 책임등을 의미한다. 첫째, "본 규칙에 규정된 항변 사유 및 책임한도액은 소송이 계약에 의거한 것이든 불법행위 기타에 의거한 것이든 묻지 아니하고, 해상 운송계약이 적용되는 물건의 멸실, 훼손 또는 지연에 관하여 운송인에 대한 모든 소송에 적용된다"라고 규정되어[21] 있으며, 둘째, "이러한 소송이 운송인의 사용인 또는 대리인에 대하여 제기된 경우에 사용인 또는 대리인이 그 직무의 범위 내에서 행위를 하였다는 것을 증명한 때에는, 그 사용인 또는 대리인은 이 협약에서 운송인이 원용할 수 있는 책임에 관한 항변 및 제한을 이용할 권리가 있다"고 규정하여[22] 헤이그-비스비 규칙 제4조의 2의 제2항과 유사하게 제3자에게 운송인이 원용할 수 있는 책임에 관한 항변 및 제한을 이용할 권리를 인정하고 있다. 그러나 본 조항에서는 헤이그-비스비 규칙과는 달리 독립계약자를 제외한다는 규정을 삭제함으로써 항만운영자와 같은 도급계약자 등도 당연히 협약상의 항변권과 책임제한권을 원용할 수 있도록 하고 있는 점이 큰 특징이다. 셋째, 본 조에서 헤이그-비스비 규칙 제4조의 2의 제3항과 유사하게 "제8조에서 규정된 경우를 제외하고 운송인 및 이 조의 제2항에서 정하는 모든 사람으로부터 배상을 받아야 할 총액은 이 협약에 규정된 책임한도액을 초과하지 않는다."라고 규정하여, 이러한 제한을 둠으로서 하주가 운송인, 그 사용인과 대리인 등 책임을 물을 수 있는 모든 사람으로부터 협약상의 한도액 이상의 손해배상을 받을 수 없도록 하고 있다.

---

20) 함부르크 규칙 제10조 제4항 원문 "Where and to extend that the carrier and the actual carrier are liable, their liability is joint and several.

21) 함부르크 규칙 제7조 제1항 원문 "The defences and limits of liability provided for in this Convention apply in any action against the carrier in respect of loss or damage to the goods covered by the contract of carriage by sea, as well as of delay in delivery whether the action is founded in contract, in tort or otherwise."

22) 함부르크 규칙 제7조 제2항 원문 "If such an action is brought against a servant or agent of the carrier, such servant or agent, if he proves that he acted within the scope of his employment, is entitle to avil himself of the defences and limits of liability which the carrier is entitled to invoke under this Convention."

(3) 로테르담 규칙

UN은 최근 새로운 해상물품운송법(UN Convention on International Carriage of Goods Wholly or Partly by Sea)을 제정하였다. UNCITRAL[23)]은 2001년부터 2008년까지 새로운 해상운송규칙을 검토해 왔고 2008년 7월 UNCITRAL 본회의에서 이를 승인했으며, 그해 12월 UN 총회에서 이를 채택하였다. 이 협약은 2009년 9월 로테르담에서 서명식을 가졌고[24)] 일명 로테르담 규칙으로 불린다.

국제해상운송을 규율하는 법으로서 법적 통일성을 부여하기 위해서는 운송인과 송하인의 이익을 어떻게 조화할 것인가가 중요한 문제이지만 헤이그-비스비 규칙이나 함부르크 규칙 모두 이를 원만히 해결하지 못하고 있다. 따라서 로테르담 규칙의 제정목적은 해상을 통한 국제운송에 대한 법적 확실성과 통일성을 부여하기 위한 것이다.[25)]

본 협약상 히말라야 약관의 적용과 관련하여, 먼저 운송인등의 정의를 살펴보면, 제1조에서 운송인은 "송하인과 운송계약을 자를 지칭한다"라고 규정하고 있고,[26)] 본 조 제6항 (a)호는 이행당사자에 대하여 "운송인 이외의 자로서 화물의 수령, 선적, 취급, 적부, 운송, 관리, 양륙 또는 인도에 관하여 운송인의 운송계약상 의무의 일부를 이행하거나 이행할 것을 인수한자를 지칭한다. 그 당사자가 직접적 또는 간접적으로 운송인의 요구에 따라, 또는 운송인의 감독이나 통제 하에서 행위하는 한도에서 그러하다"라고 규정하고 있고 있다.[27)]

---

23) UNCITRAL은 1966년 12월 12일 상거래분야에 있어서 국제적 통일법을 마련하여 국제상거래의 원활을 꾀할 목적으로 유엔에 설치된 기관이다.

24) 2009년 9월 23일 16개국이 로테르담에서 개최된 서명식엣 공식적으로 지지의사를 표명하고 현재 21개국(Armenia, Cameroon, Congo, Denmark, France, Gabon, Ghana, Greece, Guinea, Madagascar, Mali, Netherlands, Niger, Nigeria, Norway, Poland, Senegal, Spain, Switzerland, Togo and United States of America)이 서명하였다.

25) 조현숙, "로테르담 규칙에서 해상운송인의 책임에 대한 비교연구", 「무역학회지」, 제35권, 한국무역학회, 336~337면 참조.

26) 로테르담 규칙 제1조 제5항 원문 "'Carrier' means a person that enters into a contract of carriage with a shipper."

27) 로테르담 규칙 제1조 제6항 (a)호 원분 "'Performing party' means a person other than the carrier that performs or undertakes to perform any of the carrier's obligations under a contract of carriage with respect to the receipt, loading, handling, stowage, carriage, care, unloading or delivery of the goods, to the extent that such person acts, either directly or indirectly, at the carrier's request or under the carrier's supervision or control."

또한 (b)호에서는 "운송인 외에 송하인, 명의상의 송하인, 처분권자 또는 수하인에 의하여 직접, 간접으로 채용된 자를 포함하지 아니한다." 규정하고 있으며,[28] 본 조 제7항에서는 해상이행당사자라는 새로운 개념을 정의하고 있는데 "화물의 선적항에의 도착과 양륙항에서의 출발에 이르는 기간 동안 운송인의 의무의 일부를 이행하거나 이행할 것을 인수한 이행당사자를 지칭한다. 내륙운송인은 전적으로 항만 안에서만 자신의 서비스를 제공하거나 제공할 것을 인수하는 경우에만 비로소 해상이행당사자가 된다"고 규정하여,[29] 본 조 제6항의 (a)호와 (b)호 및 기타의 국제협약들과 전혀 다른 형태의 개념을 정의하고 있는 것이 특징이다.

본 규칙 제1조 제6항의 정의에 따르면 항만운영자가 하주 또는 운송인으로부터 화물의 선적 또는 양하 및 보관을 이행해주는 업무를 담당하고 있으므로, 이행당사자에 포함되는 것으로 해석할 수 있으나, 본 조 제7항에서 '해상이행당사자'를 규정하고 있다는 것은 항만운영자를 이행당사자와 구별하여 특별하게 '해상이행당사자(Maritime performing party)'로 정의하기 위한 것으로 생각된다. 따라서 항만운영자는 본 규칙 제19조 "해상이행당사자는 아래의 경우 이 협약이 규정하는 운송인의 의무와 책임을 부담하고 이 협약이 규정한 운송인의 항변권 및 책임제한의 이익을 향휴한다"의 규정에 따라 운송인의 항변권 및 책임제한권을 원용할 수 있다.

위에서 살펴본바와 같이, 로테르담 협약의 의의는 '해상이행당사자(Maritime performing party)' 개념을 새로이 정립한 것이며, 항만운영자가 해상이행당사자에 해당하며, 운송인의 항변권 및 책임제한권을 일정한 제한 하[30]에 향유할 수 있다는 것이다.

---

28) 로테르담 규칙 제1조 제6항 (b)호 원문 "'Performing party' does not include any person that is retained, directly or indirectly, by a shipper, by a documentary shipper, by the controlling party or by the consignee instead of by the carrier."

29) 로테르담 규칙 제1조 제7항 원문 "'Maritime performing party' means a performing party to the extent that it performs or undertakes to perform any of the carrier's obligations during the period between the arrival of the goods at the port of loading of a ship and their departure from the port of discharge of a ship. An inland carrier is a maritime performing party only if it performs or undertakes to perform its services exclusively within a port area."

30) 로테르담 규칙 제19조 제1항 (a)호, (b)호.

Ⅳ. 장기체화화물의 관리 문제점 및 항만운영자의 상사유치권의 제안

1. 항만운영자의 장기체화 화물의 관리와 문제제기

항만운영자의 업무영역과 관련하여 항만운송사업법 제2조 제1항은 '① 하주 또는 선박운항업자의 위탁을 받고 선박에 의하여 운송된 화물을 항만 안에서 선박으로부터 인수 또는 하주에게 인도하거나, 선박에 의하여 운송될 화물을 항만 안에서 선박에 인도 또는 하주로부터 인수하는 행위와 ② 항만 안에서 화물을 선박에 선적하거나 선박으로부터 양하 하는 일, ③ 항만 안에서 화물을 선박 또는 부선에 의하여 운송하거나 국토해양수산부령이 정하는 항만과 항만 이외의 장소와의 사이에 있어서 화물을 부선 또는 범선에 의하여 운송하거나, 항만 안 또는 지정구간에 있어서 예선에 의한 부선 또는 뗏목을 예항하는 일, ④ 항만 안에서 선박 또는 부선에 의하여 운송된 화물을 창고 또는 하역장에 반입하거나 선박 또는 부선에 의하여 운송될 화물을 하역장으로부터 반출하거나 이러한 화물을 하역장에서 적하·양하 또는 보관허간 화물을 부선으로부터 양하 또는 부선에 선적하는 일, ⑤ 항만 안 또는 지정구간에 있어서 뗏목으로 편성하여 목재를 운송하거나 항만 안에서 뗏목으로 편성하여 운송된 목재 또는 선박이나 부선에 의하여 운송된 목재를 수면 저장장에 반입하거나, 뗏목으로 편성하여 운송될 목재 또는 선박이나 부선에 의하여 운송될 목재를 수면 저장장으로부터 반출하거나 이러한 목재를 수면 저장장에서 선적 또는 양하 하거나 보관하는 일, ⑥ 선적화물을 적하 또는 양하 하는 경우에 그 화물의 개수에 계산 또는 인도·인수의 증명을 행하는 일, ⑦ 선적화물 및 선박에 관련된 증명·조사 및 감정을 행하는 일, ⑧ 선적화물을 적하 또는 양하 하는 경우에 그 화물을 용적 또는 중량의 계산 또는 증명을 행하는 일을 하는 행위'라고 규정하고 있다. 본 법률규정에 의하면 항만운영자의 주요 업무는 선박에 화물을 선적 또는 양하하거나 반입되는 화물을 보관하는 것이다. 따라서 이러한 업무의 수행을 위해 항만운영자는 하주 또는 해상운송인과 체결한 항만하역계약에 따라 터미널에 반입된 화물을 일정기간 보관하고 선박에 선적하거나 또는 선박으로부터 화물을 양하하여 수하인에게 인도하는 업무를 주로 수행하고 있다.

항만하역계약에 따라 제공한 화물의 선적·양하 및 보관업무를 근거로 항만운영자는 무상계약이 아닌 한 업무 제공에 따른 작업비 및 보관료등의 관련비용을 청구할 수 있다. 작업비 및 보관료등의 관련비용은 작업량과 보관 기간을 기준으로 청구되며, 그 요율은 항만하역계약의 내용에 의하여 정하여 지거나 또는 계약이 없는 경우에는 항만운영자가 매년 국토해양부 물류항만실 항만운영과에 신고하는 신고요율을 기준으로 청구된다.[31] 또한 터미널은 화물을 장기간 보관할 수 있는 내륙 ODCY(Off Dock Cotainer Yard)[32] 또는 ICD (Inland Container Depot)[33]와는 달리 원활한 화물의 국제운송 및 유통을 위해 일정기간 화물이 반출되거나 인도되지 못하는 경우에는 고율의 경과보관료를 부과하여 화물의 빠른 반출을 유도하고 있다. 그럼에도 불구하고 하주 또는 운송인이 장기간 화물의 인수를 거부하거나 사실상 포기하는 경우, 소재지 불명등의 이유로 화물을 인도할 수 없는 경우로 인해 화물이 장기간 터미널에 적체되는 경우에는 터미널의 공간확보나 원활한 유통을 저해하고 또한 고액의 보관료가 발생하여 항만운영자에게 불측의 막대한 손해를 발생시킨다. 이러한 경우, 상식적으로는 법률의 규정에 따라 장기체화화물을 처리하면 될 것이나, 불행하게도 항만운영자에게는 법률에 의한 유치권이나 경매청구권이 인정되지 않고 있어 그 처리에 어려움을 겪고 있다. 이에 아래에서는 항만하역약관상의 비용청구 규정 및 장기체화화물 처리 규정의 내용을 살펴보고, 관세법상에 인정되는 공매제도, 그리고 항만운영자의 특별상사유치권 및 경매청구권의 필요성에 대하여 논하고자 한다.

---

31) 해운항공신문, "터미널운영사 하역료덤핑 생사기로", 2010년 8월 13일자 참조.
32) 부두에서 떨어진 컨테이너 장치장을 말한다.
33) 내륙통관 기지를 말한다.

2. 항만하역약관상의 보관료 청구 및 장기체화 화물 처리 규정

(1) 항만하역약관의 의의

항만하역약관은 항만운영자가 운송인 또는 하주로부터 적하, 양하 또는 보관 및 적입 작업등을 의뢰받아 일의 완성을 목적으로 다수의 상대방과 계약을 체결하기 위하여 일정한 형식에 의하여 미리 마련한 계약의 내용을 말한다. 따라서 항만하역약관에는 항만운영자가 하주나 운송인의 의뢰에 따라 특정한 선박에 대하여 화물을 선적 또는 양하 하거나, 컨테이너에 화물을 적입하는 작업의 수행, 항만내에서 이동작업 및 화물의 인도 등의 업무 내용을 포함하고 있으며, 아울러 그 작업의 종료 후에 작업의 성취에 따른 대가 등을 규정하고 있다.

(2) 보관료 청구 및 장기체화 화물에 관한 규정[34)]

1) 화물의 반입·반출에 관한 규정

현재 사용 중인 터미널의 하역약관의 내용 중 화물의 반입·반출과 관련된 규정을 살펴보면, 먼저 대한통운 항만하역약관 제4조는 '① 위탁인이, 화물을 터미널 안 또는 밖으로 반입·반출하고자 할 때에는, 관계관청에 대한 모든 수속절차를 완료함과 아울러 필요한 자료를 미리 터미널 전산망에 입력하여야 한다. ② 터미널은, 제1항의 규정에 의하여 입력된 전산 자료에 따라 화물을 인수·인도한다. ③ 위탁인이 터미널의 전산망을 이용할 수 없는 사정이 있어 반출·반입계를 제출하는 경우에는, 미리 터미널에 신고된 인감으로 날인하거나 유효한 서명이 있어야 한다. ④ 위탁인은, 원활한 화물의 인수·인도를 취하여 차량에서 상·하차 직전까지 잠금장치 해제 등 기타 필요한 안전조치를 취하여야 한다.'고 규정하고 있으며, 우암터미널 항만하역약관 제7조에서도 '① 위탁자가 터미널 내·외로 화물을 반입 또는 반출하고자 할 때에는 EDI로

---

34) 대한통운부산컨테이너터미널(주) 항만하역약관 및 우암컨테이너터미널(주) 항만하역약관 참조.

COPINO 문서를 KL－LET을 경유하여 전달하여야 하며, 부득이한 경우 회사 소정의 반출·반입계를 화물 당 1부씩 작성하여 회사에 제출하여야 한다. ② 위탁자가 수출·입 화물의 반출·반입계(냉동/위험물/장척/특수 및 타 부두 T/S 화물관련 상세사항 포함)를 제출(또는 EDI송신)하면 회사는 해당 화물이 관계 관청에서 취해져야 할 일체의 수속절차를 완료 한 것으로 인정하며 위탁자는 이를 보증하고 관련법상 책임을 진다. ③ 위탁자는 회사에 신고된 사용인감으로 반출·반입계를 날인하여야 한다.'고 규정하고 있다. 따라서 위 항만하역약관의 규정들을 정리하면, 위탁인인 하주 또는 운송인이 화물을 터미널에 반입하거나 반출하고자 할 때에는 관련 정보를 항만운영자에게 미리 제공하고, 이에 따라 항만운영자는 반입되거나 또는 반출되는 화물의 보관 및 관리계획을 수립하고 이에 따라 업무를 진행하게 된다.

2) 보관료 및 기타 비용의 청구

항만운영자는 화물의 보관 및 관리를 위해 지출된 관련 비용을 하주나 운송인에게 청구 할 수 있으며, 이와 관련된 항만하역약관 규정을 살펴보면, '① 회사가 제공한 시설 및 용역에 대한 하역요금은 부산지방해양수산청에 신고된 요금표에 의하거나, ② 제1항에 규정된 요금표에 포함되지 아니한 요금은 관허요율(부산항만운송(하역)요금표, 특허 보세장치장 보관요율표 등), 단체결정요율(해상운임 동맹요율) 또는 회사가 정한 요율에 의한다'라고 규정하고,[35] 아울러 '① 터미널은 모선별 하주별로 하역비와 부대비용의 청산에 필요한 증빙자료를 구비하여 위탁인에게 요금을 청구하고, ② 제1항의 규정에 의한 청구를 받은 위탁인은, 청구서 발행일로부터 40일 이내에 하역비와 부대비용을 현금으로 청산하여야 한다'라고 규정하여 보관료 및 기타 비용의 청구를 문언으로 규정하여 인정하고 있다. 아울러 우암터미널 항만하역약관에도 동일하게 요금표의 적용기준에 관하여 규정하고 있으며,[36] 본 약관 제20조에서는 '회사가 시설 및 용역을 제공한 컨테이너 및 일반화물의 하역비와 기타 부대비는 청구에 필요한 증빙 서류를 구비하여 위탁자에게 청구 한다'고 규정하여 항만

35) 대한통운 항만하역약관 제9조.
36) 우암터미널 항만하역약관 제17조.

운영자가 화물의 처리 및 보관을 요청한 하주 또는 운송인에게 관련비용을 청구할 수 있도록 하고 있다. 따라서 하주 또는 운송인이 항만운영자의 요금청구에도 불구하고 이를 지연할 경우에는 연체료등을 부과할 수 있도록 항만하역약관이 규정하고 있어 보관료 등의 비용 지급을 간접적으로 강제하고 있다.[37]

3) 장기 체화화물의 처분

장기 체화화물의 처분과 관련하여 대한통운 항만하역약관 제12조는 '① 터미널은 위탁인이 화물의 인수를 거부하거나 사실상 포기한 경우, 소재지불명 등이 사유로 위탁인에게 화물을 인도할 수 없게 된 경우, 위탁인에게 3회 이상 반출을 촉구했음에도 불구하고 반출해 나가지 않은 경우에 위탁인이 그 화물에 대한 일체의 권리를 포기한 것으로 보고, 관계기관장의 승인을 받아 임의 처분하며, 위탁인은 이에 대하여 민·형사상의 이의를 제기하지 않는다. ② 제1항에 의한 처분금액 중에서 관세·하역비등 필요한 비용을 공제한 후 잔액이 있으면 이를 보관하며, 위탁인의 청구가 있으면 이를 반환한다.'고 규정하여 항만운영자가 장기 체화화물을 임의로 처분할 수 있음을 명시하고 있다. 그러나 항만하역약관상 항만운영자와 하주 또는 운송인 사이에 장기 체화화물의 처리에 관하여 위와 같은 특약이 있다 하더라도, 이러한 특약을 근거로 하여 위탁인의 화물을 임의로 독자적인 처분이 가능한가에 대하여는 의문이다. 왜냐하면 터미널운영자에 대하여 민법 또는 상법이나 관세법령 어디에도 유치권 또는 경매권과 관련된 권리가 규정되어 있지 않으므로 법률의 분쟁이 예상되며, 또한 운송인의 장기 체화의 경우 이를 독자적으로 처분한다면 해당 운송인에게 운송을 의뢰한 하주 또는 기타 이해관계인에게 예상하지 못한 손해를 발생케 할 위험이 있기 때문이다.

---

37) 대한통운 항만하역약관 제10조 및 우암터미널 항만하역약관 제22조.

3. 관세법에 의한 보세화물의 매각

터미널에 반입 또는 반출되는 화물의 대부분은 수출·입을 위하여 일정기간 항만운영자에 의하여 보관 또는 선적 및 양하되고 화물의 소유자에게 인도되는 것이 보통의 경우이다. 따라서 터미널은 수출·입의 화물을 보관 및 관리하고 있으므로 관세법 제174조 제1항에 따라 특허보세구역으로 지정되어 있다. 이에 장치되어 있는 외국물품이 장치기간을 경과하는 경우에는 보세구역의 효율적 활용과 관세의 적기징수를 위하여 그 외국물품을 매각하여 매각대금으로 관세에 충당한다. 그리고 매각처분을 하여도 매각처분이 되지 않을 경우에는 국고귀속 처분을 할 수 있다.[38]

우리나라 관세법 제5절에서는 보세화물에 대한 유치 및 처분을 규정하고 있다. 동절 제2관은 장치기간 경과 물품에 대한 매각대상, 절차 및 방법, 잔금처리, 국고귀속에 관한 사항을 명시하고 있는데, 수출화물의 경우 수출신고가 이루어진 화물에 해당되며, 수입화물의 경우 수입신고가 이루어지지 않은 외국화물에 대한 규정이다. 이는 외국화물이 장치기간이 경과한 경우 그 대상을 선정, 매각 및 국고귀속을 하는 경우에 최소 1년 이상의 시간이 소요되므로 터미널운영자가 해당 화물을 회수하거나 또는 적체에 따른 손실비용을 보상받기란 쉬운 일이 아니다. 그러나 관할 세관장의 매각처분에 의하여 공매절차가 진행되면, 이는 경쟁입찰방식에 의하여 진행된다(관세청 고시 제12조). 매각물품은 낙찰자에게 인도되며, 공매물품의 잔금은 그 물품매각에 관한 비용, 관세, 제세 순으로 충당하고 잔금이 있을 때에는 하주에게 교부하며,[39] 그 물품에 대한 질권자 또는 유치권자가 있을 때에는 하주에게 교부하기 전에 그 권리를 증명한 질권자 또는 유치권자에게 교부한다(관세법 제211조 및 위 고시 제17조의 2). 그러나 이러한 관세법상의 공매에 의한 장기체화 화물의 매각절차가 있다 하더라도 만약 수하인이 수입화물에 대하여 이미 관세를 납부하였다면 관세법상의 매각절차는 진행될 수 없을 것이다. 또한 관세법의 적용

38) 방재근·김해석, 「무역법규」(두남, 2004), 457면.
39) 대법원 1982. 2. 23. 선고 80다2943 판결.

은 본법 제14조에 의하여 수입물품에만 적용되므로, 수출을 위하여 터미널에 반입된 화물이 하주의 사정이나 운송인의 사정에 의해 장기 적체되는 경우 관세법에 의하여도 이를 공매처분하지 못하게 된다. 아울러 해상운송인의 유치권과 관련하여서도 터미널운영자에게 유치권과 경매권이 법률상 인정되고 있지 않으므로, 만약 관세법에 의하여 장기체화 화물이 공매되더라도 관세를 제외한 공매잔금에 대하여 항만운영자가 그 지급을 해상운송인에 우선하여 청구할 수 있는 권리가 있는가 하는 문제이다. 이에 대하여 하급심 판결은 '관세법 제125조 제3항에 의하면 관세장이 보세구역에 반입한 수입물품이 장치기간을 경과하여 이를 매각처분한 경우에 그 물품에 대한 유치권자가 있을 때에는 그 잔금을 유치권자에게 의하여 담보된 채권의 금액을 유치권자에게 교부하여야 한다고 정하고 있으므로 공매잔금을 운송인에게 교부하여야 한다"고 판시한 바 있다.[40] 따라서 터미널운영자는 관세법에 의하여 장기체화 화물이 공매되더라도 기타의 채권자가 유치권이나 질권이 있다면 공매잔금에 대하여 어떠한 권리도 행사할 수 없다는 문제점이 있다.

4. 터미널운영자의 유치권 및 경매권의 인정

필자는 이미 앞에서 장기체화화물로 인해 항만운송인의 영업상 손해와 법률상의 미비로 인한 문제점들을 설명하였다. 그렇다면 이러한 문제점들을 해결하기 위한 방안은 없는 것일까? 일반적으로 항만운송인의 항만하역약관의 상대방은 하주 또는 운송인이며, 그 상대방에 따라 법률관계가 달리 형성되고 있다. 즉, 컨테이너선에 의한 정기선 운송에서는 항만운송인과 운송인 사이에서 운송계약의 일부로서 항만하역계약이 체결되고, 용선 계약과 같은 부정기선에 의한 운송에서는 선박소유자가 운송물에 대한 선적·양륙의 의무를 부담하지 않는 적양하비용선주무관계조건(Free In and Out: FIO), 적양하적부비용선주무관계조건(Free In and Out, Stow: F.I.O.S), 적양하트림비용선주무관계조항(Free In and Out, Trim: F.I.O.T)의 형태로 운송계약이 체결되기 때문에, 항

40) 서울지방법원 1995. 6. 8. 선고 94가합109607 판결.

만하역계약의 상대방에 따라 항만운영자에게 유치권을 인정하더라도 그 법률관계에 차이가 발생할 수 있다. 예를 들면, 운송인과 항만운영자 사이에 항만하역계약이 체결되고 화물의 보관에 의하여 관련 비용이 발생한 경우, 계약의 당사자는 모두 상인이므로 상인성이 확보되고 또한 보관료 및 관련비용의 피담보채권도 상인간의 쌍방적 상행위로 인하여 발생하므로, 유치권을 인정한다면 상사유치권의 적용이 가능할 것이다. 그러나 피담보채권의 발생이 운송인과 관계가 있다하더라도 해상운송의 경우 화물의 소유권이 대부분 하주에게 있으므로 일반적인 상사유치권의 법리상 채무자인 운송인의 소유권이 인정되어야 하므로, 이 경우 상사유치권으로서 항만운영자를 보호하기 힘들다는 문제점이 있다. 이와는 반대로 만약 용선계약 또는 소량화물인 LCL(less than container load)의 선적 및 양하 그리고 보관을 위한 항만하역계약이 개인 하주와 체결된 경우, 보관료 및 관련비용의 피담보채권이 목적물로 인하여 발생하였다면, 항만운영자는 민사유치권을 주장할 수 있을 것이다. 그러나 민사유치권의 문언에 의하면 목적물의 점유를 상실하게 되면 유치권이 인정되지 않으며, 관세법에 따라서 화물이 매각되는 경우 유치권자인 항만운영자는 공매대금의 우선특권이 인정되지 않으므로 항만운영자의 보호에 미흡하다. 또한 운송인이 운임·부수비용·체당금·정박료등을 이유로 해당화물에 상사유치권에 따른 경매를 신청하는 경우, 법률규정의 문언상 해상유치권은 우선특권이 인정되므로 항만운영자를 보호함에 있어서 일반적인 상사유치권도 한계를 가지고 있다.

이러한 문제가 발생하는 근본적인 원인은 항만운영자 보호를 위한 유치권 및 경매권에 관한 법률규정이 전혀 존재하지 않기 때문이다. 따라서 장기 적체화물로 인한 손해로부터 항만운영자를 보호하는데 있어 가장 적절한 방법은 해상운송인에게 인정되는 해상유치권과 유사하게 우선특권이 인정되는 항만운영자 유치권을 상법에 제정하는 것이다. 항만운영자의 유치권 인정을 위해 입법안을 제시한다면 '항만운영자는 위탁인이 화물의 보관과 관리로부터 발생하는 하역료, 부수비용, 보관료 및 경과보관료, 조작비등을 지급하지 않거나, 위탁인이 화물의 인수를 거부하거나 사실상 포기한 경우, 소재지 불명 등의 이유로 위탁인에게 화물을 인도할 수 없게 된 경우 또는 60일 이상 체화되어 위탁인에게 3회 이상 반출을 촉구했음에도 불구하고 반출해 나가지 않는 경우 화물을 인도하지 않고 이를 유치할 권리를 갖는다.'라고 규정된다면 장기 체화화물로 인해 발생하는 항만운영자의 손해를 실질적으로 보호 할 수 있을 것이라 생각한다.

V. 맺음말

현재 항만하역과 관련하여 항만운송사업법이 항만하역의 작업범위 등에 관하여 규정하고 있지만, 이는 일종의 행정법규에 지나지 않으며 항만운영자의 책임에 관하여는 국내법 어디에도 관련 규정이 없으며 아무런 기준 또한 제시하고 있지 못하고 있는 실정이다. 따라서 항만운영자의 책임과 관련 법률규정이 없으므로 인해 법률 다툼이 발생할 경우에는 실무적으로 민법에 의해 해결하고 있다.

이러한 문제 해결을 위해 항만운영자의 책임범위에 관한 연구를 위해 하주와 운송인을 대상으로 한 항만하역 약관의 개념 및 법적성질에 대하여 살펴보았고, 히말라야 약관의 유효성 및 국제협약과 상법상의 규정들에 대하여도 살펴보았다. 아울러 1994년 UN국제화물터미널운영자 책임협약상의 책임에 관한 규정들에 대하여도 자세히 검토하였다. 그러나 항만하역 약관상의 항만운영자의 책임부분은 계약의 성질상 도급에 해당하므로, 그에 대한 해석 기준은 민법에 의하여야 하며, 히말라야 약관이나 상법의 규정은 항만운영자가 아닌 해상운송인을 위한 규정이므로 히말라야 약관의 적용을 통한 항만운영자의 보호는 근본적으로 불안한 문제점을 안고 있다. 따라서 이와 같은 문제점들을 해결하고, 항만운영자의 손해배상책임관계를 명확하게 규정하기 위해서는 다음의 사항들을 고려할 필요가 있다고 생각한다.

첫째, 히말라야 약관의 적용문제로서 선하증권의 이면약관에 독립계약자에 관한 사항을 구체적이고 명확하게 규정할 필요가 있을 것이다. 예를 들면, 약관에 '하역회사, 항만운영자, 사용인, 대리인, 하수급인'등을 표시하여 해석상의 문제를 원천적으로 해결할 수 있을 것이다. 둘째, 로테르담 협약상의 제1조 제7항의 '해상이행당사자' 정의 및 본 협약 제19조 해상이행당사자의 책임 규정을 상법에 수용하여 관련 규정을 변경 또는 개정할 필요성이 있다. 만약 로테르담 규칙의 규정에 따라 상법을 개정한다면, 항만운영자의 책임관계 및 범위가 더욱 명확하게 될 것이다. 마지막으로, UN국제화물터미널운영자 책임협약의 책임에 관한 규정을 특별법 형태로 제정하여 수용하는 방법이다. 이러한 방법을 통한다면 상법이나 기타의 국제협약을 수용하지 않더라도 항만운영자의 책임관계를 명확하게 규율할 수 있는 이점이 있다고 생각한다. 물론 로테르담 협약의 일부 내용을 상법에 규정할 경우 기존의 법률들과 상충되는 사항들에 관한 사항은 다음의 보완된 연구로 돌리도록 하겠다. 또한 항만운영자의 장기체화 화물에 대한 책임문제와 관련하여, 첫째, 항만운영자의 유치권과 관련하여서는 피담보채권의 종류를 정하여야 하고, 유치권을 인정할 수 있는 요건들에 관하여 규정할 필요가 있다. 따라서 본 법안을 제안하자면 '항만운영자는 위탁인이 화물의 보관과 관리로부터 발생하는 하역료, 부수비용, 보관료 및 경과보관료, 조작비등을 지급하지 않거나, 위탁인이 화물의 인수를 거부하거나 사실상 포기한 경우, 소재지 불명 등의 이유로 위탁인에게 화물을 인도할 수 없게 된 경우 또는 60일 이상 체화되어 위탁인에게 3회 이상 반출을 촉구했음에도 불구하고 반출해 나가지 않는 경우 화물을 인도하지 않고 이를 유치할 권리를 갖는다'라고 규정할 수 있을 것이다. 둘째, 항만운영자의 경매청구권과 관련하여서는, 경매를 인정할 만한 요건들이 충족되어야 할 것이다. 즉, 비용의 발생으로 인하여 유치권자에게 고통을 주는 경우, 채무자의 임의적인 변제를 기대할 수 없는 경우, 상당한 기간을 정하여 채무의 이행을 최고하였음에도 불구하고 채무자의 채무이행이 없거나 채무자가 다른 담보를 제공하지 못하는 경우, 목적물에 대한 점유기간이 장기화되고, 그것이 채무자가 임의적으로 변제하는 데 통상적으로 소요되는 기간이 경과되어 임의 변제를 기대하기 어려운 경우 등 어느 하나를 만족하면 항만운영자에게 경매청구권을 인정하는 것이다. 따라서 적절한 법률안을 제시하자면 '항만운영자는 하역료, 부수비용, 보관료 및 경과보관료, 조작비등을 지급받기 위하여, 법원의 허가를 얻어 화물을 경매하여 우선변제를 받을 권리가 있다. 또한 항만운영자는 위탁인에게 화물을 인도한 후에도 그 화물에 대하여 경매권을 행사할 수 있다'라고 규정할 수 있을 것이다.

생각건대, 현재의 상법과 운송인의 책임에 관한 국제협약들로서는 항만운영자의 손해배상책임을 명확하게 규율할 수 없다. 따라서 이에 대한 문제해결을 위해 항만운영자 책임에 관한 새로운 법률의 제정이 검토될 필요가 있다고 생각한다.

참고문헌

고명규, "해상물건운송인의 면책약관에 관한 고찰 -부지약관을 중심으로", 경희대학교대학원 법학석사학위논문, 1999.

______, "해상운송에서의 히말라야 약관에 관한 고찰", 법학연구, 2009.

김형도, "국제화물터미널운영자의 책임협약안에 관하여" 한국해법학회지, 1991.

김진권, "해상운송계약에서 독립계약자의 권리에 관한 연구 -히말라야 약관을 중심으로", 해사법연구, 2007.

신현탁, "보세창고업자의 법률관계(운송물의 인도를 중심으로)", 고려대학교 석사학위논문, 2004.

임동철, "국제물건운송인의 책임에 관한 연구", 건국대학교대학원 박사학위논문, 1985.

전 욱, "공사수급인의 건축부지에 대한 상사유치권 행사", 부산대학교 법학연구, 제49권 제2호, 2009.

정영석, 국제해상운송법, 범한주식회사, 2008.

______, "항만하역사업자의 책임", 상사판례연구, 2003.

정찬형, 상법강의(하), 박영사, 2007.

조현숙, "로테르담 규칙에서 해상운송인의 책임에 대한 비교연구", 무역학회지, 2010.

최경덕, "정기선사의 적체 컨테이너 관리에 관한 연구", 한국외국어대학교 경영대학원 석사학위논문, 2006.

최세련, "운송주선인의 법적 지위 및 히말라야 약관의 적용 범위", 한국해법학회지, 2008.

황진구, "상사유치권의 성립요건에 관한 검토", 민사판례연구 24권, 박영사, 2002.

해운항공신문, "터미널운영사 하역료덤핑 생사기로", 2010.

대한통운부산컨테이너터미널(주) 및 우암터미널(주) 항만하역약관.

관세협회 진흥부, "영국의 보세창고제도", 관세, 제83호, 1977.

Paul B. Larsen, Joseph C. Sweeney, Patrick J. Falvey, Joanne Zawitoski, "*The Treaty on Terminal Operators Liability in International Trade*", Journal of Maritime Law and Commerce, Vol, 25 No.3, 1994.

J.C. Sweeney, Review of the Hamburg Conference, "*The Speaker's Papers for the B/L Conventions Conference*", New York 29/30, 1978.

L. Peyrett, The Period of Maritime Transport, "*The Hamburg Rules on the Carriage of Goods by Sea*", A.W. Sijthoff－Leyden, 1978.

해양플랜트공사보험약관의 고찰*

지 상 규

Ⅰ. 머리말

글로벌 투자은행 골드만삭스는 2015년 국제유가 전망치를 하향 조정하였고, 그로 인해 2014년 10월 현재 국제유가는 배럴당 80달러를 밑돌고 있다. 그러나 이러한 현상과는 상반되게 2014년 6월경에는 국제유가가 배럴당 103달러를 돌파하면서 머지않아 배럴당 150달러를 상회할 것이라는 비관적 전망이 우세하였다.[1] 이렇듯 대부분의 국가는 석유와 가스에너지의 지속적 수요 증가에 따라 국제유가의 변동에 촉각을 곤두세우고 있으며, 육상 화석연료를 대체할 수 있는 해양석유·가스 산업에 대한 관심이 어느 때 보다 높다. 해양석유·가스 시추를 위한 지출은 2011년 650억 달러 규모에서 2020년에는 1,250억 달러로 2배 늘어날 것으로 전망되고 있다. 이러한 해양석유 및 가스에너지의 개발 확대로 세계적으로 해양석유·가스시추를 위한 지출은 2011년 650억 달러 규모에서 2020년에는 2,000억 달러로 3배의 규모로 늘어날 것으로 전망하고 있다. 또한 석유 및 가스 개발의 확대로 해양플랜트공사 수주액은 2011년에 1,399억불, 2012년에 1,749억불 그리고 2013년도에는 1,902억불에 이르렀으며, 2014년 6월을 기준으로 1,847억불에 이르고 있다.[2] 그러나, 해양플랜트 산업은 석유와 가스를 굴착 및 생산을 위한 설비의 설계, 구매, 제작, 운송, 설치 및 인도를 위한 과정에서 다양한 위험이 상존하게 되고, 이러한 위험이 현실화 되는 경우에는 시공자인 해양플랜트 공사 시공자에게 막대한 경제적 위험

* 본 논문은 2014년 12월 한국무역보험학회「무역보험연구」제15권 및 2015년 3월 한국법학회「법학연구」제57집에 게재되었던 논문을 수정 및 보완한 것임.

1) http://news1.kr/articles/?1925782

2) 한국조선협회, 2014년 해양플랜트 시장동향 보고서 참조.

이 발생할 뿐만 아니라 해당 공사의 발주자도 공사의 지연 및 투자 자금의 미회수로 인하여 심각한 경제적 타격이 예상된다. 따라서 해양플랜트 공사 중에 발생할 수 있는 다양한 사고로부터 위험을 담보하기 위한 보험이 필요하게 되었고, 이를 위해 2000년대 이후 기존 해양플랜트공사보험약관의 불합리성과 다양한 보험상 문제들의 불만이 제기됨에 따라 2001년 웰링턴에서 로이드 신디케이트(Lloyd's Syndicate)들에 의하여 표준약관 형태의 해양플랜트공사보험약관(WELCAR 2001)이 개발되었다.

해양플랜트공사보험약관은 공사 목적물의 멸실·훼손에 따른 손해위험을 담보하기 위한 물적손해보험약관과 해양플랜트공사 중 피보험자의 부주의 및 과실로 인한 제3자의 인적·물적 손해를 배상하는 배상책임보험약관으로 구성되어 있다.

이에 본 논문에서는 해양플랜트공사보험의 해양플랜트공사의 현황 및 해양플랜트공사보험의 필요성 그리고 물적손해보험약관 및 배상책임보험약관에 모두 적용되는 일반보험조건, 아울러 본 논문에서 주로 살펴보고자 하는 물적손해보험약관의 담보내용 및 면책규정들에 대하여 고찰하고자 한다.

II. 해양플랜트공사의 수주현황 및 보험가입의 필요성

1. 해양플랜트의 개념

(1) 광의의 개념

해양플랜트에 대한 광의의 개념은 해양에서 자원을 생산하거나 이용하기 위한 일체의 설비로서 해양자원[3)]의 탐사, 시추, 이용, 개발, 생산, 저장 및 처리를 위해 사용되는 일체의 구조물을 해양플랜트(Offshore Plant)라고 한다.

3) 해양자원이란 석유·가스, 해양생물, 해양에너지, 심해저광물, 해수, 해수용존광물, 해양공간 등으로 구분할 수 있다(해양수산발전기본법 제3조 제2호).

따라서 해양플랜트는 해양구조물(Offshore Structure)과 동일한 의미로 사용되고 있으며, 화물의 수송을 목적으로 하는 선박과 다른 개념으로써 해양산업설비 뿐 아니라 해양공간 자체를 활용하기 위한 인공섬, 해상거주공간, 해양레저시설 등을 포함한 개념으로 이해해야 할 것이다. 광의의 개념으로서의 주요 해양플랜트 시설로서는 해상풍력발전시설, 조류발전시설, 파력발전시설, 해수용존리튬추출플랜트, 해상의 공항시설, 석유시추선, 해양마리나리조트 등을 포함한다.

(2) 협의의 개념

협의의 개념으로서의 해양플랜트는 해양자원 중 석유·가스를 개발하기 위한 산업설비에 한정한다. 따라서 해양플랜트의 협의의 개념은 해양에서 석유·가스를 탐사, 시추, 생산, 저장 및 처리를 하는 시설을 의미하며, 해양플랜트공사보험의 대상이다. 주요 시설로서는 석유·가스의 시추용으로서 해저지질, 석유·가스의 양과 성분 등 유정의 특성을 파악하기 위한 시추시설로서 고정식(Jack-Up) 구조물과 반잠수식(Semi-submersible)이 있고, 이동식인 시추선(Drill ship), 그리고 부유식 생산저장 하역시설(FPSO) 등이 있다.

2. 해양플랜트공사 수주현황

해양플랜트공사의 국가별·선종별 수주량 현황을 살펴보면 2010년도에 이동식의 경우는 636기(척), 고정식은 164기(척), 2011년도의 이동식은 641기(척), 고정식은 168기(척), 2012년의 경우 이동식장비는 692기(척), 고정식장비는 143기(척)로 전년대비 25기(척)이 줄었고, 2013년도에는 이동식장비가 593기(척)이었고, 고정식장비의 수주량은 117기(척)으로 감소하였다. 2014년 6월까지의 이동식장비의 수주량은 189기(척)이었고, 고정식장비 수주량은 22기(척)이었다. 이를 한국에만 한정하여 이동식장비의 수주량을 살펴보면 2010년의 경우에는 22기(척), 2011년에는 59기(척)으로 37기(척)이 증가하였고, 2012년의 경우에는 45기(척)으로 감소하였고, 2013년도의 경우에도 29기(척)으로 감소하였다. 2014년도 6월까지의 이동식장비의 수주량을 국가별로 분류하면 중국은 73기(척)를 수주하였고, 그 뒤로 노르웨이가 20기(척), 싱가포르가 14기(척)을 수주하였다.

〈표 1〉 2014년 6월 주요국가별 수주척수 추이 (단위: 척)

구분		2008	2009	2010	2011	2012	2013	2014.6월	점유율(%)
이동식	한국	33	19	22	59	45	29	5	2.6
	중국	198	202	234	207	225	297	73	38.6
	싱가폴	64	40	62	81	55	49	14	7.4
	브라질	22	11	24	39	47	16	10	5.3
	노르웨이	12	8	35	29	50	24	20	10.6
	기타	333	214	259	226	270	178	67	35.4
	세계	662	494	636	641	692	593	189	100
고정식		173	184	164	168	143	117	22	–

자료: Clarkson Offshore Yard Monitor(2014.7)

수주금액과 관련하여 이동식장비의 년도 별 금액추이를 살펴보면, 2010년 총 건조금액은 534억불, 2011년의 경우는 492억불, 2012년은 347억불, 2013년의 경우에는 434억불, 그리고 2014년 6월까지 225억불이다. 그중 한국이 차지하는 년도 별 건조금액의 추이를 보면, 2010은 108억불, 2011년은 159억불, 2012년은 78억불, 2013년은 110억불이며, 2014년 6월까지 89억불로서 세계 이동식 해양플랜트공사 금액의 39.6%를 차지하고 있다.

〈표 2〉 2014년 6월 주요국가별 수주금액 추이 (단위: 10억달러)

구분		2008	2009	2010	2011	2012	2013	2014.6월	점유율(%)
이동식	한국	4.5	7.3	10.8	15.9	7.8	11.0	8.9	39.6
	중국	5.6	8.3	12.1	8.5	9.3	7.6	4.7	20.9
	싱가폴	9.2	8.1	10.0	10.0	5.6	10.1	3.5	15.6
	브라질	1.2	0.5	0.6	1.8	0.6	2.6	0.2	0.9
	노르웨이	2.9	4.9	3.5	2.0	1.8	2.4	1.5	6.7
	기타	8.7	11.2	16.4	11	9.6	9.7	3.7	16.4
	세계	32.1	40.3	53.4	49.2	34.7	43.4	22.5	100
고정식		–	–	–	–	–	–	–	–

자료: Clarkson Offshore Yard Monitor(2014.7)

3. 해양플랜트공사보험의 필요성

<표 1>과 <표 2>에서 살펴보았듯, 해양플랜트공사는 대규모의 자본과 인력 그리고 최첨단 기술이 투입되는 고부가가치 산업이다. 따라서 해양플랜트공사의 목적 달성을 위한 해양플랜트설비의 설계, 자재구매, 제작, 운송, 설치 및 최종 시운전을 거쳐 발주자에게 인도하기까지 수많은 공정이 필요하며, 각 공정마다 물적손해 위험 및 제3자에 대한 배상책임 위험이 상존하고 있다. 이러한 위험을 담보하기 위해 특수한 형태의 보험이 해양플랜트 산업계에서 요구되었고, 이를 충족시키고자 2001년 웰링턴에서 로이드 신디케이트(Lloyd's Syndicate)들에 의하여 표준약관 형태의 WELCAR 2001 해양플랜트공사보험약관이 개발되었다.

해양플랜트공사와 관련된 위험의 형태를 살펴보면, 크게 3가지의 형태로 구분할 수 있는데, 첫째 해양플랜트공사를 담당하고 조선소에서 발생할 수 있는 위험들이다. 두 번째 위험으로서는 해양플랜트 공사로 완성된 목적물의 해상 운송 중 발생할 수 있는 위험들이다. 마지막으로 예상되는 위험으로는 설치 및 시운전 중에 발생할 수 있는 위험이다. 이렇듯 해양플랜트공사와 관련

하여 많은 위험이 존재하며, 이러한 위험을 담보하기 위하여 해양플랜트공사보험이 등장하였고, 발주자 및 시공자는 보험약관을 통해 위에서 언급한 각종 위험을 담보하고 있다.

Ⅲ. 해양플랜트공사보험의 일반보험조건

1. 일반보험조건의 내용

해양플랜트공사보험약관은 크게 물적손해보험약관(Section Ⅰ) 부분과 배상책임보험약관(Section Ⅱ)부분으로 구분되어 있다. 물적손해보험약관 부분은 보험목적물의 멸실·훼손으로 인한 물적손해와 관련된 담보 사항을 규정하고 있으며, 배상책임보험약관 부분은 제3자에 대한 인적·물적 손해에 대한 배상책임을 담보하고 있다. 따라서 해양플랜트공사보험약관은 필요한 작업을 수행하는 과정에서 발생하는 위험을 담보하기 위해 물적손해보험약관 부분과 배상책임보험약관 부분에 공통으로 적용되는 일반보험조건에 관하여 20개의 관련규정을 두고 있다. 이를 열거하면 1. 보험료, 2. 대위, 3. 대위권포기, 4. 비율이익조항, 5. 적용우선순위, 6. 법률 및 사법권, 7. 보험금 지급 화폐조항, 8. 계속담보조항, 9. 양도조항, 10. 피보험자의 의무, 11. 피보험 목적물 점유 및 운영, 12. 운송업자·창고업자 그리고 기타 수탁자와의 계약, 13. 지급불능, 14. 조사 및 감사, 15. 해지, 16. 법령분쟁, 17. 보험증권의 양도 또는 수정, 18. 보험증권의 승인, 19. 피보험이익의 상실, 20. 하자발견기간 조항 등이 있다. 이하에서는 일반보험조건 중 중요한 규정들을 발취하여 그 내용들을 분석하고자 한다.

2. 대위(Subrogation) 및 대위권의 포기(Waiver of Subrogation) 규정

해양플랜트공사보험약관 일반보험조건 제2조 대위에 관한 규정을 살펴보면, "이 보험증권 물적손해보험약관 부분과 배상책임보험약관 부분에서 발생한 보험금 지급과 관련하여 보험자는 주피보험자와 기타 피보험자를 제외한 여하한 개인 또는 기업에 대해서 피보험자가 가질 수 있는 대위권을 행사할 수 있다. 피보험자는 보험자의 대위권 행사를 위해 요구되는 모든 서류를 작성할 것이며 또한 보험자의 대위권 행사를 위하여 피보험자는 보험자와 협조해야 한다"[4]라고 규정하여 보험자가 보험금을 지급하는 경우 보험목적물에 관련되는 일체의 권리를 피보험자로부터 승계하는 권리를 인정하고 있다. 그러나 일반보험조건 제3조에서는 보험자의 대위권 포기와 관련하여 "보험자는 주피보험자 그리고/또는 기타피보험자에 대한 대위권을 포기할 것에 동의한다."[5]라고 규정하여 보험자가 대위권을 포기할 수 있는 규정을 두고 있다. 이는 보험자를 위한 규정으로서 만약 대위권의 취득이 대위권의 포기보다 실익이 없는 경우가 발생하는 때에 보험자가 대위권을 포기할 수 있도록 하기 위한 것으로 보인다.

3. 준거법 및 재판관할권(Law and Jurisdiction)

준거법약관과 관련하여 해양플랜트공사보험약관은 일반보험조건 제6조에서 "이 보험증권은 영국 법률과 관습에 따른다. 이 보험증권과 관련하여 발생하는 모든 분쟁, 논란 또는 보험금 지급은 잉글랜드와 웨일즈 법정에 제출 후 결정되는 판결에 따르며 잉글랜드와 웨일즈 법정은 모든 사건에 대한 배타적인 사법권을 갖는다"[6]라고 규정하여 법적인 분쟁의 발생 시 그 준거법을 영국

4) WELCAR 2001 General Terms and Conditions 2. Subrogation.
5) WELCAR 2001 General Terms and Conditions 3. Waver of Subrogation.
6) WELCAR 2001 General Terms and Conditions 6. Law and Jurisdiction.

법률과 관습 그리고 재판관할권이 잉글랜드와 웨일즈 법원에서 해결하도록 규정하고 있다. 준거법약관과 관련하여서는 대법원[7]에서도 영국법의 준거약관의 유효성을 인정하는 판결이 내려졌던바와 같이 그 유효성이 우리나라 약관에서도 인정되고 있다. 이는 해양플랜트공사의 위험을 국내 보험자가 전부 인수할 수 없는 현실을 감안한다면 어쩔 수 없는 약관 규정이라 할 것이다.[8]

4. 계속 담보조항(Held Covered Clause)

계속담보란 계약조건의 변동 또는 피보험이익의 상실 등으로 인하여 예상되는 피보험자의 손해방지 등 피보험자의 보호를 위하여 보험계약을 일정기간 지속하는 것을 말한다. 해양플랜트공사보험약관의 일반보험조건 제8조에서 계속담보조항과 관련하여 "피보험이익의 일부 혹은 전부가 소유권이나 사용권을 위한 징발, 압류, 국유화, 점유 또는 전용되는 경우, 본 보험증권은 보험조건 및 면책조항에 의거하여 피보험자에게 발생할 수 있는 우발적인 책임을 그러한 일이 발생한 후 14일 동안 계속적으로 담보한다. 그 이후 보험자가 계속해서 담보하겠다는 사전 동의를 표명하지 않는다면 본 보험증권은 14일 경과 후 종료된다"[9]라고 규정하여 피보험자를 보호하고 있다.

5. 양도조항(Divestment Clause)

해양플랜트공사보험약관은 일반보험조건 제9조에서 양도조항을 규정하고 있는데 이는 협회기간약관의 양도규정과 유사하게 보험목적물의 전부 또는 일부의 매매나 강제적인 매각에 의한 소유자의 변경 등에 관한 사항이다. 앞에서 설명하였지만 해양플랜트공사는 대규모의 자본이 투입되는 사업으로서

---

7) 대법원 1991. 5. 14. 선고 90다 25314판결; 대법원 1996. 3. 8. 선고 95다 28779 판결.
8) 준거법의 적용과 관련한 자세한 문헌은 최종현, "영국해상보험법상 담보특약 위반에 대한 권리의 포기", 「보험법연구」, 1998, 50~51면 참고.
9) WELCAR 2001 General Terms and Conditions 8. Held Covered Clause.

다수의 투자회사들이 지분을 공유하는 경우가 많으므로 공사 이익의 일부 또는 전부를 양도하는 경우가 발생할 수 있으며, 이와 관련된 보험상의 문제들을 해결하기 위해 본 규정을 두고 있는 것으로 보인다. 규정의 내용을 살펴보면 "공사와 관련된 일부 또는 전부의 이권을 양도하는 경우, 주피보험자는 보험자에게 그러한 이권 양도 사실을 즉시 통지하여야 한다. 보험자는 기존 동일 조건하에서 새로운 양수인에게 그러한 이권 양도 후 14일 동안 보험담보를 제공할 것에 동의한다. 보험자와 새로운 소유자간에 담보를 계속하겠다는 동의가 없는 한 양도된 부분에 대한 보험담보는 14일 후 자동 종료된다"[10]라고 규정하여 신규 양수인이 기존보험자와 보험계약의 의사가 없다면 기존보험자는 환급보험료를 신규 양수인에게 지급하고 보험계약을 종료할 수 있다.

6. 피보험자의 의무(Due Diligence)

해양플랜트공사보험약관은 일반보험조건 제10조에서 보험계약상의 피보험자의 의무에 관한 사항을 규정하고 피보험자가 보험계약상 지켜야 하는 의무와 관련하여 "피보험자는 이 보험증권에서 담보되는 모든 공사활동과 관련하여, 그러한 공사활동에 적절하다고 여겨지는 가용한 모든 안전 규칙 및 장비를 동원하여 적절한 감독 및 노력조치를 취해야 함은 이 보험증권의 조건이다"[11]라고 규정하여 피보험자의 상당한 주의의무를 요구하고 있다. 따라서 이를 위반한 경우에는 "여하한 위험 상황(이 보험증권에서 담보되는 결과적 손실이 초래될 수 있는 유정과 관련된 상황을 포함)이 초래되는 경우, 피보험자는 이 보험증권에서 담보되는 멸실의 발생을 미리 방지하기 위한 합리적인 노력을 자신의 비용으로 행해야 한다"[12]고 규정하여 보험자의 면책을 인정하고 있다. 즉, 피보험자가 보험사고를 미연에 방지할 수 있도록 감독과 노력을 하여야 한다는 취지이다. 그러나 보험자가 면책을 주장하기 위해서는 스스로 그에 상당한 입증을 하여야 할 것이다.

---

10) WELCAR 2001 General Terms and Conditions 9. Divestment Clause.
11) WELCAR 2001 General Terms and Conditions 10. Due Diligence.
12) WELCAR 2001 General Terms and Conditions 10. Due Diligence.

7. 조사 및 감사(Inspection and Audit)

해양플랜트공사보험약관은 일반보험조건 제14조에서 보험자의 조사 및 감사에 관한 권한에 대하여 규정하고 있다. 그 내용을 살펴보면, "보험자는 피보험자의 재산 및 운영을 언제라도 감사할 수 있다(그러나 그러한 의무가 있는 것은 아니다). 보험자의 감사 권리, 감사 또는 그에 따른 감사 보고가 피보험자나 다른 사람을 대신하여 그러한 자산 및 활동이 안전하다는 사실을 결정하거나 보장하는 것은 아니다. 또한 피보험자의 장부 및 기록이 보험 목적물과 관련이 있는 한, 보험자는 보험기간, 연장 기간 그리고 보험증권 종료 후 3년 동안 피보험자의 장부 및 기록을 언제라도 조사하거나 감사할 수 있다"라고 규정되어 보험자는 피보험자의 재산 및 운영에 관한 사항을 감사할 수 있는 권한을 부여하고 있다. 이러한 규정은 기존의 해상보험약관 및 선박건조보험약관에는 존재하지 않는 해양플랜트공사보험약관의 독특한 규정으로서 보험자가 보험목적물의 보험가액 적정성 판단 및 공사기준에 따른 작업을 수행하고 있는지에 대한 조사 및 감사권을 부여하고 있는 것으로 판단된다. 본 규정을 통해 합리적인 보험금지급을 결정할 수 있도록 돕고 있다.

8. 해지(Cancellation)

보험계약자 또는 피보험자는 보험사고 발생 전에는 언제든지 계약의 전부 또는 일부를 해지할 수 있고, 이에 관하여 우리나라 상법은 제649조에서 보험사고발생전에 보험계약을 임의로 해지할 수 있도록 규정하고 있다. 이는 보험계약이 계속계약으로서 일정한 기간 동안 존속하는 것이므로 보험계약자가 위험담보를 필요로 하지 않을 때에는 언제든지 그 계약을 해지할 수 있도록 함으로써 보험계약자의 이익을 보호하고자 하는데 있다고 할 수 있다. 이와 같은 취지와 동일하게 해양플랜트공사보험약관은 일반보험조건 제15조에서 해지에 관하여 규정하고 있으며 그 주된 내용은 "고지서 항목 1에 명시된 첫 번째 기명 주피보험자는 이 보험증권에서 담보되는 손해가 발생되거나 발생할 가능성이 있는 첫 번째 사고가 발생하기 이전에 언제라도 다른 피보험자를 대표해서 이 보험증권을 해지 할 수 있다. 해지통보는 고지서 항목 7에 명시된 당사자를 통해서 보험자에게 통지되어야 한다. 그러한 통보는 등기 우편, 팩스, 전자우편 또는 직접 전달을 통해 이루어져야 하며 전달 이내 30일 한도 이내에서 언제 해지가 될 것인지를 명시해야 한다. 고지서 항목 7에 명시된 당사자가 해지통지를 수령한 후 72시간 이내에 보험자에게 송부해야만 해지통지에 명시된 해지날짜가 효력을 발휘할 수 있다. 이 조항의 규정에 따른 해지통지는 그 통지서에 명시된 해지 날짜에 모든 피보험자에 대한 담보를 종료시킬 것이다. 첫 번째 기명 주피보험자는 이 보험증권이 해지되었음을 모든 피보험자에게 알려야 할 책임이 있다"[13]라고 규정하고 피보험자의 보험계약 해지권을 인정하고 있다. 또한 보험계약이 해지된 경우에 보험자는 잔여보험기간에 상응하는 환급보험료를 지급하여야 한다.[14]

9. 하자발견기간 조항(Discovery Clause)

해양플랜트공사보험약관상의 일반보험조건 제20조는 하자발견기간에 관한 사항을 규정하고 있는데 이는 우리나라 상법 제662조 "보험금액의 청구권은 2년간 행사하지 않으면 소멸한다"는 소멸시효에 관한 규정과 유사한 규정을 둔 것이다. 즉, 본 약관에서는 "이 보험증권하에서 담보되는 손해가 담보되기 위해서는 피보험자가 그러한 멸실·훼손 또는 사고를 고지서 항목 3에 명시된 공사 기간 만료 후 12개월 이내 그리고 그 기간과 동일하게 고지서 항목 3 및 물적손해보험약관 제19조에 명시된 특정 하자보수유지기간동안 발견하여 보험자에게 알려야 한다"[15]라고 규정하여 피보험자는 약정된 하자보수 유지기간 안에 발견된 하자를 보험자에게 통지하여야 하고 해당 하자가 담보의 범위에 포함된 사항인 경우에는 보험금을 지급하여야 한다는 내용이다. 따라서 하자의 내용 및 범위가 중요한데 하자는 '제조상의 하자', '설계상의 하자' 그리

13) WELCAR 2001 General Terms and Conditions 15. Cancellation.
14) WELCAR 2001 General Terms and Conditions 15. Cancellation.
15) WELCAR 2001 General Terms and Conditions 20. Discovery Clause.

고 '지시 및 경고상의 하자'로 한정할 수 있다.[16]그러나 하자발견기간은 임의적 기간에 불과하므로 피보험자와 보험자에 의하여 단축되거나 연장될 수 있다.[17]

Ⅳ. 해양플랜트공사보험의 물적손해보험약관 내용

1. 물적손해보험약관(Physical Damage)의 일반조항

(1) 담보위험(Covered Peril)

물적손해보험약관 제1조는 담보위험에 관하여 기술하고 있으며, 그 주요 내용은 보험증권에서 담보되는 보험목적물에 발생한 물적 멸실 그리고/또는 훼손과 관련된 전 위험을 담보하고 있다한다고 규정하고 있다. 따라서 본 약관규정에 따라 보험자는 보험기간동안 담보위험에 해당하는 사고로 인하여 발생한 손해에 대하여는 이를 보상한다.[18] 물적손해보험의 보험기간은 피보험자와 보험자의 합의에 의하여 추가보험료를 지급하고 연장할 수 있으며, 보험목적물의 시운전이 완료된 시점에 보험기간이 종료한다. 단 하자유지보수기간이 있는 경우에는 하자유지보수기간이 종료된 때 보험이 종료된다.

(2) 담보목적물(Covered Property)

물적손해보험약관의 담보목적물은 해양플랜트공사에 따른 완성품뿐만 아니라 세계 모든 지역에서 행하여지는 작업도 포함하고 있다. 또한 보험자에게 고지된 자재, 부품, 기계류, 고정물, 장비 그리고 최종 완성 프로젝트의 부분을

16) 이창희, "해양플랜트공사보험약관에 관한 연구", 한국해양대학교 박사학위 논문, 2014, 89면.
17) WELCAR 2001 General Terms and Conditions 20. Discovery Clause.
18) WELCAR 2001 Section 1－Physical Damage. Covered Perils.

구성하는 여하한 재산 또는 최종 프로젝트의 완성을 위해 사용된 재산들도 담보 목적물이 된다. 또한 보험자에게 고지하고 보험담보의 동의를 구한 경우에는 일시적인 작업, 공장, 장비, 기계류, 자재, 도구 그리고 그와 관련된 모든 목적물도 담보된다.[19] 따라서 피보험자는 보험의 담보를 위해 해양플랜트공사와 관련된 작업 및 재산에 관한 사항을 자세하게 보험자에게 고지하여야만 보험사고로 인한 손해를 보상받을 수 있다.

(3) 보상범위(Policy Limit)

물적손해보험약관상의 보상범위는 "발생하는 한 사고당 보험자의 전체 보상범위는 최종 합의된 Schedule "B" 가액의 125%를 초과하지 않는다. 그리고 이 보상범위에는 손해방지비용 조항, 추가작업 조항 그리고 잔존물 제거비용 조항(각 조항의 보상범위는 별도의 적용 조항에 의해 각각 제한된다)을 모두 포함한다. 물적손해 조항 5의 증액 규정을 적용한 경우, 보험자의 물적손해 보험약관에서 발생하는 한 사고당 보험자의 전체 보상범위는 최초 Schedule "B" 가액의 150%를 초과하지 않는다. 그리고 이 보상범위에는 손해방지비용 조항, 추가작업조항, 잔존물 제거비용 조항 그리고 증액 조항(각 조항의 보상범위는 별도의 적용 조항에 의해 각각 제한된다)을 모두 포함"[20]한다고 규정하고 있다. 또한 물적손해보험약관에 따라 보험자의 최대 보상 범위는 Schedule "A" 총액을 초과하지 않는다.[21]

(4) 공제액(Deductibles)

일반적인 보험약관상의 공제액이란 보험계약을 체결할 때 보험증권에 명시된 금액을 보험금에서 차감할 것을 보험자와 합의한 금액을 말한다. 우리나라 구상법 제707조는 "공동해손이 아닌 손해 또는 비용으로서 그 계산에 관한 비

19) WELCAR 2001 Section 1－Physical Damage. Covered Property.
20) WELCAR 2001 Section 1－Physical Damage. Policy Limit.
21) WELCAR 2001 Section 1－Physical Damage. Policy Limit.

용을 산입하지 아니하고 보험가액의 100분의 2를 초과하지 아니하는 때에는 보험자는 이를 보상할 책임이 없다"라고 규정하여 소손해면책을 인정하고 있다. 즉 손해보험계약에서는 소액손해의 계산을 위하여 드는 비용과 시간의 낭비를 막고 또 도덕적 위험을 방지하기 위한 수단으로서 소손해면책을 인정하고 있고 소손해면책을 공제액과 같은 개념으로 이해할 수 있다. 따라서 전손을 제외한 매 보험사고당 또는 매 보험사건당 모든 손해에 대해 공제액이 적용된다. 물적손해보험약관도 공제액에 관하여 "이 보험증권 물적손해보험약관에서의 보험자의 보상한도는 고지서 항목 5[22]에 명시된 공제액의 적용을 받는다"[23]고 규정하고 있다.

(5) 증액조항(Escalation Clause)

해양플랜트공사의 위험을 담보하기 위하여 피보험자와 보험자가 체결한 보험약관상의 보험목적물의 보험가액은 확정가액이 아닌 추정가액이다. 왜냐하면 보험체결 시점에는 설계도면만이 존재하므로 정확한 보험가액을 산정할 수 없기 때문이다. 따라서 설계도면을 근거로 공정계획표에 따라 보험목적물이 완성되면 그것이 최종 보험가액이 된다. 따라서 최종 보험가액은 보험목적물이 완성된 이후에 결정된다. 선박건조보험약관의 경우에도 가계약가액을 기준으로 최종 계약가액을 정하고 있다. 이렇게 산정된 보험목적물의 잠정가액

---

22) WELCAR 2001 물적손해보험약관 고지서 항목 5는 다음과 같다.
① 적하운송과 관련된 사고별 발생된 손해금액($)
② 육상건설위험과 관련된 사고별 발생된 손해금액($)
③ 최종적으로 해양플랜트 공사현장으로 구조물을 예인하는 도중에 발생한 사고당 손해금액($) 또는 오션터그(ocean tug)를 이용한 예인 또는 중량물운반선박(heavy lift carrier or barge)를 사용한 운송에 따른 사고별 손해금액($)
④ 해양플랜트공사 중 추가적으로 발생하는 하자보수와 관련된 사고별 손해금액($)
⑤ 해저배관, 해저 케이블 설치, 배관 상호간의 결합, 심해저(sub-sea) 라지저(riser), 스풀피스(spool piece) 그리고 기타 해저작업 및 관련되어 발생하는 추가적인 하자보수와 관련된 외경 24인치까지의 배관공사와 관련된 사고별 손해금액($) 그리고 배관 외경 24인치를 초과하는 공사와 관련된 사고별 손해금액($)
⑥ 대기비용과 관련된 사고별 손해금액($)
⑦ 상기에 명기되지 않는 담보위험 이외의 모든 사고와 관련한 손해금액($)

23) WELCAR 2001 Section 1-Physical Damage. Deductibles, "Underwriters' liability under Section I of the Policy shall be subject to the Deductibles set out in Item 5 of the Declarations".

을 기준으로 보험료가 산정되며, 최종가액이 확정되면 피보험자는 추가보험료를 지급하거나 감소된 비율만큼의 보험료 환급을 보험자에게 청구할 수 있다.

2. 물적손해보험약관의 담보조건

물적손해보험약관상의 담보위험은 보상기준에 관한 규정을 시작으로 2. 준거약관, 3. 사고통보, 4. 오기와 누락, 5. 공사의 수정과 변경, 6. 오염위험 조항, 7. 불량부품, 8. 공동해손 및 구조비용, 9. 손해방지비용 조항, 10. 추가작업, 11. 잔존물제거비용, 12. 테스트, 누출 그리고/또는 훼손 조사비용, 13. 대기비용, 14. 클레임 조사/정산 조항, 15. 담보조항(견본), 16. 테러리스트 "재담보" 약관, 17. 계반비용, 18. 보험금지급, 19. 하자보수유지기간, 20. 기타보험 순으로 규정되어 있다. 이하에서는 각 조항의 중요 내용을 살펴보도록 하겠다.

(1) 보상기준(Basis of Recovery)

물적손해보험약관에 따라 보험자가 보상하는 기준은 크게 4가지로 구분할 수 있다. 첫째가 수리되거나 또는 대체되어야 하는 부품에 대한 비용이다.[24] 둘째는 다시 설계되거나 또는 새로운 설계를 거친 부품의 교체 비용을 보상한다.[25] 셋째, 수리 및 대체되지 않은 부품에 대한 보상이다.[26] 마지막으로 네 번째, 미리 임차한 선박 또는 장비에 대한 보상이다.[27]

(2) 준거약관(Incorporated Clauses)

물적손해보험약관상의 준거약관으로서는 협회선박건조보험약관(Institute Clauses for Builders Risks 1988), 협회전쟁약관 선박건조위험(Institute War

24) WELCAR 2001 Section 1－Physical Damage. Terms and Conditions. Basis of Recovery a.
25) WELCAR 2001 Section 1－Physical Damage. Terms and Conditions. Basis of Recovery b.
26) WELCAR 2001 Section 1－Physical Damage. Terms and Conditions. Basis of Recovery c.
27) WELCAR 2001 Section 1－Physical Damage. Terms and Conditions. Basis of Recovery d.

Clauses Builders Risks 1998), 협회동맹파업약관 선박건조위험(Institute Strikes Clauses Builders Risk 1998)이 사용되며, 보험목적물이 저장, 적재, 양하 등의 운송의 경우에는 신협회적하약관(Institute Cargo Clauses(A) 1982), 피보험 목적물이 적하로 운송되는 경우 협회선급약관(Institute Classification Clause 1992), 협회전쟁약관(Institute War Clauses 1982), 협회전쟁약관(항공)(Institute War Clauses (Air) 1982), 협회전쟁약관(우편)(Institute War Clauses (Post) 1982), 협회동맹파업폭동소요약관(적하)(Institute Strikes, Riots and Civil Commotion Clauses (Cargo) 1982), 협회동맹파업폭동소요약관(항공적하)(Institute Strikes, Riots and Civil Commotion Clauses(Air Cargo) 1982) 등이 적용된다.[28]

(3) 사고통보(Loss Notification)

일반적으로 피보험자는 보험계약에 따라 보험목적물이 사고로 인해 손해가 발생하였다면 이를 즉시 보험자에게 통지하여야 할 의무가 있으며, 보험자가 보험사고인지 여부를 판단할 수 있도록 도와야 한다. 마찬가지로 물적손해보험약관도 제3조에서 피보험자의 사고통보와 관련된 규정을 두고 있다. 그 주된 내용은 "피보험자는 사고가 발생한 직후 가능한 한 빨리(피보험자 공사의 성격을 고려하여) 사고 발생 시간, 장소, 사고의 원인, 피보험자와 기타피보험자의 목적물에 대한 이익, 목적물의 가액 그리고 그에 따른 멸실 혹은 손해액을 모두 명시한 서명 날인 된 사고의 증거를 제출해야 한다"[29]라고 하여 피보험자의 사고통보의무를 규정하고 있다.

(4) 공사의 수정과 변경(Project Alteration and Amendments)

물적손해보험약관 제5조는 공사의 수정과 변경에 관한 조항으로서 "보험자는, 주피보험자가 60일 이내에 즉시 중요한 변경 사항을 보험자에게 고지할 것을 조건으로 하여, 공사 내용과 관련된 모든 수정과 변경 사항에 대하여 그

28) WELCAR 2001 Section 1 – Physical Damage. Terms and Conditions. Incorporated Clauses.
29) WELCAR 2001 Section 1 – Physical Damage. Terms and Conditions. Loss Notification.

것들이 발생한 이후 60일 동안 계속해서 담보할 것에 동의한다"[30]고 규정하여 피보험자가 계약의 중요한 변경사항이 있는 경우 60일의 기간을 정하여 그 변경 사항을 고지하도록 하고 있다. 또한 통지기간을 60일을 넘어 담보하고자 하는 경우에는 피보험자가 추가보험료를 지급하고 기간을 확장할 수 있다.[31]

(5) 오염위험조항(Pollution Hazard Clause)

오염에 관한 담보조항을 제6조에서 규정하고 있는 이에 의하면 해양플랜트 공사에 따른 오염의 위험 또는 위협을 방지·완화하기 위하여 권한을 위임받은 정부 당국이 취한 행위로 인하여 보험목적물이나 공사에 물적 멸실 또는 손해가 발생하는 경우에 이를 보험자가 담보한다. 단 피보험자가 오염의 위험이나 위협을 방지·완화하는데 상당한 과실에 의해 발생한 손해의 경우에는 보험자는 면책된다.[32]

(6) 불량부품(Defective Parts)

물적손해보험약관 제7조는 해양플랜트공사와 관련된 불량부품의 담보와 관련한 규정을 두고 있다. 그 내용은 불량 부품, 잘못된 설계, 잘못된 자재, 잘못되거나 불량한 기능 또한 잠재적인 하자로 인하여 보험기간 동안 피보험 목적물에 발생하는 물적 멸실 그리고/또는 훼손을 담보한다. 그리고 설계 하자가 이 보험증권의 개시일 이전에 발생했다고 하더라도 관련된 손해를 보험자가 담보한다.

담보의 충족요건으로서 "첫째, 보험기간 동안 물적 멸실 또는 훼손이 그러한 불량 부품에 발생하여야 하며, 둘째, 그러한 물적 멸실 또는 훼손이 그 부품의 외부에서 비롯된 담보위험으로 인해 야기되었고, 마지막으로 결함 자체

30) WELCAR 2001 Section 1-Physical Damage. Terms and Conditions. Project Alteration and Amendments.

31) WELCAR 2001 Section 1-Physical Damage. Terms and Conditions. Project Alteration and Amendments.

32) WELCAR 2001 Section 1-Physical Damage. Terms and Conditions. Pollution Hazard Clause.

가 물적 멸실 또는 훼손을 야기 시키지 않아야 한다"라고 규정하고 있다.[33]

(7) 손해방지비용 조항(Sue and Labour Clause)

피보험자의 상당한 주의의무와 관련하여 물적손해보험약관 제9조는 피보험자의 손해방지에 관한 의무를 규정하고 있다. 그 내용을 살펴보면, "만약 피보험 목적물에 피보험 위험으로 인한 물적 멸실 또는 훼손이 임박한 경우, 피보험자, 그 사용인 및 대리인은 이 보험에 영향을 미치지 않은 상태에서 피보험 목적물의 손실을 경감하기 위한 여러 조치를 취할 수 있으며 물적손해보험에 해당될 손해를 피하거나 최소화하기 위해 합리적인 비용을 발생 시킬 수 있다. 이렇게 발생된 비용은 피보험자와 보험자가 각각의 이익 정도에 따라 서로 비례적으로 분담한다. 그리고 피보험 재산을 복구, 구조, 보존하는 데 있어서 보험자 또는 피보험자의 어떠한 행위도 또한 위부의 수락 또는 포기로 간주되지 않을 것이다"라고 규정하여, 피보험자는 손해의 방지를 위한 합리적 행위를 하여야 하며, 관련비용은 피보험자와 보험자의 이익을 고려하여 비례적으로 분담한다.

(8) 추가작업(Additional Work)

물적손해보험약관 제10조는 추가작업에 관한 규정을 두고 있는데, 해양플랜트공사에 있어서 추가작업 조항은 공사진행 중 외부적인 원인에 따른 직접적인 결과로 인하여 잘못 설치되거나, (재)설치, 추가적인 잠수작업 등에 소요되는 비용이 손해방지비용 조항으로 담보되지 않는 손해에 대해서 담보를 제공하는 조항이다. 그러나 이 조항에서의 보험자의 보상 한도는 손해방지비용 조항에서 담보 받을 수 있는 범위는 25% 금액을 초과할 수 없으며 손해방지비용 조항에서의 보상한도가 소진되지 않았을 경우에만 해당된다.[34]

---

33) WELCAR 2001 Section 1-Physical Damage. Terms and Conditions. Defective Parts.
34) WELCAR 2001 Section 1-Physical Damage. Terms and Conditions. Additional Work.

(9) 잔존물제거 비용(Removal of Wreck, Wreckage and/or Debris)

우리나라 개항질서법(제26조) 및 해사안전법(제28조)에 의하면 항행에 장애가 되는 잔존물은 제거되어야 하며, 잔존물제거의무를 소유자 또는 점유자에게 부과시키고 있다. 따라서 만약 해양사고로 인하여 항해에 장애를 일으키는 사고 잔존물이 해양에 발생하는 경우에, 이를 제거하기 위하여 잔존물의 소유자 또는 점유자는 상당한 비용을 부담하여야 한다. 이와 같이 피보험자(즉, 잔존물의 소유자 또는 점유자)의 장애물제거 의무를 담보하기 위하여 물적손해보험약관 제11조는 잔존물제거비용에 관하여 "담보되는 사고가 발생한 후, 법률이나 규정에 의하여 강제적으로 발생되거나 또는 피보험자가 서면 계약 하에서 그러한 비용을 보상할 책임을 지는 경우 또는 피보험자의 정상적인 작업이 잔존물로 인하여 방해를 받는 경우에 발생하는 난파물 그리고/또는 파편의 인양, 제거, 혹은 파괴(혹은 그러한 시도) 비용 그리고 난파물 그리고/또는 파편에 대한 등불 표시, 표식, 가청 경보기들의 설치 또는 유지비용을 보험자는 피보험자에게 보상한다"[35]고 규정하여 법령 및 계약에 따른 잔존물제거 비용을 보험자가 담보하도록 하고 있다.

(10) 대기비용(Stand-By charges)

보험사고의 발생 후 피보험자는 훼손된 보험목적물을 수리하기 위하여 관련 장비 또는 선박 그리고 인력을 동원할 수 있다. 그러나 악천후, 태풍 및 허리케인 등의 자연재해로 인하여 수리 작업등이 지연됨으로 인해 발생되는 대기비용은 피보험자의 예상치 못한 손해가 될 수 있다. 이러한 비용을 담보하기 위하여 물적손해보험약관 제13조는 대기비용의 보상에 관하여 이를 규정[36]하고 있다.

---

35) WELCAR 2001 Section 1-Physical Damage. Terms and Conditions. Removal of Wreck.
36) WELCAR 2001 Section 1-Physical Damage. Terms and Conditions. Stand-By charges.

(11) 담보조항(견본)(Warranty(Exemplar－Final Version to be Agreed))

물적손해보험약관 제15조는 보험계약에 따른 보험증권 발행을 위한 필수 요건으로 해양플랜트공사 시행중 아래의 공정들에 대하여 London Offshore Consultants, Global Maritime, Noble Denton Associates 그리고/또는 London Salvage Association의 승인을 득할 것을 요구하고 있다.[37)]

(12) 테러리스트 "재담보" 약관(Terrorist "Buy－Back" Clause)[38)]

물적손해보험약관 제16조는 다음에 언급할 면책약관 제2조의 규정을 제외하고 재인수 조항에 명기된 모든 조건들이 충족되고, 이행되었을 경우 보험자는 담보를 제공하게 된다. 보험자가 특별한 담보조건을 제시하는 주된 이유는 테러등으로 인하여 사고가 발생할 경우 그 손해의 범위가 막대하며, 이로 인해 보험자에게 심각한 경제적 타격을 줄 수 있기 때문이다.

(13) 계반비용(Forwarding Charges)

계반비용과 관련하여 협회적하약관 제12조는 "협회적하약관의 담보위험으로 중간항에서 화물을 양륙할 경우 이에 따른 하역비용·창고비용·재포장비용·재선적비용 및 처음 약정된 목적지까지의 운반비용 등을 보험자가 보상한다"고 규정하고 있다. 이렇게 보험사고로 인하여 발생한 계반비용을 담보하는 협회적하약관 제12조와 유사하게 물적손해보험약관 제17조도 해양플랜트공사계약에 따라 보험목적물을 계약된 장소로 이동하기 위해 해상운송을 이용하는 경우 사고로 인하여 최초의 목적지가 아닌 다른 항구에서 보험목적물을 양륙할 때 발생되어지는 하역비용·창고비용·재포장비용·재선적비용 및 처음 약정된 목적지까지의 운반비용 등을 해양플랜트공사보험의 보험자가 부담하

37) WELCAR 2001 Section 1－Physical Damage. Terms and Conditions. Warranty Exemplar－Final Version to be Agreed.

38) WELCAR 2001 Section 1－Physical Damage. Terms and Conditions. Terrorist "Buy－Back" Clause.

도록 규정[39]하고 있다. 단, 면책위험에 의한 계반비용은 보상되지 않는다.

(14) 하자보수유지기간(Maintenance)

물적손해보험약관 제19조에 규정된 하자보수유지기간은 12개월을 넘지 않는다. 즉, 본 조항은 해양플랜트공사의 완료 후 보험목적물을 발주자에게 인도 후 계약서에 명시된 하자보수유지기간 발생하는 하자의 수정 및 보수작업에 따른 위험을 12개월 간 담보하고 있다. 하지만 하자보수유지기간으로서의 12개월은 예시적 기간이며, 보험자와 피보험자의 합의에 의하여 연장될 수 있다.[40]

3. 물적손해보험약관상의 면책위험

(1) 면책위험의 의의

일반적인 면책위험의 정의는 손해가 발생하더라도 보험자가 책임지지 않는 위험을 말한다. 보험증권에 면책위험을 명시하고 이를 제외한 모든 위험을 담보할 것을 약속하는 방식을 포괄책임주의라 한다. 따라서 보험사고가 발생할 경우, 사고를 야기시킨 직접적 원인이 면책위험에 속하지 않으면 모두 보상되지만 사고의 원인이 면책위험에 속한다는 사실을 보험자가 입증하면 보험자의 면책이 인정되므로 포괄책임주의하에서의 입증책임은 보험자에게 있다.

물적손해보험은 면책(Exclusion)규정을 보험증권에 규정하여 보험자의 면책을 인정하고 있다. 이는 면책의 포괄책임주의로서 보험자가 면책을 주장하기 위해서는 스스로 사고의 원인이 면책규정에 속하고, 따라서 보상에 대한 책임이 없다는 것을 입증하여야 한다.

---

39) WELCAR 2001 Section 1－Physical Damage. Terms and Conditions. Forwarding Charges.
40) WELCAR 2001 Section 1－Physical Damage. Terms and Conditions. Maintenance.

(2) 약관상의 주요 면책규정

보험자의 책임이 면책되는 위험은 다음과 같다.

1) 선박 또는 기타 유사 선박. 단 완성된 프로젝트의 일부를 구성할 유동 물체나 사고 이전에 보험자에게 고지되고 보험자가 인정한 유동물체는 제외

2) 비행기 그리고/또는 헬리콥터

3) 주피보험자의 소유가 아니거나 그리고/또는 계약된 작업에 포함되지 않는 일시적인 작업, 현장 사전 작업, 재산 그리고/또는 장비. 단 사고 이전에 보험자에 의해 동의되어 추가 보험료에 따라 각각 언급된 것들은 제외

4) 계약의 불이행 또는 계약 이행의 지연 또는 계약 조건의 부분적인 또는 전체적인 불이행으로 인한 위약금

5) 플랫폼 그리고/또는 구조물이 잘못된 위치에 놓임으로써 발생하는 여하한 클레임

6) 원인 여하를 불문하고 피보험 목적물의 사용 상실 또는 "운전 개시"지연

7) 계약상 또는 다른 이유로 인해 "이행 보증"하에서 담보되는 배상책임

8) 주피보험자의 부정 또는 주피보험자가 인지하고 있던 부정

9) 자연 마모 그리고 부식, 산화작용 그리고 온도의 변화로 인한 훼손 수리비용

10) 바위 그리고/또는 이와 유사한 물질의 투하와 관련하여 그것들이 잘못

된 위치나 장소에 투하됨으로써 발생하는 여하한 클레임

11) 최종 합의된 Schedule B에 관련된 비용이 포함되어 있지 않는 모든 공사활동, 일시적이거나 또는 영구적인 작업, 자산 또는 장비

12) 잘못된 용접을 수리, 개선 또는 교체하는데 들어가는 비용

13) 다음의 사유로 인하여 발생한 직접 또는 간접의 멸실·훼손·손해배상책임 또는 비용

① 여하한 핵연료 및 핵폐기물 또는 핵연료의 연소로부터 기인한 방사능에 의한 오염 또는 그 결과로 전리되는 방사물질

② 여하한 핵장치, 원자로 또는 기타 핵조립이나 핵성분의 방사능 물질, 독물질, 폭발물질 또는 기타 위험물질이나 오염물질

③ 원자 및 핵분열과 융합 또는 이와 유사한 반응 및 방사능의 힘 또는 물질을 사용하는 여하한 병기

④ 시간과 장소를 불문하고 발생하는 방사능 오염

14) 전쟁(선전포고의 유무와 상관없이), 침략, 적대국가의 행위, 적대행위, 내란, 폭동, 혁명, 반란, 봉기, 군사력 또는 불법 권력 또는 여하한 정부 또는 공공 또는 지역 정부의 명령에 의하여 발생한 압류 또는 국유화 또는 징발로 인하여 피보험 목적물에 발생한 멸실 및 훼손

15) 폭발물의 폭발

16) 여하한 전쟁무기 그리고 악의적으로 행동하는 자에 의하거나 혹은 정치

적 동기로부터 발생된 것

17) 정치적 또는 테러를 목적으로 한 행위 그리고 주권 국가의 대리인이건 아니건 간에 그 결과로부터 우발적으로 또는 고의적으로 일어나는 멸실과 훼손

V. 해양플랜트공사보험의 배상책임보험약관 내용

1. 피보험자의 배상책임

본문에서 이미설명하였듯이 해양플랜트공사보험은 물적손해보험약관과 배상책임보험약관으로 구성되어 있다. 그리고 배상책임보험약관은 해양플랜트 공사 중 피보험자의 부주의 또는 과실로 인해 손해를 입은 제3자의 물적·인적 피해를 배상해줌으로써 피보험자의 재정적 위험을 최소화하는 것을 목적으로 하고 있다. 이를 분설하면, 해양플랜트공사는 조선소에서 발주자로부터 제작 의뢰받은 해양플랜트를 설치·제작·용접·배선·배관·조립·전자시스템 구축 및 부품조립을 통해 시운전을 완료하고 이를 발주자에게 인도함으로써 해양플랜트공사가 완료된다. 그러나 해양플랜트공사는 육상과 해상에서 특수하고 위험한 작업들이 혼재되어 진행되기 때문에 항상 위험에 노출되어 있다. 특히 시공자가 특수한 분야의 전문기술과 인력을 이용하기 위해 고용한 하청업체의 부주의 또는 과실에 의해 제3자가 물적·인적 손해를 입을 수 있다. 이 경우 손해를 입은 제3자는 시공자에게 손해배상을 청구하게 되고 시공자는 손해를 배상할 의무를 부담하게 된다. 이러한 시공자의 배상책임의무를 담보하기 위해 시공자는 배상책임보험에 가입한다.

2. 배상책임보험의 특징

해상플랜트공사 중 손해를 입은 선의의 제3자는 손해배상을 받기 위하여 시공자 또는 하청업자의 과실을 입증하여야만 한다. 그러나 해양플랜트 공사는 그 작업의 범위가 광범위하고 특수한 기술을 요하는 복잡한 공사이기 때문에 설계·시공·감리·검사 등에 능통한 전문가를 제외한 일반인은 해양플랜트 공사의 시공자 또는 하청업자의 과실을 자력으로 입증하는 것은 매우 어렵다. 따라서 해양플랜트공사보험의 배상책임약관은 손해를 입은 선의의 제3자를 고려하여 보험사고 발생의 결과를 기준으로 책임의 존재를 인정하고 있다.[41] 또한 배상책임보험은 법령으로 인해 피보험자에게 부과된 배상책임 그리고/또는 명시적인 계약상의 배상책임에 한하여 발생하는 손해에 대하여 이를 배상하고 있다.[42]

3. 배상책임보험약관상의 보험의 목적과 피보험이익

(1) 보험의 목적

일반적인 손해보험의 경우와는 달리 책임보험은 피해자인 제3자의 손해를 보험자가 보상하는 특성을 가진 보험이다. 이러한 책임보험의 특성과 관련하여 보험의 목적이 무엇인가에 대하여는 학설이 나뉜다. 첫째, 전재산설로서 일정한 사고로 말미암아 제3자에게 배상책임을 짐으로써 입은 피보험자의 재산상의 손해를 보상하는 보험으로서 그 보험의 목적은 유형무형의 특정재산이 아니라 피보험자의 전재산이라는 입장이다.[43] 둘째는 배상책임설로서 피보험자가 제3자에게 부담하는 배상책임이라고 한다. 따라서 본 학설에 따르면 보험의 목적은 배상책임을 지지 않기를 희망하는 가치 즉 책임에 대한 소극적

---

41) 이창희, 전게논문, 173면.
42) WELCAR 2001 Section 2－Liability, Insuring Agreement for Section II, Coverage.
43) 고평석, 「책임보험계약법론」(삼지원, 1990), 160면; 양승규, 「보험법(제5판)」(삼지원, 2005), 355면.

이익이라고 하는 입장이다.[44] 그러나 책임보험의 목적과 관련된 학설 중 전재산설은 보험의 목적을 피보험자의 전재산으로 보고 있으나 피보험자의 적극재산의 사고에 대하여는 보험금이 지급되지 않으므로 타당성이 결여된다. 또한 배상책임설의 경우에도 보험의 목적을 배상책임 즉 피보험자의 주의의 결여 또는 불법행위 등의 사유로 인한 피보험자의 배상책임으로 이해하고 있으나 이러한 배상책임은 피보험자의 의무위반에 따른 책임이익(피보험이익으로서 보험계약의 목적)이지 이것은 보험의 목적이 될 수 없다.[45] 따라서 배상책임보험에 있어 보험의 목적은 사고가 발생할 경우 실제로 나타나는 피보험자의 손실로서의 재산이므로 피보험자의 소극재산[46]을 책임보험의 목적으로 보는 것이 타당하다.[47] 이와 같은 견해를 바탕으로 해양플랜트보험의 배상책임보험약관상 보험의 목적은 해양플랜트공사 중 피보험자의 부주의 또는 과실로 인해 제3자의 물적·인적손해가 발생하고 이로 인하여 제3자에게 부담하는 소극재산, 즉 손해배상에 따른 부채가 보험의 목적이라 할 것이다.

(2) 피보험이익

책임보험의 일반론에 따른 피보험이익이란 피보험자가 보험의 목적에 대하여 가지는 이익 또는 가치로서 이것은 보험의 목적에 사고가 발생하면 손해를 입게 되는 경우에 그 사고가 발생하지 아니함으로 얻는 이익을 말한다. 피보험이익이 무엇인가에 대하여 종래 이를 피보험자의 전 재산으로 보는 전재산설과, 피보험자의 재산의 증감을 가져오지 않는데 대한 재산상태설(현상유지설), 피보험자의 배상책임을 의미하는 배상책임설 등으로 나뉘고 있다. 전재산설의 견해에 따르면, 피보험이익이란 피보험자가 소유하고 있는 전 재산에 존재하는 손해를 입을 염려가 있는 가치로서 그것은 피보험자의 전 재산에 관

---

44) 정희철, 「상법(하)」(박영사, 1990), 453면.

45) 피보험이익은 보험계약의 목적으로서 보험의 목적과는 다른 것이며 보험계약의 목적은 보험의 목적에 대하여 보험자가 가지는 이익(가치) 또는 관계이다.

46) 이것은 배상책임보험의 실질적 목적이 되는 추상적 재산으로서 사고발생시 나타나는 피보험자의 부채로서의 재산을 말한다.

47) 이용석, "책임보험에 있어서 보험의 목적과 피보험이익에 관한 연구", 「보험학회지」, 제93집(한국보험학회,2012), 194~195면 참조.

하여 감소를 가져올 사고가 발생하지 않는 경우에 피보험자가 갖는 경제적 이익 또는 피보험자가 제3자에 대하여 재산적 책임을 지지 않는 것에 관한 경제적 이익이라고 보는 견해이다.[48] 재산상태설(현상유지설)의 피보험이익이란, 전재산의 현상유지에 관한 이익이라고 보는 견해이다.[49] 마지막으로 배상책임설의 피보험이익이란 피보험자가 제3자에 대한 배상책임을 보험자에게 돌려 배상책임을 지지 않음으로서 자기가 입은 경제적 손해로부터 벗어날 수 있는 이익이라고 주장한다.[50] 이러한 각각의 견해와 관련하여 먼저 전재산설에 대한 비판적 견해로서, 피보험자의 전 재산을 책임보험의 피보험이익으로 한다면 피보험자는 자기의 전 재산을 초과하는 책임보험에 가입하는 것이 불가능하며 또 자기 재산을 갖지 못한 피보험자는 책임보험의 가입자체가 불가능하고 아울러 보험사고 발생 시 보험자는 피보험자의 전 재산이상으로 보험금을 지급할 수 없는 문제가 발생할 수 있다고 한다. 또한 재산상태설에 대한 비판으로서 피보험자가 보험의 목적인 소극재산의 사고발생에 대비한 배상책임의 책임이익으로서 이것은 보험사고발생 시 피보험자의 손해배상책임에 대한 가상적인 소극이익을 말하며 그것은 피보험자의 재산상태와 관련성은 있으나 재산상태 자체라고 할 수는 없다고 비판한다.[51] 결론적으로 배상책임보험에 있어 피보험이익은 피보험자가 제3자에 대한 배상책임을 보험자에게 돌려 자기의 배상책임을 면탈하고 자기가 입게 될 경제적 손해로부터 벗어날 수 있는 이익을 의미하므로, 배상책임설이 가장 타당하다고 생각한다. 따라서 해양플랜트공사보험상 배상책임보험약관의 피보험이익은 해양플랜트공사 중 피보험자의 부주의 또는 과실로 제3자에게 물적·인적손해가 발생하고 이러한 피보험자의 배상책임을 보험자가 담보해줌으로써 얻는 이익, 즉 책임이익이다.

---

48) 고평석, 전게서, 160면.
49) 고평석, 상게서, 162면.
50) 고평석, 상게서, 163면.
51) 이용석, 전게논문, 205~207면 참조.

4. 배상책임보험약관상의 인적손해(Bodily Injury)와 물적손해(Property Damage)

(1) 인적손해

배상책임보험약관은 정의 규정을 통해 인적손해(Bodily Injury)에 관하여 규정하고 있는데 이는, 해양플랜트공사 중 발생하는 제3자의 인적손해로서 상해, 상병 및 질병을 의미하며, 그로인해 발생하는 사망과 정신적 피해도 포함[52]한다. 따라서 보험자는 피보험자의 부주의 또는 과실로 발생하는 제3자의 신체적 상해, 상병 및 질병 그리고 이러한 신체적 상해로부터 발생하는 사망과 정신적 피해에 대한 손해를 배상하여야 한다.

(2) 물적손해

배상책임보험약관에서 의미하는 물적손해는 피보험자의 부주의 또는 과실에 의하여 제3자의 유형 재산에 대한 직접적인 멸실 또는 훼손으로 인한 손해를 말한다. 또한 직접적인 물리적 손해는 아니지만 사고의 결과로 인한 사용손실도 포함된다.[53] 따라서 물적손해는 지적재산권, 특허권, 상표권 등과 같은 비유형 재산에 대한 손해가 아닌 시각적 확인이 가능한 유형의 재산에 대해 보험자가 보상하는 손해를 의미한다.[54]

5. 담보의 범위(Coverage)

책임보험은 피보험자가 제3자에게 부담하는 손해배상책임을 전제로 하여 성립하는 보험계약이므로 피보험자의 손해배상책임은 계약상의 책임이든 법

---

52) WELCAR 2001 Section 2－Liability, Definitions, Bodily Injury.
53) ELCAR 2001 Section 2－Liability, Definitions, Property Damage.
54) 이창희, 전게논문, 180면.

률상의 책임이든, 채무불이행에 기한 책임이든 불법행위에 기한 책임이든 불문한다. 단, 피보험자는 제3자에 대한 모든 배상책임을 담보하는 것이 아니라 피보험자의 고의로 인한 손해에 대하여는 원칙적으로 책임을 지지 않는다(상법 제659조).[55] 이러한 기본적인 책임보험의 원리에 따라 배상책임보험약관도 보험조건 제1조 담보조항을 통해 "보험자는 이 보험증권에 명시된 제한, 조건 및 면책조항에 따라 법령으로 인하여 피보험자에게 부과된 배상책임 그리고/또는 명시적인 계약상의 배상책임[56]을 담보한다"[57]라고 규정하고 있다. 또한 면책규정 제1조는 "여하한 경우에도 고의로 인한 배상책임은 보험자를 면책한다"[58]고 규정하여 보험자는 제한적인 범위에서 담보를 제공하고 있다.

6. 배상책임 한도액(Limit of Liability)

보상한도와 관련하여 배상책임보험약관도 보험조건 제3조에서 보험자의 배상책임한도액과 관련한 규정을 두고 있는데 "증권상의 배상책임 한도액이란 피보험자의 수, 클레임의 횟수 또는 클레임을 제기한 사람의 명수와 상관없이 보험자가 한 사고로 인하여 발생하는 최종순손실에 대한 보험자의 배상책임 한도액을 의미하고, 보험자의 배상책임 한도액은 최종순손실 지급에 따라 감소하거나 소진된다"[59]고 규정하고 있다. 이는 배상책임보험약관이 피보험자의 도덕적 해이를 방지하고 보험자의 위험을 관리하기 위해 마련한 규정으로 판단된다. 또한 배상책임 한도액이 최종순손실 지급에 감소하거나 소진된다고 규정함으로써 총보상한도방식을 취하고 있다. 아울러 보험자의 보험금 지급의무와 관련하여 "배상책임 한도액이 소진되거나 또는 관할사법구역 법정에 해당 배상책임 한도액을 예치한 경우에는 더 이상의 최종순손실을 지불한

55) 정찬형, 「제15판 상법강의(하)」(박영사, 2013), 698면 참조.
56) 보험자로부터 담보되는 "명시적인 계약상의 배상책임"이란 피보험자가 사고발생 이전에 여하한 서면계약을 체결하거나 또는 구두계약 체결 후 7일 이내에 서면으로 체결된 계약이다라고 규정하고 있다(WELCAR 2001 Section 2-Liability, Definitions, Express Contractual Liability).
57) WELCAR 2001 Section 2-Liability, Insuring Agreement, Coverage.
58) WELCAR 2001 Section 2-Liability, Exclusions, 1.
59) WELCAR 2001 Section 2-Liability, Insuring Agreement, Limit of Liability.

의무가 없다"[60]고 규정하여 총보상한도를 넘는 금액의 지급의무를 면하게 하고 있다.

7. 피보험자의 사고통지 의무(Notice to Underwriters)

배상책임보험약관은 피보험자에게 사고의 통지의무를 부과하고 있다. 따라서 피보험자는 특정의 사고, 그 사고로부터 기인되거나 기인될 수 있는 멸실 그리고 피보험자가 최초로 그러한 사고를 인식하게 된 상황 등을 가능한 한 빨리 보험자에게 서면으로 통지하여야 한다. 또한 이러한 통지의 기간은 최소 14일 이내에 보험자가 사고발생을 인지할 수 있도록 통지하여야 한다.[61] 이렇게 피보험자에게 사고통지 의무를 부과하고 있는 이유는 크게 두 가지로 정리할 수 있다. 첫째는 보험자가 정확하게 사고의 원인을 판단하고 적절할 조치를 취할 수 있도록 하기 위함이다. 다시 말하면, 사고가 발생한 사실을 빠른 시간에 통보받는 경우 보험자가 검정인(surveyor)을 고용하여 사고의 범위와 원인을 신속하게 알 수 있다는 이점이 있다. 두 번째는 2차적인 사고의 방지를 위함이다. 즉, 보험자에게 사고의 발생이 빠른 시점에 통보된다면 보험자가 필요한 관련 조치를 취하거나 피보험자에게 요청을 하게 됨으로써 2차사고의 방지 및 사고금액의 확대를 방지할 수 있다.

8. 배상책임의 인정(Admission of Liability)

배상책임보험약관은 보험조건에서 피보험자의 배상책임 불인정 의무를 부과하고 있다. 즉 본 규정에 의하면 "피보험자는 사고 발생으로 인한 여하한 배상책임을 인정해서는 안되며 또한 그로인한 여하한 클레임이나 소송의 타결을 협상해서도 안된다. 아울러 피보험자는 사고 발생 시 급박하고 즉각적인 의료적 도움이 필요한 경우가 아닌 한 보험자의 동의없이 어떠한 비용도 발생

60) WELCAR 2001 Section 2－Liability, Insuring Agreement, Limit of Liability.
61) WELCAR 2001 Section 2－Liability, Terms and Conditions, Notice to Underwriters.

시켜서는 안된다"[62]고 하여 피보험자의 독단적인 배상책임금액 인정 및 협상 그리고 비용발생을 금하고 있다. 이는 보험자가 최종적인 배상책임금액을 지급하여야 하므로 당연한 의무적 규정이다.

9. 교차배상책임(Cross Liabilities)

교차책임주의는 선박 또는 자동차 등의 충돌사고에 있어서 쌍방 과실이 경합한 사고로서 쌍방에 손해가 발생한 경우, 각자가 서로 상대방의 손해액에 자기의 과실비율을 곱하여 산출된 금액을 쌍방이 교차하여 배상책임을 부담하는 방식이다. 즉 쌍방의 손해액을 합산한 금액에 쌍방의 과실비율을 곱하여 자기분담금을 산출한 후, 자기 손해액을 공제하고 차액만을 보상하는 방식 또는 각각 상대방에 대한 배상책임에서 상대로부터 변제받을 금액을 상계하고 차액만을 배상하는 방식을 말한다. 이와 같은 교차책임주의를 따른 손해배상방식을 배상책임보험약관 제4조에서 규정하고 있다. 본 규정을 살펴보면 "한 피보험자가 다른 피보험자에게 배상책임을 야기한 경우, 각각의 보험증권들이 각 피보험자들에게 발행된 경우와 똑같은 방식으로 피보험자의 클레임을 담보한다"[63]고 규정하고 있다. 이는 해양플랜트공사의 공동피보험자 간의 손해배상책임에 관한 사항으로 피보험자들 사이에 발생하는 배상책임의 범위를 결정하는 약관규정이다. 그러나 피보험자는 기타 하수급자, 부품 제조업자, 부품 공급업자, 보험목적물에 대한 시스템을 점검하고 운영하는 기술자 등의 과실로 인하여 해양플랜트공사 중 발생한 이윤상실, 기업휴지, 결과손해 등은 배상책임에 적용되지 않는다.

---

62) WELCAR 2001 Section 2－Liability, Terms and Conditions, Admission of Liability.

63) WELCAR 2001 Section 2－Liability, Terms and Conditions, Cross Liability.

10. 배상책임보험약관상의 면책규정

(1) 배상책임보험약관상의 면책위험

일반적인 면책위험의 정의는 손해가 발생하더라도 보험자가 책임지지 않는 위험을 말한다. 보험증권에 면책위험을 명시하고 이를 제외한 모든 위험을 담보할 것을 약속하는 방식을 포괄책임주의라 한다. 따라서 보험사고가 발생할 경우, 사고를 야기시킨 직접적 원인이 면책위험에 속하지 않으면 모두 보상되지만 사고의 원인이 면책위험에 속한다는 사실을 보험자가 입증하면 보험자의 면책이 인정되므로 포괄책임주의하에서의 입증책임은 보험자에게 있다. 결과적으로 보험약관상의 면책규정은 보험자를 보호하기 위한 규정이다. 마찬가지로 본문에서 설명하였듯이 해양플랜트공사는 대규모의 자본과 전문적인 기술이 투입되는 사업으로서 공사의 관련 당사자들이 다른 산업에 비해 많다. 따라서 해양플랜트공사 중 피보험자의 부주의 또는 과실에 의해 제3자에게 물적·인적 손해가 발생한 경우, 보험자가 제3자의 손해액 전부를 어떠한 경우에도 배상하여야 한다면 이로 인해 보험자는 재정적 어려움에 의해 파산하게 될 것이다. 또한 이 결과로 인해 보험료가 증가하거나 보험인수를 거부하는 상황이 발생할 수 있다. 따라서 피보험자와 보험자사이의 이익의 균형 및 보험의 안정적 유지를 다양한 면책약관이 개발되었다. 그 중 대표적인 면책규정을 살펴보면, 첫째 고의에 의해 발생한 배상책임, 둘째 피보험자의 소유·점유·임대한 재산, 셋째 전쟁·테러·방사능유출 및 오염에 의한 배상책임, 넷째 피보험자의 고용인에게 발생하는 인적손해, 다섯째 피보험자가 손해배상의 책임을 입증하지 못하는 경우 등이다.

이하에서는 배상책임보험약관에 규정되어진 면책내용에 대하여 고찰하고자 한다.

(2) 고의 또는 중대한 과실에 의한 사고

우리나라 상법 제659조는 "보험사고가 보험계약자 또는 피보험자나 보험수익자의 고의 또는 중대한 과실로 인하여 생긴 때에는 보험자는 보험금액을 지급할 책임이 없다"고 규정하여 보험계약자 또는 피보험자나 보험수익자가 인위적으로 사고를 일으킨 경우에 보험자의 책임을 면하게 하고 있다. 이와 같이 피보험자의 고의 또는 중대한 과실로 생긴 배상책임을 면하게 하는 이유는 신의측에 반하고, 도덕적 위험증가, 사회적 불안 조성 그리고 막대한 경제적인 손실이 초래될 우려가 있기 때문이다. 따라서 배상책임보험약관의 면책규정 제1조에서 "여하한 국가 법령, 국제법령, 연방 또는 주 법령의 고의적인 위반 활동으로 발생하는 배상책임에 대하여는 보험이 적용되지 아니한다"[64]고 규정하여 보험사고가 고의로 일어난 경우 보험자의 책임을 면하게 하고 있다.

(3) 피보험자의 소유·점유·임대한 재산

배상책임보험약관은 피보험자의 소유·점유·임대한 재산들에 대한 손해를 면책시키고 있다. 즉 면책규정 제4조, 제5조 및 제21조 등에 따라 피보험자가 소유하거나 점유, 임대한 재산, 그리고 피보험자가 통제권을 행사하는 재산의 멸실 또는 훼손으로 발생하는 손해에 대하여 보험자는 배상책임이 없다. 따라서 피보험자가 자신이 소유·점유·임대 또는 통제하고 있는 재산의 손해를 담보받기 위해서는 추가보험료 납입을 조건으로 한 재인수(buy－back)약관을 활용할 수 있다. 이러한 경우 담보의 확정이 가능하게 된다.

(4) 전쟁 기타 오염사고로 인한 배상책임

전쟁 기타 오염사고와 관련된 배상책임보험약관상의 면책규정을 나열하면 다음과 같다.

---

64) WELCAR 2001 Section 2－Liability, Exclusions 1.

1) 면책규정 제3조

다음과 같은 결과로 인하여 직간접으로 발생되는 신체적 상해 및 물적손상은 담보되지 않는다: a. 전쟁(선전포고의 유무와 상관없이), 침략, 적대국가의 행위, 적대행위, 내란, 폭동, 혁명, 반란, 봉기, 군사력 또는 불법 권력 또는 여하한 정부 또는 공공 또는 지역 정부의 명령에 의하여 발생한 압류 또는 국유화 또는 징발 b. 주권 국가의 대리인이건 아니건 그 여부와 상관없이 그리고 그 결과로부터 발생하는 멸실, 손상 또는 비용이 우발적이건 고의적인건 그 여부와 상관없이 발생하는 여하한 자의 정치적 또는 테러를 목적으로한 행위의 결과[65]

2) 면책규정 제15조

보험증권은 다음과 같은 실제 또는 주장되는 배상책임을 담보하지 않는다; i. 그러한 배상책임이 여하한 법령, 규칙, 조례 또는 계약상책임으로 인하여 발생하는 경우, 누출이나 오염물질을 평가, 감시, 통제, 제거 또는 정화하기 위해 발생되는 배상책임 ii. 제삼자의 재산을 오염시킬 수 있는 여하한 누출 가능성을 감소시키거나 조사하기 위해 발생되는 배상책임 iii. 여하한 피보험자에 의하여 소유, 리스, 대여 또는 점유되거나 점유되었던 재산에 대한 누출 또는 오염 또는 여하한 피보험자의 통제, 관리, 보호에 있었던 재산에 대한 누출 또는 오염으로 인한 배상책임 iv. 피보험자의 선박을 이용한 석유 또는 유사한 물질(여기에는 피보험자의 공사활동의 촉진을 위하여 사용되는 연료 또는 기타 유사한 물질은 포함되지 않는다) 운송으로 인하여 직접적으로 발생하는 배상책임 v. 피보험자 또는 피보험자를 대신하여 활동하는 여하한 사람이나 조직의 관점에서 볼 때 의도적으로 발생한 누출 또는 오염으로 인하여 직/간접적으로 발생한 배상책임[66]

3) 면책규정 제16조

여하한 폐기물질의 취급, 처리, 저장, 처분, 감시, 관리, 제거, 청소로부터 발

65) WELCAR 2001 Section 2-Liability, Exclusions 3.
66) WELCAR 2001 Section 2-Liability, Exclusions 15.

생하거나 폐기물질의 운송과정에서 발생하는 배상책임[67)]

4) 면책규정 제24조

다음과 같은 원인으로 직/간접적으로 발생하는 신체적 상해나 물적 손상또는 비용손해; i. 여하한 핵연료 및 핵폐기물 또는 핵연료의 연소로부터 기인한 방사능에 의한 오염 또는 그 결과로 전리되는 방사물질 ii. 여하한 핵장치, 원자로 또는 기타 핵조립이나 핵성분의 방사능물질, 독물질, 폭발물질 또는 기타 위험물질이나 오염물질 iii. 원자 및 핵분열과 융합 또는 이와 유사한 반응 및 방사능의힘 또는 물질을 사용하는 여하한 병기 iv. 시간과 장소를 불문하고 발생하는 방사능 오염[68)]

Ⅵ. 맺음말

화석연료인 석유와 가스에너지의 수요가 산업발전에 따라 증가함으로 인해 육상의 석유 및 가스자원은 한계를 드러내게 되었다. 이러한 부족한 석유자원의 안정적 확보를 위해 해상의 석유자원에 눈을 돌리게 되었고, 기술력과 자본력을 가진 해양강국들에 의하여 해양플랜트산업이 발달하게 되었다. 그러나 해양플랜트는 기술집약적이며 자본집약적 산업으로서 석유자원의 굴착 및 생산을 위한 설비의 설계, 구매, 제작, 운송, 설치 및 인도를 위한 과정에서 다양한 위험이 상존하게 되며, 사고 발생 시에는 공사의 발주자 및 시공자에게 심각한 경제적 타격을 줄 수 있다. 따라서 해양플랜트공사에 따른 위험을 담보하기 위하여 특수한 형태의 보험이 요구되었고, 이를 위해 영국 로이드 신디케이트에서 해양플랜트공사보험약관(WELCAL 2001)을 개발하였다. 해양플랜트공사보험약관은 물적손해보험약관과 배상책임보험약관으로 나뉘어 있으며, 두 개의 보험항목에 모두 적용되는 일반보험조건으로 구성되어 있다. 먼저 물적손해보험약관과 배상책임보험약관에 공통으로 적용되는 일반보험조건의 주

67) WELCAR 2001 Section 2－Liability, Exclusions 16.
68) WELCAR 2001 Section 2－Liability, Exclusions 24.

요 내용으로는 대위 및 대위권의 포기, 비율이익조항, 준거법 및 재판관할권의 적용, 계속담보조항, 양도조항, 피보험자의 의무, 해지, 보험증권의 양도 또는 수정, 피보험이익의 상실, 하자발견기간 조항 등에 관하여 규정하고 있다. 또한 배상책임보험약관의 주요담보 내용은 인적손해와 담보의 범위, 배상책임 한도액, 피보험자의 사고통지 의무, 배상책임의 인정, 교차배상책임 그리고 면책 등에 관하여 규정하고 있다. 그러나 이러한 해양플랜트공사보험약관은 그 개발주체가 영국이며, 또한 보험료 지급과 관련된 분쟁 발생 시 적용되는 준거법 및 재판관할권이 영국의 법률과 영국법원으로 되어있다. 이로 인해 법률문제의 해결에 상당한 불편이 예상된다. 아울러 약관이 영어로 되어 있으므로 약관분쟁 시 외국보험사의 해석에 의존하거나 또는 대형로펌의 의견에 의존하고 있는 실정이다. 따라서 이러한 불편을 개선하기 위해서는 한글로 된 국문 해양플랜트공사보험약관의 개발이 필요하다.

국문 해양플랜트공사보험약관이 개발될 경우 고려되어야 할 내용은 첫째 일반보험조건 제6조(준거법 및 재판관할권)와 관련된 사항으로서 준거법 및 재판관할권을 영국이 아닌 한국법 및 한국법원으로 지정할 수 있느냐의 문제이다. 두 번째로는 배상책임 한도액 조항에 관한 사항으로서 피보험자는 일반적으로 보험료의 절약을 위해 총보상한도액을 낮게 설정할 위험이 있으므로 총보상한도액의 설정과 관련하여서는 한도액 소진 시 이를 추가할 수 있는 재인수 조항 등을 고려할 필요가 있다. 마지막으로 오염사고에 따른 재담보(Buy－Back)조항의 신설이다. 즉 오염사고로 인한 책임이 보험자로부터 면책되는 경우에는 피보험자의 부담이 증가되고, 최악의 경우에는 피보험자가 파산할 수도 있다. 따라서 이러한 위험을 최소화 할 수 있도록 물적손해보험약관의 테러리스트 "재담보" 약관과 유사하게 오염사고 "재담보" 약관을 고려할 필요가 있다.

본 논문은 해양플랜트공사보험약관의 일반보험조건 및 배상책임보험약관의 주된 내용을 원문에 충실하게 그 내용을 소개 및 고찰 하였다. 또한 국문 해양플랜트공사보험약관의 제정 시 고려되어야 할 문제점들에 대한 해결 방안도 제시하고자 노력하였다. 이를 통해 해양플랜트를 담당하는 실무자들에게 약관의 해석 및 내용분석 그리고 추후 국문 해양플랜트공사보험약관의 제정에 조금이라도 도움이 되었으면 하는 바람이다.

참고문헌

고평석, 「책임보험계약법론」, 삼지원, 1990.

구종순, 「해상보험(제5판)」, 유원북스, 2015.

김동준, "해양플랜트산업", 「한국동력기계공학회지」, 제17권 제3호, 한국동력기계공학회.

보험법연구회, 「보험법연구2」, 삼지원, 1998.

양승규, 「보험법(제5판)」, 삼지원, 2005.

이재복·허연·박영섭·윤민현, 「해상보험과 리스크관리」, 박영사, 2009.

정찬형, 「제15판 상법강의(하)」, 박영사, 2013.

정희철, 「상법(하)」, 박영사, 1990.

이용석, "책임보험에 있어서 보험의 목적과 피보험이익에 관한 연구", 「보험학회지」, 제93집, 한국보험학회, 2012.

이창희, "해양플랜트공사보험약관에 관한 연구", 한국해양대학교 박사학위논문, 2014.

이창희·홍성화, "해양플랜트공사보험의 물적 손해 약관에 관한 연구 – WELCAR 2001의 제1부를 중심으로 –", 「해사법연구」, 제25권 제1호, 한국해사법학회.

한국조선협회, 2014년 해양플랜트 시장동향 보고서.

www.lloyds,com/News – and – Insight/NewsandFeatures/Market – news

http://www.contract.co.kr/board/offshore insurance manual

기타

[영 문]

[공저자 약력]

김 인 유

한국해양대학교 대학원 졸업(법학박사)
부산광역시지방토지수용위원회 위원
한국국제사법학회 이사
현) 국립 한국해양대학교 국제대학 해사법학부 교수

김 철 수

동아대학교 대학원 법학과 졸업(법학박사)
일본 동경대학 법학부(객원연구원)
영국 Cardiff University(Visiting Professor)
현) 국립 한국해양대학교 국제대학 해사법학부 교수

이 용 희

경희대학교 대학원 법학과 졸업(법학박사)
Richardson School of Law, Univ. of Hawaii(Visiting Scholar)
Korean Expert, Special Arbitration of UNCLOS
국제해양법학회 부회장·한국해양학위원회 수석부회장
현) 국립 한국해양대학교 국제대학 해사법학부 교수

정 대

건국대학교 대학원 법학과 졸업(법학박사)
Southern Methodist University Law School(LL. M.)
School of Law, Univ. of California, Berkeley(Visiting Scholar)
한국해법학회·한국상사법학회·은행법학회 이사
현) 국립 한국해양대학교 국제대학 해사법학부 교수

정 영 석

한국해양대학교 대학원 졸업(법학박사)
한국해운조합 자문교수
금융감독원 금융분쟁조정위원회 전문위원
Faculty of Law, University of British Columbia(Visiting Scholar)
2018 Albert Nelson Marquis Lifetime Achievement Award 수상
2018 Marquis Who's Who 등재
한국해법학회 부회장
현) 국립 한국해양대학교 국제대학 해사법학부 교수

지 상 규

한국해양대학교 대학원 졸업(법학박사)
공무원시험·계리사시험·손해사정인시험 출제위원
공공기관 법률자문위원
한국법학회·한국해사법학회·한국법학교수회·한국전자상거래학회 이사
현) 국립 한국해양대학교 국제대학 해사법학부 부교수

한 병 호

서울대학교 대학원 법학과 졸업(법학박사)
현) 국립 한국해양대학교 국제대학 해사법학부 교수

바다를 둘러싼 법적 쟁점과 과제

초판인쇄 2017년 12월 26일
초판발행 2017년 12월 30일
지은이 김인유·김철수·이용희·정 대·
정영석·지상규·한병호
펴낸이 박노일
총괄기획 김중용·최준규
편 집 심성보·김인숙
펴낸곳 pnc publishing and culture 피앤씨미디어
경기도 고양시 일산동구 강송로 153 310-1501
등록 제396-2012-000203호
전 화 070)7550-3758 팩 스 02)718-8554
홈페이지 www.pncmedia.co.kr 이메일 pnc@pncmedia.co.kr
ISBN 979-11-5730-537-7 93360

정 가 25,000원